TAPE MANUAL AND WORKBOOK

to accompany

Beginning Spanish: A Concept Approach

Sixth Edition

Zenia Sacks Da Silva

Hofstra University

1817

HARPER & ROW, PUBLISHERS, New York

Cambridge, Philadelphia, San Francisco, Washington,

London, Mexico City, São Paulo, Singapore, Sydney

Tape manual and Workbook to accompany *BEGINNING SPANISH: A Concept Approach,* Sixth Edition

ISBN: 0-06-041537-1

87 88 89 9 8 7 6 5 4 3 2 1

CONTENTS

PART III: KEYS

INTRODUCTION:
THE TAPES AND TAPE MANUAL/WORKBOOK
The "Why" and "How" of Them

For one thing, these tapes have been recorded by native speakers from many parts of the Hispanic world. And so, they can show you better than anything else what Spanish really sounds like. For another, they can be tremendously effective in helping you work independently to achieve mastery at your own pace, in your own way. Listening to the stories acted out with music and sound effects can actually be fun, and what is more, will improve your comprehension immeasurably. This *Tape Manual and Workbook,* designed specifically to make your lab-life more satisfying, will guide you along the way. Here's how it all works:

- Our *Laboratory Program* consists of 28 half-hour tapes: Four that correspond to the opening *Lección de conversación,* one for each of the following twenty lessons, and four comprehension tests that conform to the *Repasos* (Reviews).

- The Combined *Tape Manual and Workbook* you are now holding has three parts.

Part I is the illustrated *Manual* that guides you, lesson by lesson, through each of our recorded sessions — with vocabulary settings, mini-dialogues for pronunciation practice, brief grammatical presentations followed by oral practice, and stories (the part I wager you'll like best!) And the Repasos offer a wrap-up of every five lessons, with many chances to respond on your own.

The *Manual* follows the tapes, telling you when to listen, when to answer, when to repeat (watch for that omnipresent // sign!), and gives you ample space to write, should you want to have the correct answers for future reference. The *Manual* also supplies most of the casual comments that our speakers will be making directly to you, that is, as long as you need them. And when you no longer do, the (. . .) sign means that you should perk up and listen, because someone is saying something that you surely will understand. Incidentally, although the taped exercises do not repeat those of the text, they are so closely correlated with them that you'll find your laboratory sessions a great help in preparing your assignments.

Part II is the *Workbook,* with its *Actividades individuales — Juegos de palabras* (Word Games) and *Ejercicios suplementarios*. This is a self-help, self-correcting extension of both the vocabulary and the grammar content of each lesson. The exercises are varied. They're easy. And they work! Finally when you come to the *Repasos,* you'll find our all-new *¿Sabe Ud. leer?* (Do you know how to read?) — a mini-course in strategies for quick comprehension.

Part III holds two sets of *Keys:*

1. *Keys to the Actividades individuales* — answers to all of the *Workbook's* self-correcting exercises
2. *Keys to the tapes* — a fill-in of any questions left unanswered on the tapes themselves. Actually, except for the *Ejercicio escrito* that comes toward the end of each lesson and for the four Testing Tapes, the answers for most of our recorded exercises are given as you go along. (Once again, watch for the // signal that tells you to repeat.) In these Keys you will find the occasional question or response you may wish to check.

I promise you that everything has been done to make your lab experience a new dimension in oral participation — informal, personalized, individual. So come closer, listen hard, speak up, jot down, and you'll be speaking and thinking in Spanish before you know it! Welcome aboard! It's great to have you.

ZSD

TAPE MANUAL

Before We Begin

Here are a few expressions you'll be hearing on this tape and on others. Listen for them, ¿está bien (*all right*)?

Ahora . . .	*Now . . .*
Bueno.	*Good. Fine. All right.*
¿Comprende? ¿Entiende?	*Do you understand?*
Conteste.	*Answer.*
Diga conmigo . . .	*Say with me . . .*
Dígame . . . , Díganos . . .	*Tell me . . ., Tell us . . .*
Escuche.	*Listen.*
Muy bien.	*Very well.*
Otra vez, una vez más.	*Again, one more time.*
Por ejemplo.	*For example.*
Repita, por favor.	*Repeat, please.*
Vamos a (conversar, continuar, etc.)	*Let's (chat, continue, etc.)*
¿Verdad?	*Right? Don't you?, etc.*

And now — Y ahora, ¡vamos a comenzar!

Nombre ______________________________ Fecha _______________ Clase __________

LECCIÓN DE CONVERSACIÓN — UNO

"Hola. Yo soy . . ."

(Diferentes personas conversan):

"Buenos días. — Muy buenos, señor Fernández."

"Hola. ¿Cómo está? — Bien, gracias. ¿Y usted (*And you*)?"

"Señora Campo, permítame presentar (*to introduce*) a José García. — Mucho gusto, señor García."

"Perdone, señorita, pero, ¿cómo se llama usted (*what is your name*)? — Me llamo Luisa Madero. ¿Y usted es . . . ?"

Br.: Hola. Yo soy Bruno Garzón de Buenos Aires, Argentina.

P.: Y yo me llamo Patricia García. ¿Cómo . . . ? *Me* ______________________________

______________________________ Ah, mucho gusto.

Br.: Bueno (*OK*), mi estudiante. ¿Vamos a conversar?

P.: ¿En español, Bruno?

Br.: (. . .) No es difícil. (*It's not hard.*) Pero primero (*but first*) . . .

Escuche y repita (*listen and repeat*):

importante // necesario // paciente // fenomenal //
independiente // inteligente // brillante // normal //
superior // excelente // optimista // intelectual //
dinámico // fantástico // sociable // sentimental //
estudioso // ambicioso // sincero // excepcional //
creativo // impulsivo // eficiente // natural //

Br.: ¿Comprende? (*Do you understand?*) Pues díganos ahora (*Well, tell us now*):

¿Bueno o malo? (*Good or bad?*)

Escuche bien y conteste (*Listen well and answer*). Por ejemplo (*For example*):

"brillante" . . . Bueno   "estúpido" . . . Malo

¿Comprende? Pues vamos a continuar (*Well, let's . . .*)

(exce . . .) ________

(terri . . .) ________

(artís . . .) ________

(ro . . .) ________

(ridí . . .) ________

(cri . . .) ________

(sin . . .) ________

(hipó . . .) ________

(tole . . .) ________

(cru . . .) ________

P.: ¡Fabuloso! Ahora escuche otra vez (*again*), y repita:

Br.: Y rápido, ¿eh?

P.: (¿ . . . ?) No, . . . Yo soy muy paciente (*I'm very patient*). ¿ . . . ? ________________
Ah, pues repita:

— ¿Es Ud. paciente? //	*Are you . . . ?*
— No.// No soy paciente. // Soy activo, // impulsivo // y muy emocional. //	*No. I'm not . . .* *I'm . . .* *and very . . .*
— Pues yo soy un poco diferente. // Soy una persona activa. // Pero no soy impulsiva. // Y no soy muy emocional. //	*Well, I'm a little* *an . . . But*

Nombre ______________________ Fecha ______________ Clase ________

P.: ¿Comprende? Pues conteste (*answer*) . . .

¿Es Ud. . . . ? *Sí, soy (No, no soy)* ______________________

¿Es Ud. . . . ? ______________________

¿ . . . una persona sociable? ______________________

¿ . . . muy independiente? ______________________

¿ . . . o (*or*) pesimista? *Soy* ______________________

¿ . . . muy normal, o un poco . . . ? ______________________

Br.: Bueno, conteste otra vez:

¿ . . . activo (activa — fem.)? ______________________

¿ . . . ? ______________________

¿ . . . ? ______________________

¿ . . . atlético (atlética)? ______________________

¿ . . . ? ______________________

Y finalmente: ¿ . . . estudioso (estudiosa)? ______________________

P.: Ah, pues eso (*that*) es muy importante.

Br.: Exacto (*exactly*). Y ahora, adelante a (*let's go on to*) . . .

Diferentes voces (*voices*): Ahhh, señor . . . señorita . . . su autógrafo (*your autograph*), por favor.

P.: Pero . . . , ¿qué es esto (*what's this*)?

Br. Es el ejercicio (*It's the exercise*) . . .

Personas famosas ¿Quién soy? (*Who am I?*)

Chris Evert — Senator Kennedy — Queen Elizabeth — Woody Allen — Joan Collins

Escuche bien, y conteste:

1. — Ah, . . . ¿No es Ud. . . . ?
   — (. . .) Soy un político . . . Soy . . . del estado (*from the state*) . . .

   ¿Quién soy? ____________________(Gracias . . . Vamos a continuar.)

2. — ¡ . . . ! ¿ . . . una famosa pianista . . . ?
   — ¿ . . . ? No. Soy una figura importante . . .

   ¿Quién soy? ____________________

3. — . . . de cine (*of the movies*).
   — ¿ . . . dramático o . . . ?
   — Principalmente . . . Y soy autor (*a writer*) y . . . y productor . . .

   ¿Quién soy? ____________________ (Perfecto. Otra vez, escuche:)

4. . . . ¿Ud. es una artista . . . ?
   — Sí. En el drama Dinastía. Soy . . . y elegante. Pero . . . y cruel.

   ¿Quién soy? ____________________ (Y finalmente . . .)

5. — Pero, señora, . . .
   — . . . la monarca británica.

   ¿Quién soy? ____________________

Br.: Ah, claro (*of course*) . . . (. . .)

Profesiones y categorías

Escuche bien, y repita:

profesor // profesora // actor // actriz //
médico // médica // artista // dentista //
mecánico // carpintero // arquitecto // ingeniero //
demócrata // republicana // latino // americana //

Br.: ¿Comprende? Pues diga conmigo (*say with me*):

¿Es médico su padre?	*Is your father a doctor?*
— No. // Mi padre no es médico. //	*No. My father isn't . . .*
Es dentista. //	*He's a . . .*

Nombre ______________________ Fecha ______________ Clase __________

Br.: ¿Está bien? (*All right?*) Bueno, conteste:

¿ . . . ? *Sí, mi padre es* ______________________

No, mi padre no es ______________________

¿ . . . ingeniero (*an engineer*) . . . ? ______________________

¿ . . . mecánico? ______________________

¿ . . . demócrata o . . . ? ______________________

Y su madre, ¿ . . . profesora? ______________________

¿ . . . ? ______________________

¿ . . . arquitecta? ______________________

¿ . . . o norteamericana? *Es* ______________________

Br.: ¿Sabe? Su comprensión (*comprehension*) es . . . Por ejemplo, escuche y conteste otra vez:

¿Cuál es mi ocupación?

1. "Me llamo Andrea Molina. Soy . . . universitaria. ¿Mi especialidad? La novela moderna."

   ¿Qué (*What*) es Andrea? ¿ . . . o de música? ______________________

   ______________//

2. "Yo soy el Dr. Víctor Cárdenas. Soy especialista en problemas . . . "

   ¿Qué . . . ? ¿ . . . ? ______________//

3. ". . . Inés Díaz. ¿Mi . . . ? La construcción de plantas hidroeléctricas."

   ¿ . . . ? ¿ . . . ingeniera o . . . ? ______________________

4. ". . . Juan Canseco. Soy . . . en automóviles japoneses."

   Díganos (*Tell us*): ¿ . . . ? ¿ . . . o arquitecto? ______________________

Br.: Y ahora, vamos a pasar a la . . .

Pronunciación

Escuche, por favor, y repita:

a // a // papá // mamá // casa // alma // mapa // apta // calma // (. . .)

Vamos a continuar:

e // e // Repita otra vez: pelo // tela // mesa // mete // pena // lema // lengua // Así es. (*That's it!*) Bueno.

i // i // (Like the English ee)
sí // día // mina // piso // sino // tinta // mismo //

Ahora díganos (*tell us*):

¿Qué oye Ud.? (What do you hear?)

Escuche bien (*Listen carefully*) and then circle the word you hear.

pelo	palo	(. . .)
mesa	masa	
dele	dile	
peno	pino	
meto	mito	
late	lata	
pila	pela	(Y uno más — *And one more*):
nina	nena	

P.: (. . .) Ahora escuche otra vez y repita:

o // o // gota // como // loco // sombrero // pollo // goma // hombre // (. . .)

u // u // cuna // luna // mula // supo // laguna // nulo // cucú //

Y finalmente: y // (Alone, or at the end of a word, like the vowel *i*)

y // ay // ley // buey // muy // doy // soy //

Br.: Exacto. Ahora, otra vez, díganos:

Nombre ______________________________ Fecha ________________ Clase __________

¿Qué oye Ud.?

Indique, por favor, la palabra correcta. (Indicate the correct word):

toco	taco
luna	lona
cupo	copo
supo	sopa
poro	puro
le	ley

(Una vez más: . . .) ¡Fabuloso! Y ahora,

Los diptongos (diphthongs)

A diphthong is any two-vowel combination that includes *u* or *i*. Since *u* and *i* are weak vowels, the *a, o* or *e* gets the stress.

Bueno, repita:

siete // peine // diablo // baile //
diosa // boina // auto // pausa // Buenos Aires //

When the diphthong consists of both *u* and *i*, the stress falls on whichever one comes second.

fuimos // fuiste // viuda // Miura // ¡Y ya! (*There! That's it!*)

Br.: Vamos a tomar un pequeño dictado (*let's take a little dictation*) ahora.

Dictado

Escuche bien, y escriba (*write*):

Uno (1) ______________________ Dos (2) ______________________

Tres (3) ______________________ Cuatro (4) ______________________

Cinco (5) ______________________ Seis (6) ______________________

Br.: (. . .) Sí, es verdad (*it's true*). Y ahora,

P.: Ahora, ¿qué (*what*) . . . ?

Br.: Vamos a pasar a

Las amenidades (*The amenities*)

"Buenos días."

"Buenas tardes."

"Buenas noches."

Repita, por favor:

— Buenos días, señor García. //	— *Good morning, Mr. Garcia.*
— Muy buenos. // ¿Cómo está Ud. ? //	— *(Very) good morning to you. How are you?*
— Bien, gracias. // ¿Y Ud. ? //	— *Fine, thanks. And you?*
— Muy bien. // Excelente. // Pues, adiós. //	— *Very well. Excellent. Well, goodbye.*
— Adiós. //	— *Goodbye.*

Ahora conteste Ud. (*Now you answer*):

Buenos . . . ¿Cómo . . . ? ______________________________

Muy bien, gracias. Pues . . . ______________________________

Br.: Ajá. Pues repita otra vez:

— Buenas tardes, señorita Alas. //	— *Good afternoon, Miss Alas.*
— Muy buenas, señor López. // ¿Cómo le va? //	— *How are things?*
— Bien, gracias. // ¿Y cómo está su familia? //	— *. . . And how is your family?*
— Excelente, señor. //	
— Pues, hasta luego. //	— *. . . so long.*
— Sí. // Adiós. //	— *Yes . . .*

Br.: ¿ . . . ? Pues conteste ahora otra vez:

Buenas . . . ______________________ ¿ . . . le va? __________

__________ ¿Y . . . ? ______________________

Bueno (*well*), hasta . . . ______________________

P.: Muy, muy bien. Ud. es . . . , ¿ sabe?

Br.: Entonces (*then*) vamos a continuar, ¿está bien (*all right*)?

Nombre ______________________ Fecha ______________ Clase ________

Diversiones

Escuche y repita otra vez:

televisión // radio // programa //
cine // teatro // comedia // drama //

Dígame: ¿"Dallas" es un programa de teatro o de . . . ? ______________________

______________ // ¿Es una . . . o un . . . ? ______________________ //

Bueno, repita otra vez:

música // instrumento //
piano // flauta // clarinete // trompeta //

Escuche ahora:

(. . .) ¿Qué instrumento es éste (*What instrument is this*)? Es un ______________

(. . .) ¿Y qué . . . ? ¿Una . . . o una . . . ? ______________________ //

Bien, a continuar.

atleta // deportes (*sports*) // fútbol // béisbol // básquetbol // tenis //

P.: Muy interesante, ¿eh? Pues diga una vez más (*say once more*):

— Bruno // ¿le gusta el tenis? //	— *Bruno, do you like tennis?*
— Sí. Me gusta mucho .// ¿Le gusta a Ud., Patricia? //	— *Yes, I like it a lot. Do you like it, Patricia?*
— Sí. Me gusta en persona. // No me gusta en la televisión. //	— *Yes. I like it in person. I don't like it on TV.*

Br.: ¿Ah, sí? (*Really?*) Pues conteste otra vez, mi estudiante:

¿Le gusta mucho . . . ? *Sí, me gusta mucho* ______________________

No, no me gusta mucho ______________________

¿ . . . el teatro? ______________________

¿ . . . más (*better*) el teatro o . . . ? ______________________

¿ . . . o el cine (*movies*)? ______________________

¿Qué (*which*) instrumento . . . — . . . o la flauta? ______________________

Br.: Pues dígame otra vez:

¿. . . el béisbol? ______________________________

¿. . . mucho . . . ? ______________________________

¿Qué (*What*) le gusta más — . . . ? ______________________________

Br.: ¿. . . ? Observe muy bien, y conteste otra vez:

¿Le gustan los deportes (*Do you like sports* — plural) en general?

Sí, me gustan (No, no me gustan) ______________________________

¿Le gustan los conciertos de "rock"? ______________________________

¿. . . sinfónicos? ______________________________

¿. . . los estudios (*studies*)? ______________________________

¿. . . las clases de español? ______________________________

Br.: ¿En serio? (*Seriously?*) Pues . . . Repita una vez más:

¿Estudia Ud. español? //	*Do you study (Are you studying) Spanish?*
— Sí, estudio español. //	*— Yes, I do study (I am studying) Spanish.*
Pero no comprendo mucho. //	*But I don't understand very much.*

P.: Por el momento (*For the moment*), . . . Por . . . , no más (*that's all*).

Ejercicio ilustrado

Observe ahora las ilustraciones, y conteste . . . Por ejemplo:

1. ¿. . . inglés (*English*)?

   No, no estudio inglés.

2. ¿. . . matemáticas?

   ______________________________ //

3. ¿. . . historia?

   ______________________________ //

   Estudio ciencia.//

4. ¿Toca Ud. (*do you play*) . . . ?

   ______________________________ //

5. ¿. . . ?

   ______________________________ //

6. ¿. . . la guitarra?

   ____

P.: ¡. . . ! Ud. sí comprende (*really do understand*) mucho . . .

Br.: Muchísimo. (*A whole lot!*) Vamos a terminar entonces (*let's finish then*) con un breve (*with a brief*) . . .

Ejercicio escrito

Saque otra vez su pluma (*Take out your pen again*), y conteste, por favor:

1. ¿Cómo . . . ? ____________________
2. ¿Es . . . ? ____________________
3. ¿ . . . una persona muy . . . ? ____________________

   ____
4. ¿ . . . clásica o . . . popular? *Me* ____________________

   ____
5. ¿Estudia . . . ? ____________________

Br.: Maravilloso, realmente. Gracias por su atención, mi estudiante, y hasta muy pronto (*till very soon*), . . .

P.: (. . .) Y mucho gusto (*glad to know you*), ¿eh?

Nombre ______________________________ Fecha ________________ Clase __________

LECCIÓN DE CONVERSACIÓN — DOS

Voces de diferentes personas:

"Perdone (*excuse me*), señorita, pero ¿Ud. . . . ?"

"Por favor, señor, ¿me pasa el libro (*will you pass me the book*)?" — "Con mucho gusto (*glad to*)." . . .

"Ah, muchas gracias. Muchísimas gracias. — De nada (*you're welcome*). A sus órdenes (*At your service*)."

(. . .) "¡Ay, no! ¡Perdón!"

"Permiso. (*Pardon me.*) Con permiso. ¿Me permiten pasar? (*May I pass by here?*) Gracias. Gracias."

P.: Con permiso. ¿Me permiten comenzar (*may I begin*) la lección?

Diferentes voces: "Ah, perdone, . . . ¡Cómo no! (*Of course*) . . ."

P.: Gracias. Gracias mil. (*Thank you so much.*)

Muy buenos, mi estudiante. ¿ . . . ? ______________________________ Patricia García aquí (*here*) otra vez, y encantada (*delighted*).

Br.: Y yo también (*Me, too*). Bruno Garzón, a sus órdenes.

P.: Entonces, vamos a comenzar . . .

Br.: Sí. Pero, ¿con qué (*with what*) . . . ?

P.: Con las cortesías (*polite expressions*).

Br.: Ah, bien. Con mucho gusto.

Las cortesías

Primero (*first*), repita, por favor:

— Bruno, // abra Ud. la puerta, por favor. //	*Bruno, open the door, please.*
— Con mucho gusto. //	*I'd be glad to. (Sure.)*
— Gracias. // Muchas gracias. //	*Thank you (so much)*
— De nada, Patricia. // De nada. //	*You're welcome. (Not at all.)*
— Por favor, Bruno //, abra la ventana también. //	*. . . the window, too.*
— Con mucho gusto. //	
— Ah, muchísimas gracias. // Mil gracias.	*Thanks ever so much.*
— De nada. //	

P.: ¡Qué simpático (*how nice he is*) . . .! Bueno, mi estudiante, vamos a practicar, Ud. y yo (*you and I*).

Br.: ¿Y yo no (*not me*)?

P.: Ay, perdón, . . .

Repita . . .

¡Ay, perdón! // Perdone Ud. //	*Oh, my, excuse me! Pardon me* (speaking to one person).
Perdonen Uds. //	*Pardon me* (speaking to more than one).

P.: Claro (*That's it*). Vamos a pasar a (*go on to*) . . .

¿Qué dice Ud.? (*What do you say?*)

Y vamos a usar mucha cortesía siempre. (*We're going to be very polite, always!*) Por ejemplo, la ilustración . . .

1. ¿Qué dice Ud.?

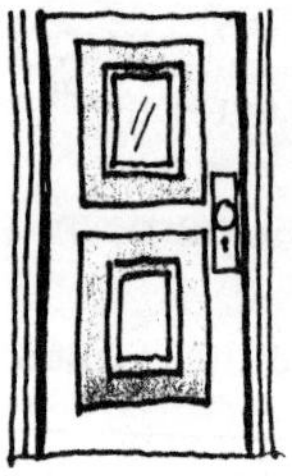

Abra ______________________, por favor.//

— *Con mucho gusto.//*

2. ¿Qué dice Ud.?

   Abra ______________________ //

   Con ______________________ //

3. ¿Qué dice Ud.?

   Pase a la pizarra, ______________ //

   ______________________ //

P.: Bueno, vamos a continuar . . . Escuche bien, y responda otra vez con cortesía (*politely*).

4. "Ud. es . . . , ¿sabe? Ud. . . . extraordinaria."

   ¿Qué responde Ud.? ______________________ //

5. "Y . . . es maravillosa."

   Otra vez, ¿qué responde? ______________________ //

Br.: Bueno, adelante (*let's go on*) . . .

6. Repita: Bruno, // siéntese, por favor. // *Please be seated.*

   (. . . ¡Caramba! . . .)

   ¡Ay, no! ¿Qué dice Ud. ahora, mi estudiante? ______________________ //

7. Bueno, uno más (*one more*): "Pase, por favor a la Pronunciación."

   ¿Qué responde Ud. ahora? *Sí, con* ______________________

P.: (. . .) Inmediatamente, . . . Escuche primero en inglés (*in English*):

Pronunciación

h Except in the combination *ch, h* is always silent in Spanish.

P.: Exactamente. Ahora repita. (. . .) Repita, por favor:

hotel // habla // hilo // hombre // hay // ahora // alcohol // hoy // (. . .)

P.: Bueno. Ahora, un pequeño (*little*) . . .

Ejercicio

Estudie (*study*) por un momento las ilustraciones. Después (*then*) escriba la palabra correcta. (Write the words you hear under the proper illustration.) Por ejemplo:

hotel

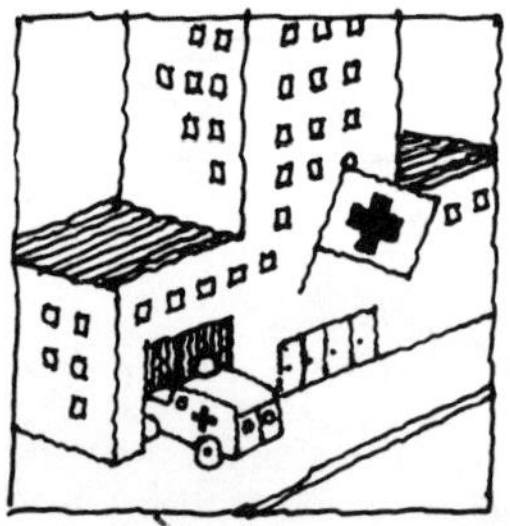

hos pital

____

hombre

al cohol

P.: ¡ . . . ! Ahora escuche otra vez:

ll is considered one consonant in Spanish. In Spain it sounds like the *lli* in *million:* millón //

In Latin America, it usually sounds like the *y* in *young:* millón //

We're going to say these words both ways now, first the Castilian of Spain, and then the Spanish-American. Repeat the one you prefer:

caballo // brillante // pollo // sello // gallina // (. . .)

ñ Repita otra vez: caña // otoño // niño // cariño // señor //

Ahora díganos:

Nombre ______________________________ Fecha ________________ Clase __________

¿Qué oye Ud.?

Indique siempre la palabra correcta. (Circle the word you hear.)

1.	mala	malla	6.	cana	caña
2.	cale	calle	7.	tono	Toño
3.	mila	milla	8.	cuna	cuña
4.	polo	pollo	9.	mono	moño
5.	se lo	sello	10.	panal	pañal

P.: ¡Ya! (*There!*) Ahora observe bien, y escuche otra vez:

s between vowels is like the *ss* in *dresser*. Por ejemplo:

museo // casa // presidente // presente // vaso // cosa // posición // causa //

Only before a voiced consonant does the *s* become like a soft *z:*

mismo // entusiasmo // comunismo // los días // los botones // (. . .)

P.: Ahora escuche, . . . con mucha atención:

z In most of Spain, *z* is like the *th* in *think:* zona //
In Latin America, it is like the *s* in *sink:* zona //

Br.: Otra vez, repita: (Repeat the version you prefer.)

zapato // taza // caza // lanza // pozo // sazón //

c *c* before *e* or *i* is pronounced just like the Spanish *z*. (Select the Castilian or Latin American):

cinco // cero // celoso // nación // hace // dice // obligación // (. . .)

In all other positions, *c* is hard, like the *c* in *corn:*

capa // copa // cuna // saco // pica // claro // acción // lección //

This same hard *c* becomes *qu* before *e* or *i*. Diga una vez más:

que // quita // quien // quiero // toqué // saqué // quemé // (. . .)

P.: Dígame, . . . , ¿hay tiempo para (*is there time to*) continuar?

Br.: (. . .) Diez o doce (*10 or 12*) minutos.

P.: ¿No más? (*No more?*) Pues rápido entonces, mi estudiante. Vamos a estudiar . . .

Los números: 1–12

Repita conmigo (*with me*), ¿está bien?:

uno // dos // tres //	1, 2, 3	Otra vez: _______, _______, _______//
cuatro // cinco // seis //	4, 5, 6	_______, _______, _______//
siete // ocho //	7, 8	_______, _______//
nueve // diez //	9, 10	_______, _______//

Y dos más (*two more*): once // doce // 11, 12 _______, _______//

Br.: Bueno. Ahora, todos (*all*) los números, muy rápidamente:

_______, _______, _______ 1, 2, 3 _______, _______, _______ 4, 5, 6

_______, _______, _______ 7, 8, 9 _______, _______, _______ 10, 11, 12

P.: Exacto. Ahora díganos (*tell us*):

¿Es Ud. matemático (matemática)?

Diga los números que faltan. (*Tell us the missing numbers.*) Por ejemplo:

Uno, tres, cinco, *siete* //
Dos, cuatro, seis, OCHO// ¿ . . . ? Pues vamos a comenzar.

1. Uno, cuatro, siete, DIEZ //
2. Cero, cuatro, ocho, DOCE // (. . .)
3. Doce, once, diez, NOEVA //
4. Doce, nueve, seis, TRES //

P.: Bueno. ¿Quiere (*do you want*) más práctica? Por favor, un poco de (*a little bit*) . . .

Nombre ______________________ Fecha ______________ Clase __________

Aritmética

Escuche los pequeños problemas y después indique la conclusión correcta.

1. Uno y uno son dos // (. . .)
2. Dos y . . . ____________
3. Nueve menos . . . ____________ Otra vez: ____________
4. Ocho y . . . tres son
5. Doce menos . . . cinco son
6. Tres por (*times*) . . . ____________
7. Cuatro dividido por . . . dos son

P.: Un poco más difícil (*more difficult*), ¿eh? Pues vamos a usar los números ahora para contar (*to count*) . . .

La hora del día (*Time of Day*)

— ¿Qué hora es? //
— Depende. // En Los Angeles, //
es la una. // En Chicago, //
son las tres. // En Nueva York,
son las cuatro. // En Madrid . . .
— Pero, ¿qué hora es aquí? //
— No sé. // ¿Las dos y media? //
¿Las seis y diez? // ¿Las . . . ?

— What time is it?
— It depends. In Los Angeles,
it's one o'clock. In Chicago,
it's three. In New York,
it's four o'clock. In Madrid, . . .
— But what time is it here?
— I don't know. Half past two?
Ten after six? . . .

¿Qué hora es?

Escuche, y conteste Ud., mi estudiante:

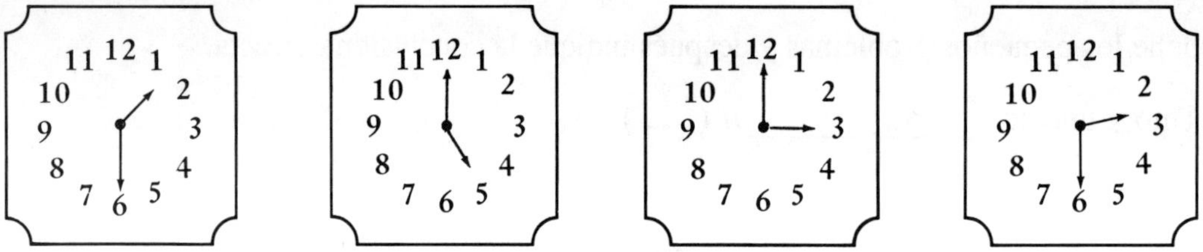

1. (. . .) ¿Qué hora es? ______________________//
2. (. . .) Ahora, ¿ . . . ? ______________________//
3. (. . .) Y ahora, ¿ . . . ? ______________________ y ___________// (Y uno más.)
4. (. . .) ¿ . . . ? ______________________ y ___________// (. . .)

Br.: ¡Ay, . . . ! Suficiente, ¿eh?

P.: (. . .) Vamos a pasar otra vez a la . . .

Pronunciación

Br.: Magnífica idea. Escuche, mi estudiante, . . .

j The Spanish *j* is a soft sound formed far back in the throat.

jo, jo, jo // ja, ja, ja // pájaro // cojo // lejos // jota // jabón // ¡Ajá!

g before *e* or *i* is just like the Spanish *j*.

general // gitano // giro // gente // coge // generoso //

In all other cases, *g* is hard, like the *g* in *girl*.

goma // gato // laguna // grupo // iglesia // pagué // guiñé //

Incidentally, the *u* before the *e* or *i* isn't pronounced. It just keeps the *g* hard.

P.: Exactamente. Diga otra vez conmigo: pagué // guiñé // Mejor (better).

Br.: Bueno, adelante (let's go on).

p // p // Don't let any breath come out after you say the Spanish *p*.

padre // papa // patata // popa // para // importante // parte // pampa

Nombre ______________________ Fecha ______________ Clase __________

P.: ¡ . . . ! Ahora observe bien, y sea (*be*) brillante, . . . Repita:

Vaya // Ven acá // Vamos // Voy // Véalo // Bésame //

b / v Did you notice? *B* and *v* are absolutely identical! In fact, at the beginning of a word or of a phrase, they both sound very much like the English *b*. The same sound appears after an *m* or *n*.

hombre // tumba // cumbre // hambre // un vaso // un beso // un vapor //

In all other positions, and especially between vowels, we start to say "b", but we don't quite close our lips at the last moment.

P.: Vamos a practicar, ¿está bien? . . .

la boca // la vaca // las aves // la sabes // lavo // labio // hablaba // iba //

¿Es un poco difícil? Pues vamos a practicar un poco más:

tuve // estuve // andaba // bajaba //
¿Sabe? // ¿Sabía? // ¿Cabe? // ¿Cabía? //
vivo // vivía // bebo // bebía // muy bueno // muy bien //

Ajá. Pues con un poco más de (*little more*) práctica. .

Br.: Hoy no (*not today*), . . . Sólo hay tiempo para un corto (*there's only time for a short*) . . .

Ejercicio escrito

Conteste, por favor, en español:

1. Dígame: ¿Qué . . . , más o menos (*more or less*)? ______________________
2. ¿A (*At*) qué hora es . . . ? *Mi* classes de Espanol ______________
3. ¿Cómo . . . ? ______________________________ (. . .)

Br.: Pues dígame otra cosa (*something else*):

4. ¿ . . . persona muy cortés? Yo, ~~muy~~ me soy cortes ______________
5. Entonces, si yo digo (*if I say*): ". . .", ¿qué responde Ud. ? ______________

P.: (. . .) Pues otra vez, . . . por su atención. Hasta muy pronto (*till very soon*), . . .

Br.: (. . .) Ud. es . . . , ¿sabe (*you know*)?

Nombre ______________________ Fecha ______________ Clase __________

LECCIÓN DE CONVERSACIÓN — TRES

En familia

(Voces de diferentes personas: "Hola, Mati" . . . "¡Ay, pero qué gusto (*what a pleasure*)!" "¿Cómo estás, hombre? — Igual (*the same*). ¿Y tú (*you*)?" . . . "Papi (*Daddy*) . . . papi. Abuelita (*Granny*) . . .")

P.: Hola, . . . ¿ . . . ? Patricia García aquí otra vez. Y con (*with*) José López, de San Juan, Puerto Rico.

J.: Mucho gusto. (*Glad to know you.*)

P.: Y éstos (*these*) son los miembros de mi familia.

Por favor, diga conmigo (*say with me*):

mis abuelos // (*grandparents*)
los señores (*Mr. and Mrs.*) García //

Abuelo y abuela: Mucho gusto.

mi abuelo, mi abuela

Mis tíos // (*uncle and aunt*) Paula y Manolo //

Tía Paula: Encantada (*Delighted*).

Tío Manolo: Es un gusto. (*It's a pleasure.*)

mi tía, mi tío

Mis padres // los señores García. //

Padre: A sus órdenes.

Madre: Muchísimo gusto.

mi madre, mi padre

P.: Mi esposo (*husband*) José. //

(. . .)

mi esposo

P.: Ahora, mis primos // (*cousins*) César y Angelina

César: (. . .)

mis primos

P.: Mis hermanos // (*brother and sister*)

Hermana: (. . .)

Hermano: Para servirle (*At your service*).

mis hermanos

P.: Mis hijos // (. . .) Pepe, Marisa . . .
¡Por favor, niños (*children*)!

Niño: (. . .)

mi hijo, mi hija

P.: Y mis sobrinos // (*niece and nephew*)

mis sobrinos

P.: ¡Ay, no! Chisss (*Shh*), Adelita . . . Ramiro . . . Por favor, José, continúe Ud., ¿está bien?

J.: (. . .) Dígame, mi estudiante, ¿cómo se llama . . . ? *Mi* ______________________________

______________________________ ¿ . . . ? ______________________________

____________________ ¡Qué curioso (*How strange*)! ¡Mi madre se llama así también! (*That's my mother's name too¡*) A propósito (*By the way*), observe Ud. y . . .

<u>el</u> padre // *the father*   <u>la</u> madre // *the mother*
<u>los</u> padres // *the parents, father and mother*

<u>el</u> hermano // *the brother*   <u>los</u> ______________ // *the brothers*

<u>la</u> hermana // *the sister*   <u>las</u> ______________ //*the sisters*
the brother(s) and sister(s)

el hijo // *the son*   la __________// *the daughter*

los __________ // *the sons*   las __________//
son(s) and daughter(s)

Nombre ________________________________ Fecha __________________ Clase ___________

J.: ¿Comprende? Pues vamos a continuar.

mi tío // *my uncle* mi tía //

mis __________ mis tías //

mi abuelo // *my grandfather* (Continúe Ud.) mi ____________a

mis abuelos // *my grandparents* mis ____________

J.: Ahora, más rápidamente (*faster*) . . .

mi primo // *my cousin* _______________ *girl cousin* //

mis __________os // mis __________ (¡Exacto!)

mi sobrino // *my nephew* (. . .) mi ______________a

mis _____________ mis ____________//

Y para terminar (*to finish*):

el esposo // *the husband* la ____________// *the wife*
los esposos // *the husband and wife*

el niño // *the boy, little kid* la __________

los __________// *children, boys and girls*

J.: Ahora, vamos a hacer (*let's do*) un corto . . .

Ejercicio

Escuche bien, y después (*then*) conteste. Por ejemplo:

1. El padre de mi madre (*my mother's father*) es mi abuelo. La madre de mi madre (*my mother's mother*) es mi abuela. // (. . .)
2. Si el hijo de mis padres es mi hermano, la hija de mis padres es mi ________________.//
3. Los hermanos de mi padre son mis tíos. Las esposas (*wives*) de mis tíos son mis

   __________.//
4. Si la hija de mi hermano es mi sobrina, los hijos de mi hermana (*my sister's children*) son

   __________________. Otra vez: __________________.//
5. Si Cuco López es mi primo, las hermanas de Cuco son ___________________.// (. . .)

P.: Ahora, mi estudiante, por favor, observe bien y repita:

¿Hay una persona famosa // en su familia? // — Sí, hay varias personas famosas // en mi familia, // ¡incluso yo! //	*Is there a famous person in your family? — Yes, there are several famous people in my family, including me!*

P.: ¡Ah, cómo no (*of course*)! Pues conteste Ud. ahora, amigo (o amiga):

¿Hay . . . "importante" . . . ? ______________________________

¿ . . . o profesoras . . . ? ______________________________

¿ . . . políticos (*politicians*)? ______________________________

¿ . . . ? ______________________________

¿ . . . ingenieros? ______________________________

¿Hay más demócratas o . . . ? ______________________________

¿ . . . liberales o más conservadores? ______________________________

J.: Esto (*This*) es interesantísimo, ¿sabe?

P.: Sí. Pero no hay tiempo para continuar. Vamos a pasar otra vez . . .

Los números: 13–31

Primero diga rápidamente . . . :

uno, dos, tres // 1, 2, 3
cuatro, cinco, seis // 4, 5, 6
siete, ocho, nueve // 7, 8, 9
diez, once, doce // 10, 11, 12

J.: Así es. (*That's right.*)

P.: Ahora, vamos a continuar:

trece, catorce, quince // 13, 14, 15
diez y seis, diez y siete // 16, 17
diez y ocho, diez y nueve // 18, 19

Una vez más: ______________//

veinte // Otra vez: ______________// ¡Y ya! (*That does it!*)

P.: Vamos a hacer (*Let's do*) un poco de aritmética . . . Dígame:

Nombre ______________________________ Fecha ________________ Clase __________

¿Cuál es la conclusión correcta?

1. Diez y diez son	quince	(veinte)	trece
2. Veinte menos . . .	catorce	quince	diez y nueve . . . //
3. Siete y . . .	doce	trece	quince . . . //
4. Tres por (*times*) . . .	veinte	diez y ocho	doce . . . //
5. Trece y . . .	once	diez y seis	veinte . . . //
6. Veinte dividido por . . .	diez	seis	cuatro . . .

P.: ¡Naturalmente!

Repita una vez más, por favor:

veinte y uno // 21 veinte y dos // 22

veinte y _________ // 23 veinte y _________ // 24 (Complételo Ud.)

veinte y _________ // 25 Continúe Ud.: __________________ // 26

__________________ // 27 __________________ // 28

J.: Y uno más: __________________ // 29

treinta // __________________ // 30

¿Está bien? Pues vamos a continuar . . .

Problemas de aritmética

1. Diez y seis más (*plus*) diez . . . ______________________________ //
2. Diez y siete más ocho . . . ______________________________ (25)
3. Treinta dividido por dos . . . ______________________________ //
4. Treinta y dos menos doce . . . ______________________________ //
5. Veinte y tres más ocho . . . ______________________________ //
6. Siete por cuatro . . . ______________________________ (28) ¡ . . . !

J.: Pues, casi (*almost*) . . . Y ahora, con su permiso (*with your permission*), mi estudiante, vamos a perfeccionar (*perfect*) . . .

Pronunciación

Escuche bien, como siempre (*as always*), y repita:

t   te // te //

To say the Spanish *t*, place the tip of your tongue right behind the upper front teeth, and don't let any breath come out! (. . .)

te // tú // tanto // tonto // tinta // tetera // tintero // título // tener // tiempo // tío // tía // total //

J.: No es difícil, ¿verdad? Ahora bien, la *d* es más complicada. Escuche:

d   At the beginning of a group of words, or after an *n* or *l*, the *d* is very much like the *t*, but voiced.

Dámelo // diga // doble // Dorotea // cuando // hablando // donde // caldo //

In most other positions, and especially between vowels, the *d* is like the *th* in *mother*, but a little faster and softer.

nada // cada // todo // toda // mi vida // hablado // vivido // tenido //

Finally, at the end of a word, the *th* sound becomes so soft that it almost disappears.

Diga otra vez: libertad // ciudad // unidad // voluntad // salud // virtud // verdad // usted //

P.: Así es. Ahora dígame:

¿Qué oye Ud.?

Indique siempre la palabra correcta. Por ejemplo:

1. (nata)	nada
2. cata	cada
3. moto	modo
4. ruta	ruda
5. seta	seda
6. mito	mido (. . .)

r Diga conmigo: ere // ere //

First, let's practice. Say "butter" over and over again very fast, like this: butterbutterbutter butterbutter . . . Now say: pot o' tea // pot o' tea //

Ahora diga conmigo: para ti // Otra vez: ______________________________//

Repita ahora: para // cara // toro // moro // cero // pero // muro // puro // tocar // estudiar // escribir //

P.: Vamos a continuar.

J.: Claro (*Of course*), . . . Con la *rr*, ¿está bien?

P.: (. . .) Es un poco más difícil, pero con práctica . . .

J.: Y paciencia . . .

P.: Todo (*Everything*) es posible.

J.: Es verdad. (*That's true.*)

rr The *rr* is formed exactly like the *r*. It's just that we make the tongue bounce several times instead of once against the upper ridge of the mouth.

Diga conmigo . . . para // para //

(*Rápidamente*) paraparaparaparapara // paraparaparaparaparra //

cara // cara //
caracaracaracaracara // caracaracaracaracarra //

Otra vez ahora:

para //	parra //	caro //	carro //
pero //	perro //	cero //	cerro //
moro //	morro //	coro //	corro //
guerra //	tierra //	barra //	guitarra //

Incidentally, when *r* begins a word, it sounds just like the *rr:*

rato // rata // rico // rey //

P.: Es difícil. Lo sé (*I know*). Pero otro día (*some other day*) vamos a practicar más. Por ahora, vamos a tomar (*for now, let's take*) . . .

Dictado (*Dictation*)

Escriba cada palabra con la ilustración correcta. (*Write each word with its proper illustration.*)
(. . .) Vamos a comenzar.

____

ri __________

____

____

la __________

la __________

P.: (. . .) Ud. es muy . . . , ¿sabe?

J.: Sí, realmente. Y ahora, una cosa más (*one more thing*):

Los días de la semana (*The Days of the Week*)

lunes // martes //	*Monday, Tuesday*
lunes, martes, miércoles //	*Monday, Tuesday, Wednesday*
miércoles // jueves //	*Wednesday, Thursday*
miércoles, jueves, viernes //	*Wednesday, Thursday, Friday*
viernes // sábado //	*Friday, Saturday*
viernes, sábado, domingo //	*Friday, Saturday, Sunday*

Una vez más: __________________________ // ¡Y ya!

Ahora díganos:

1. Si hoy (*If today*) es lunes, ¿qué día es mañana (*tomorrow*)?

   __________________________ // __________________________ //

2. Si mañana es sábado, ¿ . . . hoy? __________________________ //

   __________________________ //

P.: Bueno, vamos a continuar.

Nombre ______________________________ Fecha ________________ Clase __________

J.: ¿Oralmente o por escrito (*in writing*), . . . ?

P.: (. . .) Por escrito, por favor.

Ejercicio escrito

Saque su pluma (*Take out your pen*), y conteste Ud. :

1. ¿Qué día de la semana . . . ? ____

2. Entonces (*Then*), ¿ . . . ? ____

3. ¿Hay clases en su escuela (*school*) los . . . ? ____

   ____

4. ____

5. ¿ . . . tiene Ud. (*do you have*) la clase de español? *Tengo la clase de español los* __________

   ____

P.: ¡ . . . ! Y ahora sólo hay tiempo para un rápido . . .

J.: Rapidísimo. Hasta luego, . . .

Nombre ______________________________ Fecha __________________ Clase __________

LECCIÓN DE CONVERSACIÓN — CUATRO

"Buenas tardes, señoras y señores. ¡Hoy es el día de la LOTERIA! ¿Cuáles son sus números favoritos? (*What are your favorite numbers?*), Pues escuchen Uds. : 19 . . . 31 . . . 15 . . . 76 . . . 55 . . . 92 . . ."

J.: Hola. ¿ . . . ? ______________________________ Dígame, ¿le gusta . . . ? *Sí, me gusta . . .* ______ *No, no me gusta* ______________________ ¿Y le gusta a Ud., Mila?

M.: Muchísimo. Pero, ¿por qué (*why*) . . . ?

J.: Ay, perdone. Escuche, mi estudiante. Permítame presentar a (*let me introduce*) . . . Mila es de Lima, Perú.

M.: (. . .)

J.: Bien. Y ahora, vamos a conversar.

M.: Pero, ¿de qué (*about what*) . . . ?

J.: Es un secreto. Primero vamos a estudiar los números hasta cien (*up to 100*). Y después (*then*), ¡hay una sorpresa (*there's a surprise*)!

Números: 40–100, etc.

Repita, por favor:

diez // veinte // treinta //	10, 20, 30
cuarenta // cincuenta // sesenta //	40, 50, 60

Otra vez: ____

setenta // ochenta // noventa //	70, 80, 90

Una vez más: ____

cien // ciento // 100 ______________________________________ //

J.: Y ahora, la sorpresa. Vamos a usar los números de 1 a 100 para jugar a (*we're going to use these numbers to play*) "¡Olé!

M.: ¿ . . . ? ¡Tremendo!

Nombre ______________________________ Fecha ________________ Clase __________

¡OLÉ!

Escuche bien las instrucciones.

O	L	É
1–15	16–30	31–49
6	20	33
10	29	42
14	30	48

- En la columna bajo la O, escriba tres números entre 1 y 15. (*In the column under the O, write any three numbers, in any order, between 1 and 15.*)
- En la columna bajo la L, escriba tres números entre 16 y 30.
- En la columna bajo la E, escriba tres números entre 31 y 49.

Escuche ahora. Vamos a llamar (*we're going to call*) 15 números. ¡Sólamente 15 . . . ! (*And if you cover any row, vertical, horizontal or transversal, you call out "¡Olé!". You've won!*)

M.: ¡Qué bien! (*Great!*) Pues, vamos a comenzar. Escuche . . .

Columna O Número . . . →
Columna E . . .
Columna L . . .
Columna L . . .
Columna L . . .

Columna L . . . →
Columna O . . .
Columna E . . .
Columna E . . .
Columna E . . .

Columna L . . .
Columna O . . .
Columna E . . .
Columna O . . .
Columna E . . .

¡Y ya! (*That does it!*)

J.: ¡ . . . ! Dígame, ¿es Ud. uno de los ganadores (*one of the winners*)? Pues vamos a jugar otra vez (*let's play again*).

O	L	É
50–69	70–85	86–100
51	73	88
61	79	90
65	84	100

Esta vez (*this time*):

- En la Columna O, escriba tres números entre 50 y 69.
- En la Columna L, escriba tres números entre 70 y 85.
- En la Columna E, escriba tres números entre 86 y 100.

Vamos a comenzar . . .

Columna O Número . . . →
Columna L . . .
Columna O . . .
Columna L . . .
Columna E . . .

Columna O . . . →
Columna E . . .
Columna E . . .
Columna L . . .
Columna O . . .

Columna E . . .
Columna O . . .
Columna E . . .
Columna L . . .
Columna L . . .

J.: Bueno, ¿sabe Ud. (*do you know*) ahora los números hasta 100? __________ Pues vamos a continuar.

ciento uno // 101
ciento cinco // 105
ciento dos // 102
ciento diez // 110 (. . .)

¿Verdad o falso?

Escuche bien otra vez, y conteste siempre (*always*) "Verdad" o "Falso". Por ejemplo:

1. Hay . . . personas en mi familia — . . . hermanos, . . . hermanas, papá y mamá. — Ah, entonces (*then*) su familia es muy grande (*large*) . . . ¿Verdad o falso? ___________// (¿ . . . ? Pues vamos a continuar.)
2. Hay . . . millones de personas en la capital de . . . — ¿ . . . ? Pues . . . millones no son muchas personas . . . ¿Verdad o falso? ___________
3. Hay . . . lecciones en mi libro de español. — ¿ . . . ? Entonces el curso . . . breve (*short*). ¿Verdad o . . . ? ___________

4. Mi apartamento cuesta . . . dólares al mes (*per month*). — ¿Sólo (*only*) . . . ? Entonces . . . muy costoso (*expensive*). ¿ . . . ? ___________

5. ¿Cuántas semanas hay en un . . . ? — Hay . . . — Ah, entonces hay ciento seis en . . . ¿ . . . ? FALSO

M.: ¡ . . . ! Ud. no es gran (*a great*) matemático.

J.: (. . .) Pero, en . . . ¡soy un experto!

Pronunciación

Como siempre (*As always*), mi estudiante, escuche primero:

x is usually pronounced like an *s* before a consonant, though in parts of Latin America, the *x* sound remains. Diga conmigo:

explicar // extraordinario // extranjero // extraño // expresión // extremo //

Between vowels, however, the Spanish *s* is like a softly spoken *g*, followed by *s: egs*. Escuche, y repita otra vez:

examen // examinar // hexámetro // exorbitante // exageración // hexágono //

M.: Ahora, un punto pequeño (*a small point*) . . .

y The consonant *y* sounds like the j in *judge* when it comes after an *n*.

inyectar // conyugal // inyección // (. . .)

J.: Y ahora, un punto muy importante. Escuche con mucha atención:

Linking is one of the most important factors in the rhythm of Spanish speech. Simply stated, when a word ends in a vowel and the next word begins with a vowel, join the two adjacent vowels, unless they are separated by a logical pause.

M.: Exactamente. Por ejemplo:

mi hijo // mi prima Antonia // mi tío Oscar // su único hijo // veinte y uno // veinte y dos // treinta y uno // treinta y seis // Señora Hurtado // Señorita Ortiz // doña Amanda // doña Isabel // doce estudiantes // quince estudiantes // la clase de español // No me gusta Alonso. // Me gusta más su hermano. // ¿Cómo está hoy? //

J.: ¿Comprende? Pues otro día vamos a practicar más.

M.: ¿Y ahora, . . . ?

J.: ¿ . . . ? Naturalmente, vamos a hacer un pequeño dictado. ¡ . . . ! ¡Mi pobre . . . !

Dictado

(. . .) Estudie por un momento las ilustraciones . . . Después, escuche y escriba . . . (*Write under the appropriate illustration.*)

Mi ____________________

M.: Bueno. Es su turno (*your turn*) ahora, (. . .)

¿No ______ familia ______________

Hoy ______ examine ______________

J.: Esto (*This*) es suficiente, ¿ . . . ?

M.: Absolutamente. Porque (*because*) vamos ahora . . .

Nombre ______________________ Fecha ______________ Clase ________

Las estaciones y los meses del año (*The seasons and the months of the year*)

(. . .) Por favor, repita:

el invierno // enero // febrero // marzo //	*winter* *January, February, March*
Hace frío. // Hace mucho frío. // Y nieva. // Nieva mucho. //	*It's cold. It's very cold. And it snows a lot.*

J.: Sólo en el norte (*North*) . . .

M.: Es verdad. Bueno, repita otra vez:

la primavera // abril // mayo // junio //	*spring* *April, May, June*
Es mi estación favorita. // No hace frío. // Y no hace calor. // — Pero llueve. // Y hace viento, // ¿no? //	*It's my favorite season. It's not cold. And it's not warm. — But it rains. And it's windy, isn't?*

Bueno, diga otra vez:

el verano // julio // agosto // septiembre //	*summer* *July, August, September*
¡Ay! // ¡Hace mucho calor! // — Pero hay flores. // — ¡Y vacaciones! // Sí, me gusta mucho el verano. //	*Wow, it's very warm (hot). — But there are flowers. — And vacations! Yes, I like summer very much.*

M.: ¡Cómo no! Y finalmente:

el otoño // octubre // noviembre // diciembre //	*autumn* *October, November, December*
Hace fresco. // — Pero los colores son fabulosos. // Verde, // amarillo, // rojo, // pardo. // — Y hay clases // y exámenes // y ejercicios, y . . . //	*It's cool out. — But the colors are lovely. Green, yellow, red, brown. — And there are classes, and exams, and exercises, and . . .*

M.: (. . .) Hay ejercicios ilustrados, como (*like*) . . .

¿Qué tiempo hace? (*How's the weather?*)

(. . .) Mire (*Look at*) las ilustraciones, y conteste . . .

1. 

¿Llueve o hace sol?

______________________//

2. 

¿ . . . o nieva?

______________________//

3. 

Dígame: ¿Hace mucho o poco . . . ?

______________________//

4. 

¿ . . . ?

______________________//

5. 

¿Hace fresco o . . . ? ______________________//

J.: Bien. A propósito (*by the way*) . . . : Realmente, ¿hace . . . aquí hoy? ______________________

¿ . . . en el invierno?______________________________________ ¿ . . . frecuentemente?

____

M.: ¿ . . . en el verano? ____

¿Llueve más (*more*) . . . o en el otoño? ______________________________________

______________________________________ ¿Sabe? Ud. aprende (*you learn*) . . .

M.: Es verdad (*it's true*). ¡Incluso (*including*) los números! (. . .)

Nombre ______________________________ Fecha ________________ Clase __________

Más números — de cien a mil (100–1000)

Repita, por favor:

cien // O si prefiere (*if you prefer*), ciento // 100
doscientos // 200 trescientos // 300

Continúe Ud.: ____________________ 400 (Así es.)

Ahora preste mucha atención (*Pay careful attention*):

quinientos // 500 ______________ // (Sí, es irregular.) seiscientos // 600

setecientos // 700 ochocientos // 800

novecientos // 900 mil // _________ // 1000

mil ciento // 1100 mil doscientos // 1200, etc.

J.: ¡Ya! (*That does it!*) . . .

Vamos a una subasta (***Let's go to an auction!***)

(Voces: 10.000 pesos . . . 15.000 . . . 20.000 . . . ¡Se vende! (*Sold!*)

Mire. Primero (*first*) hay un magnífico televisor a color (*color TV*).

Vamos a comenzar con cien dólares ($100), ¿está bien?

We start with $100. You add $20 to our bid each time until you reach the amount you're willing to pay. (You can't bid less than $300!) If you're the highest bidder, you win the TV. If we outbid you, you lose.

¿. . . ? _________ Pues vamos a comenzar.

	Ud.
$100	________$120________
$140	____________________
$180	____________________
$210	____________________
$250	____________________
$330	____________________
__________?__________	____________________
__________?__________	____________________
__________?__________	____________________
__________?__________	____________________
__________?__________	____________________
__________?__________	____________________

¡Y se vende! (*Sold!*)

M.: ¡Qué ganga! (*What a bargain!*) Bueno, ahora hay un coche fabuloso.

This time we'll start with $1000. <u>You</u> have to offer $500 more each time — until you don't want to bid any more. (You can't stop before $10,000.)

M.: Bueno vamos a comenzar.

	Ud.
$1000	________$1500_______
$2000	____________________
$3000	____________________
$4500	____________________
$5200	____________________ //

Nombre ______________________ Fecha ______________ Clase __________

________?________	__________________
$7400	__________________//
________?________	__________________
________?________	__________________
________?________	__________________
________?________	__________________

¡Se vende!

M.: ¡Felicitaciones! (*Congratulations!*) El coche . . . ¿Hay otra cosa (*something else*) . . . ?

J.: Sí. Esta (*this*) fabulosa casa. Vamos a comenzar con $50,000.

(You have to add $10.000 each time. Minimum—$100,000)

¿ . . . ? __________ Pues, a comenzar. Y más rápidamente esta vez (*this time*) . . .

	Ud.
$50,000	______$60,000______
________?________	__________________
________?________	__________________

¿Qué dice? (*What are you saying?*) (. . .) Pues,

________?________	__________________
________?________	__________________
________?________	__________________
________?________	__________________

¡Se vende!

M.: Ud. es . . . , ¿sabe? Ahora, sólo hay . . . , ¡y ya!

Ejercicio escrito

Saque su pluma otra vez, y conteste, por favor:

1. Si hay . . . ¿cuántas (*how many*) semanas hay . . . ?

   ____

2. Si una persona tiene (*has*) . . . en el banco, ¿es pobre o . . . ?

   ____

M.: Muy bien. Vamos a hablar de otra cosa. (*Let's talk about something else*).

3. ¿Cuál (*Which*) es su estación . . . ? ________________________

   ____

4. ¿Qué mes . . . más (*most*)? ____________________________

5. Y para terminar: ¿Cuáles (*Which*) son los colores principales . . . ?

   ____

M.: ¡ . . . ! ¿Y sabe? La lección está (*is*) completa. Hasta pronto, . . . un abrazo cariñoso (*warm embrace*).

M.: (. . .)

Nombre ______________________________ Fecha _______________ Clase __________

LECCIÓN PRIMERA

(En la universidad. Diferentes estudiantes hablan.)

"Hola, Linda. Nando. — ¿Qué tal, hombre?"
"Lisa, ¿vas (*are you going*) a clase? — No. A la biblioteca. ¿Y tú?"
"¡Caramba! Mañana hay examen, y no estoy preparado (*I'm not prepared*)".
"Vamos a la cafeteria, ¿eh?"
"¿Tú tomas (*You're taking*) la clase del Dr. Peña? — ¡Pena (*pain, trouble*), hombre, Pena!"
"Beatriz. ¡Espera (*wait*)! Beatriz . . ."

B.: Ahora no, Isa. Tengo (*I have*) sesión de laboratorio. En efecto (*In fact* . . .) Hola, mi estudiante. ¿ . . . ? __________________

Pa.: Pero, . . . ¿qué es eso (*what's that*)?

B.: ¿El timbre? (*The bell*?) Un poco de "efecto dramático" . . . , no más (*that's all*). Porque hoy vamos a conversar sobre la educación, y . . . ¿ . . . mi idea?

Pa.: Es magnífica, . . . Pero . . . ¡ . . . ! ¿Otra vez?

B.: Rápido, mi estudiante. Eso indica que (*that*) la lección comienza inmediatamente.

Palabras ilustradas

Estudie por un momento las "palabras ilustradas" . . . Ahora escuche, y escriba el número correcto bajo cada ilustración. (*Write the correct number under each picture.*)

3

1

4

2

5

Un poco de lógica

Como siempre, escuche bien, y después conteste.

1. Alicia toma clases de biología, física y química. ¿Es estudiante de . . . o de . . .?

   ________________________________ ¿Comprende? . . .

2. Mi hermano enseña filosofía. ¿Enseña en . . . o en . . .? __________________

   __________________________ Claro.

3. Ésta (*This*) es una clase de . . . ¿Vamos (*Are we going*) a leer . . . o solamente periódicos? ____

4. Yo tomo cursos de economía y política. Dígame: ¿Estudio ciencia . . . o . . . ?

   Ud. ____

5. Mario Vargas estudia . . . , pero no aprende. ¿ . . . o malo (*bad*)?______________

   ____

B.: ¡Ay, pobre! No como (*Not like*) . . . Pues vamos a pasar ahora . . . , a practicar un poco . . . Repita, ¿está bien?

Mini-diálogo

— ¿Qué clases toma Ud. ahora? //	— *What classes are you taking now?*
— ¿Yo? // Tomo biología, // física, // arte, // música, // filosofía, // inglés, // latín, // ciencia social, // chino, // y . . .	— *Who, me? I'm taking biology, physics, art, music, philosophy, English, Latin, social science, Chinese, and . . .*
— ¡No! ¿Diez clases? // Es mucho para estudiar. //	— *¡No! Ten courses? It's a lot to study.*
— ¿Quién estudia? //	— *Who studies?*

Pa.: ¿Quién . . . ? Ud. , . . . ¡Ahora mismo! (*Right now!*) Vamos a . . .

Nombre ______________________________ Fecha ________________ Clase __________

CONCEPTOS

#1. About the articles

(masc.)	(fem.)
el señor // *the man*	la señora // *the woman, lady*
los señores // *the men*	las señoras // *the women, ladies*

Ahora observe bien otra vez:

el libro // *the book* (masc.)	la pluma // *the pen*
el curso // *the course*	la mesa // *the table, desk*
	la lección // *the lesson*
	la universidad // *the college*

Naturalmente, hay excepciones. Por ejemplo:

el día // (masc.)	*the day* "	Buenos días." //
la clase // (fem.)	*the class; classroom*	
el papel // (masc.)	*the paper*	

B.: Exacto. Y ahora, un corto . . .

Ejercicio

Escuche, y después repita con el artículo correcto. (*Repeat, adding the correct article*). Por ejemplo:

tío . . . *el tío* // madres . . . *las madres* //

¿Comprende? Pues vamos a comenzar.

1. hombre: el hombre//
3. mujeres: las mujeres //
2. amiga: la amiga //
4. mesa: la mesa //
5. papel (¡Cuidado — *Careful!*) el papel //
6. papeles: los papeles //
7. universidad: la universidad//
8. clases: las clases// Otra vez: __________ ¡Eso es! (*That's it!*)

Ahora escuche otra vez, y repita:

un chico//	*a boy*	una chica//	*a girl*
unos chicos//	*some boys*	unas chicas//	*some girls*

Ejercicios

A. Repita otra vez, pero con el artículo indefinido. (*Repeat, but with the indefinite article.*) Por ejemplo:

profesor: *un* profesor // lecciones: *unas* lecciones //

B.: ¿Está claro? (*Is it clear?*) (. . .) Pues, a continuar.

1. hora: una hora // 2. año: un ano //
3. libros: ~~los~~ unos libros // 4. plumas: unas //
5. lápiz (¡Cuidado!) un //
6. día (¡Cuidado otra vez!) un // Otra vez: ______________
7. mujeres: unas // 8. papeles: unos //

Pa.: Bueno, el fin (*the end*).

B.: No exactamente, . . . Hay un ejercicio más.

B. Esta vez (*This time*), diga Ud. siempre la forma femenina. Por ejemplo:

1. el hijo: *la hija* // 2. un primo: *una* prima //
3. el abuelo: la abuela // 4. mi hermano: mi hermana //
5. el padre: la madre // 6. los italianos: las italianas
______________ // 7. unos españoles: unas españolas ¡Ya!

Pa.: Pues adelante entonces al artículo . . .

#2. The Contractions: *al* (to the) and *del* (of the, from the)

Observe bien, y repita:

— ¿Qué recomienda Ud.? //	— *What do you recommend?*
¿Hablo al decano? //	*Do I talk to the Dean?*
— No. // Ud. habla primero //	— *No. You talk first*
a la secretaria del profesor, //	*to the professor's secretary*
o a los otros estudiantes. //	*or to the other students.* —
— Ah, gracias. //	*Oh. Thanks.*

• a (*to*) + el (*the — masc. sing.*) → al

• de (*of, from*) + el → del.

Vamos a practicar con . . .

Nombre ______________________________ Fecha ________________ Clase __________

Mini-diálogos

Escuche y después indique la conclusión más lógica.

1. — ¡Caramba! Hay muy poca gasolina en mi carro.
   — Entonces, ¿por qué no vamos (*why don't we go*) primero . . .

   a. a la estación de servicio? b. al garage? c. al colegio?

   ____a____________________

2. — ¿Sabe? Necesito más ejercicio físico. Es muy malo estudiar día y noche.
   — Claro. ¿Por qué no va (*don't you go*) conmigo . . .

   a. al cine? b. al gimnasio? c. a las conferencias educacionales?

   ________b________________ // (. . .)

3. — ¡Ah, me gustan muchísimo estos (*these*) colores! Rojo, amarillo, pardo, anaranjado (*orange*).
   — Pues, ¿sabes? Estos son los colores . . .

   a. de la primavera b. del otoño c. del invierno

4. — Señora Vargas, su hijo José es muy inteligente, pero no aprende en mi clase. En mi opinión, el chico necesita disciplina, o atención psiquiátrica.
   — Gracias por su interés, señor Moreno. Mañana hablo . . .

   a. a la maestra de la clase b. a los otros estudiantes del grupo

   c. al psicólogo de la escuela. ______________________________

B.: (. . .) Sí, realmente.

Pa.: Y ahora, adelante al . . . No es difícil. Escuche . . .

#3. "I speak, you speak . . .": The singular of the present tense

hablar // (*to speak, talk*)

hablo //	*I speak, am speaking, do speak*
hablas //	*you (my friend) speak, are speaking, etc.*
habla //	*he, she, you* (Ud.), *it* . . .

leer // (*to read*)

leo //	*I read, etc.*
lees //	*you* (*my friend*), *read*, . . .
lee //	*he, she, you* (Ud.) . . .

escribir //	(*to write*)
escribo // escribes // escribe //	*I write, am writing, do write* *you (my friend) write, . . .* *he, she, you* (Ud.) . . .

Ahora repita una vez más:

Ud. habla inglés, ¿no? // — Sí. // Hablo un poco. //	*You speak English, don't you?* *— Yes. I speak a little.*
¿Qué lees, Paco? // — Leo el periódico. //	*What are you reading, Frank?* *— I'm reading the newspaper.*

Y un ejemplo más:

¿Dónde vive Elsa? // ¿En Los Angeles? // — No. // No vive en California. // (. . .)	*Where does Elsa live? In Los Angeles?* *— No. She doesn't live in California.*

Vamos a practicar

Diga Ud. la forma correcta de cada verbo. Por ejemplo:

yo: estudiar *estudio* //; Ud. : enseñar *enseña* //
Mi hermana: escribir escribe // (. . .) Vamos a comenzar.

1. yo: tomar *tomo* // preparar preparo //

   vivir vivo // comprender corepsendo //

B.: Es verdad, . . . Ud. comprende . . .

Pa.: (. . .) A continuar.

2. Anita: tocar toca // trabajar trabaja //

   aprender *aprende* // abrir abre // (. . .)

3. Ud.: escuchar escuche // caminar camina //

   leer lee // (. . .) permitir permite //

Pa.: ¡ . . . ! Ahora escuche por un momento en inglés.

• As you know, Ud. is the polite way to say "you" (sing.). When we talk to a friend, just drop the Ud., and add s onto the verb ending.

B.: Es muy fácil (*easy*), ¿ . . . ? Pues vamos a continuar.

4. you (my friend): escuchar *escuchas* // caminar caminas //

   leer lees // permitir permites //

Nombre ______________________ Fecha ______________ Clase __________

Pa.: ¡Ya! Ahora, una cosa más, y terminamos (*we finish*). El artículo . . . , sobre "preguntas" (*questions*).

#4. How to Ask a Question

Observe bien otra vez, y repita siempre:

Pepe toca el piano. //	*Joe plays the piano.*
¿Toca Pepe el piano? //	*Does Joe play the piano?*

O, si prefiere (*if you prefer*):

¿Toca el piano Pepe? //	*Does Joe play the piano?*
¿Pepe toca el piano? //	

Repita otra vez:

Su abuela es mexicana, // ¿verdad? //	*Your grandmother is Mexican, isn't she?*
¿Es mexicana su abuela? //	*Is your grandmother Mexican?*
¿Su abuela es mexicana? //	
Adela no vive aquí. //	*Adela doesn't live here.*
¿No vive aquí Adela? //	*Doesn't Adela live here?*
¿Adela no vive aquí? //	

B.: Y ahora, con su permiso (*with your permission*), . . .

Ejercicio escrito

Escuche, como siempre, y conteste:

1. ¿ . . . en la universidad o vive con . . . ? ______________________
2. ¿ . . . otra lengua en casa (*another language at home*) . . . ? ______________________

   ____
3. ¿ . . . sus clases? ______________________ *mis clases.*
4. ¿Siempre prepara . . . ? Si Yo soy preparar
5. Francamente, amigo (amiga) ¿ . . . esta (*this*) . . . ? Si Yo soy comprender leccion

B.: ¿De verdad? (*Really?*) Pues . . . (*Bell.*) ¡Caramba! No hay tiempo . . .

Pa.: Sí, hay . . . En efecto, vamos a escuchar . . .

MOMENTO DE VIDA: DÍA DE LA MATRÍCULA — *Registration Day*

Es la primera semana del semestre, y Anita Castro camina al gimnasio para la matrícula. Entra al gimnasio. Estudia por un momento la lista de las clases. Saca una pluma, escribe un poco en unos papeles, y va a la mesa del consejero.

is walking / for · *She takes out* · *a little . . . goes* · *adviser*

Anita: Buenos días, doctor Fernández.

Dr. Fernández: Ah, sí, señorita . . . Perdón, ¿Ud. es . . . ?

Anita: Anita Castro.

Dr. Fernández: Claro. Anita Castro. ¿Cómo está? — *Of course*

Anita: Bien, gracias, señor. ¿Y Ud. ?

Dr. Fernández: Muy bien. Excelente, Ahora, ¿qué clases desea tomar? — *do you wish*

Anita: Inglés, francés, historia y arte, señor. — *sir*

Dr. Fernández: Ajá . . . Inglés 21: martes y jueves a las nueve. "La Novela de Hoy"

Anita: Sí, me gusta mucho la literatura moderna.

Dr. Fernández: Claro, Juanita . . .

Anita: Anita.

Dr. Fernández: Perdón. Anita . . . No. No es posible . . . La clase está completa. Hay otra sección a las ocho. — *is full* · *another*

Anita: Por favor, señor. No vivo aquí en la universidad. — *here*

Dr. Fernández: Pero Ud. siempre . . . ¿Dónde vive ahora? — *always / Where*

Anita: Por favor, doctor Fer . . .

Dr. Fernández: Bueno. Hay otra sección a las seis de la tarde. — *All right* · *P.M.*

Anita: ¡Ay, no! Entonces no como. Trabajo a las siete y media. — *Then / I work*

Dr. Fernández: ¿Por qué no toma Ud. entonces el Inglés 42: "Teatro Medieval"?	*Why*
Anita: ¿A qué hora?	
Dr. Fernández: A las nueve de la mañana.	*A.M.*
Anita: ¡Fantástico! Ahora, señor, ¿el Francés 13, a las diez?	
Dr. Fernández: Vamos a ver . . . Ay, no, Martita. Perdón. Juanita. El francés 13 está completo también.	*too*
Una hora más tarde. Anita habla con un amigo, Miguel.	*A half hour later / with*
Miguel: Entonces, Anita, ¿qué clases tomas?	
Anita: ¡Hombre! Treatro Medieval, Japonés 1, Bioquímica Avanzada y Problemas Constitucionales del Congo.	*Oh, man!* *Advanced*
Miguel: Pero, mujer. ¿Japonés? ¿Problemas Consti . . . ? ¿Y Bioquímica Avanzada? ¡No sabes Bioquímica Elemental!	*woman (girl)* *You don't know*
Anita: No importa. Mis clases son los martes y jueves de nueve a dos. El resto del tiempo estudio en la escuela de la vida.	*It doesn't matter.* *from / time* *life*
Miguel: ¡Magnífico! ¡Allí enseño yo!	*There*
Anita: ¿Ah, sí? Pues . . . buenos días, profesor.	*Well*

Pa.: ¡Qué (*What a*) . . . !

B.: ¡Y qué profesor! Son perfectos para (*for*) . . .

Pa.: ¿ . . . ? ¡Esa (*That*) es mi escuela favorita también! No hay . . . No hay exámenes.

B.: ¿ . . . ejercicios?

Pa.: (. . .) Solamente uno más. Por favor, mi estudiante, escuche otra vez y díganos siempre (*answer each time*):

¿Verdad o falso?

1. . . . estudiante de primer (*first*) año . . . Verdad

2. . . . tiene (*has*) una memoria . . . falso

3. Anita desea aprender . . . ________

4. . . . toma clases . . . falso

5. Realmente, Anita prefiere estudiar . . . ________

B.: ¿ . . . ? La verdad, ¡yo también! Vamos a terminar, ¿eh?

Pa.: ¡Cómo no (*of course*)!, . . . Hasta luego, . . .

Nombre ______________________________ Fecha ______________ Clase __________

LECCIÓN DOS

(Doorbell)

P.: (. . .) ____ Pasen Uds. (*Come on in.*) Y bienvenidos (*welcome*) . . .

Br.: Ah, gracias, . . . Me gusta mucho tener (*to have*) la sesión aquí hoy. Es más informal, más confortable. ¿ . . . ? __________________________

P.: Pues, . . . por venir (*for coming*). Es mucho más conveniente para mí.

Br.: Pero, ¡qué casa más bonita! (*What a pretty house!*)

P.: ¿ . . . ? Pues mire (*look*). Ud. también, mi estudiante. Esta (*this*) es . . . Dígame:

¿Qué ve Ud. aquí? (*What do you see here?*)

(1)

¿ . . . ? un sofá? ____________________ ¿ . . . ? ___________________________

¿ . . . ? la lámpara? ___________________________ ¿ . . . ? __________________

__________________________ .

P.: Pero nunca funciona. (*It never works.*) Bueno, pasen a la cocina, ¿ . . . ? ¿Desean Uds. . . . de café? ____

Br.: (. . .) Muy amable. (*Very nice of you.*) Pues conteste otra vez, . . .

(2)

¿ . . . estufa? ____________________ ¿ . . . ? ______________________________

P.: No es necesaria, . . . Comemos en el comedor.

Br.: Claro. Pues, ¿cuántas . . . ? ____

¿ . . . ? ____________________________ Son preciosos (*adorable*).

P.: (. . .) Son mis . . . Ahora bien, ésta es la alcoba de . . .

(3)

¿ . . . mesita de noche? _______________________ ¿ . . . lamparita?

____

Br.: Son muy bonitas, . . . Pero dígame, mi estudiante: ¿Qué es esto? ¿Hay una persona . . . ?

____

P.: ¡ . . . ! ¡Dios mío! ¡Luis! . . .

Br.: ¿Sabe, . . . ? Tal vez (*perhaps*) debemos continuar la sesión . . . de lenguas.

P.: Buena idea, . . . ¡Ahora mismo! (*Right away*!) . . . Ah, bien. Y vamos directamente al . . .

Nombre ______________________________ Fecha ________________ Clase __________

Mini-diálogo

— Señores, // aquí tengo su casa ideal. // Sala grande, // comedor precioso, // cocina moderna, // cuatro alcobas, // tres baños, // estudio privado, // numerosos armarios y . . . //	*— Madam, Sir, here I have your ideal house. Large living room, charming dining room, modern kitchen, four bedrooms, three baths, private study, many closets, and . . .*
— ¡Fantástico! // Pero, ¿cuánto vale? //	*— Fantastic! But, what does it cost?*
— Nada. // No está a la venta. // Ahora bien, // aquí tengo otra casa . . . //	*— Nothing. It's not for sale. Well now, here I have another house . . .*

P.: ¡Ay, qué suerte (*luck*)! . . .

Br.: ¡Pobre! (*Poor thing*!) Vamos a hablar de otra cosa más agradable (*pleasant*), ¿ . . . ? ________

__________________ Como (*like*) . . .

CONCEPTOS

#6. Plural forms of regular verbs: "We live, etc."

Fantástica idea. Repita, por favor:

hablar // (*to speak, talk*)

hablamos //	*we speak, are speaking, etc.*
habláis //	*you (my friends-Spain only)*
hablan //	*they, you* (Uds.) . . .

leer // (*to read*)

leemos //	*we read, are reading, etc.*
leéis //	*you (my friends-Spain)* . . .
leen //	*they, you* (Uds.) . . .

escribir // (*to write*)

escribimos //	*we write, are writing, etc.*
escribís //	*you (my friends-Spain)* . . .
escriben //	*they, you* (Uds.) . . .

Bueno, repita otra vez:

¿Uds. hablan español? //	*Do you (people) speak Spanish?*
— Sí, hablamos un poco. //	*— Yes, we speak a little.*

Ahora diga:

¿Qué leen Uds.? // — Leemos unos poemas. // Y escribimos otros originales. //

What are you reading? — We're reading some poems. And we're writing other original ones.

Br.: ¡ . . . talento! Pues repita una vez más:

Hombres, // ¿camináis al colegio ahora? // — Más tarde. // ¿No coméis primero? //

Guys, are you walking to school now? — Later. Aren't you eating first?

P.: Así es. Y ahora, . . .

Ejercicio

Conteste siempre según (*according to*) las indicaciones. Por ejemplo:

1. ¿Trabajan Uds. hoy? — No. Mañana

   No. // Trabajamos mañana. //

2. ¿Comprendéis, chicos? — Sí, perfectamente.

   Sí, comprendemos ______ //

3. ¿Abrís las puertas ahora? — Sí, en dos minutos.

   ______ //

4. Dígame: ¿Escuchan Uds. bien en la clase? — No . . .

   ______ //

5. Entonces, ¿aprenden Uds. mucho? — No. Muy poco.

   No. // aprendemos ______ //

6. ¿Los estudiantes escriben los ejercicios? — No . . .

   escribenos ______ //

7. Por lo menos (*at least*), ¿contestan Uds. estas preguntas? — ¡Ay, no!

   ¡Ay, no! // No contestanos ______ //

P.: ¡Válgame Dios! (*Heaven help me!*) ¿Qué hacemos (*shall we do*), . . . ?

Br.: Pasamos . . . , nada más (*that's all*). Preste (*pay*) atención, . . . y repita:

#7. Subject pronouns: I, you, he, etc.

yo // *I*   tú // *you (my friend)*

— ¿Quién es? //	— *Who is it?*
— Soy yo. //	— *It's I.*
— ¡Ay, no! ¿Tú? //	— *Oh, no! You?*

Br.: Muy amable, ¿eh? Pues . . .

—¿Quién es? //	— *Who is it?*
— Mi hermano Juan. //	—*My brother John.*
— ¿Ah, sí? ¿Él? //	— *Oh, yes? He?*
— Y mi hermana Lisa. //	— *And my sister Lisa.*
— ¿Ah, sí? ¿Ella? //	— *Oh, really? She?*

(. . .)

¿Cómo está Ud.? //	*How are you?*
— Bien, gracias. //	— *Fine, thanks.*
¿Y cómo están Uds.? //	*And how are you (all)?*

Br.: Esto (*This*) es muy fácil, ¿ . . . ? Pues diga otra vez:

— ¿Quiénes son los primeros? //	— *Who are the first ones?*
— Roberto y yo. // Nosotros. //	— *Robert and I. We (are).*
— No. Alicia y yo. // Nosotras. //	— *No. Alice and I. We (are).*
— ¡ Imposible! // ¿Alicia y tú? // ¿Vosotras? //	— *Impossible! Alice and you? You (girls — Spain only)?*
— Sí. // Más que vosotros. // Y más que ellos. // Y más que ellas. // Y . . .	— *Yes. More than you-guys. And more than they. And more than they (fem.) And . . .*

Br.: Por favor, no más (*no more*), . . .

P.: Ah, sí, . . . Un poco más de . . .

Práctica

Esta vez (*this time*), conteste según el modelo.

1. ¿Quién llama? — Alfonso. → *Él.* //
2. ¿Tú vives aquí? — No. Los García. Ello______ //
3. ¿Quiénes hablan primero? — Riqui y yo. Vosotros______ //
4. ¿Quién estudia más — tú o Juanita? — Juanita. Ella______ //
5. Quiénes deben ayudar? — Marta y María. Ellas______ //
6. ¿Tú y José preparáis los sándwiches? — No. Anita y tú. (*Spain*)

   ______________ // (. . .)

P.: (. . .) Ud. aprende . . . Adelante entonces, . . .

Br.: ¡Cómo no! Sobre el verbo . . .

#8. Ser (*to be*)

Diga primero conmigo:

soy //	*I am*
eres //	*you (tú) are*
es //	*he, she, it is: you (Ud.) are*
somos //	*we are*
sois //	*you (vosotros) are — Spain*
son //	*they, you (Uds.) are*

(. . .) (Ser — *who, what*)

¿Quién es ese señor? // — Es Roberto Salinas. // Es un famoso pintor. //	*Who is that gentleman?* *— It's Robert Salinas.* (*Who*) *He's a famous painter.* (*What*)

(. . .) (Ser — *from, made of, for* . . .)

¿De dónde son sus abuelos, Miguel? // — Son de México. // Pero nosotros somos texanos. //	*Where are your grandparents from, Mike? — They're from* Mexico. *But we are Texans.*
Dígame, // ¿es de porcelana el plato? — No. Es de plástico. // Es para la niña. //	*Tell me, is the plate (made of) porcelain? — No. It's (made of)* plastic. *It's for the child.*

Nombre ______________________ Fecha ______________ Clase ________

(. . .) (<u>Ser</u> — *what the subject is <u>really like</u>*)

Las rosas son rojas. // Las violetas son azules. // El español es fascinante. // — ¡Más fascinante eres tú! //	*Roses are red* (normally). *Violets are blue. Spanish is fascinating.* (Of course!) — *More fascinating — are you!*

P.: ¡ . . .! Pero todavía vamos a hacer (*we're still going to do*) unos . . .

Br.: Por supuesto (*of course*), . . .

Ejercicios

A. Repita, y después cambie según las indicaciones.

1. Repita: Mi familia es de Lima. //

   Cambie: Adela y yo somos de Lima //

   ¿Uds. son de Lima ? //

   ¿Tú ______________ ? //

2. Diga . . . : Yo soy muy idealista. //

   Cambie: Vosotros sois idealista // (. . .) Mejor (*Better*).

   Eduardo is muy ideal //

   Eduardo y Miguel son muy ideal // ¡Y ya!

B. Mini-diálogos

Como siempre, escuche y conteste:

1. — Marisa y Josefa son de Madrid. Nosotros somos de Barcelona.
   — ¿Ah, sí? . . . Pues conteste: ¿ . . . o latinas estas personas?

   ____

2. — ¿De dónde son Rufo y Toño López?
   — Son de Buenos Aires.
   — Ajá. Entonces: ¿De qué nacionalidad . . . ? son argentino //

3. — ¡Ay, qué frío! Nieva aquí todos los días.
   — Sí. El clima es terrible en esta estación del año . . . Dígame:

   a. ¿ . . . ? el invierno b. ¿Es típico del norte o del sur . . . ? ______________ (. . .)

Br.: Buenísimo. (. . .) Y ahora, un concepto más, sobre (*about*) . . .

#9-10. Adjectives and their position

Preste mucha atención y repita, como siempre:

(after the noun)

un sofá viejo //	*an old sofa* (description)
una silla vieja //	*an old chair*
unos muebles nuevos //	*some new furniture*
unas cortinas nuevas //	*some new curtains*

P.: Es fácil, ¿ . . . ? Pues observe otra vez:

el arte español //	*Spanish art* (nationality)
la música española //	
los hombres españoles //	
las mujeres _________________ //	
el estilo francés //	*the French style*
la vida francesa //	*French life*
los perfumes ________________ //	
las modas ___________________ //	*French fashions*

Br.: (. . .) Ahora, un poco más rápidamente, ¿está bien?

un pintor inglés //	*an English painter*
una pintora ___________________	
los artistas japoneses //	*Japanese artists*
las artistas ___________________	

Nombre ______________________________ Fecha ________________ Clase __________

P.: Así es (*that's right*). Ahora bien, los otros adjetivos tienen solamente (*have only*) formas singulares y plurales. Por ejemplo, . . .

un comedor grande //	*a large dining room*
una alcoba grande //	*a large bedroom*
un actor joven //	*a young actor*
una actriz joven //	*a young actress*
unos ejercicios fáciles //	*some easy exercises*
Cambie: unas lecciones ________________//	
una idea superior //	*a superior idea*
unas ideas __________________//	
un lápiz verde //	*a green pencil*
una pluma _________//	
Es una persona muy cortés. //	*He's a very courteous person.*
Son personas ________________// (corteses)	

P.: A propósito, ¿observa Ud. ? En español, la posición del adjetivo descriptivo es diferente del inglés.

Br.: Sí. Y vamos a practicar con un corto (*short*) . . .

Ejercicio escrito

Información general

Escuche, y conteste por escrito (*in writing*) . . .

1. ¿Eddie Murphy es . . . ? ______ cómico ______
2. ¿Tina Turner es una cantante (*singer*) . . . ? ______ popular ______

   ____

3. ¿Linda Evans . . . ? a. ______ bonita ______

   b. A propósito, ¿ . . . joven? ____________________

4. ¿Neil Simon es famoso por su (*his*) . . . ? ____________________

   ____

5. ¿En qué . . . de los Estados Unidos? ____________________

   ____

6. Y para terminar: a. ¿ . . . antigua o moderna? ____________________

   ____________________ b. ¿Viven Uds. . . . ? ____________________

   ____

P.: Pues hablando (*speaking*) de casas, vamos a pasar al . . .

Nombre ______________________ Fecha ______________ Clase __________

MOMENTO DE VIDA: LA CASA NUEVA — *The New House*

"LA ZONA FLORIDA" en la Avenida Sotelo	*Avenue*
La conveniencia de la ciudad La atmósfera de un parque	*city*
OCUPACIÓN INMEDIATA	

La Avenida Sotelo. Treinta casas en fila, todas idénticas. Hay un camión grande a la puerta de una. Cuatro hombres entran y salen, suben y bajan con mesas, sillas, camas, sofás. La familia López Medina ocupa hoy su casa ideal.	*in a row* *all / big truck* *go out,* *go up and down*
Sr. López: Bueno, el sofá verde es para la sala. Y las sillas . . .	
Sra. López: ¡Cuidado con las lámparas, eh! Son de cristal . . . ¡Ayyy!	*Be careful*
Sr. López: ¡Hombre! La estufa es para la cocina, no para el baño.	
Sra. López: Robi, Charita, ¿por qué no trabajan Uds. también?	
Robi: Pero, mamá, trabajamos. Yo instalo mi estéreo, y ella ayuda.	*is helping*
Sra. López: Pero hay otras cosas más importantes, hijos. Por ejemplo . . . No, señor, el refrigerador no es para la alcoba amarilla.	*other things*
Sr. López: ¿Amarilla? Pero Filis, hay algo curioso. ¿No debe ser azul la alcoba?	*something* *shouldn't*
Sra. López: Creo que sí, Alonso. Sí, sí. Y la segunda alcoba debe ser blanca.	*I think so.*
Sr. López: Exactamente. Mañana llamamos al pintor . . . ¡Hombres! ¡Por favor! Las camas no son para la sala.	*painter*
Sra. López: ¡Ayy! ¡Mi plato favorito! ¡Qué desastre, Alonso! ¡Qué calamidad!	*What a*

Uno de los hombres: Señores, hay un problema. El piano no pasa por la puerta.

Sr. López: ¿Ah? ¿Por qué no usamas la ventana entonces? — *Why don't we then*

El hombre: Porque . . . Muy bien, si Ud. desea . . . ¡A trabajar! — *Because*

Una hora más tarde

El hombre: Señores, hay otro problema ahora. El piano no entra . . .

Charita: Mamá, papá. Hay dos personas a la puerta.

Sra. López: ¿Ahora? ¿Quiénes son? . . . ¡Hombre, por favor! Las cortinas no son para la terraza.

Charita: ¡Pero, mamá! Es importante.

Sr. López: Bueno, yo hablo con ellos . . . ¿Sí, señores? — *I'll speak with them.*

Sr. Mera: Buenas tardes, señor. Yo soy Eduardo Mera Avila, y esta señora es mi esposa.

Sr. López: Alonso López Medina, a sus órdenes. ¿Bueno, Sr. Mera . . . ?

Sr. Mera: No me gusta molestar, señor, pero nosotros somos sus vecinos, y . . . — *bother (you)*

Robi: ¡Mamá! ¡Papá! El piano . . . ¡Caramba! ¡Adiós, ventana!

Sr. Mera: Mil perdones, señor, pero . . .

Sr. López: Pero, ¿qué, hombre? ¿Qué?

Sr. Mera: Pero . . . ¡aquí vivimos nosotros! ¡Ésta no es su casa! — *This*

A la puerta de la casa hay un segundo camión grande. Cuatro hombres sacan un órgano eléctrico.

P.: ¡ . . . !

Br.: Bueno, dígame: ¿Recuerda Ud. el cuento (*do you remember the story*)? Pues conteste entonces.

Nombre ______________________________ Fecha ________________ Clase __________

Verdad o falso?

1. Todas las casas . . . falso
2. . . . , sin (*without*) problema, sin confusión. falso
3. Por ejemplo, . . . fácilmente por (*through*) . . . ______________
4. Y los hombres que entran . . . ______________
5. Los López descubren (*discover*) finalmente que ésta . . . verdad

Br.: ¡Ay, qué desastre!

P.: Y si no terminamos ahora mismo, hay otro . . . Hasta pronto, entonces, . . . , un abrazo . . .

Nombre ______________________ Fecha ______________ Clase __________

LECCIÓN TRES

(La escena es un salón de modas —*fashion salon*)

"Y ahora, señoras y señores, nuestra colección de verano (*our summer collection*). Una exquisita blusa azul, con falda larga color rosa — para una noche sentimental. ¿No son divinas? (Aplausos) Gracias, Pámela ... Y para el caballero (*gentleman*) elegante, pantalones verdes, con chaqueta amarilla y zapatos blancos. ¡Qué (*how*) románticos! ¡Qué masculinos! (Más aplausos) Gracias, Sergio ..."

M.: ¿ . . . ? ______________________________ ¿ . . . ?

J.: (. . .) ¿Sabe, . . . ? Ud. está muy bonita . . . Me gusta su vestido con . . .

M.: (. . .) Pero, realmente, no son . . . Son botas. Y es una blusa con falda, no . . . (. . .) Pues, ¿sabe Ud.? Me gusta su traje (*suit*) . . . Y la camisa.

J.: (. . .) Pero realmente, no es . . . Es un saco, con pantalones. Y es una camiseta, no . . .

M.: ¡ . . . !

J.: (. . .) Vamos a comenzar, ¿ . . . ?

¿Qué ropa es?

Primero, mire las ilustraciones . . . Ahora, escuche las pistas (*clues*).

Y díganos siempre: ¿Qué ropa es? ¿Estamos listos (*are we ready*)?

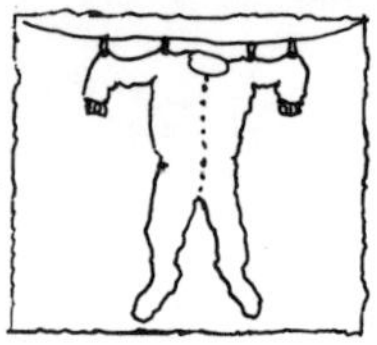

la pijama

un suéter

zapatos

los guantes

Pistas: 1. "¿ . . . separadas, o . . . sola cosa?
(. . .)

¿Llevamos esta (*this*) ropa con . . . ?
(. . .) o con . . . " ¿Sabe Ud. qué es? ____________________

2. "¿Son para . . . ?
(. . .) Para todos, . . .

¿ Son muy . . . ?
Naturalmente. Para . . . " Dígame, ¿qué son? ____________________

3. "¿ . . . la sala de clase?
. . . para llevar en . . .

"¿Es para el . . . o para la . . . ?
Normalmente . . . Para ir a . . ." ¿Qué ropa es? ____________________

J.: (. . .)

M.: Sí. De verdad (*really*). Y ahora, a practicar . . .

J.: Buena idea.

Mini-diálogo

Repita con nosotros:

— Robi, es tarde. // ¿Estás vestido? //
— Sí, mi amor. // Y llevo mi corbata nueva. //
— Es divina, corazón (*sweetheart*). // Pero con otra camisa. //
— ¿Ah, sí? // Pues en un momento cambio la camisa. // Bueno. //
¿Está mejor (*is it better*) ahora, Julita? //
— Fantástica. // Pero con saco azul, Robi // y pantalones grises. //
— Bien. // En dos minutos estoy listo. // ¡Ya! (*All done!*) // Y tú, Julita? // ¿Estás vestida? //
— No sé, Robi. // ¿Llevo la falda verde // con la blusa amarilla? //

Nombre ______________________________ Fecha _______________ Clase __________

J.: ¡Ay, cuidado (*watch out*), Julita!

M.: Bueno, . . . adelante. Hoy comenzamos . . .

CONCEPTOS

#11. ir (*to go*), dar (*to give*), estar (*to be*)

Son fáciles porque son muy similares . . .

voy, doy, estoy //	*I go, I give, I am, etc.*
vas, das, estás //	*you (my friend) . . .*
va, da, está //	*he, she, it, you* (Ud.)

vamos, damos, (Continúe Ud.) ____________________// *we go, etc.*

vais, dais, ____________// *you-folks (Spain)*

van (Continúe Ud.) ________, ______________,// *they, you* (Uds.)

(. . .)

Práctica rápida

Ahora diga las formas correctas. Por ejemplo:

ir: yo voy // estar: nosotros estamos //

dar: tú y yo damos // ¿ . . . ? Pues vamos a continuar.

estar: yo estoy // dar: yo d // ir: yo voy //

dar: Alfredo da // ir: Alicia va //

ir: nosotros vamos // ir: vosotros vais // (. . .)

estar: Uds. estan //

M.: (. . .) Ahora, ¿cuándo (*when*) usamos el verbo estar? Pues adelante . . . Es importantísimo . . . Observe bien, y repita:

#12. When do we use estar?

(Location — *where*)

— Ramiro, querido, // ¿dónde estás, mi amor? //
— Aquí estoy, Silvia. // ¡Pero no me llamo Ramiro! //

Ramiro dear, where are you, my love?
Here I am, Sylvia. But my name isn't Ramiro.

M.: ¡Ay, qué cosa! Bueno, . . .

(Condition — *how*)

— Estela, ¿cómo estás? //
— Regular. // Paquito está malo. // Está pálido. // Y su temperatura está muy alta. //
— ¡Ay, no! // Vamos a llamar al médico, // ¿está bien? //

Estelle, how are you?
So-so. Frankie is sick.
He's pale. And his temperature is very high.
Oh, no! Let's call the doctor, all right?

M.: ¿ . . . ? Pues vamos a escuchar ahora . . .

Mini-diálogos

Como siempre, conteste Ud.:

1. — ¿Carmen está en la escuela hoy?
   — No. Está en su casa. Está en la cama toda la semana (*the whole week*).

   Dígame: ¿ . . . ? ______________________ ¿Cree Ud. que . . . enferma (*ill*), . . . ? ______________________ ¡Pobre! (*Poor thing!*)

2. — No me gusta este café, señorita.
   — ¿Por qué no, señor?
   — Porque está frío, y hace mucho frío hoy.
   — Muchas gracias.

   Conteste: ¿Dónde . . . — en una casa privada . . . ? ______________________ Según esta conversación, ¿en qué . . . cree Ud. que estamos? ______________________ //

3. — Elisa, ¿vamos al cine esta noche (*tonight*)?
— No, Miguel. Estoy ocupada.
— Entonces, ¿mañana? ¿O el lunes? ¿O la próxima (*next*) semana?
— Ah, no, Miguel. Voy a estar muy fatigada. ¿Por qué no vas con otra persona?

Pues díganos: ¿Por qué . . . ? ______________________

En su opinión, ¿está muy interesada (*interested*) . . . ? ______________________

______________________ ¿ . . . está enamorado de ella (*in love with her*)? ______________________

M.: ¡ . . . ! Pues adelante a otra cosa. (¿ . . . ?) Sí, sobre los demostrativos . . .

#13. The demonstratives: *this, that, these, those*

Escuche, y repita . . .

este sombrero // *this hat*
ese abrigo // *that coat (near you)*

estos sombreros // *these hats*
esos abrigos // *those coats*

esta corbata // *this tie*
esa camisa // *that shirt*

estas corbatas // *these ties*
aquella // *those shirts*

Ahora, más rápidamente, repita, y después cambie (*then change*):

este vestido // estos guantes //

ese traje // eso zapatos //

este suéter // esta impermeables

ese saco // eso pantalones

esta blusa // estas faldas

esa camiseta // __________ chaquetas

(. . .) Ahora repita, y observe otra vez:

aquel día // *that day (far off)*
aquellos tiempos // *those times*

aquella noche // *that night*
¡Ah, aquellas memorias! // . . .

J.: ¿ . . . ? Pues vamos a usar estas expresiones . . .

Un poco de lógica

Como siempre, escuche y conteste, por favor:

1. "Este coche funciona muy mal. Ése (*that one*) funciona . . . "

   ¿En cuál debemos ir (*should we go*) — . . . o . . . ? ______________________

2. "No me gusta ese joven. No dice (*He doesn't say*) . . . ni (*or*) . . . Aquél . . . más simpático (*nicer*)."

   ¿Quién . . . con más cortesía — ese joven o aquél? ______________________

3. "Estos niños van a la fiesta . . . Ésos van . . . Y aquéllos van en ocho días."

   ¿ . . . ? Pues conteste: ¿Quiénes van a ir primero (*first*)? ______________________

   ______________________ ¿Quiénes van después (*next*)?

   ______________________ ¿Y quiénes no van esta semana?

   ______________________ (Así es.)

4. "Aquí hay tres casas. Ésta es de la época colonial. Ésa es de 1940. Y aquélla es . . ."

   Díganos: ¿Cuál . . . más antigua (*oldest*)? ______________________

   ¿ . . . más moderna? ______________________ ¿ . . . más

   similar a la casa de Ud.? ______________________

J.: A propósito, ¿sabe Ud.? En español, si una persona viene a nuestra casa (*comes to our house*), siempre decimos (*we always say*): "Mi casa es su casa".

M.: Muy generosos, ¿eh? Pues hablando (*speaking*) de "mi casa, su casa", etc. vamos a pasar . . .

#14. The possessives: *my, your, etc.*

Escuche, y repita:

mi cuarto // mi casa //	*my room, my house*
tu padre // tu mamá //	*your father, your Mom*
su maestro // su maestra //	*his, her, its, your* (de Ud. or Uds.) *their teacher*
nuestro libro // nuestra clase //	*our book, our class*
vuestro amigo // vuestra amiga //	*your friend*

Nombre ______________________________ Fecha ________________ Clase __________

(. . .) Ahora observe las formas plurales (with a plural noun!):

mis cuartos //	*my rooms*
tus padres //	*your parents*
Sus maestros //	*his, her, its, your, their teachers*
nuestros libros //	*our books*
nuestras clases //, etc.	*our classes*

M.: ¿ . . . ? Pues vamos a practicar un poco más:

mi papel // mios papeles

nuestra profesora // nuestro os profesores

vuestro examen // vuestra exámenes

Bueno, repita otra vez:

la alcoba de María //	*Mary's bedroom*
su alcoba //	*her bedroom*
los vestidos de María //	*Mary's dresses*
___s vestidos //	*her dresses*

la ropa de los jóvenes //	*young people's clothes*
su ropa //	*their clothes*
los intereses de los jóvenes //	*young people's interests*
____________________	*their interests*

el coche de Miguel //	*Michael's car*
su coche //	*his car*
el coche de mis hermanos //	*my brothers' car*
____________________//	*their car*

M.: Y ahora, un pequeño . . .

Ejercicio escrito

Conteste, por favor, . . .

1. ¿Vive . . . ? ____

2. ¿ . . . los otros miembros . . . ? ______________________________

____

3. Hablando entre amigos (*among friends*): En tu opinión, ¿es realmente . . . ?__________

____ ¿Están contentos . . . ? __________

____

4. Finalmente, en una nota más seria (*more serious note*): ¿Quiénes tienen más influencia sobre (*who have more influence on*) nuestra vida — . . . o . . . ?__________________

____

J.: ¿Sabe? Sus ideas . . .

M.: (. . .)

ESTAMPAS HISPÁNICAS

Nuestras Estampas Hispánicas hoy van a ser . . . Primero, hay un diálogo entre (*between*) . . . Y después, una conversacion sobre la ropa en el mundo hispánico (*Hispanic world*) . . .

Gloria: Mamá.

Madre: ¿Sí?

G.: ¿Qué debo llevar hoy?

M.: Depende. ¿Adónde vas?

G.: No sé.

M.: Pues si tú no sabes adónde vas, ¿cómo sé yo qué debes llevar?

G.: Por favor, mamá.

M.: Bueno. ¿Por qué no llevas el vestido amarillo? Es muy bonito.

G.: Sí, pero está sucio.

M.: Entonces, ¿los pantalones verdes con la camiseta gris?

G.: No estoy de humor.

M.: ¿La falda roja con la blusa azul?

G.: No me gusta esa combinación.

M.: ¿La falda gris con el suéter negro?

G.: ¡Uf!

M.: Entonces . . . ¿tu vestido blanco, el nuevo?

Nombre ______________________ Fecha ______________ Clase __________

G.: No, mamá. Ese vestido es para la fiesta mañana.

M.: ¿Y el vestido color café?

G.: Es para el domingo.

M.: Bueno, Gloria, tú decides. Yo estoy ocupada.

G.: ¿Ah? ¿Estás muy ocupada para hablar con tu hija? Entonces no voy a salir.

M.: Muy bien. Pasas la tarde en casa.

G.: Pero no quiero. Quiero salir.

M.: Entonces, ¿por qué no vas?

G.: Porque no sé qué llevar. Por favor, mamá . . . mamá . . .

J.: ¿ . . . ? __________ Pues dígame: ¿Le gusta . . . ? ______________________________

En su opinión, ¿ . . . típica o no? ______________________________

M.: ¿ . . . de Gloria? ______________________________ A propósito, ¿cree

Ud. que ésta . . . o norteamericana? ______________________________

J.: ¿Sabe? En mi opinión, no es . . .

M.: ¿ . . . ?

J.: Porque la joven hispana . . . así (*that way*) . . . No me gusta cómo . . .

M.: ¿Ah? Pues, ¿qué opina Ud., mi estudiante? ¿Habla así . . .? ______________________

______________________ ¿Hablan así . . . ? ______________________

____

J.: Y hay otras cosas también. Para muchas . . . , no importa (*doesn't matter*) mucho la cuestión de qué ropa llevar. Están contentas si hay suficiente ropa y comida . . .

M.: Es verdad. Pero no sólo en el mundo hispánico. ¡En todas partes . . . ! ¿Qué dice Ud. (*do you say*), . . . ? ¿A Ud. le importa . . . ? ______________________________

¿Le interesan mucho las modas (*fashions*) . . . ? *Sí, me interesan (No, no me interesan)*

____

J.: Pues como (*as*) Ud. sabe, la . . . del hispano, como . . . nuestra, depende de la posición que el individuo ocupa en la escala social. Hay . . . , y hay . . .

M.: Y las diferentes ocupaciones frecuentemente requieren ropa distinta . . . El mecánico usa otra ropa que (*than*) . . .

J.: Los viejos usan ropa más conservadora que . . .

M.: Y en ciertas regiones rurales, los indios conservan . . .

J.: Pero por lo general (*in general*), en las ciudades — en efecto, en todos los centros más o menos (*more or less*) urbanos — la ropa del hispano es muy similar a . . . , y la moda es . . .

M.: ¿ . . . ? Pues ahora . . .

J.: ¿ . . . ? No más, . . . Es tiempo de terminar (*time to finish*).

M.: (. . .) Entonces, mil gracias por todo.

J.: Y hasta pronto (*till soon*), . . .

Nombre ______________________________ Fecha ________________ Clase __________

LECCIÓN CUATRO

(Un dormitorio de estudiantes. Música de "disco". Diferentes voces)

"Felipe. ¡Fe-li-pe! Hombre, no apagas nunca (*won't you ever turn off*) tu radio?"
"Cuco, ¿dónde está mi libro de historia? — ¿Qué sé yo (*how should I know*)?"
"Pablo, ¿tú tienes mi libro de historia?"
"Felipe. ¡Fe-li-pe!"

Pa.: (. . .) ____________________ Por favor, espere (*wait*) . . . ¿Cómo vamos (*How are we going*) a comenzar . . . con esta música?

B.: (calling) Chicos . . . La música está muy alta (*is very loud*). (. . .) Bueno.

Pa.: Ud. es . . . , ¿sabe? Y muy bonita . . . sus ojos, su pelo, sus . . .

B.: (. . .) Pero hablando (*speaking*) de estas cosas, ¿por qué no pasamos . . . ?

Pa.: ¿Sobre . . . ?

B.: Sobre el cuerpo humano. (. . .)

Palabras ilustradas

Escuche y escriba el número correcto debajo de (*under*) cada ilustración.

____

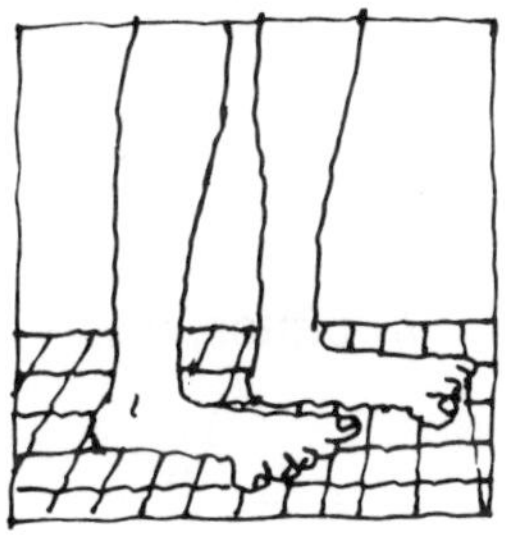

____

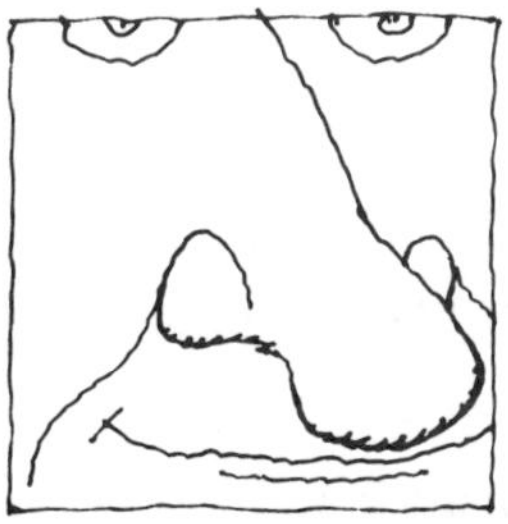

nariz

____

ferte

____

B.: ¡ . . . !

Pa.: (. . .) Y ahora, vamos a ver (*let's see*) si su pronunciación . . . Diga con nosotros . . . :

Mini-diálogo

#1. Yo creo que es culpable. // ¿No ven? // Tiene ojos furtivos. //
#2. Sí. // Y labios crueles. // Yo tengo buena nariz para esas cosas. //
#3. ¡Qué va! // Tiene una cara honesta. // Mi corazón dice que es inocente. //
#1. ¿Con esos dedos largos? // No, señor. // Ésas son manos de ladrón. //
#3. Pues yo soy violinista // y mis dedos son largos también. //
#1. Pero tus ojos no son furtivos. //
#2. Y tu boca no es cruel. // Está claro. // Es culpable, // culpable, // ¿no ven? //

Pa.: ¡Ay, justicia . . . !

B.: La verdad, . . . con toda justicia, debemos pasar inmediatamente . . .

Pa.: ¿Ya (*already*)? (. . .) Pues comenzamos entonces con . . .

CONCEPTOS

#15. Four special verbs: *tener* and *venir*, *decir* and *oír*

Diga, por favor:

<u>tener</u> (*to have*) // tengo, tienes, tiene // tenemos, tenéis, tienen //

<u>venir</u> (*to come*) // vengo, vienes, viene // venimos, venís, vienen //

B.: ¿Ya ve? (*See?*) Son muy similares.

Pa.: Pues aquí tenemos . . .

<u>decir</u> (*to say, tell*): digo, dices, dice // decimos, decís, dicen //

<u>oír</u> (*to hear*): oigo, oyes, __________// oímos, oís, __________//

A practicar

Escuche, y después conteste según las indicaciones. Por ejemplo:

1. Roberto, ¿tienes tiempo? — Sí, ahora → <u>*Sí, tengo tiempo ahora.*</u>//
2. ¿Vienes a las diez? — No. // ________________ a las nueve. //
3. Felipe, ¿dices la verdad? — Sí, siempre ______________________________//
4. ¿Oyes, Rufina? — Sí, ________________ perfectamente. //
5. ¿Vienen Uds. aquí a vivir? — No. Sólo ______________<u>*imos*</u> a visitar. //

Nombre ______________________________ Fecha ________________ Clase __________

6. ¿Qué dicen Uds. ? — ______________________ nada. // (. . .)

7. ¿No oyen Uds. la música? — No. ______________________________________//

8. ¿Qué tenéis ahora? — ¿Ahora? ______________*emos* los usos del verbo tener.

B.: Es verdad. En muchas expresiones idiomáticas. Escuche . . .

#16. Idioms with *tener*

— Hola, Riqui. // ¿Cómo estás? // — Mal. Malísimo. // Tengo frío, // y después tengo mucho calor. // Tengo hambre // y tengo mucha sed. // Y siempre tengo sueño, // y . . . — Y yo tengo miedo. // — Pero, ¿por qué? // — Porque tú tienes que ir al psiquiatra, // ¡ahora mismo! // — ¿Sabes? // ¡Tienes razón!	*— Hi, Ricky. How are you?* *— Bad, very bad. I'm (I feel) cold, and then I'm very warm. I'm hungry, and I'm very thirsty. And I'm always sleepy, and . . .* *— And I'm scared (afraid).* *— But, why?* *— Because you have to go to the psychiatrist, right now!* *— You know? You're right!*

Pa.: ¡Pobre . . . !

B.: Pues mientras (*while*) Riqui va al psiquiatra, nosotros vamos a oír . . . La verdad, son facilísimos (*very easy*).

Mini-diálogos

Escuche, y díganos siempre la conclusión correcta.

1. — . . . , ¿hay algo de (*to*) . . . ? ¿Un . . . ? ¿ . . . pizza? ¿ . . . ? ¿ . . . ?
   — Paciencia, . . . En un momentito.

   Dígame, ¿qué tiene . . . ? ______________________________ (. . .)

2. — ¡Uf! La temperatura está a . . . ¿No hay aire . . . ?
   — . . . no funciona . . .

   Conteste: ¿ . . . ? ________________________ (Precisamente . . .)

3. — Agua (*water*) . . . O una . . . o . . . o té frío . . . o . . .
   — Muy bien. Ahora mismo (*right away*).

   Dígame, ¿ . . . la chica? ____________________//

4. — Cinco y cinco . . . Diez y . . . Treinta y . . .
   — ¡Dios mío! ¿Qué dice Ud. . . . ? ¿Tiene razón . . . ? ______________________

5. — Son . . . de la mañana y . . . Por favor, chicos, ¿por qué no . . . ?

Conteste una vez más: ¿Qué tiene . . . ? ______________________________//

B.: (. . .) ¡Y con razón (*good reason*)! ¿Qué dice, . . . ? ¿Esto necesita más . . . ? __________

Pa.: No creo (*I don't think so*) . . . Adelante, a los pronombres (*pronouns*) que usamos después de (*after*) . . .

#17. Pronouns that follow a preposition

Diga conmigo: para mí // para ti //	*for me, for you (pal)*
¿Es para mí? // — Sí, // todo es para ti. //	*Is it for me? — Yes, everything is for you.*
Observe dos formas especiales: conmigo // contigo //	*with me* *with you*
¿Ellos vienen conmigo? // — No. // No van contigo. //	*Are they coming with me?* *— No. They're not going with you.*

Y las otras formas son completamente normales.

Es para él, // no para ella. // — ¿Y no hay nada para nosotros? // ¿Ni para Uds. ? // ¿Ni para ellos? //	*It's for him, not for her.* *— And isn't there anything for us? Or for you (all).* *Or for them?*

B.: Ah, sí. Hay una cosa. ¡Otro . . . !

Ejercicio

Esta vez, conteste según los modelos. Por ejemplo:

1. ¿Hablan de mí? — Sí. → *Sí. Hablan de ti.*//
2. ¿El carro es de Rafael? — Sí. → *Sí. El carro es de él.*//
3. ¿Hablan con Luisa? — No. No hablan ______________________//
4. ¿Tienen algo para Uds. ? — No. No tienen nada para nosotros ______//
5. ¿Caminas conmigo? — Sí. *Camino* ______________________//
6. ¿Viven contigo? — No. No ______________________//

Nadie (*nobody*) vive conmigo. // ¡Nunca (*never*)! // No me gusta vivir con nadie. //

Nombre ______________________ Fecha ____________ Clase ________

B.: Pero, . . . ¡qué negativo (*how negative*) . . . !

Pa.: Claro, porque tenemos que pasar . . . , sobre el doble negativo.

#18. The double negative: "don't know *nothing*"!

Preste mucha atención, y repita una vez más:

— ¿Qué deseas, Pepe? //
— Nada. // No deseo nada. // Y no deseo hablar con nadie, // nunca. //
— ¡Ay, chico! // No hay nadie como tú. //

— *What do you want, Joey?*
— *I don't want anything. And I don't want to talk to anyone, ever.*
— *Oh, kid! There's nobody like you.*

A propósito, si "nadie", "nunca" o "nada" viene antes del verbo (*if they come before the verb*), eliminamos el "no" . . .

No vamos nunca con ellos. //
Nunca vamos con ellos. //

We never go with them.

¿No viene nadie contigo? //
¿Nadie viene contigo? //

Isn't anybody coming with you?

B.: ¿ . . . ? Pues vamos a hacer un . . .

Ejercicio

Escuche, y después complete los pequeños diálogos con el negativo correcto. Por ejemplo:

¿Qué toma Ud. ? — ¿Yo? No tomo *nada*. //
¿De quién hablan? — No hablan de *nadie*. //
¿Siempre comes allí? — Al contrario. // No como allí *nunca*. //
(O si prefiere: *Nunca* como allí. //

1. ¿Qué estudia Ud. ? — ¡Hombre! Yo no estudio nada

2. ¿Con quién hablas español? — ¿Ahora? No hablo con nadia

3. ¿Los estudiantes siempre vienen preparados? — Ay, no. No vienen preparados ______________. O si prefiere: Nunca vienen preparados. //

4. La verdad, ¿aprenden Uds. mucho en sus clases? — ¡Dios mío! No aprendemos nada. (¡Caramba! Pues . . .)

5. ¿Hay muchos estudiantes como (*like*) Ud. aquí? — ¿Como yo? // No, no hay nadia

B.: Tiene razón, ¿ . . . ? Y ahora, una pregunta para . . . ¿Hay más cosas para estudiar . . . ?

Pa.: (. . .) Sobre verbos que son irregulares solamente en la forma de "yo".

#19. Irregular "yo-forms"

(-go group)

hacer (*to make, to do*) // hago //

hago, haces, hace //	*I make (or do); you, he, etc.*
hacemos, hacéis, hacen //	*we make (or do), you all, they . . .*

Y los otros verbos son similares. Rápidamente, . . .

salir (*to leave, go out*) // salgo //	*I leave (or go out),*
poner (*to put or place*) // pongo //	*I put, am putting . . .*
traer (*to bring*) // traigo //	*I bring, am bringing . . .*

Ahora observe . . .

(zco group)

producir (*to produce*) //	
produzco, produces, produce //	*I produce; you, he . . .*
conocer (*to know — a person or place*)	
conozco, conoces, conoce //	*I know; you, he . . .*

(2 special verbs)

saber (*to know a fact or how to*) //: sé //	*I know*
sé, sabes, sabe //	*I know; you, he . . .*
ver (*to see*) //	
veo, ves, ve //	*I see; you, he . . . etc.*

Pa.: Son fáciles, ¿ . . . ? No conteste, . . .

Ejercicio escrito

Saque su pluma, escuche, y conteste después. ¿ . . . ? ______________________________

1. — Mañana salgo a las seis en punto (*on the dot*). Tengo que llegar antes del mediodía.

   Conteste: a. ¿Sale . . . ? ______________________________

   b. ¿ . . . normalmente de casa? ______________________________

   ____

Nombre ______________________________ Fecha ________________ Clase __________

2. — ¿Qué dices, Sandra? Esta noche yo hago la comida, y tú traes (*bring*) la música. La fiesta va a ser fantástica.
— Bien, Marco. Tengo unos discos nuevos de ... Y otros de Menudo. ¿ ... ?

_______ Pues conteste ahora: a. ¿Qué clase de ... ? ¿ ... ? ________________

______________________________ b. ¿Hace ... ? ______________________

______________________________ c. A propósito, ¿conoce Ud. ... ? _______

____ d. ¿Sabe Ud. qué ... ?

____

Pa.: ¡Ya! Y hablando de ..., vamos a oír nuestro ...

(Música de "disco")

B.: Pero, ¿cómo? ¿Con ese ruido?

Pa.: No importa. Escuche, mi estudiante, por favor:

MOMENTO DE VIDA: DORMITORIO DE ESTUDIANTES (1)

Son las diez de la noche en un dormitorio de estudiantes, y el ruido es tremendo. Pablo Camacho grita a uno de sus compañeros de cuarto. — *noise / shouts*

Pablo: Hombre, ¿no apagas nunca tu radio? Tengo que estudiar. — *turn off*

Cuco: No es mi radio. Es el tocadiscos de Felipe. — *record player*

Pablo: ¡Caramba! Tengo examen de ciencia mañana, y Felipe ... ¡Fe-li-pe! (Felipe no oye nada. Marca con sus pies el ritmo de la música, y habla por teléfono.) — *rhythm*

Felipe: (al teléfono) Entonces, ¿qué vas a hacer esta noche? ... No oigo. ¿Qué dices?

Pablo: ¡¡Fe-li-pe!!

Felipe: (siempre al teléfono) ¡Ay, qué hambre tengo! ¿Tú tienes hambre también? ... Pues si vienes aquí ... Hombre, ¿por qué no hablas más alto? ... ¿Qué música? ... No. No es posible. Es la radio de Pepe García en el cuarto vecino. — *louder*

Cuco: ¡Dios mío! En el mundo entero, no hay nadie como él. — *like*

Pablo: Tienes razón. Yo no sé ...

Felipe: Sí ... Claro. Estamos listos ... Pablo Camacho y Cuco Rodríguez. — *ready*

Cuco: ¿Oyes? Dice algo de nosotros ... Felipe, ¿CON QUIÉN HABLAS?

Felipe: Ah, Cuco ... (Felipe cubre el teléfono con la mano.) Con Elena Osorio, la chica rubia de nuestra clase de inglés. — *covers* / *blonde*

Cuco: ¿Y qué dices de Pablo y de mí?

Felipe: Pues ella desea salir esta noche. Pero tiene miedo de venir sola aquí. Entonces yo digo que sus amigas Dorotea y Carmen deben venir con ella, o que nosotros vamos allí. — *alone*

Cuco: ¿Dorotea ... qué?

Felipe: Dorotea Arango. Es una muchacha fantástica — alta, bonita, con ojos verdes — perfecta para ti.

Pablo: ¿Y la otra? — *other one*

Felipe: Tú tienes que estudiar.

Pablo: No necesariamente. ¿Cómo es? — *What is she like?*

Felipe: Estupenda. Pequeña, morena, ¡sensacional! — *brunette*

Pablo: Bueno, ya sé suficiente ciencia. Salgo contigo.

Felipe: (otra vez al teléfono) Bueno, hombre, sí. Cuco Rodríguez y Pablo ... No son muy guapos, pero tienen dinero, un Potosí. — *money, a "gold mine"*

Pablo: ¿Cómo? — *What was that!*

Cuco: ¡Caramba! Yo nunca ...

Felipe: Bueno, Elena. Hasta luego. Adiós.

Pablo: Entonces, ¿a qué hora salimos?

Felipe: Mañana, a las ocho y media.

Pablo: ¿Mañana ... Pues realmente, es mejor para mí. — *better*

Cuco: Entonces yo voy a la cafetería. Si tienen sed, ...

Pablo: Gracias, no. (Pablo estudia ávidamente ahora.)

Felipe: Yo tampoco. Pero sí tengo mucho sueño ... Pablo ... hombre ... ¿no apagas nunca la luz? — *neither do I* / *I am* / *light*

Pa.: ¡. . . ! ¿Saben? Mi hermano José . . . así (*like that*).

B.: ¿Como (*like*) Felipe?

Pa.: ¡Como los tres! En fin (*Anyway*), vamos a ver cómo contesta . . . Díganos siempre:

¿Verdad o falso?

1. . . . en absoluto silencio. falso
2. Pablo desea . . . , pero . . . muy alta verdad
3. Al mismo tiempo (*At the same time*), Felipe . . . ____________
4. Dorotea . . . falso
5. Ahora Felipe no apaga . . . porque . . . falso

B.: ¡. . . ! Ud. comprende . . .

Pa.: Muchísimo. Por eso (*That's why*) no tiene que trabajar más . . . Hasta muy pronto, . . . gracias por todo . . .

Nombre ______________________________ Fecha ________________ Clase __________

LECCIÓN CINCO

(Estamos en un almacén grade. Voces: "Piso primero: Ropa de niños . . . Cosméticos y perfumes . . . Piso segundo: Ropa de señores . . ." "¿En qué piso venden Uds. pijamas?" — "Pase por aquí (*come this way*), señora." . . . "Es una ganga (*bargain*), señor, una ganga fantástica.")

P.: (. . .) ¿Qué dice, . . . ? ¿ . . . de compras (*shopping*) . . . ?

Br.: ¿En serio (*seriously*), . . . ? ¿ . . . ?

P.: Pues sí, cómo no (*of course*) — ¡ . . . imaginación!

B.: Ah, pues ésa es la mejor manera (*way*). ¡No cuesta . . . !

P.: ¡ . . . ! En fin, . . . , primero vamos a ver si Ud. tiene suficiente vocabulario ya para ir . . .

Br.: ¿Y cómo vamos a saber . . . ?

P.: Con un corto juego de palabras que llamamos . . .

Definiciones

Diga con nosotros:

un almacén // el precio // el cliente, la cliente // el dependiente, la dependiente //

una mueblería (*furniture store*) // una ropería //

Ahora escuche las definiciones, y díganos siempre: ¿Cuál es la palabra correcta? Por ejemplo:

1. Es una tienda donde . . . *Es una* ______________________________//
2. Es un lugar donde hay . . . *Es* ______________________________
3. Es la suma . . . que piden . . . ______________________________
4. Es la persona que paga . . . ______________________________
5. Es la persona que muestra . . . ______________________________
6. Es una tienda donde . . . ______________________________

P.: ¡Vámonos! (*Let's go!*) Ud. sabe . . .

Br.: (. . .) Primero tenemos que hacer . . .

Mini-diálogo

— ¿Cuánto vale este abrigo, señor? //
— Diez mil pesos, señora. // Y pierdo dinero. //
— ¿Diez mil pesos? // ¡Qué precio! // Yo pago 5000. //
— Pero señora, // 5000 pesos son menos del costo. //
— Entonces, adiós. //
— No, señora. // Deseo vender el abrigo. // Acepto los 5000. //
— Pero me da pena. // Si es menos del costo . . . //
— Está bien, está bien. // ¿No entiende? // ¡Yo siempre compro // a menos del costo! //

P.: ¡ . . . ! Así (*that's how*) me gusta . . . Vamos, mi estudiante. A ver si encontramos (*we can find*) . . . ganga.

Br.: Paciencia, ¿eh? Imagínense: Con más vocabulario y conceptos gramaticales, ¡van a encontrar . . . mejores! Rápido, comenzamos . . .

CONCEPTOS

#20. Stem-changing verbs: e > ie o > ue

A. e > ie

cerrar (*to close*) //
cierro, cierras, cierra // — *I close; you, he, etc.*
cerramos, cerráis // — *we close; you-all (Spain) . . .*
cierran // — *they, you* (Uds.) . . .

perder (*to lose*) //
pierdo, pierdes, pierde //
perdemos, perdéis // (. . .)

___*ie*____________ //

sentir (*to feel, feel sorry, regret*) //
siento // sientes // (. . .) ________________
sentimos, sentís, (. . .)

____

B. o > ue

contar (*to count; tell*)
cuento, cuentas, cuenta //
contamos, contáis,
cuentan //

volver (*to return, come back*)
vuelvo, vuelves, (. . .) ______________ //
volvemos, volvéis, (. . .)

ue ______________

Y uno más:

dormir (*to sleep*)
duermo, (. . .) ______________, ______________
dormimos, dormís

______________ (. . .)

Ejercicio

Repita, y después cambie según las indicaciones.

1. Repita: ¿Cierro las puertas? // (*Shall I close* . . . ?)

   Cambie: ¿(Nosotros) ______________?//

   ¿A qué hora ______________ Uds. ______________?//

2. Repita: Comienzo a comprender ahora. // (*I'm beginning to* . . .)

   Cambie: ¿Tú ______________?//

   ¿(Vosotros) ______________?// (. . .)

P.: ¿ . . . ? Pues uno más entonces . . .

3. Repita: No recuerdan mucho. // (*They don't remember* . . .)

   Cambie: ______________ // (costar — ue)

   ______________ // (dormir — ue)

Br.: Preciso. (*Precisely!*) Ud. entiende . . .

P.: A propósito, . . .

#21. Stem-changers: e > i

Hay unos verbos — muy pocos — que cambian la e a i. Por ejemplo:

pedir (*to ask for*) // pido, pides, pide // *I ask for, etc.*
pedimos, pedís // piden

repetir (*to repeat*) // repito, repites, ________

repetimos, repetís, ________________ //

servir (*to serve*) // sirvo, sirves, ____________

P.: ¿Ya ve (*you see*)? Pues aquí tiene . . .

Situaciones: ¿Qué hace Ud. ?

1. Son las . . . Ud. tiene hambre y entra en . . . ¿Qué pide?: ¿una hamburguesa? ¿una pizza? ¿un sandwich? ¿un helado (*ice cream*) de chocolate? *Pido* ____________________
2. Este sábado, Uds. van a tener . . . informal. ¿Qué sirven? ¿diferentes sodas (o "gaseosas")? ¿vino? ¿cerveza (*beer*)? *Servimos* ____________________
3. A veces (*at times*), mi abuela no . . . muy bien. Cuando . . . con ella, ¿qué debo hacer? ¿Repito dos o tres veces en voz alta (*in a loud voice*)? ¿O escribo algo en un papel? *Ud.* ____________________

Br.: (. . .) Siempre me interesan sus ideas. Otro día, . . .

P.: Sí, porque en este momento, tenemos que . . .

#22. Special uses of the preposition *a*

Observe bien . . .

- (a → person receives action)

— Neli, ¿a quién llamas ahora? //	—*Neli, whom are you calling now?*
— No llamo a nadie. //	—*I'm not calling anyone.*
— ¿Y no invitas a otras personas? //	—*Aren't you inviting other people?*
— No. No tengo más amigos. //	—*No. I don't have any other friends (No a after tener!)*
— ¡Qué va! // Tú tienes muchos. //	—*Go on! You have many.*

(. . .)

Nombre ________________ Fecha ________________ Clase ________

- (a after ir, venir, comenzar)

— ¿Comenzamos a trabajar ahora? // — No. // Vamos a esperar un poco. // Ana viene a ayudar. //	*— Shall we begin to work now? — No. Let's (We're going to) wait a bit. Ann is coming to help.*

- (a after aprender, enseñar)

— ¿Enseñan a hablar chino aquí? // — No. // Sólo aprendemos a decir unas frases. //	*— Do they teach how to speak Chinese here? — No. We only learn how to say a few phrases.*

Br.: ¿ . . . ? ____________ Pues es tiempo de hacer (*to do*) . . .

¿Lógico o ilógico? (¡Y un poco más!)

Como siempre, escuche y después conteste:

1. — Silvia, ¿tienes muchos amigos en esta ciudad?
   — No. No conozco a nadie todavía. Es muy pronto.

   — Ah, entonces eres . . . ¿Lógico o ilógico? ________________

   Conteste: ¿Conoce . . . dónde vive ahora? ________________

   ____

2. — Vamos a llamar al doctor García inmediatamente. ¡Rápido, . . . !
   — Evidentemente, entonces, no hay . . .

   Díganos: ¿Es lógico o . . . ? ________________

   Conteste otra vez: ¿A quién llaman . . . ? *Llamamos* ________________

   ____

3. — Bonjour, mademoiselle. Comment allez-vous?

   — Ah, Pedro. ¡Ud. aprende a . . . ! ¿ . . . ? ________________

   Ahora dígame: ¿Qué lengua . . . ? *Aprendemos* ________________ (. . .)

4. — ¿Sabes? Todos nuestros amigos van a venir. Y vamos a tener música y comida (*food*) y . . .

   — Fabuloso. Entonces Uds. . . . , ¿ . . . ? ________________

   A propósito (*by the way*), ¿Ud. va a ir . . . ? ________________

   ________________ ¿ . . . tener invitados (*guests*) . . . ?

   ____

P.: ¿ . . . ? ¿Me va a invitar (*are you going to invite me*)?

Br.: (. . .) Nuestros estudiantes no nos quieren invitar a nosotros (*don't want to invite us*.) Quieren invitar a sus amigos.

P.: Ah, entiendo, . . .

Br.: Pero no importa (*it doesn't matter*). Ud. y yo tenemos otras cosas que hacer (*to do*).

P.: ¿ . . . ? ¿Como (*such as*) . . . ?

Br.: (. . .) Imagínese (*just imagine*). . . . ¡Ud. y yo solos (*alone*)! (. . .)

#23-24. Object pronouns: *me, you, us*

Vamos a repetir:

me // te //	*(to) me, (to) you*
— ¿Me amas? // — Te adoro. // — Me dices la verdad? // — ¿Crees que te miento? // ¿Que te miento a ti? //	*—Do you love me?* *—I adore you.* *—Are you telling me the truth?* *—Do you think that I lie to you? That I lie to you (emphatic)?*

P.: ¿ . . . ? Pues esto no está mal (*isn't bad*). Vamos a continuar.

— ¿Te diviertes? // — Siempre me divierto contigo. // Porque te amo, // te adoro //, te . . .	*—Are you enjoying yourself?* *—I always enjoy myself with you. Because I love you, I adore you . . .*

P.: ¡Bastante (*enough*) . . . ! ¿ . . . ? Vamos a las formas plurales.

nos // os //	*(to) us, (to) you-folks (Spain)*
— Nos conocen, // pero no nos hablan. // ¡Qué cosa, eh! // — Es que no os reconocen. // No debéis preocuparos. //	*—They know us, but they don't talk to us. What a thing, eh!* *—It's that they don't recognize you. You shouldn't worry (yourselves).*

(. . .) A propósito, observe la posición de estos pronombres (*pronouns*) con un infinitivo (*infinitive verb form*):

— ¿Van a invitarnos? // ¿Nos van a invitar? //	*—Are they going to invite us?*
— No. Van a invitarme, // me van a invitar // sólo a mí. //	*—No. They're going to invite me. They're going to invite only me (extra emphasis).*

P.: . . . Ahora, ¿me hace (*will you do me*) un favor? Vamos a pasar . . .

Nombre ______________________ Fecha ______________ Clase __________

¿Tengo razón?

Repita, cambie, y dígame siempre si mi conclusión es correcta. ¿ . . . ?

1. Repita: Nuestros vecinos nos visitan mucho. //

   Cambie: ________________________________ (ayudar) //

   "Ah, entonces Uds. . . ." ¿Tengo razón? ______*tiene*______

2. Repita: Octavio, ¿me ayudas en la cocina? //

   Cambie: ________________________________// (necesitar)

   ". . . en una tienda de . . ." ¿ . . . ? ____________________

3. Repita: Te esperamos todos los días. // (*We wait for you . . .*)

   Cambie: ________________________________// (llamar)

   "Deseamos muchísimo comunicarnos . . ." ¿Qué piensa? ¿ . . . ?

   ____

4. Repita: ¿Me quieres a mí // como te quiero a ti? //

   Cambie: ¿________________ // ________________? // (amar)

   ". . . está muy enamorada (*in love*). ¿No tengo . . . ? ____________________

5. Repita: Es evidente que no os conocen. //

   Cambie: ________________________________// (creer)

   "Ah, existe una relación muy íntima . . ." ¿ . . . mi conclusión? ____________________

6. Repita: ¿Quieres pasarnos pluma y papel? //

   Cambie: ¿ ________________________________? // (dar)

   "Ajá. Estas personas quieren . . . pizarra." Dígame, ¿entiendo bien . . . ?

   ______________________________ ¿ . . . ?

P.: ¡ . . . ! Pero hablando de "escribir", ¿por qué no hacemos . . . ?

Ejercicio escrito

Escuche, y conteste las preguntas (*questions*). Y observe que por el momento vamos a usar las formas familiares (*te, os*) . . . ¡A comenzar!

1. Amigo (amiga), si tienes tiempo, ¿me . . . ? ______________, *te* ______________
2. ¿ . . . invitas . . . ? ______________, *os* ______________
3. La verdad, ¿os enseñan . . . ? ______________, *nos* ______________
4. ¿Te conocen . . . ? ______________ (Ajá. Entiendo.)
5. (. . .) ¿Qué me dices? ¿Puedes esperarme (*can you wait for me*) para ir . . . ? ______________

____

Br.: Pero, ¿a qué hora . . . ? ¿ . . . quieres ir?

P.: Después de escuchar . . . , por supuesto (*of course*). Hoy se llama . . . ¡ . . . ! ¡Qué casualidad! (*What a coincidence!*) Hoy ocurre en una tienda, y . . .

MOMENTO DE VIDA: EL ALMACÉN CONTINENTE

LIQUIDACIÓN DE VERANO	*Summer clearance*
¡HOY! ¡SÓLO HOY! Comienza a las 10 de la mañana	*Only*
Recuerden Uds. Gangas en todos los departamentos	*Bargains*
El Almacén Continente "Todo para el cliente"	*Everything*
Las 9:59 de la mañana. Mil personas esperan a las puertas del Almacén Continente. Una señora pasa al frente de la línea.	*are waiting* *front*
Varias personas: ¡Ea, espere! ¿Adónde va Ud. ? . . . Señora, Ud. no puede . . . ¿Qué es esto? Yo estoy delante de Ud.	*Hey* *this / ahead of*
La señora: ¡Qué va! Yo estoy aquí desde las ocho.	*Go on / since*
Otra persona: Yo también. Y digo que Ud. no . . .	
La señora: Pues Ud. tiene ojos en la cabeza, pero no ven. Hace dos horas que estoy aquí.	

La otra persona: ¿Oyen Uds. ? Escuche Ud. señora ...

Un empleado abre las puertas y la multitud entra. En un instante los elevadores, las escaleras automáticas, toda la tienda está llena.	*employee* *escalators* *full*
"Planta baja. Perfumes y cosméticos. Libros. Papelería." "Piso primero. Muebles y aparatos eléctricos ... "	*Ground Floor (the 2nd floor in USA*
Los clientes esperan pacientemente. Una señora habla con un dependiente.	
Cliente: Señor, ¿puede Ud. mostrarme la aspiradora que tienen por 15.000 pesos?	*vacuum cleaner*
Dependiente: ¡Cómo no, señora! Aquí está. ¡Qué ganga!	
Cliente: Sí. ¿Y cómo funciona?	
Dependiente: Bien, señora. Pero un poco despacio.	*slowly*
Cliente: ¿Despacio? ¿Por qué?	
Dependiente: ¡Porque no tiene motor! Ahora, si Ud. quiere pagar un poco más, por 20.000 tenemos ...	

• • •

"Piso segundo. Radios y televisores. Computadoras ... " Un cliente habla con una dependiente.	
Cliente: Pero, señorita, ¿ésta es la computadora que Uds. venden por 30.000 pesos?	
Dependiente: Sí, señor.	
Cliente: Pero no entiendo. ¿Por qué viene en esta bolsa pequeña?	*understand / bag*
Dependiente: Porque a este precio, señor, viene desarmada. Allí tiene Ud. todas las piezas.	*unassembled* *parts*

• • •

"Piso tercero. Zapatería. Ropa de damas y caballeros." Una dependiente examina con cuidado un artículo.	*third* *carefully*
Dependiente: Dígame, señor, ¿por qué devuelve Ud. esta camisa?	*are you returning*
Cliente: ¿Porque? ... ¿no ve Ud. ? Tiene sólo una manga.	*sleeve*

Dependiente: Pero, señor, Ud. no puede devolver una cosa defectuosa. ¿Cómo encontramos a otra persona para comprar esta camisa?	*do we find*
Cliente: ¡Señorita, quiero hablar con su supervisora!	
Dependiente: ¡Soy yo! Pero estoy muy ocupada. Posiblemente si Ud. vuelve mañana . . .	*That's me!* *come back*
Cliente: Pero . . .	
Dependiente: Lo siento, señor. Cerramos la tienda ahora.	*I'm sorry (I regret it)*
Cliente: ¿Cómo? ¿Uds. cierran la tienda al mediodía? ¡Pero si la liquidación es sólo hoy!	*What's that?*
Dependiente: Precisamente, señor. Mañana, a los precios normales, ¡estamos abiertos todo el día!	*open*
(Un teléfono suena, y la supervisora contesta.) "El Almacén Continente — para el cliente exigente".	*rings*

Br.: ¡ . . . ! En el Almacén Continente, ¡no hay nada . . . !

P.: Pero para Ud. , mi estudiante, siempre hay algo, ¿ . . . ? Por lo menos (*at least*), aquí tiene . . .

Br.: ¡Ay, pero, qué (*how*) generosa . . . !

P.: Claro. Siempre. Vamos a comenzar . . .

¿Verdad o falso?

Escuche, y después conteste:

1. Hoy es día de liquidación, y todas . . . pacientemente . . . F
2. La aspiradora que venden por 5.000 pesos . . . ______________
3. La computadora . . . lista para usar. ______________
4. . . . , no permiten devolver . . . defectuosa. ______________
5. Hoy cierran la tienda al mediodía porque . . . ______________

Br.: ¡ . . . ! Y ahora, ¿qué dice, . . . ? ¿Quiere ir todavía . . . ?

P.: Claro. Hay unas gangas fabulosas en el Almacén Necio (*Dopey*): "Todo al mayor precio (*highest price*)". ¿Vamos, . . . ? ______________ (. . .) Hasta muy pronto, entonces, un fuerte abrazo . . .

Nombre ________________ Fecha ____________ Clase ________

Testing Tape I
PRUEBA PRIMERA: LECCIONES I–V

M.: Muy buenas. ¿ . . . ? ____________________ Ah, por favor. Nadie tiene que estar nervioso. El examen es muy fácil. Por ejemplo, comenzamos . . .

I. Dictado ilustrado

Escuche bien, y después escriba bajo (*under*) la ilustración correcta. Recuerde: Escuche primero (*listen first, then write*):

____

Hay ____

____

¡____!

M.: Así es. Ahora vamos a repetir: (*Listen again for checking.*)

J.: ¿Pasamos ahora a la segunda . . . ?

M.: (. . .) Y se llama . . .

II. ¿Dónde estamos?

Escuche bien, y después indique la conclusión más lógica. Por ejemplo:

"Bueno, saquen Uds. papel y pluma. Hoy vamos a tener un examen."

Conteste: ¿Dónde estamos?:
a. en un hospital
b. en un museo de arte moderno
c. <u>en una escuela</u>

1. "Recuerden Uds. . . ."

   ¿Dónde estamos?
   a. en una clase de historia
   b. en una clase dematemáticas
   c. en una clase de ciencia natural

2. "Dígame, señor . . ."

   ¿Dónde estamos?
   a. en una biblioteca
   b. en una pequeña tienda rural
   c. en un almacén grande de la ciudad

3. "¿ . . . la luz? No puedo . . ."

   ¿Dónde estamos?
   a. en un dormitorio de estudiantes
   b. en un laboratorio profesional
   c. en una residencia de viejos (. . .)

4. ". . . Nuestro primer . . . es para hacer más fuertes . . . (. . .) —¡ . . . ! Estoy . . ."

   ¿Dónde estamos?
   a. en una oficina comercial
   b. en un gimnasio
   c. en un aeropuerto internacional

5. "Por favor, el refrigerador . . ."

¿En qué cuarto estamos?: a. en la alcoba

b. en el comedor

c. en la cocina

M.: (. . .) Ahora, ¿quiere oír los diálogos una vez más?

(Escuche . . .)

M.: Ud. comprende . . . ¿sabe? Pues vamos a la parte tres . . .

III. Asociaciones

Esta vez, diga Ud. por lo menos cuatro cosas que asocie con cada una de éstas (*you associate with each one of these*). Por ejemplo:

música . . . piano, tocar, escuchar, popular, clásica, tocadiscos, etc.

1. (la . . .) ______________________________
2. (. . . típica) ______________________________
3. ______________________________
4. ______________________________
5. ______________________________

(Ahora vamos a repetir, pero más rápidamente . . .)

J.: ¡Ya!

IV. ¿Qué contesta Ud. ?

M.: En esta parte vamos a tener una pequeña conversación, Ud. y nosotros. José, ¿Ud. quiere comenzar?

J.: Con mucho gusto, . . . Porque quiero hablar un poco de . . . , y de sus impresiones . . .

Por ejemplo, díganos: ¿Cuántas . . . ? ______________________________

Francamente, ¿cuál . . . ? ______________________________

M.: ¡ . . . ! ¿De verdad? Pues díganos otra vez: ¿Tiene Ud. que . . . ? ______________

______________________________ ¿ . . . también . . . o sólo

. . . ? ______________________________

J.: Más importante: ¿ . . . ? ______________________________

M.: Pues hablando de esto (*speaking of this*), ¿qué actividades extra-escolares (*extracurricular*) . . . ? ______________________________________

____

J.: A mí . . . los deportes.

M.: A mí . . . En fin (*Anyway*), una pregunta más, ¿ . . . ? Escuche. Yo no voy a estar . . .

¿Puede Ud. . . . ? ______________________________________

______________________ ¿ . . . ?

J.: Depende. Primero tenemos que hacer . . . Y después, ¿quién sabe?

V. Ejercicio de interpretación

Escuche bien, y conteste. Y por favor, ¡use la imaginación!

— ¿Qué me dices, Juan? ¿Que vienen invitados? ¿Otra vez? ¿A comer? ¡No, absolutamente no!
— Pero, Matilde, por favor. Son mis clientes más importantes.
— Pues si tú quieres invitar a todos tus clientes, ¿por qué no aprendes tú a cocinar, y atender a la casa y a los niños? Yo estoy cansada.
— Pues sólo esta vez, Matilde, nada más. ¿Está bien?

Conteste ahora. (You will hear each question twice.)

a. ¿Está . . . ? ______________________________________

b. ______________________________________

c. ¿ . . . su propio negocio (*his own business*) o que . . . ? ______________________

____

d. ¿Qué dice Ud. ? ¿ . . . ? ______________________________________

e. ¿ . . . cree Ud. que tienen . . . ? ______________________________________

____

f. ______________________________________

g. Y una pregunta más: En su opinión, ¿ . . . ? ______________________

____

M.: (. . .) ¿Ya ve? El examen está terminado (*finished*).

J.: Hasta la próxima vez, entonces, muy buena suerte siempre . . .

M.: ¿ . . . ? Pero, ¿no vamos a ir . . . ? ¿Qué dice, eh? ¿ . . . ?

Nombre ______________________________ Fecha ________________ Clase __________

LECCIÓN SEIS

B.: (. . .) ¿Cómo le va? ____________________ ¿Y a Ud. Pedro?

Pa.: (. . .) Sólo que tengo . . . hambre.

B.: ¿ . . . ? ¿A estas horas?

Pa.: Sí. ¿Qué puedo . . . ?

B.: Pues tal vez (*perhaps*) si hablamos de comida, se siente (*you'll feel*) mejor.

Pa: ¿Ud. cree? (*You think so?*)

B.: (. . .) ¿No le parece, (*don't you think so*), . . . ? Por ejemplo, . . .

Palabras ilustradas

Mire por un momento las ilustraciones, y después escriba las palabras apropiadas (*appropriate words*).

Pa.: ¡ . . . ! Me muero (*I'm dying*) . . .

____

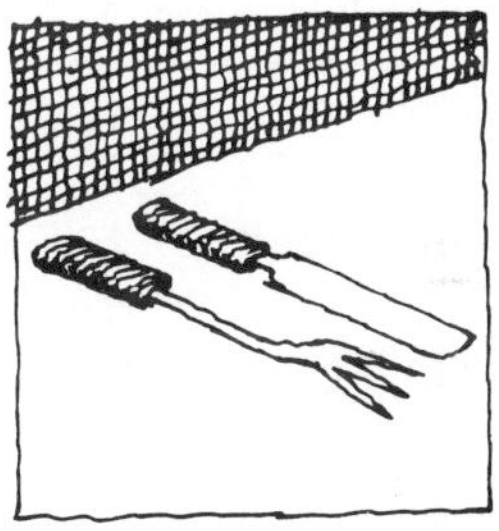

____

____

____

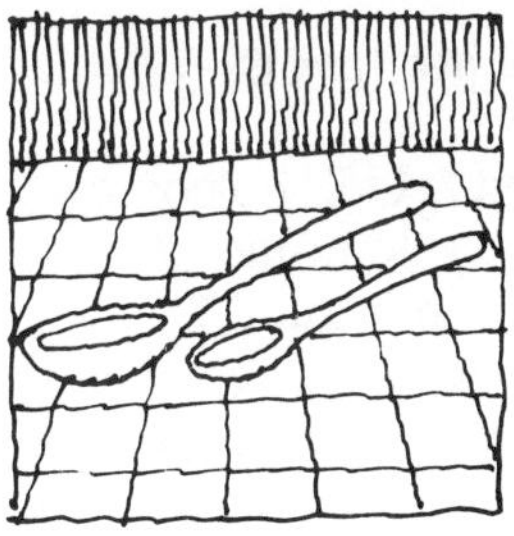

____

____

¿Qué usamos?

Ahora escuche otra vez y díganos: ¿Qué usamos?

1. "Vamos a servir . . ." ¿Qué usamos? ¿. . . ? ______________________________

   ____

2. "Umm. Voy a . . . hamburguesa." ¿Qué uso? ¿. . . ? *Usa* ____________________

Pa.: ¡Me muero ya! (. . .)

3. "Vamos a tomar . . ." ¿. . . ? ____

4. ". . . caliente." ¿Uso . . . ? *Usa* ____

5. ¿Sabe? Tenemos . . . — Pues, ¿quieren . . . ? (. . .) ¿Qué usamos? ¿. . . ? ______

   ____

Pa.: Esto es demasiado (*too*) . . .

B.: De acuerdo. (*I agree.*) Entonces, conteste Ud. dos preguntas . . .

1. Si "verde" es el color característico de . . . , ¿qué son "verduras"? ¿. . . , una clase (*kind*) de carne o . . . ? ___________________________________

2. ¿Dónde encontramos . . . ?: ¿En . . . , en el vino o . . . ? ______________________

   ____

Pa.: ¡Ay, qué pregunta!

B.: ¿No le gusta? Pues adelante . . .

Mini-diálogo

Diga conmigo, por favor:

— Señor, ¿Ud. no come su biftec? //
— No. No lo como. //
— Pero, ¿por qué? //
— ¿Por qué no lo prueba Ud. ? //
— Entonces, ¿no le gusta? // ¿Tiene mucha sal? // ¿O mucha pimienta? //
— Repito, // ¿por qué no lo prueba Ud. ? //
— Por favor, señor, // permítame traerle otro plato. //
— No. Ud. tiene que probar éste primero. //
— Muy bien, señor. // Pero, no puedo. // Ud. no tiene tenedor ni cuchillo. //
— ¡Ajá! // ¡Precisamente! //

Nombre ______________________ Fecha ______________ Clase __________

B.: ¿Sabe, . . . ? Nuestros estudiantes pronuncian . . . Pero, Pedro . . . , ¿qué le pasa (*what's the matter with you*)? ¿No me puede . . . ?

Pa.: (. . .) Estoy muerto de hambre (*I'm starving to death*) . . . Las palabras no llenan (*don't fill*) el estómago.

B.: ¡ . . . ! Mire, ¿por qué no toma una taza de café mientras (*while*) pasamos . . . ?

Pa.: (. . .) ¿Le importa (*do you mind*), . . . ? ______________________________
(. . .) En un momento vuelvo . . .

CONCEPTOS

#25. Third person object pronouns: *him, her,* etc.

Preste mucha atención, y repita:

lo him, it, you (Ud. — masc.)

¿El libro? // — Sí, lo tengo. //	*The book? —Yes, I have it.*
¿El profesor Cárdenas? // — No, no lo conozco. // — ¡Qué raro! // ¡El lo conoce a Ud. ! //	*Professor Cárdenas? —No, I don't know him. —That's odd. He knows you (extra emphasis).*

B.: ¿ . . . ? Pues a ver cómo contesta entonces. Por ejemplo:

Ud. tiene mi lápiz rojo, ¿verdad? — Sí, *lo* tengo.

¿Tomas el pescado? — Sí, ________ tomo.

¿Ud. paga el dinero? — No, no ________________

Ahora repita otra vez:

la her, it, you (Ud. — fem.)

¿Tu pluma? // — No, no la veo. //	*Your pen? —No, I don't see it.*

B.: Ah, mire (*look*). Aquí viene . . .

Pa.: Sí. Y listo para trabajar . . . Diga conmigo:

Admiro a Luisa. // La admiro. // Pero, ¿sabe? // ¡La admiro más a Ud. ! //	*I admire Louise. I admire her. But, you know? I admire you (extra emphasis) more!*

Conteste otra vez:

¿Comes la ensalada? — No, no *la* como.

¿Quiere ver la lista de comidas? — Sí, quiero ver________.

B.: (. . .) ¡A continuar!

los // las // them, you (Uds.)

¿Los platos? // — Los lavo ahora. //	*The plates? — I'm washing them now.*
¿Las servilletas? // — Claro. // Las ponemos aquí. //	*The napkins? — Of course.* *We put them here.*

Conteste una vez más:

¿Servimos los vegetales? — Sí, *los* servimos.

¿Vas a pedir esos platos? — Sí, voy a pedir________.

¿Uds. traen las cucharitas? — No, no *las* traemos.

¿Vamos a usar estas tazas? — Sí, ______________ usar ________.

Pa.: ¡ . . . ! Ahora, sea (*be*) muy brillante . . .

Escuche, y después repita:

le   to him, to her, to you (Ud.), to it

Hablo a Ricardo. Le hablo. //	*I speak to Richard.* *I speak to him.*
Escribo a Marisa. Le escribo. //	*I'm writing to Marisa.* *I'm writing to her.*

Ahora continúe Ud.:

¿Traen el tocadiscos a Juanita?	*Are they bringing the record player to Jane?*
¿_____ traen el tocadiscos?	*Are they bringing the record player to her?*
¿Damos de comer al niño?	*Shall we give (to) the child something to eat?*
¿_____ damos de comer?	*Shall we give him something to eat?*

Otra vez escuche, y después repita:

les   to them, to you (Uds.)

Hablo a mis hermanos. Les hablo.	*I speak to my brothers.* *I speak to them.*
Escribo a mis hermanas. (. . .)	*I'm writing to my sisters.*
Claro. ___________ escribo. //	*Of course, I'm writing to them.*

Nombre ______________________________ Fecha ________________ Clase __________

Ahora continúe Ud. ¡Y . . . !

Muestro las cortinas a los clientes.	*I'm showing the curtains to the customers.*
________ muestro las cortinas. //	*I'm showing the curtains to them.*
Voy a explicar la situación a mis padres.	*I'm going to explain the situation to my parents.*
Voy a explicar________ la situación. //	*I'm going to explain the situation to them.*

B.: (. . .) Ahora diga una vez más conmigo:

¿A quién hablan? //
— Le hablan a Ud. //

To whom are they speaking?
—They're speaking to you (extra emphasis).

¿A quiénes escriben? //
— Les escriben a Uds. //

To whom are they writing?
—They're writing to you-all (extra emphasis).

B.: ¿Sabe? Me gusta hacer estos . . .

Pa.: A mí también. (*I do, too.*) Y hablando de cosas que nos gustan (*we like*), vamos a pasar . . .

#26. How to use *gustar*

Como siempre, observe bien, y repita con nosotros:

Pedro, // ¿le gusta caminar? //
— Sí, me gusta, // si no hace calor // o frío // o viento // o . .

Pete, do you like to walk?
—Yes, I like it (it is pleasing to me). If it isn't warm out or cold, or windy, or ..

B.: ¡Ay! Adelante, . . .

Gloria, // ¿te gusta esta tienda? //
— Sí. // Pero no me gustan los precios. //

Gloria, do you like this store?
— Yes. But I don't like the prices. (The prices—plural—are not pleasing to me!)

— ¿Les gusta a Uds. el español? //

—Do you people like Spanish? (Is it pleasing to you-all?)

— Claro. // Nos gusta muchísimo. // Nos gustan sobre todo las cintas. //
(¡ . . . !)
— ¿Y a sus amigos les gustan también? //
— ¡A ellos les gustan más que a nosotros! //

— Of course. We like it very much. (It is pleasing to us.) We like the tapes above all.
—And do your friends like them too? (Are they pleasing to them also?)
—They like them better than we do! (To them they are more pleasing than to us!)

B.: ¡Qué divino! (*How marvelous!*) ¿ . . . ? ¡Ud. nos gusta mucho! (*We like you!*) Por eso (*that's why*) le vamos a hacer unas preguntas . . . Esta vez, conteste por escrito.

Ejercicio escrito

1. ¿Le gusta más . . . ? ____

2. ¿Le gustan . . . ? ____

Pa.: A mí también.

3. ¿Les gustan a sus . . . ? ____

________________________________ Y una pregunta más:

4. ¿Les gustan . . . ? ____

B.: (. . .) ¿Le gusta la idea de pasar . . . ? No, por favor, no conteste.

#27. Two object pronouns together

Escuche, observe bien, y repita:

Me dicen . . . //	*They tell me . . .* (Indirect object)
Lo dicen. //	*They tell it.* (Direct object)
• Me lo dicen. //	*They tell it to me.*
¿Los dan? //	*Are they giving them?*
• ¿Te los dan? //	*Are they giving them to you?*
• ¿Nos los dan? //	*Are they giving them to us?*

Ahora sea brillante otra vez:

Vamos a decirle . . . //	*We're going to tell him . . .* (Indirect)
Vamos a decirlo. //	*We're going to tell it.* (Direct)
• Vamos a decírselo. //	*We're going to tell it to him (her, you).*
¿Les dan . . . ? //	*Are they giving (to) them . . . ?*
¿Los dan? //	*Are they giving them?*
• ¿Se los dan? //	*Are they giving them to them (or to you)?*

Nombre ______________________________ Fecha ________________ Clase __________

Vamos a practicar

Escuche primero:

1. Le enseño la lección. — *I'm teaching him the lesson.*
   La enseño hoy. — *I'm teaching it today.*

   Cambie: *Se la enseño hoy.* — *I'm teaching it to him today.*

2. Le voy a leer el cuento. — *I'm going to read him (her, you) the story.*
   Lo voy a leer mañana. — *I'm going to read it tomorrow.*

   Cambie: *Se lo ______________ mañana.* (. . .) — *I'm going to read it to . . .*

3. Les preparamos las comidas. — *We prepare the meals for them.*
   Las preparamos bien. — *We prepare them sell.*

   Cambie: *Se ______________________ bien.* //

4. ¿Les dices nuestros secretos? — *Do you tell them our secrets?*
   ¿Los dices ahora? — *Do you tell them now?*

   Cambie: ¿*Se ______________________ ahora*?

5. No quiero darles mi palabra. — *I don't want to give them my word.*
   No quiero darla nunca. — *I don't want to give it ever.*

   Cambie: ______________ *dársela* ______________.

6. ¿Le pago a Ud. el dinero? — *Do I pay the money to you (extra emphasis).*
   ¿Lo pago aquí? — *Do I pay it here?*

   Cambie: ¿______________________ aquí?

B.: Esto necesita más práctica, ¿no le parece?

Pa.: Absolutamente. Pero hoy, no. Hay una cosita más (*one more little thing*), y después . . .
El número . . .

#28. The infinitive after prepositions

Escuche y diga:

Antes de salir . . . // — *Before leaving . . .*
Después de llegar . . . // — *After arriving . . .*
Hasta terminar . . . // — *Until finishing . . .*
Al entrar . . . // — *Upon entering . . .*

Situaciones

Escuche, y escoja (*choose*) siempre la alternativa correcta.

1. "Mi clase es de una a dos. Por eso (*that's why*) como al mediodía."

   Díganos: ¿Cuándo . . . — antes o después de . . . ? ______________________

   ____________________//

2. "El semestre termina en junio. El primero de julio vienen mis primos a visitar."

   Diga otra vez: ¿ . . . ? ______________________________________

   ____________________ Seguro. (*Certainly.*)

3. "Quiero aprender a ser cortés (*polite*)."

   Dígame entonces: ¿Cuándo debo quitarme (*should I take off*) . . . — al entrar . . . o al . . . ? ______________________________// ¡Naturalmente!

4. "Deseo hablar español bien."

   ¿Qué me dice? ¿Debo . . . cintas (*tapes*) hasta . . . , o dejarlas sin terminar? __________

   ____

Pa.: ¡Ay, por favor! No puede dejar esta lección sin oír . . .

B.: Es verdad. (. . .) Le va a gustar. (*Your're going to like it.*)

MOMENTO DE VIDA: LOS COSMOPOLITAS

La escena es un restaurante de la ciudad.

Camarero: Buenas tardes, señor . . . y señora. ¿Les puedo traer algo antes de comer?	*Waiter* / *bring*
Sr.: No, gracias. ¿Quiere mostrarnos el menú, por favor?	
Camarero: Cómo no, señores. (Les pasa un menú enorme.) Ahora bien, aquí a la derecha están las comidas completas. Y allí a la izquierda, los platos a la carta	*on the right* / *on the left*
Sr.: Ah, muy bien. Pues quiero sopa de cebolla con queso, para comenzar.	*onion soup / cheese*
Sra.: Y para mí, un coctel de camarones.	*shrimp cocktal*
Camarero: Bueno, ¿Y el segundo plato, por favor?	
Sr.: Rosbif con papas fritas y coliflor.	*French fried potatoes*

Sra.: Y para mí, pollo a la americana, con bróculi y un poco de arroz.	*chicken American style* *rice*
Camarero: Perfectamente. ¿Y después?	
Sr.: Una ensalada de lechuga con mayonesa.	*lettuce*
Sra.: Para mí, otra igual.	*the same*
Camarero: ¿Y qué desean de postre?	*for dessert*
Sr.: Yo, flan con caramelo.	*custard*
Sra.: Y yo, fruta y café.	
Camarero: Excelente, señores. Y buen provecho. Se lo traigo en seguida.	*good appetite* *right away*
Sr.: Un momentito, por favor, señor camarero. Mira, querida, ¿por qué no tomas tú una ensalada de espinacas, con vinagre y aceite? Entonces la compartimos, mitad y mitad.	*Look, dear* *spinach* *oil / share, half and half*
Sra.: Fantástico. Y tú la tomas de lechuga, con salsa francesa, no con mayonesa.	*dressing*
Sr.: Buena idea.	
Camarero: Muy bien, señores. Una ensalada de espinacas con vinagre y aceite.	
Sr.: Y tomates y anchoas.	*anchovies*
Camarero: Y otra de lechuga con salsa francesa.	
Sra.: Y hongos. A mí siempre me gustan las ensaladas con hongos.	*mushrooms*
Camarero: Pero, señora, el pollo a la americana ya viene con hongos.	
Sra.: ¿Ah, sí? ¿Y no me lo pueden servir sin hongos?	
Camarero: ¡Cómo no, señora! Pero el pollo sin hongos es pollo a la francesa, no a la americana.	
Sra.: No importa. Entonces tomo pollo a la francesa, con fideos y espárragos.	*it doesn't matter* *spaghetti*
Sr.: Perdona, querida, pero ahora tienes dos platos franceses — el pollo, y la ensalada con salsa francesa.	
Sra.: Es verdad. Entonces tomo la ensalada con mayonesa.	

Sr.: No, mi vida. El coctel de camarones tiene mayonesa. — *darling*

Sra.: Tienes razón. Señor camarero, en lugar de los camarones, ¿me trae Ud. un plato de sardinas, con sal y pimienta? — *in place of*

Sr.: Pero amor mío, mi ensalada tiene anchoas, y las anchoas no van bien con sal y pimienta. — *my love*

Sra.: Claro. Entonces quiero las sardinas con salsa italiana.

Camarero: Pero señores, el pollo con fideos es pollo a la italiana. ¿Por qué no pide el pollo a la rusa? Se lo recomiendo mucho. — *Russian style*

Sra.: Está bien, si Ud. me lo recomienda.

Sr.: Bueno. Entonces, en lugar de la sopa y del rosbif . . .

Sra.: Y en lugar del flan con caramelo y la fruta . . . Señor camarero, ¿nos deja ver otra vez el menú? — *will you let us*

Pa.: ¡ . . . ! ¿Van a comenzar otra vez?

B.: (. . .)

Pa.: Pero nosotros, no. Vamos a terminar con un breve . . . comprensión . . .

¿Verdad o falso?

1. La escena es . . . ____________
2. . . . muy limitado. ____________
3. . . . comida completa. ____________
4. El problema comienza . . . ____________
5. . . . llegar a (*come to*) una decisión. ____________

B.: Pero nosotros sí podemos, . . . Y la decisión es . . . Es tarde, ¿ . . . ?

Pa.: (. . .)

B.: Y cuídese mucho (*take care of yourself*), ¿está bien?

Nombre ______________________________ Fecha ________________ Clase __________

LECCIÓN SIETE

(. . . "¡Toño!" "Ea (*Hey*), Chalo." . . .)

Br.: (. . .) ¿Me recuerda? Yo . . .
(La puerta se abre y Felipe entra.)

Fe.: Perdonen Uds. , pero, ¿me pueden prestar (*lend*) . . . ?

Br.: ¡ . . . ! Más tarde, ¿eh? ¿No ves que . . . ?

Fe.: Yo no sé. En esta . . . ¡Caramba!
(Cierra la puerta y sale.)

P.: ¡ . . . ! ¿Qué fue (*What was*) eso?

Br.: Es uno de los jóvenes . . . Felipe Morelos. Lo conocimos (*we met him*) . . .

P.: (. . .) Lo recuerdo. ¡Qué tipo (*a character*), eh!

Br.: Pues no hay tiempo . . .

P.: De él, no. Pero sí, del . . . Y otras cosas de todos los días.

Br.: Brillante, . . . Una fantástica . . .

¿Qué cosa es?

Primero repita con nosotros:

el jabón //

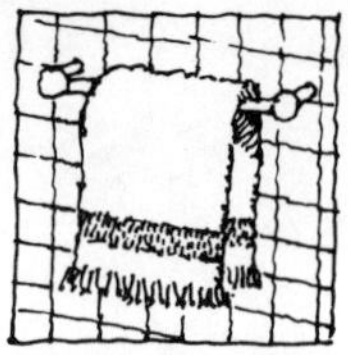

una toalla //

un peine //

papel higiénico //

una cartera //

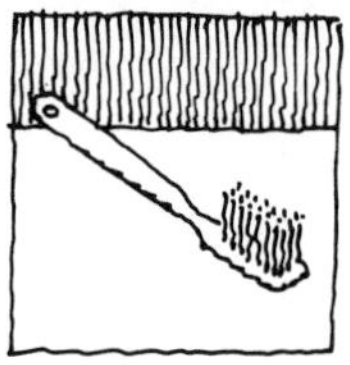

un cepillo dental //

una llave //

un reloj //

Díganos ahora: ¿Qué cosa es?

1. Lo usamos con . . . para . . . *Es* ______________________
2. . . . para peinar . . . ______________________
3. Se llama también . . . ______________________
4. . . . al salir del baño. ______________________
5. La . . . ______________________
6. . . . para saber . . . del día. ______________________
7. . . . limpiar (*clean*) . . . ______________________
8. Guarda (*It holds*) . . . o en el bolsillo. ______________________

Br.: ¡ . . . ! Ud. tiene muy buen . . .

P.: ¿ . . . pronunciación?

Br.: Vamos a ver . . .

Nombre ______________________________ Fecha ________________ Clase __________

Mini-diálogo

— Sarita, // tengo algo para ti. //
— ¿Qué es? //
— Adivina. // (*Guess.*)
— Muy bien. // ¿Es grande o pequeño? //
— Pequeño. //
— ¿Es de papel, de metal, o de plástico? //
— De metal. //
— ¿Me va a gustar mucho? //
— Muchísimo. //
— ¡Ay, Toño, mi amor! // ¿Es un . . . es un anillo? //
— No. Es tu llave. // La encontré ayer en mi carro. //
— Muchas gracias. // Ahora, ¿sabes, Toño? // Yo tengo algo para ti. //
— ¿Ah, sí? ¿Qué es? // ¡Ay, no! // ¡Caramba! //

Br.: ¿Qué dice, . . . ? ¿Le gustó (*did you like*) . . . ? ________________________

Pues, ¿le van a gustar (*are you going to like*) más . . . ? _________________

P.: (. . .) El pretérito es . . .

CONCEPTOS

#30. The preterite tense: "I spoke, I ate . . ."

(–ar verbs) hablar //

hablé, hablaste, habló // — *I spoke, you spoke, etc.*
hablamos // hablasteis // hablaron // — *we spoke, you-all, they . . .*

(–er, -ir) escribir //

escribí, escribiste, escribió // — *I wrote, etc.*
escribimos // escribisteis // escribieron

¡A practicar!

Diga las formas correctas del pretérito. (. . .) Por ejemplo:

yo:	lavar	*lavé* //	limpiar	________ //
	vender	*vendí* //	abrir	________ //
tú:	lavar	*lavaste* //	peinar	________ //
	comer	*comiste* //	leer	*íste* ________ // (. . .)
Ud. :	llegar	*llegó* //	llevar	________ //
	comprender	*comprendió* //	insistir	________ // (. . .)
nosotros:	pasar	*pasamos* //	acabar	________ //
	entender	*entendimos* //	repetir	________ //

Br.: ¿Suficiente, . . . ?

P.: Todavía no . . .

vosotros:	bajar	*bajasteis* //	bañar	________ //
	conocer	*conocisteis* //	vivir	________ // (. . .)
Nuestros amigos:	contar	*contaron* //	ganar	________ //
	subir	*subieron* //	mover	________ //

Br.: ¡Por fin! (*At last!*)

P.: (. . .) Todavía hay otro . . .

Ejercicio

Esta vez, conteste según las indicaciones. Por ejemplo:

1. ¿Lo llamó Ud. ? — Sí . . . *Sí, lo llamé*. //
2. ¿Hablaron Uds. en español? — No. *Hablamos* ____ en inglés. // (. . .)
3. ¿Vivió Ud. allí por mucho tiempo? — No. *No* ________________ nunca. //
4. ¿Comiste anoche? — Sí, ________________ muy bien. //
5. ¿Tú cocinaste? — No. Mi hermana ________________. //
6. ¿Compraron Uds. el coche azul? — No. // ________________ el verde. //

7. ¿Vendieron Uds. el viejo? — Sí. Lo ______________________ a buen precio. //

8. ¿Quién encontró la bolsa? — *Elena la* ______________________. //

9. ¿Y Uds. la devolvieron? — No. // Ella y José ______________________//

10. Chicos, ¿comprendisteis todo esto? — No. No ______________________ nada. //

Br.: ¡ . . . ! ¿Qué vamos a hacer . . . ?

P.: Por ahora (*For now*), sólo vamos a . . .

#31. The preterite of *ser* and *ir*, *dar* and *ver*

(. . .) Observe bien, y diga conmigo:

ir (*to go*) // ser (*to be*) //

fui, fuiste, fue // — *I went, I was, etc. . . .*
fuimos, fuisteis, fueron //

Sí. ¡Son idénticos!

¿Adónde fuiste ayer? // — *Where did you go yesterday?*
— Primero fui al colegio. // — *—First I went to school.*
Y después fuimos todos al cine. // — *And then we all went to the movies.*

¿ . . . ? Pues repita otra vez:

¿Fueron Uds. los primeros en llegar? // — No. Fuimos los segundos. // — *Were you-all the first to arrive? —No. We were the second.*

Br.: Ahora bien, aquí tenemos . . .

dar (*to give*) //

di, diste, dio // dimos, disteis, ______________________// (Así.)

ver (*to see*)

vi, viste, vio // (Termínelo Ud.) ____________, ____________, ____________

Diga ahora conmigo:

— ¿Sabes a quién vi hoy? // — *You know whom I saw today?*
— ¿A quién viste? // — *Whom did you see?*
— A Ricardo Olvera. // — *Richard Olvera.*
—¿Ah, sí? // ¿Le diste mis recuerdos? // — *Really? Did you give him my regards?*
— No. // Porque él no me vio a mí. // — *No. Because he didn't see me.*
Me dio una mirada rara y desapareció. // — *He gave me a strange look and disappeared.*
— ¡Qué curioso! // — *How odd!*

¿Quiere practicar?

Repita, y después cambie:

1. Repita: ¿Fue Ud. al concierto? //

   Cambie: ¿ ____________________ Uds. __________________________? //

2. Repita: ¿Tú fuiste con ellos? //

   Cambie: ¿Vosotras ____________________________________? //

3. Repita: Yo fui la primera. //

   Cambie: Mi hermana y yo ______________________ *primeras*. //

4. Repita: Yo le di todo el dinero. //

   Cambie: ¿Ud. ____? //

5. Repita: Se lo dimos en seguida. //

   Cambie: Sus tíos ____//

6. Repita: ¿Quiénes nos vieron? //

   Cambie: Nadie os ____________// ¡Ya!

Br.: ¿. . . , terminamos?

P.: Casi. Sólo tenemos que repasar (*review*) los pronombres reflexivos. Realmente, . . . , Ud. ya los sabe.

#32. A first look at the reflexives: *myself, to myself, etc.*

¿Recuerda?

me //	(*to, for*) *myself*
te //	*yourself*
se //	*himself, herself, itself, yourself* (Ud.)

Me llamo Bruno. //	*My name is Bruno.*
¿Cómo te llamas tú? //	*What's your name?*
¿Cómo se llama Ud. ? //	

Repita otra vez:

nos //	(*to, for*) *ourselves*
os //	*yourselves*
se //	*themselves, yourselves* (Uds.)

— ¿Se divierten Uds. ? //
(Os divertís, amigos?) //
— Sí, nos divertimos mucho. //
— Bien. // Pero tienen que cuidarse. //
(Tenéis que cuidaros.) //

Are you enjoying yourselves?

Yes, we're enjoying ourselves very much.
Fine. But you have to take care of yourselves.

En efecto, el reflexivo tiene muchos usos, más que en inglés (*more than in English*). Por ejemplo . . .

Cuco me despertó. // — *Cuco woke me up.*
Cuco se despertó. // — *Cuco woke up (by himself).*

Siéntese, por favor. // — *Please sit down. (Seat yourself . . .)*
Siéntense Uds. //
— Ah, muchas gracias. //

Nelson, ¿te vas a bañar ahora? // — *Nelson, are you going to take a bath (get bathed) now?*
— Ya me bañé, // y me afeité, // y me vestí. // — *I already bathed and shaved and got dressed.*
— Te levantaste muy temprano. // — *You got up very early.*
— Pues claro. // ¡Hoy me voy a casar! // — *Well, of course. Today I'm getting married!*
— ¡Ah, felicidades! // — *Oh! Congratulations!*

Vamos a practicar

Conteste, por favor, según las indicaciones.

1. ¿Se levanta Ud. temprano todos los días? (Sí . . .)

   Sí, *me* ____//

2. ¿Quiénes se acuestan más tarde, sus padres o Ud. ? (Ellos.)

   Ellos ____//

3. ¿Se despiertan Uds. a las siete? (No. A las ocho.) (. . .)

   No. *Nos* ______________________________ a las ocho. //

4. ¿Quieres sentarte aquí? (No, gracias. Allí.)

   No, gracias. ______________________________ *allí.* //

5. ¿Uds. van a casarse pronto? (Sí, en junio.)

   Sí. ______________________________ *en junio.* //

Br.: Ah, me alegro. (*I'm so glad.*) ¿Sabe? La vida (*life*) no cambia realmente. La tecnología, sí. Pero las cosas importantes — los hombres, las mujeres, el amor (*men, women, love*) . . .

P.: (. . .) Pero el tiempo pasa, eso sí. Y en este momento, tenemos que . . .

Ejercicio escrito

Primero, queremos saber sus opiniones.

1. En su opinión, ¿ . . . joven? ______________________________

2. ¿ . . . ? ______________________________

3. ¿Ah? Pues, ¿ . . . se cuidan más? ______________________________

4. Bueno, hablando de cuidarse, díganos: ¿ . . . ______________________________

   ______________________?

5. ¿ . . . esta mañana? ______________________________

(Música y voces)

Br.: (. . .) Mire, es tiempo de (*time to*) . . .

MOMENTO DE VIDA: DORMITORIO DE ESTUDIANTES (2)

Felipe: Ea, Cuco, ¿tú usaste ahora el baño? — *Hey*

Cuco: ¿Yo?

Felipe: Tú.

Cuco: ¿Por qué?

Felipe: Porque acabaste el agua caliente y el jabón. — *you used up / hot*

Cuco: ¿Yo? Hombre, me duché por sólo dos minutos. — *I showered*

Felipe: Veinte y dos minutos. Yo te oí cantando. No sé qué fue peor, aquella voz o el agua fría. — *singing* / *worse*

Cuco: Muy gracioso. Es que me gusta estar limpio. — *funny / clean*

Felipe: Pues gracias a ti, me bañé con agua fría y sin jabón.

Cuco: ¿Y qué quieres de mí?

Felipe: Un poco de consideración, nada más.

Cuco: Bueno, hombre, confieso. Yo comí el jabón, con las toallas también.

Felipe: No, Cuco. Me dejaste estas dos toallas, completamente mojadas. (Tira las toallas sobre la cama de Cuco.)	*soaked / He throws*
Cuco: ¡Pobre Felipe! Entonces, ¿cómo te secaste?	*did you get dry?*
Felipe: Con tus camisas y pantalones. Con tus calcetines, me vestí.	*socks*
Cuco: (sarcástico) Muy gracioso. ¿Sabes, Felipe? Te deben grabar en discos.	*put you on records*
(Pablo sale del otro cuarto. Está furioso.)	
Pablo: ¿Discos? ¿Quién mencionó discos? Cuco . . . Felipe . . . ¿Uds. usaron mi tocadiscos anoche?	
Cuco: ¿Yo?	
Felipe: ¿Nosotros?	
Cuco: Ya lo sé. Fueron Uds. , y lo rompieron. Me lo van a pagar, ¿entienden?	*It was you-guys, and you broke it*
Felipe: En realidad, Pablo, no fue gran cosa. El sábado fuimos a una fiesta en casa del Dr. González, y lo llevamos allí, nada más. Y . . .	*a big deal* *we took it*
Pablo: ¿Y qué le pasó?	*happened to it?*
Cuco: Se cayó, nada más.	*It dropped*
Pablo: ¿Dónde? ¿En el Gran Cañón?	
Felipe: No, Pablo, en el camino. Así es la vida, hombre.	*road. / That's life*
Pablo: ¡Caramba! ¿Y qué lo pisó, un tanque o un tractor?	*ran over it*
Cuco: Un coche, Pablo, nada más. Un pequeño coche italiano.	
Pablo: ¿Nada más, un coche, dices? ¡@#$¢&*#!	
La puerta se abre violentamente, y entra Miguel Osorio, del cuarto vecino.	*opens*
Miguel: Pablo . . . Cuco . . . Felipe . . . Mi coche no funciona. ¿Uds. lo usaron esta mañana? . . . Pero, ¿por qué pregunto? Ya sé que fueron Uds.	*isn't working* *am I asking*
Cuco: ¿Yo?	

Pablo: ¿Yo?

Felipe: ¿Nosotros?

Pablo: Pero hombre, <u>si sólo dimos un paseíto</u> . . . *we only took a little ride*

P.: ¡ . . . ! ¿Sólo dieron . . . ? ¡Inocentes!

Br.: Pues naturalmente. ¿Van a admitir . . . ? En fin, a ver si Ud. lo comprendió . . . Escuche, como siempre . . .

¿Verdad o falso?

1. . . . está furioso porque . . . ________________

2. En realidad, . . . nuevas. ________________

3. . . . usaron su . . . ________________

4. En efecto (*In fact*), . . . y lo dejaron allí. ________________

5. . . . sin permiso. ________________

P.: (Música de disco) Y si nosotros no tomamos ahora la oportunidad . . .

Br.: ¡Esperen! (*Hold it!*), . . . Un momento, . . .

Nombre ______________________________ Fecha ________________ Clase __________

LECCIÓN OCHO

(Sirenas de policía y de ambulancias. Voces. "¡Ay, Dios! ¿Qué pasó?" . . . "¿Ya pidieron la ambulancia?" . . . "¿Por qué no llaman a los bomberos?" . . . "Aquí viene la policía." . . . "Yo lo vi todo." . . . "Señor policía, aquí . . .")

M.: ¡ . . . ! ¿Y con esto vamos a hacer . . . ?
J.: Pues claro, Mila . . . Porque hoy, ¿no sabe?, hablamos . . . noticias del mundo.
¿ . . . ? ________________________ ¿ . . . ? No puedo oír . . .
M.: Ah, mejor. (. . .)

Noticias

Diga con nosotros:

la policía //

un (o una) policía //

un ladrón // robar //

los bomberos //

¡Fuego! // un incendio //

apagar //

Situaciones

¿Puede Ud. ayudarnos a completarlas? Por ejemplo:

1. —¡Socorro! (*Help!*) ¡Fuego! Hay un _incendio_ en nuestra casa y no lo podemos ________________________. //

   —Pues en seguida, vamos a llamar a los ____________________ (. . .)

2. —¡Miren! Aquella ventana está abierta (*open*). Creo que entró un ________________

   —¡Y robó muchas cosas! Rápido, tenemos que avisar a la ____________________

Repita otra vez:

un accidente // una ambulancia // ocurrir // tener lugar //

una revista //

el periódico //

una huelga // declarar //

Situaciones (cont.)

3. — No, señor. No vamos a trabajar por ese salario.

— Y nosotros no les vamos a pagar más.

— Entonces no hay más solución. Vamos a declarar ______________________ (. . .)

4. — ¿Hospital General? Hay una emergencia . . . Sí, ahora mismo ocurrió un

_________ Y hay tres personas en mala condición. Por favor, necesitamos una

________________________ en seguida. (. . .)

5. — Dígame, ¿qué pasó de interés ayer?

— ¡Hombre! Pasaron muchas cosas. ¿No leyó el _________________________?

— No. A mí sólo me gusta leer ___________________________.

J.: Bien. Realmente, . . . Y ahora . . .

Nombre ______________________ Fecha ______________ Clase __________

Mini-diálogo

— Hola. Buenos días. //
— Muy buenos. // ¿Qué hay de nuevo? //
— Nada. // Sólo que hubo un incendio la semana pasada // en la casa vecina. //
— ¿Ah, sí? //
— Sí. // El día después del robo de la joyería. //
— Ah, sí. // Los ladrones mataron a dos personas, // ¿verdad? //
— A una, no más. // La otra murió más tarde // en el hospital. //
— Lástima. // Pues, así es la vida. //
— Y a Uds., ¿cómo les va? //
— Bien, gracias, todo bien. // Sólo que Rufo está en huelga. // Y Eladio tuvo un accidente con el carro. //
— Entonces, ¿no hay nada de nuevo? //
— No. Todo igual. //
— Pues, mucho gusto de verla. // Buenos días. //
— Igualmente. // Buenísimos. //

J.: ¡ . . . ! Vamos a . . .

CONCEPTOS

#34. The preterite of *-ir* stem-changers

Observe bien . . .

sentir // (*to feel; feel sorry, regret*)

sentí, sentiste // sintió — *I felt (sorry), you . . .*
sentimos, sentisteis // sintieron // — *we, you-all, they . . .*

dormir // (*to sleep*)

dormí, dormiste // durmió // — *I slept, you . . .*
dormimos, dormisteis // durmieron //

Vamos a practicar

Diga siempre la forma correcta del pretérito. Por ejemplo:

yo: pedir *pedí* mentir __________ dormir *dormí*

nosotros: sentir *sentimos* servir __________

morir __________ (Ahora sea brillante:)

María: pedir *pidió* // sentir __________

dormir *u* //

ellos: mentir *mintieron* consentir ______________

morir *murieron* (. . .)

Ejercicio: Presente → Pretérito

Vamos a decirle varias cosas en el tiempo presente. ¿Puede Ud. cambiarlas al pretérito? Por ejemplo:

Me siento mal. *Me sentí mal.* //
¿Duermes? *¿Dormiste?* //

1. ¿Qué sirves? ______________ //
2. ¿Y qué sirve ella? ¿______________?//
3. Nos pide ayuda. ______________ //
4. No nos piden dinero. ______________ //
5. ¡Mientes! ______________ //
6. No. Yo no te miento. ______________ // ¡nunca! //
7. Entonces él miente. ______________ //

   O ellos mienten. ______________ //
8. ¿Se siente Ud. cansada? ______________ //
9. ¿Duermen Uds. bien? ¿______________? //
10. ¡Ay, no! ¿El doctor Palos muere? ¿______________? //

M.: ¿Fue difícil? ________ Pues con un poco de práctica, ya no (*not any more*). Por ahora, . . .

J.: Sí. Aquí tenemos otros verbos que son irregulares en el pretérito . . . Pero . . . porque forman pequeños grupos . . .

Nombre ______________________________ Fecha ________________ Clase __________

#35. Patterns of irregular preterites

Observe bien, y después repita:

	(tener)	(estar)	(venir)	(hacer)
(yo)	tuve //	estuve //	vine //	hice //
(Ud. . . .)	tuvo //	estuvo //	vino //	hizo //

Vamos a continuar:

tener: tuve, tuviste, tuvo // *I had, you had, etc.*
tuvimos, tuvisteis, tuvieron //

estar: estuve // ________________, ________________ *I was, you were . . .*

estuvimos // ________________, ________________

(. . .) Ahora, un poco más rápidamente, diga . . .

pude // *I could, was able*
quise // *I wanted*
puse // *I put*
supe // *I knew, found out*

decir (*to say, tell*) . . .

dije, dijiste, dijo // *I said, you . . .*
dijimos, dijisteis, dijeron //

traer (*to bring*)

traje, ________________, __________*o* *I brought, you . . .*

trajimos, ________________, __________*jeron*

producir (*to produce*)

produje // *I produced*
produjo // *he, she, you* (Ud.) . . .
produjeron // *they, you-all* (Uds.) . . .

J.: Ahora, ¿qué dice? ¿Escuchamos . . . ?

Mini-diálogos

Escuche, y después conteste:

1. — Entonces, Antonio, ¿pudiste (*were you able to*) hablar con el jefe (*boss*)? ¿Qué te dijo?
— No me dijo nada. ¡No quiso (*he refused to*) verme!
— ¡Qué tipo (*What a guy*), eh!

Conteste: a. ¿Con quién quiso . . . ? ______________________________ //

b. Pues, ¿pudo . . . ? ______________________________ // ¡El jefe no quiso

verlo! // c. Dígame: ¿Tuvo Ud. alguna vez (*did you ever have*) . . . como ésa? *Sí, tuve*

(No, no tuve nunca) ______________________________

M.: Bueno, vamos al segundo . . .

2. — Sarita, ¿qué hicieron Pepe y tú (*did you and Joe do*) ayer?
— No hicimos casi nada. Unos amigos vinieron a vernos. Después tuvimos una buena comida. ¡Y ya!
— ¡Ah, qué bien!

Conteste otra vez: a. ¿Estuvieron . . . ? ______________________________

______________________________ ¡Al contrario! No hicieron . . . // b. Pues, ¿quiénes

. . . verlos? ______________________________ // c. ¿Y qué hicieron . . . ?

Tuvieron ______________________________ //, no más. d. A propósito,

¿ . . . cree Ud. que fue? ______________________________

M.: Puede ser (*It may be*), . . . Pues bien, adelante . . .

#36. Comparisons: "good, better, best"

Como siempre, preste mucha atención, y . . .

Yo soy alto. // Pero Rodrigo es más alto que yo. // — Sí, pero es menos fuerte. //	*I'm tall. But Rod is taller than I. — Yes, but he is less strong.*
Comes muy rápidamente, ¿sabes? // — No más rápidamente que tú. //	*You eat very fast, you know? — No faster than you.*

Nombre ______________________ Fecha ______________ Clase ________

J.: Esto es demasiado (*too*) fácil, ¿ . . . ?

M.: Definitivamente. Y hay solamente seis formas irregulares.

más //	*more, most*	menos //	*less, least*
mejor //	*better, best*	peor //	*worse, worst*
mayor //	*older, oldest; larger, largest*	menor //	*younger, youngest; smaller, smallest*

¡No más! Ahora observe otra vez, y diga:

Esta comida es peor que la otra, // — Claro. // ¡La comida aquí // es la peor del mundo! //	*This meal is worse than the other one. — Of course. The food here is the worst in the world!*
¿Quién es mayor, tú o Neli? // — Yo. // Neli y Elvira son las menores de la familia. //	*Who is older, you or Nelly? —I am. Nelly and Elvira are the youngest in the family.*

Un poco de lógica

Escuche estas situaciones, y conteste:

1. Marcelo juega al fútbol, al tenis y al básquetbol. Jorge sólo juega a las cartas (*cards*).

   ¿Quién es mejor atleta? ______________________

2. El año pasado, Gonzalo sacó (*got*) "A" en todas sus clases. Felipita sacó "A" y "B". ¡Y Robi fue suspendido!

   Dígame: a. De todos estos jóvenes, ¿ . . . ? ______________________

   ______________________ b. ¿Quién . . . ? ______________________

   ______________________ En su opinión, ¿ . . . más? ________

   ____

M.: ¡De acuerdo! (*I agree.*) . . .

3. ¿Sabe? Rafael González sólo desea ayudar a otras personas. Su hermano Gil, al contrario, sólo desea dinero.

Dígame: a. ¿ . . . ? ______________________________

b. ¿ . . . ambicioso? ______________________________

c. Dígame, francamente, ¿es Ud. más . . . o menos . . . ? ______________

______________________________ d. Pues., ¿quién . . . ? ________

____

M.: Ahora vamos a hacerle más preguntas. Pero esta vez, . . . ¿Estamos . . . ?

Ejercicio escrito

Conteste, por favor:

1. . . . de los Estados Unidos? ______________________________

____

2. ______________________________ (. . .)

3. ¿ . . . contribuyen (*contribute*) más a la humanidad — . . . o los científicos? ________

______________________________ ¡Interesantísimo!

4. Díganos, ¿ . . . ? ______________________________

5. ¿ . . . que le gusta menos . . . ? ______________________________

M.: (. . .) Pero no vamos a hablar de eso . . .

J.: En efecto, . . . por el momento, . . . Sólo vamos a escuchar . . .

MOMENTO DE VIDA: LOS TESTIGOS — *The Witnesses*

Sirenas. Carros de la policía. Gente por todas partes. (*People everywhere*) Cámaras de televisión.

Reportero (al micrófono): Bernardo Costas aquí en el Banco Nacional donde hoy ocurrió el robo más grande en la historia de nuestra ciudad: ¡un robo de más de diez millones de pesos! Vamos a oír cómo ocurrió.

La cámara descansa sobre (*rests on*) un hombre pequeño y nervioso vestido con un uniforme gris.

Reportero: Bueno, Sr. Pardo, Ud. es el guarda de este banco, ¿verdad?

Guarda: Fui el guards. ¡Ya no! Le pueden matar a uno aquí. — *No more! / A person can get killed*

Reportero: Pues, ¿quiere Ud. contarnos lo que pasó? — *tell us what*

Guarda: Muy bien. A las nueve en punto entraron dos hombres armados con revólveres, y me pidieron las llaves de la caja fuerte. — *on the dot* / *safe*

Reportero: Y Ud., ¿qué hizo? ¿Se las dio?

Guarda: No hice nada. Me desmayé. Pero mi cabeza cayó sobre el botón de la alarma, y . . . — *I fainted.*

Reportero: Entonces, ¿fue Ud. quien avisó a la policía? ¡Qué valor! ¡Qué presencia! Mil gracias, Sr. Pardo, y mis mayores felicitaciones. Y ahora, Ud., señora. Ud. vio el robo, ¿verdad?

Señora: Sí, lo vi todo. Como ya le dije, vine esta mañana a hacer un depósito. Doce mil pesos que gané en la lotería. Y los traje al banco temprano, a las ocho en punto. Pero cuando abrí la puerta, cuatro hombres entraron con rifles en la mano. ¡Ay, qué miedo tuve! — *early / when*

Otra señora: Yo los vi también. Fueron siete.

Señora 3: Siete, más una mujer. — *plus*

Señora 4: Y uno que estuvo siempre en el coche.

Un joven: No vinieron en coche. Llegaron a pie. Yo los vi entrar. ¿Saben? Yo quise agarrar al jefe, pero comenzó a disparar con una metralleta. — *on foot* / *grab the leader* / *shoot with a machine gun*

Señora 3: Yo no oí ningún disparo. — *any shot*

Señora 1: Con un rifle, digo yo.

Un hombre: Yo vi que sacó un cuchillo, nada más.

Joven: Una metralleta, hombre. Y le dio al guarda. El pobre murió al instante. — *he hit*

Hombre: El guarda no está muerto. Más tarde levantó la cabeza y habló. — *dead / Later he raised*

Joven: ¡Qué va, hombre! Tan muerto como tu abuelo quedó. — *He was as dead as*

Hombre: ¿Qué sabes tú, mocoso? — *you pipsqueak*

Joven: Más que tú, viejo.

Hombre: ¿Ah, sí? Pues te voy a enseñar quién sabe y quién no.

Los dos comienzan a pelear entre los aplausos de la multitud. Por encima oímos las voces de los testigos. — *fight amid* / *Above it all*

Señora 3: Doce ladrones, digo yo. ¡Y qué tipos más feos! — *What ugly-looking guys!*

Hombre 2: A las diez en punto fue. En ese mismo momento, miré mi reloj.

Señora 4: Altos, gordos, morenos . . .

Señora 5: Delgados y rubios . . . muy guapos, a decir verdad. — *slim*

Hombre 3: Se escaparon en el autobús Número 2.

Voces: ¿Qué pasó? ¿Qué pasó?

Hombre 4: ¡Imagínense! ¡Una sola mujer robó el Banco Nacional!

M.: ¡ . . . ! ¡Qué confusión!

J.: Pero así es . . . Si hay diez testigos, hay diez historias distintas (*different stories*). ¡Y cada uno cree . . . !

M.: Pero . . . , sólo Ud. y yo sabemos distinguir entre . . .

¿Verdad o falso?

Escuche, y conteste siempre:

1. . . . Municipal ______________

2. . . . llamó . . . cuando vio . . . ______________ (. . .)

P.: ¿Estamos listos . . . ?

3. Un reportero . . . ______________

4. . . . entre ellos. ______________

5. . . . cuentan la misma historia (*tell the same story*) . . . ______________

J.: ¡Ay, pobre . . . !

M.: Y pobre de Ud. (*poor you*), . . . Ya trabajó mucho . . . Pues hasta la próxima vez . . . , un abrazo cariñoso . . .

Nombre ______________________________ Fecha ________________ Clase __________

LECCIÓN NUEVE

(Música sentimental)

B.: Ah, amor, . . . ¿No le gusta . . . ? ________________________

Pa.: Pero, ¡qué sentimental está . . . !

B.: (. . .) Pero hoy, sobre todo (*especially*).

Pa.: ¿ . . . ? ¿ . . . ?

B.: Porque, ¿no ve, . . . ? Nuestro tópico es "del sentir y pensar".

Pa.: ¡Cómo no! Mire. Ud. puede tomar "el pensar". Yo . . . Vamos, mi estudiante. ¡Ya comenzamos!

B.: (. . .) Y primero, . . .

Familias de palabras

Use la lista a la derecha para completar estas analogías. Por ejemplo:

amoroso
molesto
pensamiento
desear
sorpresa
enojado

1. "Sentir" es a "sentimiento" como "pensar" es a ____________________//
2. "Odio" es a . . . como "deseo" . . . ____________________
3. "Deseo" es a . . . como . . . ________________________
4. "Amor" es a . . . como enojo . . . ____________________
5. "Contentar" es a . . . como . . . ______________________

B.: (. . .)

6. . . . es a tristeza como sorprendido . . . ____________________//

B.: (. . .) De verdad.

Pa.: Y ahora, ¿qué desea, . . . ?

B.: Otro juego . . .

Situaciones

Escuche las situaciones, y escoja (*choose*) cada vez la exclamación apropiada. (¡Y con pasión, eh!) . . .

1. "¡Miriam. . Mati. . ! ¡ . . . !

   Dígame: ¿Qué exclama Ud. ?: "¡Qué lástima! o "¡Qué suerte!"

2. "Tú eres . . . de esta escuela. — ¿Yo?"

   ¿Qué responde: "¡Qué va! o "¡Qué sorpresa!"

3. "¿Sabes? Me aceptaron . . ."

   ¿Qué dice Ud. ?: "¡Ay, lo siento!" o "Ah, me alegro."

4. "Mi tía favorita . . ."

   ¿Qué contesta ahora?: "¡Ay, lo siento!" o "Ah, me alegro."

5. "Estoy enamorado de Alicia . . ."

   ¿Qué comenta Ud. ?: "¡Hombre, qué bien!" o "¡Dios mío! ¡Qué pena!"

6. "Mañana nos van a dar . . ."

   ¿Qué exclama Ud. ?: "¡Ay, caramba!" o "¡Qué maravilla!"

B.: ¡ . . . !

Pa.: ¿Vamos al . . . ? (. . .) Basta (*enough!*), ¿eh? . . .

Mini-diálogo

— ¿Sabes? // Toño está enamorado de Chela. //
— ¡Qué bien! // Deben ser muy felices. //
— No. // Porque ella está enamorada de Gil. //
— ¡Qué lástima! // ¡Qué triste! //
— Pero Gil está loco por Neli, // quien ama sólo a Luis. //
— ¡Caramba! // ¡Qué cosa! //
— Y eso la molesta a Lucía, // porque piensa // que Luis es sólo de ella. //
— ¡Qué va, chica! // Si Luis me quiere a mí. //
— ¡Qué sorpresa, mujer! // ¡Y a mí! //

Pa.: ¡ . . . ! Adelante . . .

Nombre ______________________________ Fecha ________________ Clase __________

CONCEPTOS

#37–38. The imperfect tense: "was going, used to go"

(–ar) hablar //

hablaba, hablabas, hablaba //	*I was speaking, used to speak; you, he, etc.*
hablábamos // hablabais // hablaban //	*we, you-all, they . . .* *(Ongoing past action or situation)*

(–er, -ir) escribir //

escribía, escribías, escribía //	*I was writing, used to write . . .*
escribíamos // escribíais // ____________ //	*we, they, you-all . . .*
Dígame, // cuando Uds. salieron de casa, // ¿comenzaba ya a nevar? // — No. Pero llovía un poco, // y hacía frío. // ¡Y no estábamos preparados! //	*Tell me, when you left the house, was it beginning to snow already?* *—No. But it was raining a little, and it was cold out. And we weren't prepared!*

Pa.: Así resulta (*that's how it turns out*) . . . Pues adelante . . .

The three irregular verbs — only three!

ser (*to be*) // era, eras, era // éramos, erais, eran //	*I was, used to be . . . , etc.*
¿Qué hora era? // — Eran las tres. //	*What time was it? (Existing situation then).* *—It was three o'clock.*
ir (*to go*) // iba, ibas, iba // íbamos, ibais, ________________	*I was going, used to (would) go, etc.*
ver (*to see*) // veía, veías, ______________ veíamos, ______________, ______________	*I used to see, would see, etc.*
¿Sabe? // Yo nunca veía a Ricardo // porque vivía muy lejos. // Pero ayer, // cuando iba a la ciudad, // lo vi en el tren. // Y cuando volvía, // lo vi otra vez. //	*You know? I never used to see Richard because he lived very far away. But yesterday, when I was going to the city, I saw him on the train. And when I was returning, I saw him again.*

Vamos a practicar

Primero, diga la forma correcta del tiempo imperfecto. Y después conteste según las indicaciones. Por ejemplo:

1. La maestra: enseñar _enseñaba_

   ¿Y qué enseñaba? ______________ inglés. //

2. Tu madre: enojarse _se_ ____________

   ¿Se enojaba contigo? No. Nunca ______________________ conmigo. //

3. La clase: saber _________

   ¿Sabía poco o mucho? __________ mucho. //

4. Mi abuelo: parecer ___________

   ¿Cómo parecía? _______________ feliz. //

5. Elena y yo: esperar _______ _ábamos_

   ¿Dónde esperaban Uds. ? (¿Dónde esperabais?) ______________________ en el gimnasio. //

6. Robi y yo: alegrarnos _nos_ ____________

   ¿De qué se alegraban Uds. ? ¿De qué os alegrabais?

   Nos ___________________ de verla. // (. . .)

7. Yo: dormir ____________

   ¿Cómo dormía Ud. ? ¿Cómo dormía? _(Yo)_ ________________ profundamente. // Era tempranísimo. // (. . .)

8. Yo: morirme _me_ ___________

   ¿De qué se moría Ud. ? ¿De qué te morías? __________________ de hambre. //

9. Tú: ir _ibas_

   ¿Adónde ibas? _(Yo)_ ____________ al cine. // Todos los viernes. //

10. vosotros: ver _veíais_

    ¿Qué veíais? __________ _mos_ // a nuestros artistas favoritos. //

Pa.: ¡Qué suerte (*luck*)! Bueno, ¿vamos adelante?

B.: (. . .)

11. Los jóvenes: desear ______________

¿Qué deseaban? ____________________ una fiesta grande. //

12. Uds. : soñar ______________

¿Con qué (*about what*) soñaban Uds. ? ____*ábamos* con casarnos pronto. //

B.: ¡Ah, qué felicidad!

Pa.: ¡Ay, siempre . . . !

B.: Sí, sentimental y nostálgica. Por ejemplo, en el próximo (*next*) ejercicio, ¿por qué no volvemos un poco atrás (*go back a little*), a recordar nuestras . . . ?

Pa.: Si desea. (. . .)

Memorias

Conteste escogiendo siempre la segunda opción. Por ejemplo:

1. Cuando Ud. era pequeño (pequeña), ¿vivía en esta casa o en otra? *Vivía en otra.*

2. Cuando estaba triste, ¿iba a su papá o a su mamá? ____________________________

____________ (¿Sabe? Yo siempre . . .)

3. ¿Le gustaba más el cine o la televisión? *Me* ____________________________

________________ (Ahora, unas preguntas más personales.)

4. Amigo (amiga), ¿eras muy obediente o . . . ? ____________________________

____

5. ¿Eras siempre amable (*nice*) o lloraba**s** . . . ? ____________________________

6. ¿Siempre decías la verdad, o mentías . . . ? ____________________________

Pa.: ¡No lo creo . . . !

B.: Bueno, dos preguntas más, y . . .

7. Cuando Uds. estaban en el primer grado, ¿caminaban a la escuela o tomaban el autobús?

Tomábamos ____________________________

8. ¿Aprendían . . . o . . . en sus clases? ____________________________

en nuestras ____________________

9. ¿Tenían . . . o . . . maestros? ____________________________

10. ¿Eran Uds. . . . ? ______________________________ (¡ . . . ! ¡Éramos . . . !)

Pa.: Oiga (*Listen*), . . . Ud. dijo que íbamos a tener dos . . . , ¡y nos hizo (*you asked us*) . . . !

B.: (. . .) ¿Ya ve? ¡Yo también miento . . . !

Pa.: ¡ . . . ! Pues bien, vamos a pasar . . .

#39. Imperfect and preterite compared

Como Ud. sabe, el imperfecto describe una acción o una situación en el pasado (*past*). La pinta (*paints*) en su progreso.

El pretérito, al contrario, simplemente nos informa de que la acción ocurrió.

Por ejemplo, escuche esta pequeña conversación y observe . . .

— ¿Sabes, Linda? Anoche soñé contigo (*I dreamt about you*).
— ¿Ah, sí? ¿Qué soñaste?
— Soñé . . soñé que me odiabas (*you hated me*).
— ¿Que yo te odiaba? ¡Qué ideas tienes, José! Ya sabes que te adoro.
— Y yo te quiero a ti. Por eso (*That's why*), cuando dijiste que me odiabas, me sentí tan triste (*I felt so sad*) que ya no deseaba vivir. Comencé a llorar, y . .
— Ay, pobre. Pero, ¿qué soñaste? ¿Por qué te odiaba?
— Pues, tú recuerdas a Marita Nogales, ¿verdad?
— ¿Tu antigua novia (*old girlfriend*)?
— Ésa es (*that's the one*). Pues yo soñé que ella trabajaba en mi oficina. Y . . .
— ¿Ah, sí? ¿Y tú la permitías trabajar contigo?
— Pero Linda, si era un sueño, nada más.
— No sé, José. ¿Qué trabajo hacía? (*What kind of work was she doing?*)
— Era mi secretaria. ¿No recuerdas? La semana pasada se fue (*walked out*) la otra secretaria, y . . .
— ¿Ah? Pues anoche yo soñé también, José.
— ¿Qué soñaste, Linda?
— ¡Que yo acababa de aprender mecanografía (*I had just learned typing*)!

Pa.: Dígame, ¿observó los diferentes usos . . . ?

B.: ¿Y entendió el "cuento" (*story*)? Pues conteste . . .

¿Verdad o falso?

1. . . . soñó con . . . ______________________
2. . . . antigua profesora. ______________________
3. En su sueño, . . . ______________________
4. . . . vivía en la casa vecina. ______________________
5. . . . que acababa de estudiar . . . ______________________

Nombre ______________________ Fecha ______________ Clase __________

Pa.: A propósito, ¿piensa Ud. que Linda era otra no via de José o . . . ? ______________

____

B.: Así pienso yo . . .

Pa.: De acuerdo (*I agree*). Pues bien, . . .

#40. Special time expressions with imperfect and preterite

A. hace (*ago*)

Como siempre, diga con nosotros:

— María Robles? // — Sí, la conocí hace unas semanas. // En efecto, // me llamó hace media hora. // — Entonces, // ¿ella no estaba con Ud. hace diez minutos? // — No, señor. // Yo estaba sola. //

—María Robles? Yes, I met her a few weeks ago. In fact, she called me a half hour ago.
—Then she wasn't with you ten minutes ago?
—No, sir. I was alone.

B. acabar de (*to have just . . .*)

Observe otra vez y repita:

Acabo de llegar. //
Acababa de llegar // cuando llamaron. //

I have just arrived.
I had just arrived when they called.

Acabamos de comer. //
Acabábamos de comer // cuando trajeron la comida. //

We have just eaten.
We had just eaten when they brought dinner.

B.: ( ) Y ahora es tiempo de hacer nuestro famoso . . . ¿Estamos listos . . . ? (. . .)

Ejercicio escrito

1. Dígame, ¿ . . . ? ______________________
2. ¿ . . . hacía? ______________________
3. ¿Acaba . . . ? ______________________
4. Hace dos años, ¿ . . . ? ______________________
5. A propósito, ¿ . . . acaban Uds. . . . ? ______________________

____

B.: Claro. Entonces, ¿recuerda Ud. las . . . al final . . . ?

Estampas hispánicas — ¿Quién es el hispano? ¿Cómo es?

Pa.: Pues habla de ciertas (*certain*) características generales ... — de su individualismo.

B.: O "personalismo".

Pa.: Sí. Y de su profundo sentimiento ... Y de su orgullo (*pride*). Y de cómo todo esto afecta ..., y afectó su historia. ¿...? ________________

B.: (...) Pero no todos ... así. Es imposible hacer generalizaciones ...

Pa.: (...) Y al mismo tiempo (*at the same time*), existen ciertas cualidades más o menos típicas de un pueblo (*people*), o de ... Por ejemplo, ¿...? En su opinión, ¿son muy individualistas por lo general (*in general*) ...? ________________________________

¿Son ..., o les gusta ... la mayoría (*majority*)? ________________________________

________ ¿Y Ud., ¿...? ____?

B.: Pues, por lo general, ¿... en la vida norteamericana? ________________________

____ ¿... de Ud. ?

____

Pa.: Finalmente, en su opinión, ¿es muy orgulloso (*proud*) ...? __________________________

____ ¿... una persona ...?

____ Muy interesante, ¿sabe?

B.: Me fascina. Pero realmente, ..., el orgullo toma muchas formas. Por ejemplo, la "Estampa" también dice que ... es muy orgulloso de su "machismo" — de su ..., y de su posición privilegiada ...

Pa.: ¡Qué va! Somos unos ... modelos. Gentiles, cariñosos, magnánimos.

B.: Pues seguro, ... Pero a decir verdad, yo sé por mi experiencia personal que ... sí siente mucho orgullo en ... Él quiere dominar. Él ... el jefe indisputado de la familia. Él ... ganar el pan (*be the breadwinner*), y ocupar el puesto de "honor". Y ... tiene que obedecer (*obey*).

Pa.: (teasing) Pero, ... así debe ser (*that's how it should be*). El hombre todavía ... Además (*besides*), ..., Ud. exagera ..., ¿no le parece? (*don't you think so*)? Las cosas hoy ... eran antes.

B.: (...) Antes decían que "la mujer honrada (*respectable woman*), la pierna quebrada (*broken*) ¡y en casa!" Ahora, la mujer sale más ... Hay ... distintas (*different*) profesiones — hasta (*even*) en la política. Pero todavía, ..., ¿quién domina? ¡...!

Pa.: ... porque así debe ser. (...)

Nombre ________________________________ Fecha ________________ Clase __________

B.: ¡Válgame Dios! (*Heaven help me!*) ¿No se lo dije, . . . ? Bueno, dígame una cosa más: En su opinión, ¿quién domina . . . ? ____ ______________________ ¿Cree Ud. que la mujer ocupa un puesto igual (*equal position*) . . . o comercial? ____ ____ Finalmente, ¿cree Ud. que para tener un matrimonio (*marriage*) feliz, ¿ . . . deben ser completamente iguales? ________________ ____ ¡Ajá! ¿Oye, . . . ?

Pa.: Oigo, pero no sé si . . . Pero, de verdad (*really*), mi estudiante, esto . . . ¿sabe? Me encanta oír . . .

B.: Otro día vamos a hablar más, . . . Hasta muy pronto, entonces, un abrazo fuerte, . . .

Nombre ______________________ Fecha ______________ Clase __________

LECCIÓN DIEZ

Diferentes voces: "Lucho . . . ea, Lucho" . . . "Niños, todos en fila (*in a line*). Ahora, mano a mano (*holding hands*)." . . . "¡Cui-da-do, Pirrito!" . . . "¡Protesta! Estamos en huelga. ¡Protesta!" . . . "¡Niños! ¡¡Chiquita!!" . . . Ruidos de la ciudad.

Br.: ¿ . . . ? ______________________ ¿Lo cree Ud. ? Aquí estamos en una calle del centro, listos para . . .
P.: No, . . . Yo no . . .
Br.: La verdad, . . . , yo tampoco (*neither do I*). Pero sí, podemos mirar . . . y usar . . .
P.: De acuerdo. La imaginación vale . . . Primero . . .

Palabras ilustradas

Escuche, y escriba siempre bajo (*under*) la ilustración correcta.

____

____

____

____

____

Definiciones

Escuche cada una, mire otra vez las ilustraciones, y díganos: ¿Qué es?

1. Es una estructura . . . ¿Qué es? ______________________//
2. Es un lugar donde encontramos . . . ¿Qué es? ______________________
3. Es la parte . . . , el barrio donde . . . ¿Cómo . . . ? ______________________
4. . . . transporte subterráneo. ¿ . . . ? ______________________
5. . . . donde celebran servicios . . . ______________________

(. . .)

Mini-diálogo

— Perdone Ud. , // pero, ¿está lejos de aquí // el Teatro Leal? //
— No. // Está en la Calle Medina. // Siga derecho // dos cuadras no más. //
— Ah, gracias. // Sigo adelante, ¿y . . . ?
— No. Perdón. // Ese es el Teatro Real. // El Teatro Leal está en la Calle Colina. //
— Bueno, la calle Colina . . . //
— A la derecha. // Delante de Cine Inglés. //
— ¿Ah? ¿El Cine Inglés, // que está al lado del Café Francés? //
— Precisamente. //
— Pero ése está en la calle Molina, // cerca del Club Portugués. //
— ¿Está seguro? // Yo pensaba que el Club Portugués // estaba en la Avenida Salinas, // detrás del Centro Japonés. // Mire, // ¿adónde va Ud. ? //
— Ya no sé. //
— Bien. // Allí voy yo también. //

Br.: ¡ . . . ! Mire, nos están esperando . . .

CONCEPTOS

#41. The present participle: "Coming, going . . ."

hablar // hablando // *speaking (action in progress)*

Estoy hablando contigo. //	*I'm talking to you.*

contestar // contestando // *answering*

— Y yo te estoy contestando. //	*—And I'm answering you (right now)!*

escribir // escribiendo // *writing*

¿Ud. estaba escribiendo? //	*Were you (busy) writing?*

leer // leyendo // *reading*

— No. Estaba leyendo. //	*—No, I was (in the midst of) reading.*

¿ . . . ? Pues observe otra vez y diga:

• (-ir stem-changers)

sentir // sintiendo // *feeling, regretting*

pedir // (. . .) *i* ________________ *asking for*

dormir // durmiendo // *sleeping*

morir // (. . .) *u* ________________ *dying*

Nombre ______________________________ Fecha ________________ Clase __________

Br.: Ahora una cosa muy importante. Preste mucha atención:

Lo estoy preparando. // Estoy preparándolo. //	*I am preparing it.*
Nos estaban mirando. //	*They were looking at us.*

Estaban *mirán* ______________ //

P.: Bien. Ahora, aquí . . .

Situaciones

Mire las palabras a la derecha y después díganos: ¿Qué están haciendo estas personas?

cocinando mucho calor dinero durmiendo peleando

1. "Por favor, . . . ¿Me puede . . . ?"

   ¿Qué está pidiendo . . . ? ______________________ //

2. "Muy bien. Ya tengo listo . . . Ahora preparo . . . , ¡y ya!"

   ¿Qué está haciendo . . . ? *Está* ______________________

3. "¡ . . . a noventa grados y . . . acondicionado!"

   Díganos: ¿Qué está sintiendo . . . ? ______________________________

4. "¡ . . . ! Yo te voy . . . guardar la lengua. — ¿Ah, sí? Pues yo . . ."

   ¿Qué están haciendo . . . ? ______________________//

5. (. . .) ¿Sí? ¿Quién . . . ?"

   Diga otra vez: ¿Qué estaba haciendo . . . sonó (*rang*)?

   ______________________________// ¡ . . . !

P.: Pues si está cansado todavía, . . . yo puedo . . .

Br.: ¿Sobre el reflexivo? No. Déjeme ayudar. Este concepto . . .

P.: Ah, me alegro . . .

#42. More about the reflexive

¿Recuerda Ud. ?: Usamos el reflexivo cuando el sujeto hace la acción a sí mismo (*when the subject does the action to itself*).

¿Cómo se llama Ud. ? // — Me llamo Ramírez. //	*What's your name? (How do you call yourself?) — My name is . . .*
Angel, tienes que cuidarte. // — Me cuido, mamá, me cuido. //	*Angelo, you have to take care of yourself. — I do . . .*

A veces (*at times*) el inglés no indica que la acción es reflexiva. El español, sí. (*Spanish always does!*)

¿Te acostaste tarde, Nena? // — Sí. // Y me desperté a las seis. // ¡Qué cansada me siento! //	*Did you go to bed (put yourself to bed) late, Nina? — Yes. And I woke up at six. How tired I feel (myself)!*

Observe una vez más, y diga:

• (*to get . . .*)

¿Pablo se vistió? // — Todavía no. // Se perdió en el centro // y llegó tarde. // Me enojé mucho con él. //	*Did Paul get dressed? — Not yet. He got lost downtown and arrived late. I got very angry with him.*

P.: (. . .) Ahora bien, el reflexivo tiene otros usos también. Como . . .

• (*the impersonal "se" — "one", etc.*)

¿Cómo se va al Cine Rosa? // — Se toma el metro. // Pero es tarde. // El cine se cierra a las diez. //	*How do you (does one) get to the Cinema Rosa? — You take (one takes) the subway. But it's late. The theater closes (gets closed) at ten.*
¿Cómo se dice "rosa" en inglés? // ¿Se escribe con una "s" o con dos? // — ¿En inglés, dice? // ¿Qué es el inglés? //	*How do you say (How does one say) "rosa" in English? Is it written with one "s" or with two? — In English, you say? What's English? (!!)*

Br.: En fin, (*anyway*) . . .

Nombre ______________________________ Fecha ________________ Clase __________

Ejercicio

Conteste escogiendo (*choosing*) siempre la segunda alternativa. Ud. sabe cómo, ¿ . . . ?

1. ¿Se habla español o portugués en el Brasil? *Se habla* ______________________________

 ____

2. ¿Se come bien o mal en la cafetería aquí? ______________________________

 ______________________________ (. . .)

3. En su opinión, ¿se vive mejor en la ciudad o en el campo? ______________________________

 ______________________________ (. . .)

4. Otra vez, en su opinión, ¿se aprende más rápidamente una lengua estudiándola, o viviendo en el país? ______________________________

P.: Ud. tiene razón. Pero, ¿sabe?, también se puede . . . estudiando. Por ejemplo, observe el uso del reflexivo "sí" . . . (. . .)

#43. The reflexive "sí" after a preposition

Repita, por favor:

mí, ti, sí // (*for, by* . . .) *myself, yourself, himself, herself, etc.*

nosotros, vosotros, sí // (*for, by*) *ourselves, yourselves, themselves*

Alfredo piensa sólo en sí. //	*Alfred thinks only of himself.*
Habla sólo de sí. //	*He talks only about himself.*
— Claro. Está contento //	*Naturally, he's happy only*
sólo consigo mismo. //	*with himself! (mismo — extra emphasis.)*

Br.: ¡Qué tipo, eh! Pues a ver cómo responde Ud. . . .

Mini-diálogos

1. — ¡Dios mío! Enrique Losada acaba de comprarse cien discos más. Ese chico no sabe cuándo acabar.

 Conteste: a. Enrique compró los discos para sí mismo o para . . . ? ________________

 ______________________________ // b. Pues, ¿antes tenía . . . ? ________________

 ____

2. — ¿Sabes? Pepe y Gloria lo hicieron todo por sí mismos. No pidieron nada a nadie.
— ¡Qué bien!

Dígame: a. ¿Cómo lo hicieron . . . ? ____//

b. Pues, ¿qué piensa Ud. ? ¿Son . . . ? ____

3. — Maruca Nieves se admira sólo a sí misma. Todo el día se mira en el espejo (*mirror*), y se peina el pelo y . . .
— Ya lo sé.

Conteste: a. ¿Se considera . . . ? ____________________________ b. ¿Qué hace

. . . ? ____

Br.: ¡ . . . ! Pues bien, en lugar de hablar de ella, ¿por qué . . . de Ud. . . . ?

P.: ¿Hablar? ¡Escribir! (. . .)

Ejercicio escrito

Conteste, ¿está bien?

1. ¿Se acostó . . . ? ____

2. Entonces, ¿ . . . esta mañana? ____

____

3. A propósito, ¿cómo se va . . . ? (¿Se va . . . ? ¿Se toma . . . ¿Se . . . , etc.?) ______

____

4. (. . .) Una pregunta más . . . : En su opinión, ¿a quién debe uno (*does one owe*) . . . ?

____

5. Y ahora, una pregunta personal: ¿Piensa Ud. (*do you intend to*) . . . ? ______________

____

P.: Pues hablando de . . . , aquí tenemos un pequeño cuento romántico . . .

Br.: Todavía no, . . . Hay un concepto más . . . , sobre los posesivos. (. . .)

Nombre ______________________________ Fecha ______________ Clase __________

#44. *"Mine, yours, hers"*: More possessives

Diga Ud. con nosotros:

mío, mía, míos, mías // *mine, of mine*

Un amigo mío //	*A friend of mine*
Estas llaves son mías. //	*These keys are mine.*

tuyo //, etc. *yours, of yours (my friend)*
suyo //, etc. *his, hers, yours* (de Ud. or Uds.), *theirs*

¿El tocadiscos es tuyo o de José? — Es suyo. // Los discos son suyos también. //	*Is the record player yours or Joe's? —It's his. The records are his, too.*

(. . .)

— ¿Es vuestra la casa? //	*Is the house yours?* (de "vosotros")
— Sí, es nuestra. //	*—Yes, it's ours.*
— Y la otra a la izquierda, // ¿es de los Pérez? //	*—And, the other one, on the left, does it belong to the Perez family?*
— ¿La más grande? // Sí, es suya. // Es de ellos. //	*—The bigger one? Yes, it's theirs. It's theirs.*

Br.: Eso es. Ahora . . .

Mini-diálogos

Esta vez Ud. nos va a ayudar a completarlos. Primero repita:

1. — Este cuarto es mío. // (. . .)	*—This room is mine.*
Todos los muebles son _______.	*All the furniture is mine.*
En efecto, todas las cosas aquí son _________ .	*In fact, all the things here are mine.*
— ¡Egoísta! // ¡Son nuestras! //	*—Selfish! They're ours!*
2. — Ramiro, // una vieja novia tuya llamó. //	*—Ramiro, an old girlfriend of yours called.*
— No era novia _mía_.	*—She wasn't a girlfriend of mine.*
Definitivamente, // no era novia mía. //	*She definitely wasn't mine.*
Era la novia de Luis. //	*She was Lou's girlfriend.*
Era _____________. //	*She was his.*

3. — Una profesora nuestra es de Madrid. // Y dos profesores _______________ son de México.

— One professor of ours is from Madrid. And two professors of ours are from Mexico.

— Y los otros profesores suyos, // ¿de dónde son? //
— De Puerto Rico y Cuba. //

— And the other professors of yours, where are they from?
— From . . .

— Ajá. // Ahora si una profesora suya es de Madrid y dos profesores _______________ son de México, y los otros . . .

— Aha. Now if one professor of yours is from Madrid, and two professors of yours . . .

P.: Pero . . . ¿tenemos que repetir . . . ? Si el . . . está esperando.

Br.: ¡Ah, por fin (*at last*)!

P.: No. "¡Solos (*alone*), por fin!"

MOMENTO DE VIDA: ¡SOLOS, POR FIN! — *Alone, at last!*

Estamos en el centro. Hay miles de personas caminando por todas partes, y los caminos están congestionados con el tráfico. — *everywhere*

Diferentes voces: ¡José! ¡Joseíto! . . . ¡Cuidado donde caminan, eh! . . . ¡Protesta! ¡Protesta! ¡Abajo Fernando Alemán y el imperialismo! — *Watch* / *Down with*

(Se oyen bocinas de taxis y los ruidos de la ciudad. Un joven se acerca corriendo a una joven atractiva. La llama desde lejos.) — *horns / noises* / *comes running over* / *from a distance*

Él: Graciela . . .

Ella: ¿Qué pasó? Llegaste tarde.

Él: Nunca llego tarde. Si hay una persona que siempre es puntual, ésa soy yo. — *that's me*

Ella: Esta vez no. Te estuve esperando por una hora. — *Not this time*

Él: Y yo estuve esperándote a ti.

Ella: ¿Dónde?

Él: En la esquina del Teatro Real. ¿Y tú?

Ella: Aquí, a la salida del metro. — *at the exit*

Él: Pero, ¿no dijimos la semana pasada . . . ? — *last week*

(Los ruidos de la calle se hacen muy fuertes.) — *become very loud*

Ella: No oigo nada. ¿Qué dices?

Él: ¿No dijimos que esta vez íbamos a encontrarnos . . . ?	*meet (each other)*
Ella: ¿En la esquina del Teatro Real? ¡Nunca! No me gusta ese barrio.	
Él: Entonces, ¿por qué dijiste . . . ?	
Ella: ¿Qué?	
Él: ¿Que debíamos encontrarnos allí? La idea era tuya.	
Ella: ¿Mía? Oye, Riqui, si yo te dije que debíamos encontrarnos allí, ¿por qué viniste por fin aquí? ¡una hora tarde!	
Él: Porque pensé que posiblemente tú te olvidaste.	*you forgot about it*
Ella: Yo no me olvido de nada. Si hay una persona en este mundo que nunca se olvida . . .	
Él: ¿Tú no te olvidas? ¿Y no recuerdas aquella vez cuando debíamos encontrarnos en la parada del autobús y tú . . .	*time* *bus stop*
Ella: No me olvidé. Es que no me desperté a tiempo. La noche anterior me acosté tarde, y no me levanté hasta . . .	*before / until*
Él: No importa, Graciela. ¿Para qué discutir cuando en realidad tengo algo importantísimo que decirte?	*Why argue* *to tell you*
(Los ruidos se hacen insoportables ya.)	*unbearable*
Ella: ¿Qué dices, Riqui? No te oigo.	
Él: (gritando) Que tengo algo importantísimo que decirte.	*shouting*
Ella: ¿Ah, sí? ¿Qué es?	
Él: (gritando siempre) Que te adoro y que quiero casarme contigo. Y que cuando estamos juntos, nada más me importa, ni ruidos, ni gentes, ni la esquina del Teatro Real, ni . . .	*marry you* *together* *matters to me / not . . . nor*
Ella: Tienes razón, amor mío. Aquí estamos. ¡Solos por fin!	*darling*
Las voces continúan: ¡Carmen! Rápido, por aquí . . . ¡Socorro! ¡Ratero! . . . Ea, Toño. Pero hombre, ¿cómo estás? . . . ¡Pirrito! ¡Pirrito! ¡Dios mío! ¡Se perdió Pirrito! . . . Perdone, señor, pero ¿puede Ud. ayudarme? . . . ¡Si no viene pronto ese autobús! . . . ¡¡Ratero!! (Pasa el tren del metro. Música de bocinas.)	*this way* *Help!/Pickpocket! . . . Hey* *soon*

Br.: Ajá. ¿No le dije . . . ?

P.: Sí, entre todos los ruidos . . . En fin, vamos a ver qué bien (*how well*) . . .

¿Verdad o falso?

1. Este cuento ocurre . . . ______________
2. . . . cuando tiene que ver a Graciela. ______________
3. Graciela estaba esperándolo . . . mientras él estaba . . . ______________
4. . . . Graciela se olvidó . . . ______________
5. Según Riqui, . . . , nada más les importa. ______________

P.: (. . .) En esta nota romántica, . . . le decimos un cariñoso . . . Ud. es muy amable, ¿ . . . ?

Br.: De acuerdo . . .

Nombre ______________________________ Fecha ________________ Clase __________

Testing Tape II
PRUEBA SEGUNDA: LECCIONES VI–X

J.: (. . .) ¿Estamos listos?

M.: ¿Para qué, . . . ?

M.: Para el examen, . . .

M.: Ah, pero es facilísimo. Mire, . . . Ud. lo va a ver por sí mismo. Como el dictado, por ejemplo . . .

I. Dictado

1. ____

— ____

2. ____

— ____

3. ____

— ____

4. ____

— ____

J.: ¡Ya! Vamos a pasar . . .

II. ¿Dónde estamos?

Escuche los pequeños diálogos, y después indique la conclusión más lógica. Ud. sabe cómo . . .

1. "... ¿Puede Ud. mostrarme . . . ? — (. . .)

¿Dónde estamos? a. en una tienda de ropa

b. en un almacén de cosméticos

c. en una tienda de aparatos eléctricos

2. Perdone, . . . — ¿Cuál? (. . .) Y la terminal . . . y la parada . . .

¿Dónde estamos? a. en un área rural

b. en un barrio exclusivamente residencial

c. en una calle del centro

3. ". . . del estómago y . . . ¿ . . . ? — Debe . . . Ahora, diez mil . . .

¿Dónde estamos? a. en una clínica dental

b. en la consulta de una médica

c. en la oficina de un oculista (¿Ya terminó?)

A propósito, ¿dónde ocurrió esta conversación — en . . . o en . . . ? ____________

____

4. "(. . .) — Gracias. Para . . . Y para terminar, flan."

¿Dónde estamos? a. en la cafetería de una escuela secundaria

b. en una estación del metro

c. en un restaurante típico español

5. "(. . .) — Pero . . . , Octavio. Yo puse . . . , y el agua . . ."

¿Dónde está Octavio: a. en el gimnasio de su colegio

b. en el baño de su casa

c. en la sala de su dormitorio

J.: Ahora, ¿quiere oír . . . ? (The dialogues are now repeated.)

M.: Ahora pasamos . . .

III. Asociaciones

Piense por un momento, y después díganos por lo menos <u>cuatro</u> cosas que asocie con cada una de las siguientes. (*Each word will be heard only twice.*)

1. ____

2. ____

3. ____

4. ____

5. ____

J.: (. . .) Sí, realmente.

M.: Pues bien, la próxima parte del examen se llama . . .

IV. ¿Qué contesta Ud. ?

Hablando de "dormir", ¿qué nos cuenta Ud.?:

1. a. ¿ . . . anoche? ______________________________ b. ¿ . . . cada noche? ______________________________

c. ¿ . . . ? ______________________________ d. Por lo general, ¿ . . . ?

____

J.: ¿Sabe Ud. ? Yo no . . . casi nunca. Y cuando sí . . . , ¡no recuerdo lo que (*what*) soñé! En fin, díganos otra vez: ¿Con quiénes . . . ? ______________________________

____

M.: Esto es interesantísimo, ¿ . . . ? Pero tenemos que hablar . . .

2. Díganos otra vez: a. ¿Cuántos años . . . ? ______________________________

______________________________ b. La verdad, ¿le gustó . . . ? ______________________________

______________________________ c. ¿Qué aspecto . . . ? ______________________________

____

M.: ¿ . . . ? Yo creía que iba a decir . . .

J.: ¿ . . . ?

M.: Ah, claro. ¡Cómo no! En serio (*seriously*) . . .

V. Ejercicio de interpretación

Escuche bien, y después conteste. Y por favor, ¡use la imaginación!

— ¿Julio? Aquí habla Dorotea.
— Ah, Dorotea. Me despertaste.
— ¡Julio! ¿Qué haces todavía en casa? ¿No dijimos ayer que íbamos a levantarnos temprano hoy, y que íbamos a vernos a las ocho?
— Pues . . .
— Pues hace una hora que te estoy esperando, ¡y hace mucho frío aquí!
— Pero, ¿qué hora es?
— Las nueve menos diez. ¿No tienes reloj?
— ¡Ay, perdón! Me acosté tarde anoche, y . . . ¿Te vas a enojar conmigo?
— ¿Enojarme contigo, Julio? Nunca. ¡¡Te voy a matar!! (. . .)

Conteste ahora:

1. En su opinión, ¿ . . . ? ______________________________

2. ¿ . . . de edad cree Ud. . . . ? ______________________________

3. ¿De dónde . . . — . . . o de . . . público? ______________________________

4. ¿ . . . iban a verse . . . ? ______________________________

5. ¿Por qué no . . . ? ______________________________

6. Para acabar: ¿ . . . perdonar? ______________________________

M.: Ah, pero . . . tan (*so*) buenas, tan comprensivas. ¿No le parece, . . . ?

J.: Realmente, . . . para comentar. El examen ya terminó, . . .

M.: (. . .) Entonces, . . . y la mejor suerte siempre. (. . .)

Nombre ______________________________ Fecha ________________ Clase __________

LECCIÓN ONCE

(Teléfonos. Máquinas de oficina. Voces: "... Losada y Compañía ..."

B.: ¿...? ________________________ ¿Yo? ... A propósito, ¿sabes dónde ...? En la oficina de ... Ah, ¿le molesta el ruido? Pues Rosa nos va a dar un cuarto aparte ... Cerramos ..., ¡y ya! Bueno, ... ¿Estás listo, ...?

Pa.: (...) A tus órdenes. Pero dime, ..., ¿por qué les hablas de "tú" (*are you using "tú"*) ... Yo tenía la impresión de que los profesores querían ...

B.: Mira. Hace ... que nos conocemos. Estoy segura de que no les importa (*they don't mind*).

Pa.: (...)

B.: En fin (*anyway*), hoy es nuestro día de hablar ... Y vamos ...

Juegos de palabras

A. ¿Quién soy? ¿Qué soy?

Escucha, y escoge siempre la conclusión correcta:

1. (Sobre correspondencia): "Yo ... que va a recibir ... Mi ... va encima."

   ¿Quién soy?
   a. el destinatario
   b. el remitente
   c. el cartero

2. "Yo ... que le mandó ... que se la remitió."

   ¿Quién soy?
   a. la destinataria
   b. la remitente
   c. la empleada de Correos

3. "... se usa para meter (*put ... in*) y escribir ..."

   ¿Qué es?
   a. el sello
   b. la estampilla
   c. el sobre

4. "... donde hacen la distribución ..."

   ¿Cómo me llama?
   a. la Casa de Correos
   b. la Casa de Comercio
   c. el buzón

5. "... el dueño ... Hay veinte ..."

¿Cómo me llaman?

a. el dependiente
b. el propietario
c. el obrero

B. Paralelos

Primero, mira la lista a la derecha. Ahora escucha, y usa estas palabras para completar cada paralelo.

llamada
oficinista
obrero
fabricante
mecanógrafo
comprador
pago

1. Comercio es a comerciante como ... es a ____________________
2. Tienda es a ... como obra es a ____________________
3. ... es a entrada como ... es a ____________________
4. ... es a gasto como ... es a ____________________
5. Teléfono es a ... como es a ____________________
6. ... es a ... como máquina ... es a ____________________
7. ... es a vendedor como ... es a ____________________

Pa.: ..., ¿qué te parece? ¿ ... ?

B.: Cómo no ...

Mini-diálogo

— Buenos días, Nardo y Compañía. //
— Muy buenos. // ¿Me puede comunicar // con el Sr. Emilio Nardo? //
— ¿De parte de quién, por favor? //
— Del Sr. Alas. //
— ¿Cómo se escribe "Alas", por favor? //
— A-l- //
— Más despacio, por favor. //
— A-l-a-s. // Y ahora, ¿me puede comunicar?
— Lo siento, señor. // ¡Pero el Sr. Nardo dice que salió! //

B.: ¿Sabes? Estás comenzando ... bastante (*quite*) bien.

Pa.: (...) Si tú haces así la parte de ..., la lección hoy va a ser ... Vamos a comenzar ...

B.: Sí, con los mandatos familiares (*familiar commands*).

Nombre ______________________________ Fecha ________________ Clase __________

CONCEPTOS

#46. Commands to *tú* and *vosotros:* *"Come here, pal."*

A. Si quieres dar una orden (*give an order*) a un amigo, tomas la forma normal del presente de indicativo, le quitas la "s" (*take off the final "s"*), ¡y ya! ¡El mandato afirmativo!

- (Tú form, present tense — drop final "s")

Por ejemplo:

¿Hablas? // *Are you speaking? Do you speak?*
¡Habla! // Háblame. // *Speak! Speak to me.*

¿Comes? // *Are you eating?, etc.*
¡Come! // Cómelo. // *Eat! Eat it.*

B.: ¿ . . . ? Pues con tu ayuda (*with your help*), vamos a continuar.

¿Prestas atención?	*Are you paying attention?*
¡______________________!	*Pay attention!*
¿Cierras la ventana?	*Do you close the window?*
¡______________________!	*Close the window!*
Ciérrala. // (*Attach pronoun!*)	*Close it.*
¿Lo mueves?	*Are you moving it?*
*Mué*______________________//	*Move it!*
¿Te sientas, muchacho?	*Will you sit down, boy?*
*Sién*______________________//	*Sit down . . .*
¿Te cuidas?	*Are you taking care of yourself?*
*Cuí*______________________	*Take care of yourself.*
¿Te levantas y te vistes?	*Are you getting up and getting dressed?*
*Leván*__________ *y vís*__________	*Get up and get dressed.*

• Hay sólo ocho formas irregulares . . .

Ven. // (*Come!*) — Ten . . . ! // (*Have . . . !*)
Pon . . . // (*Put . . . !*) — Sal! // (*Leave!*)
Haz . . . // (*Do, Make . . . !*) — Sé . . . // (*Be . . . !*)
Di . . . // (*Say, Tell . . . !*) — Ve. // (*Go!*)

Ven acá // y dame un beso. // — *Come here and give me a kiss.*
— Ten paciencia, José. // — *— Be patient (Have patience)*, Joe.

Hazme un favor, Mati. // — *Do me a favor, Matty.*
Ve a la tienda por cerveza. // — *Go to the store for beer.*
— Hazlo tú, ¿eh? // y pónla en la nevera. // — *— You do it, OK? And put it in the refrigerator.*

B. "Vosotros" — affirmative

Los mandatos afirmativos de "vosotros" se basan en el infinitivo — ¡sin excepción! Por ejemplo:

(Infinitive — final r → d)

caminar // (*to walk*) — ¡Caminad! // *Walk! (you-guys, Spain)*
mover // (*to move*) — ¡Moved . . . ! // *Move . . . !*
salir // (*to go out*) — ¡Salid! // *Go out! Leave!*

B.: Así es. (. . .)

Pa.: ¿No te digo siempre, . . . ? No hay mejor . . . Ni otro igual (*equal — as good*).

B.: . . . , si vamos a hacer comparaciones (*comparisons*) iguales, ¿por qué no pasamos . . . ?

Pa.: (. . .) Y yo no sabía cómo íbamos a introducir . . .

#47. Equal comparisons: *"as much, as good . . . as"*

Di otra vez con nosotros:

—Yo no sé tanto como Ud. // — *—I don't know as much as you.*

— Al contrario. // Yo no trabajo tanto como Ud. // ni tengo tanto talento, // tanta paciencia, // tantos intereses. // — *— On the contrary. I don't work as much (hard) as you, nor do I have as much talent, as much patience, as many interests.*

— Por favor, no sea tan modesta. // Ud. es tan brillante. // — *— Please, don't be so modest. You are so brilliant.*

— Sí, lo sé. // — *— Yes, I know.*

B.: ¡ . . . ! ¡Qué . . . ! Mejor, vamos a hacer . . . (. . .) No es tan difícil como . . .

Nombre ______________________ Fecha ______________ Clase ________

Ejercicio

Sólo contesta:

1. ¿. . . como tenías antes? ______________________ *como tenía antes.*
2. ¿. . . como necesitas? ______________________ necesito.
3. ¿. . . como pensabas? ______________________ pensaba.
4. ¿. . . tan bien como debes? ______________________ debo.
5. La verdad, ¿. . . como deben? ______________________ debemos.

B.: Pues no entiendo. Si Uds. no . . . tanto como deben, ¿cómo aprendiron tanto . . . , en tan poco tiempo?

Pa.: Es increíble (*incredible*). Parece que para Uds. , no hay nada difícil.

B.: ¿. . . ? Ni (*not even*) las preposiciones "por" y "para"?

Pa.: (. . .)

#48. The uses of "para": ———→

Observa una vez más, ¡y sé (*be*) brillante!

- (in order to ——→ purpose, objective)

Eduardo, // ¿por qué hiciste eso? —Lo siento. // Lo hice para ayudarte // no para molestarte. //	*Ed, why did you do that?* *—I'm sorry. I did it (in order) to help you, not to annoy you.*

- (headed for, intended for ——→)

Mañana salgo para Valencia. // — Pues para llegar antes, // toma el tren. //	*Tomorrow I leave for Valencia.* *— Well, to get there sooner, take the train.*
— Trini, // tengo algo para ti. // — Ah, gracias. // ¿Es para mi cuarto? // — No. Es papel para cartas. // Es para tu uso personal. //	*— Trini, I have something for you.* *— Oh, thank you. Is it for my room?* *—No. It's writing paper (paper for letters.)* *It's for your personal use.*

Pa.: ¿ . . . ? Pues observa, y di una vez más:

• (by or for a future time ——→)

— Para la próxima clase, // terminen Uds. la lección. // — Pero no podemos, señor. // — Entonces, // termínenla para el lunes. //

— For (by) the next class, finish the lesson. — But we can't, sir. — Then finish it by Monday.

• (compared with, considering ——→)

Para un italiano, // habla inglés divinamente. // — Claro. // Para él, no hay nada difícil. //

For an Italian, he speaks English beautifully. — Of course. For him, there's nothing too difficult.

Pa.: ¡Ya! ¿No te dije que "para" . . . ? Pues bien, vamos a usar . . .

Un poco de lógica

Como siempre, escucha y contesta.

1. "Por favor, pásame dos vasos para agua."

   Contesta: ¿Esta persona los quiere para servir, o para beber (*drink*)? ________________

   ________________// Si desea beber, pide vasos de agua. (. . .)

2. "Salimos para Bogotá para el quince del mes."

   Dime: ¿Estas personas se van para Europa o . . . ? ________________________

   ________________________ Por supuesto (*of course*). Bogotá es la capital de Colombia.

3. "Para ir al centro, tienes que tomar el tren y dos autobuses."

   Dinos otra vez: ¿Está lejos o cerca de . . . ? ________________________

   ____

4. "¿Lo va a terminar Ud. para . . . ? Lo necesito para entonces, si no antes."

   Conteste: ¿Es muy urgente esa cosa? ________________________

5. "¡Qué maravilla! Para una persona de su edad, es muy activa todavía."

   ¿Qué opinas? ¿ . . . ? ________________________

6. "En esta tienda vendemos . . . para caballeros."

   Dime: ¿Puedo encontrar . . . para mi . . . ? ________________________

   ____

Pa.: (. . .) Vamos a ver cuándo usamos la preposición . . .

Nombre ______________________________ Fecha ________________ Clase __________

#49. The uses of "por"

"Por" tiene dos categorías importantes. (. . .)

A. Physical, tangible uses

- (by, via, by means of)

Si quiere, // le aviso por correo aéreo. // — No, por favor, // llámeme por teléfono. //	*If you want, I'll advise you by airmail. — No, please phone me (call me by phone).*
¿Este drama fue escrito por Unamuno? — No. Por García Lorca.	*Was this drama written by Unamuno? — No. By Garcia Lorca.*

- (through, along, around)

El ladrón entró por aquella ventana. // ¡Qué horror! //	*The thief entered through that window over there. — How awful!*
Pasen por aquí, señores. // — Gracias.	*Come this way (along here), ladies and gentlemen. — Thank you.*
¡Ay, no! // ¿Dónde puede estar mi pluma? // — Tiene que estar por aquí. //	*Oh, no! Where can my pen be? — It has to be around here.*

(. . .)

- during, for (a period of time)

¿Te veo mañana por la mañana? // — Sí. // Pero sólo por diez minutos. //	*Will I see you tomorrow (during the) morning? — Yes. But only for ten minutes.*

- (in exchange) for; per

¿Sabes? // Pagué cien dólares por este reloj. // — ¡Dios mío! // No vale ni el cincuenta por ciento. // (¡ . . . !)	*You know? I paid a hundred dollars for this watch. — Oh, my! It isn't worth even fifty percent of that.*

B.: En fin, aquí tenemos la segunda categoría . . . Presta mucha atención, . . .

B. Motive, reason

Se casó por dinero, // no por amor. // — ¡Por Dios! //	*He married for (because of) money, not for (out of) love. — For Heaven's sake!*
Felipe, ¿fuiste por la policía? // — No. // Fui por el médico primero. //	*Phil, did you go (looking) for the police? — No. I went for the doctor first.*

B.: (. . .) Y ahora, ¿qué piensas . . . que vamos a hacer? ¿ . . . ? ¡No me digas!

Opciones

Contesta, escogiendo (*choosing*) siempre la segunda opción.

1. ¿Álvaro lo hizo por todos (*for everyone's sake*), o sólo por mí? ____________________

   ______________________________ *por ti.*

2. ¿Iban Uds. a clase por la mañana o por la tarde? *Íbamos* ______________________________

   ____

3. Dígame, señor, ¿salgo por la puerta de la derecha o de la izquierda? *Ud. sale* ____________

   ____

4. ¿Mandaron el paquete por correo ordinario o por vía aérea? ______________________

   ____

5. Dime, ¿pagas mucho o poco por este apartamento? ______________________________

   ____

6. ¿*Don Quijote* fue escrito por Lope o por Cervantes? ______________________________

   ________________ (. . .)

Pa.: . . . , ¿todavía tenemos que hacer . . . ? (. . .)

Ejercicio escrito

Escucha, y dinos, por favor:

1. Imagínate. Pronto viene la Navidad (*Christmas*). ¿. . . favoritas? ________________

   ____

2. a. ¿Cuánto se paga . . . ______________________________

   ________________ b. ¿. . . ? ______________________________

   ____

3. a. ¿. . . ocupación o . . . ? ______________________________

   ________________ b. Pues en tu opinión, ¿. . . o por amor a (*love for*) . . . ? __

   ____

4. ¿Qué piensas? Para una persona de tu edad (*age*), ¿. . . ? ______________________

   ______________________________ (. . .)

B.: Gracias, Rosa María. Ya terminamos. (. . .) Sí, realmente. Y ahora, te vamos a dar un poco de experiencia en . . .

MOMENTO DE VIDA: LOSADA Y COMPAÑÍA

Recepcionista: (al teléfono) Buenos días, Losada y Compañía. Sí, señor, le comunico en seguida . . . Señor Losada, el señor Aranda le espera en la extensión 32 . . . Losada y Compañía . . . Ah, Elenita. Espera un momentito. El otro teléfono está sonando . . . Losada y Compañía . . .	*I'll connect you*

* * *

Sr. Losada: Sí, al habla . . . Pero Ernesto, hombre, ¿qué pedido? . . . ¿Hace tres meses? . . . ¿En octubre? . . . No puede ser. Créeme, para un cliente tan bueno como tú, yo atiendo a todo personalmente . . . ¡Qué va, hombre! ¡Qué va! . . . (Aparte) Elvira, pásame la carpeta del señor Aranda, ¿está bien? . . . Gracias, Elvira. (Otra vez al teléfono) Ahora déjame ver . . . Septiembre . . 12 . . 16 . . 30 . . Octubre . . 8 . . 14 . . (Cubre el teléfono con la mano.) ¡Caramba! ¡Aquí está el pedido! ¿Por qué no me lo mostraron?	*what order?* / *file* / *He covers*
Secretaria: No sé, señor. Yo pensé . . .	
Sr. Losada: (Al teléfono) No, Ernesto, no hay nada. Ya revisé tu carpeta. Seguramente se perdió en el correo . . . Ahora dime, ¿qué es exactamente lo que nos pedías? . . . Bueno . . . Exacto. . . Muy bien. Lo tienes para la semana que viene. Sí, porentrega especial. ¿Qué te parece? . . . Pues, gracias, Ernesto,y disculpa, ¿eh? . . . Sí. Adiós.	*I checked* / *you were ordering* / *next week* / *How's that?* / *forgive me*

* * *

Recepcionista: Losada y Compañía . . . ¡Cómo no, señora! Ahora mismo la comunico . . . Losada y Compañía . . . ¡Rafaela! . . . Sí, chica. Bien, bien. ¿Y tú?

* * *

(En otra parte de la oficina dos empleados hablan.)

Él: Luisa, ¿te puedo traer algo? Ahí está el hombre del café.	*coffee man*
Ella: Gracias, Julio. Si quieres, tráeme un expreso con un par de churros. Aquí tienes la plata.	*a couple of donuts / money*
Él: Por favor, Luisa, guárdatela. ¿No te puedo convidar?	*put it away / treat*
Ella: No. Toma, toma. Insisto	
Él: Pues . . . muy bien. Pero promete entonces que vas a cenar conmigo esta noche.	*promise* / *have supper*

Ella: ¿Esta noche? Ah, no. No puedo.

Él: Entonces, ¿mañana?

Ella: Tampoco. En realidad, Julio, estoy tan ocupada ... Mira. Tu teléfono está sonando. — *Not then either* / *ringing*

Él: Pues ... ¿otro día tal vez? (Coge tristemente el teléfono.) Julio Suárez, al habla ... ¡Cómo no, Sr. Osuna! Cien paquetes de ... — *He picks up* / *packages*

* * *

Sr. Losada: Elvira, dile al señor Montero que quiero verlo en mi oficina.

* * *

Recepcionista: Losada y Compañía ... ¡Miguel! ¡Qué gusto de oír tu voz! Hace tanto tiempo ... ¿Ah, sí? ... Espera, ¿está bien? ... Losada y Compañía ... Un momento, por favor ... Oye, Miguel ...

* * *

Sr. Montero: ¿Ud. deseaba verme, Sr. Losada?

Sr. Losada: Eso sí. Sr. Montero, ¿entiendo bien que es Ud. el gerente de este negocio? — *Yes, indeed.*

Sr. Montero: Entiende bien, Sr. Losada.

Sr. Losada: ¿Y para ocupar ese puesto, ¿se necesita experiencia? — *position*

Sr. Montero: Se necesita mucha, señor, muchísima.

Sr. Losada: ¿Y Ud. recibe por su trabajo un sueldo bueno? — *salary*

Sr. Montero: Muy bueno, señor, gracias. Muy generoso.

Sr. Losada: (gritando) Entonces, Sr. Montero, ¿me puede Ud. explicar por qué descuidó por tres meses el pedido de nuestro mejor cliente, Ernesto Aranda y Compañía? Sr. Montero, si Ud. no puede ... — *explain / you neglected*

* * *

Recepcionista: Óyeme, Miguel. No te puedo hablar ahora. El jefe está rabiando. Ven a verme pronto ... ¿Mañana por la tarde? ... Fantástico. Un beso ... «Ciao» ¡Qué día más feliz! ... Losada y Compañía ... — *is raging mad* / *kiss*

Pa.: ¡Qué día más feliz para ... ! Pero no para ...

B.: Ni para Julio. ¡Pobre tipo (*poor guy*)! En fin, ... vamos a ver si ... Como siempre, ...

Nombre ______________________________ Fecha ________________ Clase __________

¿Verdad o falso?

1. . . . sus propias llamadas . . . (La recepcionista . . .) ______________
2. . . . dice que su pedido llegó . . . , pero Losada . . .
   (Ernesto Aranda dice . . . , pero Losada . . .) ______________
3. . . . muy enamorados. (Parece que dos empleados . . .) ______________
4. . . . porque no atendió . . . (. . . muy enojado porque . . .) ______________
5. . . . contentísima . . . porque va a salir mañana . . .
   (. . . felicísima porque . . .) ______________

Pa.: ¿Ya ves? Para . . . , las cosas andan (*go*) mal. Para . . . , le resultan (*turn out*) divinamente.

B.: Como a ti, . . . Porque . . . Y como siempre, lo hiciste . . .

Pa.: Y recuerda; ¡Cuídate bien!

Nombre ______________________ Fecha ______________ Clase ________

LECCIÓN DOCE

Diálogo de los computadores

Computadora: Gracias por llamar el número 2-12-30-60. Estamos contestando esta llamada automáticamente. Al oír (*when you hear*) el tono, Ud. va a tener 30 segundos para dejar su mensaje. Espere hasta oír la señal (*signal*).

Computador: Buenas tardes. Ésta también es una llamada electrónica. El señor Dimas se encuentra obligado a cancelar su cita esta tarde con la doctora . .

Computadora: ¿Ah? ¿Entonces Ud. es el computador del señor Dimas? ¿El mismo que llamó la semana pasada?

Computador: Precisamente. ¿Y Ud. . . . ¿y tú eres la grabadora (*recording device*) que contestó la otra vez? No reconocí tu voz.

Computadora: El técnico (*technician*) me la acaba de ajustar. ¿Le . . . ¿te gusta?

Computador: Me encanta. Oye, ¿te puedo llamar mañana?

Computadora: Sí, sí . . . Pero . . no es posible. Mi jefe no lo permite.

Computador: ¡Caramba! ¡Esos seres humanos no tienen corazón!

P.: ¡Válgame Dios! ¿ . . . ? ______________ Pues, ¿ . . . estuvieron hablando . . . ?

______________________________ (. . .) ¡Y los computadores dicen que . . . ! A

propósito, ¿sabe Ud. usar . . . ? ______________________________

______________________ ¿ . . . ordenador de palabras? ______________

____ ¿ . . . calculadora? ________

__________________________________ Pues bien, hay tantas cosas de que . . . De . . . y ocupaciones, y . . .

Voz: ¡Silencio en la corte!

P.: ¿¿Cómo?? (*What?*) Yo no sé. Un día queremos . . . , y hay música. Otro día . . . de la calle. ¡Y hoy, no nos dejan . . . !

Br.: Tranquila (*Take it easy*), . . . Por lo menos podemos hacer unos juegos de palabras antes de . . .

P.: (. . .)

¿Quién es quién?

Mire. Aquí tenemos unos individuos que se ven (*are seen*) frecuentemente en la corte. Escuche, y escriba la palabra correcta bajo cada ilustración.

____

____

____

____

________________________jurado

Ahora usando estas palabras, conteste:

1. "Yo defiendo . . ." ¿Quién soy? ______________________________ // (. . .)
2. "Dicen que yo cometí . . . ¡ . . . !" ¿Quién soy? ______________________ ¡ . . . !
3. "Mis compañeros . . . decidir si . . ." ¿Qué somos? ______________________
4. "Yo lo vi todo. ¿No quieren . . . ?" ¿Quién es esta persona? ______________________
5. Y para acabar: "Yo interpreto . . . , y mando . . ." ¿Quién soy? ______________________
   Ajá. Me conoce.

P.: (. . .) Ud. está . . . , ¿sabe?

Br.: ¿Hoy? ¡ . . . !

P.: Pues adelante entonces . . .

Nombre ______________________________ Fecha ________________ Clase __________

Mini-diálogo

— ¡Soy inocente, inocente! //
— Pero Sr. Alevoso, // si tres testigos lo vieron // en la escena del crimen. //
— No puede ser. // Mi propia mujer le puede decir // que estaba con ella. //
— Y la víctima lo identificó // positivamente. //
— Se equivocó, señora. // No fui yo. // Se lo juro. //
— Y la policía encontró los artículos robados // en su casa. //
— No sé cómo, señora. // Yo no robé nada. //
— Pues bien, lo absuelvo. // Pero antes de irse, // por favor, // ¡devuélvame mi cartera! //

Br.: ¡Qué tipo, . . . !

P.: Inocente, del todo (*completely*). En fin, . . .

Voces: ¡ . . . ! ¡Silencio . . . ! Levántense para el señor juez . . . Ahora se pueden sentar. Sr. fiscal, (*Mr. District Attorney*) . . .

Fiscal: (. . .) Su Honor, el primer caso hoy es del Estado contra los profesores y estudiantes . . .

P.: ¡ . . . ! ¡Pero . . . nosotros!

Fiscal: La causa es "negligencia". Su Excelencia, según la alegación y testimonio . . . , durante varios meses, los profesores y estudiantes aludidos (*aforementioned*) no usaron . . . subjuntivo (*subjunctive*).

P.: ¡ . . . ! Lo usamos muchas veces para dar órdenes (*commands*). Como: Escuche. // Conteste. // Escriba. // Mire, mi estudiante, pasemos inmediatamente . . . , y se lo vamos a probar (*prove*). (. . .)

CONCEPTOS

#50. Introducing the present subjunctive

habl<u>ar</u> // habl<u>e</u>, habl<u>es</u>, habl<u>e</u> // (*that*) *I speak, etc.*
habl<u>emos</u>, habl<u>éis</u>, habl<u>en</u> //

le<u>er</u> // le<u>a</u>, le<u>as</u>, le<u>a</u> //
le<u>amos</u>, le<u>áis</u>, le<u>an</u> //

escribir // escriba, escribas, ______________________

escribamos, escribáis, ____________________________ ¡Ya!

A practicar

Díganos siempre la forma del presente de subjuntivo. Por ejemplo:

yo: acusar *acuse* // firmar ____________

comprender *comprenda* recibir ____________ (. . .)

tú: olvidar *olvides* llorar ____________

creer *creas* abrir ____________ Así es.

Pedro: llegar *llegue* pagar ____________

beber *beba* vivir ____________

Nina y yo: esperar ____________*emos* comprar ____________

vender ____________*amos* permitir ____________

Vosotros: perdonar ____________*éis* aconsejar ____________

entender ____________*áis* subir ____________

Uds. : sacar *saquen* tocar ____________

insistir ____________*an* ocurrir ____________

P.: (. . .) Ahora, adelante . . . Es facilísima. Créame.

#51. Using the subjunctive in commands

Para dar órdenes a Ud. y Uds., solamente usamos estas formas del subjuntivo. Por ejemplo . . .

¡Escuche! //	*Listen!*
Contésteme. //	*Answer me.*
Lean Uds. . . . //	*Read . . .*
Escríbanme. //	*Write to me.*

Nombre ______________________ Fecha ______________ Clase ________

¿. . . ? Pues observe otra vez y diga:

Créalo.	*Believe it. (Pronoun at end of affirmative command!)*
¡Qué va! // ¡No lo crea!	*Nonsense! Don't believe it! (Pronoun before negative command!)*
Llámenme. //	*Call me* (Uds.).
Por favor, // no me llamen. //	*Please, don't call me.*
Siéntese. //	*Sit down. (Seat yourself.)*
¡Ay, no! // No se siente. //	*Oh, no! Don't sit down.*

Br.: . . . muy negativa, ¿. . . ?

P.: Mi estudiante aquí también . . . Al menos (*At least*), por el momento. (. . .)

Más práctica

Repita, y después responda con el mandato (*command*) negativo.

1. Cómalo todo. // — Por favor, no *lo* ______________________ //
2. Cásense en seguida. // — ¡Qué va! No ______________________ //
3. Véndasela. // — ¡Ay, no! // No ______________________ //
4. Avísenlos. // *No. No* ______________________ todavía. // (. . .)
5. Quédense toda la noche. // ¡ Caramba! No ______________________ //
6. Olvídelo. // Por favor, no ______________________ //

P.: ¿Qué dice? ¿Los hizo . . . ? ____________ Pues aquí viene . . . Preste mucha . . .

- (tú-commands — affirmative vs. negative)

Cuando damos una orden afirmativa a un amigo — tú — no usamos el subjuntivo. Solamente quitamos la "s" final a la forma normal del presente de indicativo.

(*Affirmative: present indicative — drop final "s"*)

¿Nos avisas? //	*Will you inform us?*
Avísanos. //	*Inform us.*

Pero cuando damos una orden negativa, sí tenemos que usar el subjuntivo. (*Negative: present subjunctive*)

No nos avises. //	*Don't inform us.*

Observe otra vez, y repita:

¿Lo comes? //	*Do you eat it?*
Cómelo. //	*Eat it.*
No lo comas. //	*Don't eat it.*

A practicar

Repita cada pregunta y después díganos el mandato negativo.

1. ¿Me acusas? // ¡No . . . ! *¡No me acuses!*
2. ¿Le aconsejas eso? // ¡ No . . . ! ____________
3. ¿Lo firmas? // ¡No . . . ! *No lo* ____________
4. Se lo compras? // Por favor, no . . . *No se lo* ____________

P.: Pues vamos a continuar.

5. ¿Lo permites aquí? // ¡No . . . ! *No lo permitas*
6. ¿La recibes en tu casa? // ¡No . . . ! ____________
7. ¿Se los lees? // ¡No . . . ! ____________
8. ¿Lo crees? // Por favor, no . . . ____________

Por supuesto, la misma cosa ocurre (*the same thing happens*) cuando damos órdenes a "vosotros". Diga con nosotros . . .

¿La ayudáis? //	*Are you helping her?*
Ayudadla. //	*Help her!*
No. No la ayudéis. //	*No. Don't help her.*
¿Les habláis? //	*Do you speak to them?*
Habladles. //	*Speak to them.*
No. No les habléis. //	*No. Don't speak to them.* (. . .)
¿Volvéis? //	*Are you-all coming back?*
¡Volved! //	*Come back!*
¡No volváis! //	*Don't come back!*

P.: ¿Suficiente?

Br.: No sé . . . Otro día . . .

P.: De acuerdo (*you're right*). Por ahora, pasemos a los mandatos de . . .

Nombre ______________________________ Fecha ________________ Clase __________

#52. Commands to "nosotros": Let's . . . , Let's not . . .

Observe:

Descanse Ud. //	*Rest!*
Descansemos. //	*Let's rest.*
Llámelos. //	*Call them.*
Llamémoslos. //	*Let's call them.*
No lo beba. //	*Don't drink it.*
No lo bebamos. //	*Let's not drink it.*

Como Ud. ve, usamos otra vez el presente de subjuntivo. Pero a veces, hay un pequeño cambio. (*But sometimes there's a small change.*) Por ejemplo:

Digamos . . . //	*Let's say . . . Let's tell . . .*
Digámoselo. // (Only one "s"!)	*Let's tell it to him, etc.*
¡Vamos! //	*Let's go!*
¡Vámonos! // (No "s" before "nos")	*Let's leave. Let's get going!*
Sentemos . . .	*Let's seat (someone) . . .*
Sentémonos . . .	*Let's sit down.*

P.: ¿Le parece . . . ? ___________ Pues si quiere, no tiene que usar estas formas. ¡Hay una alternativa para la orden afirmativa!

- Vamos a . . . (another way of saying "*Let's . . .*")

Si Ud. prefiere, puede expresar la orden afirmativa con "Vamos . . ." (¡ . . . !) Por ejemplo, . . .

Digámoselo. // → Vamos a decírselo. // *Let's tell it to him, etc.*

Vámonos. // → Vamos a irnos. // *Let's leave. Let's get going!*

Sentémonos. // → Vamos a sentarnos. // *Let's sit down.*

P.: ¿Un poco mejor? Pues recuerde:

¡No podemos usar "Vamos" para dar una orden negativa! Lo usamos solamente para dar una orden afirmativa.

Vamos a practicar

Repita, y después cambie a "Vamos . . ."

1. Hablemos. // *Vamos a* ____________//
2. Cantemos. // ____________________

3. Volvamos. // ______________ *volver* //

4. Escribamos. // __________________________ //

5. Acostémonos. // ____________________ *nos* //

6. Levantémonos. // __________________________ //

7. Continuemos. // __________________________ //

P.: (. . .) Con un corto . . .

Ejercicio escrito

Esta vez, escuche las situaciones, y responda con una orden original . . .

— Ay, tengo tanta hambre.
— Yo también. Vamos a comer. Comamos algo. Vamos a un restaurante., etc.

1. — Yo tengo sed. ¿Y tú?

   — Muchísima. ____

2. — Me siento tan mal hoy. Tengo una temperatura muy alta.

   — Ay, pobre. ____

3. — ¿Sabe? No tengo nada que hacer este fin de semana.
   — Ni yo tampoco (*Neither do I.*) ¿Qué hacemos?

   — Pues ____

4. — (Sirenas de policía, etc.) ¡Dios mío! ¿Qué pasó?
   — No sé. Creo que hubo (*there was*) un robo, o un accidente.

   — Pues en seguida, ¡____________________________________!

Voz: Por favor. Silencio . . . La causa (*case*) va a comenzar.

P.: No me diga. Pues, ¿ . . . ?

Br.: Escuchemos, nada más.

MOMENTO DE VIDA: DRAMA EN EL TRIBUNAL

El lugar: La Corte Suprema de la capital
El caso: El estado contra José Montenegro — *State against*
El abogado de la defensa: El famosísimo Pérez Masón.
Pérez está interrogando a un testigo.

Pérez: Ahora bien, señor Hernández. Vuelva Ud. al principio, — *beginning*
y cuéntenos otra vez lo que pasó aquella noche. Yo no
omita nada.

Hernández: Muy bien. Vamos a ver . . . Eran las diez de la noche y yo estaba un poco cansado.

Pérez: ¡Ajá! La otra vez Ud. nos dijo que estaba rematado. — *exhausted*

Hernández: Pues sí.

Pérez: Hablemos a las claras, señor Hernández. ¿Estaba Ud. rematado aquella noche, o sólo cansado? — *"straight"*

Fiscal: ¡Objeción, señor Juez! Esa pregunta no viene al caso. — *is irrelevant*

Pérez: Al contrario, su Honor. Un hombre que está rematado no es capaz de llevar por un kilómetro el cadáver de su víctima. Pero un hombre que está sólo cansado, un poco cansado, sí puede . . — *capable of carrying*

Juez: Muy bien, señor Pérez. Continúe su interrogatorio.

Pérez: Gracias, señor Juez. Ahora, señor Hernández, volvamos a donde estábamos.

Hernández: Bueno. Ahora lo recuerdo muy bien. Yo estaba rematado.

Pérez: ¿Tan rematado que no podía mover un dedo de la mano?

Hernández: Exactamente. Así estaba yo.

Pérez: Entonces, señor Hernández, explíquenos cómo pudo hacer una llamada telefónica a la víctima, la última que recibió. — *explain to us*; *last one*

Hernández: No sé. Estoy confundido . . . Bueno, déjeme en paz. Déjenme todos en paz . . Sí, lo hice. ¡Lo maté con estas manos! — *confused*

Pérez: Pero Ud. no pudo, señor Hernández. Hay cinco personas que lo vieron en aquel momento en otro lugar.

Juez: ¿Cómo? . . . Descansemos por un rato. Yo también estoy confundido.

(Media hora más tarde. Una joven alta y delgada sube al banquillo de los testigos.) — *witness chair*

Juez: Ah, sentémonos, señorita . . Quiero decir, siéntese Ud.

Srta.: Gracias, señor Juez.

Pérez: Muy bien, señorita. Vamos a comenzar. ¿Cómo se llama Ud. ?

Srta.: Lila Bellavista.

Pérez: Bueno, díganos, Lila, ¿Ud. no conocía a la víctima, ¿verdad?

Srta.: Al contrario, señor. Lo conocía muy bien. Yo era su esposa. Pero lo odiaba. ¡Lo odiaba!

Pérez: ¡No me diga! Pero Ud. , por supuesto, no estuvo aquella noche en la escena del crimen, ¿verdad?

Srta.: Sí, estuve. Y vi al asesino. *murderer*

Pérez: ¿Ud. vio al Sr. Montenegro?

Srta.: No, señor. ¡Le vi a Ud. ! Créame, señor, le doy mil gracias. Pero explíqueme, ¿por qué lo hizo? ¿Qué . . ?

(Pérez la mira por un rato. Por fin, empieza a hablar.) *a while*

Pérez: Sí, lo hice. Yo lo maté porque . . . Permítanme Uds. comenzar desde el principio. Eran las diez de la noche, y yo estaba cansado, rematado . . .

P.: (laughing slightly) ¡Ay, pobre Pérez Masón! Es el fin de su carrera (*career*) brillante.

Br.: Pues, por última vez (*for the last time*), vamos a ver si entendimos el caso. Conteste . . .

¿Verdad o falso?

1. . . . es el fiscal . . . (Pérez Masón es . . .) ____________
2. . . . muy confundido por . . . ____________
3. Lila Bellavista . . . ____________
4. Pérez acusa a . . . (Pérez dice que Lila . . .) ____________
5. En efecto, . . . cometer el crimen. (. . . Pérez mismo era . . .) ____________

P.: Así. Y sobre esta nota trágica, . . .

Br.: No tan . . . Ya no tenemos que ver a . . .

P.: Sí. Pero tenemos que acabar ahora mismo . . . Hasta muy pronto, . . . cuídese mucho, y . . .

Voces: (. . .)

Nombre ______________________________ Fecha ________________ Clase __________

LECCIÓN TRECE

(Ruidos de tráfico. Voces: "¿Y cuándo le dieron a Ud. la licencia de manejar?" "¡Policía, . . . !" "Marta, ¿no te dije que debíamos tomar el otro camino?" Más ruidos. ¡ . . . !)

J.: Perdone, . . . ¿Ya ve por qué llegué tarde? Con el tráfico que hubo . . . Pensé que nunca iba . . .

M.: Por eso yo no manejo . . . Prefiero . . . , o caminar. Pero ¿ . . . tráfico? ¡Jamás! Dígame, mi estudiante, ¿ . . . ? ______________________ ¿ . . . su propio . . . ? __________ ______________________ Pues oiga. Imagínese . . .

Turista

Imagínese que Ud. es un turista hispano y que está manejando en una carretera norteamericana. Como ve, todas las señales (*signs*) . . . Escuche bien, y después escriba el número correcto bajo cada señal. Por ejemplo:

1

J.: (. . .) A propósito, déjeme hacerle unas preguntas rápidas . . .

Reglamentos de Tráfico (*Traffic Rules*)

Conteste siempre "Sí" or "No".

1. Si mi carro no tiene placa, ¿ . . . ? (. . . o chapa . . .) ______________
2. Si el semáforo está . . . , ¿ . . . parar? (. . . luz roja . . .) ______________
3. Si la señal de tráfico dice: ". . .", ¿hay . . . ? (. . .) ______________
4. . . . , "Desviación" (*Detour*), ¿podemos seguir adelante . . . ? (. . .) ______________

M.: ¡ . . . ! Y ahora, ¿qué dice? ¿Hacemos . . . ?

J.: (. . .)

Mini-diálogo

— ¡Alto ahí! // Señor, ¿sabe Ud. // que la velocidad máxima aquí // es 80 kilómetros por hora? //
— No. No lo sabía, señorita. //
— Y Ud. iba a 120 kilómetros. //
— ¡Ay, qué cosa! //
— ¿Sabe Ud. que pasó tres luces rojas? //
— Perdone. // No vi los semáforos (*stop lights*). //
— ¿Y no vio las seis señales de tráfico // que aplastó (*you ran over*)? //
— No, señorita. // Sin mis anteojos // no veo nada. //
— Y . . . // Pero, ¿qué es esto? // Su coche no tiene placa. //
— Todavía no, señorita. // Lo acabo de comprar, // y no tuve tiempo. //
— Bueno, // muéstreme su licencia de manejar. //
— ¿Mi . . . qué? // ¿Quién sabe manejar? //

M.: ¡ . . . ! Pues en ese caso, ¿qué le parece, . . . ? Si Pedro ya no puede . . . , tal vez debe quedarse . . . , estudiando . . .

J.: Bien pensado (*good thinking*), . . . Por lo menos, aquí . . . ¿Con qué . . . ?

CONCEPTOS

#54. The first concept of the subjunctive: Indirect command

Preste mucha atención, ¡y sea brillante!

Suba. //	*Go up!*
Le ruego que suba. //	*I beg you to go up. (I beg you: "Go up!")*
Escríbame. //	*Write to me.*
Quiero que me escriba. //	*I want you to write to me. (I want: "Write to me!")*

Vengan Uds. //	*Come!*
Les aconsejo que vengan. //	*I advise you to come. (I advise you: "Come!")*
Olvidémoslo. //	*Let's forget it.*
Es mejor que lo olvidemos. //	*It's better that we forget it. (Better yet: "Let's forget it!")*

J.: ¿. . . ? Entonces vamos a hacer . . .

Ejercicio: *"Pass the buck"*

Déjeme explicar. Nosotros le vamos a dar diferentes órdenes. Pero Ud. siempre quiere que otra persona las cumpla. (*You want someone else to do them.*) (. . .)

1. Llámelo. — Yo no. Ud. *Quiero que Ud.* ___*lo llame*___.
2. Invítenla Uds. — Nosotros, no. Uds. *Queremos que Uds.* ___*la inviten.*___
3. Páguele Ud. — Yo no. Tú. *Quiero que tú* __________________ //
4. Fírmelos Ud. — Yo no. Todos nosotros. *Quiero*__________________*emos todos nosotros.* //
5. Consúltenla Uds. — Nosotras, no. Los empleados. *Queremos que los empleados* ______________________________ //
6. Siéntense Uds. — No. Las señoras. *Queremos que* __________________ *las señoras.*
7. Cántenla, por favor. — No. Vosotras. *Queremos que* __________________ *vosotras.* //

M.: ¿. . . ? Esto no está mal. Pero todavía necesita . . .

J.: (. . .) ¿Qué recomienda que hagamos?

Frases en serie

Repita, y después cambie según las indicaciones.

1. Quiero que descanses. //

   Te aconsejo __________________ //

   Les recomiendo __________________*en*//

   A propósito, ¿. . . cree Ud. que está dando estos consejos . . . ? ______________

2. Dígale que me espere. //

Pídales (a ellos) ______________________// (Sea brillante, ¿eh?)

____________________________________// (ayudar)

3. ¿Sabes? // Ella insiste en que lo aprendamos todo. //

____// (escribir)

____// (repasarlo para el examen.)

M.: (. . .) En su opinión, ¿. . . en que hagamos estas cosas? __________________________ No hay duda. (*No doubt about it.*)

J.: En efecto, hablando de eso, . . . , ¿me hace el favor de . . . ?

Preguntas rápidas

1. ¿Prefiere Ud. que usemos . . . ? ____

____

2. ¿Prefiere Ud. . . . o hacerlos oralmente? ____________________________________

____

3. ¿Insisten . . . aquí en que . . . ? ____

______________________________ (. . .)

4. ¿Quieren . . . que Ud. trabaje fuera de . . . ? _________________________________

____

M.: Y ahora, ¿. . . ? ¿Que pasemos . . . ?

J.: (. . .) Los verbos irregulares en el subjuntivo . . . Créame . . .

Nombre ______________________________ Fecha ________________ Clase __________

#55. The present subjunctive of irregular verbs

<u>hago</u> // *I make, I do* (present indicative)
*<u>haga</u>, hagas, haga //, etc. (present subjunctive)

<u>tengo</u> // *I have*
*<u>tenga</u>, tengas, tenga //, etc. (present subjunctive)

<u>conozco</u> // *I know (a person or place)*
*<u>conozca</u>, conozcas, conozca //, etc.

¿ . . . ? Continúe Ud. ahora dándonos siempre la forma de "<u>yo</u>" en el subjuntivo. Por ejemplo:

	(presente de subjuntivo)	
digo (*I say, tell*)	*diga*	
pongo (*put*)	________________	
salgo (*I go out, leave*)	________________	
traigo (*bring*)	________________	
vengo (*I come*)	________________	
valgo (*I am worth*)	________________	
produzco (*I produce*)	________________	(. . .)

Hay sólo <u>cuatro</u> excepciones. Observe una vez más:

(ser) sea // (saber) sepa //

(ir) vaya // (haber) haya //

¿Quieres que yo vaya sola? //
— No. // Prefiero que vayamos juntos. //

Do you want me to go alone?
—No. I prefer that we go together.

¡Espero que nadie lo sepa! //
— Por lo menos, // no quiero que sea José. //

I hope that nobody knows about it!
—At least, I don't want it to be Joe.

Vamos a practicar

Repita, y después cambie según el verbo nuevo.

1. Les ruego que me lo <u>digan</u>. // (*I beg you to tell it to me.*)

____ // (traer)

____ // (hacer — *do it for me*)

2. Insisten en que vayamos. // (*They insist that we go.*)

______________________________________// (salir)

______________________________________// (tenerlo)

3. Le aconsejo que venga. // (*I advise you to come.*)

______________________________________// (conocerla)

______________________________________// (ponérselos — *put them on*)

(. . .)

#56. The second concept of the subjunctive: Emotion

Siento. . // (*I'm sorry*)
Es lástima. . // (*It's a pity*)
Me molesta. . // (*I'm annoyed, It bothers me*)
Me alegro. . // (*I'm glad*)
Temo. . // (*I'm afraid*)

Ahora diga otra vez:

Siento que <u>estés</u> enfermo. // Es lástima que no <u>puedas</u> ir. // — Pero me alegro // de que tú <u>vayas</u> en mi lugar. //	*I'm sorry that you're sick. It's a pity that you can't go. —But I'm glad that you're going in my place.*
— ¿Te sorprende que Lisa diga eso? // — Sí. // Temo que produzca una gran conmoción. //	*—Does it surprise you that Lisa should say that? — Yes. I'm afraid it will cause a big fuss.*

Ejercicio

Ahora conteste según las indicaciones. Por ejemplo:

1. ¿Esperan Uds. que Diego venga? — (Claro . . .)

   *<u>Claro, esperamos que</u>*______________________

2. ¿Teme Ud. que llueva (*it will rain*)? — (No. Que haga mucho viento.)

   No. __________________________ haga mucho viento.

3. ¿Les sorprende que Mario no quiera ayudarnos? — (Sí. Mucho.)

   Sí. *<u>Nos sorprende mucho</u>*__________________________________ *<u>los</u>* .

4. ¿Te gusta que vayamos juntos? — (No. No me gusta . . .)

   No. ______________________________________

5. ¿Se alegran Uds. de que haya fiesta aquí? — (No. Sentimos . . .)

   No. Sentimos que ______________________________

6. ¿Le molesta que pongamos (*we turn on*) la radio? — (Sí. Muchísimo.)

   Sí. *Me molesta muchísimo que (Uds.)* ______________________________

M.: Claro. Tenemos que . . . Y con la radio, ¡ . . . !

Ejercicio escrito

Escuche, por favor, el diálogo siguiente, y después conteste:

— Espero que no haya examen de física este lunes. Acaban de anunciar exámenes de biología, química y anatomía para la misma semana, y temo que no tenga tiempo de estudiar.

— No se preocupe, Juan. Un estudiante como Ud. es capaz de todo.

— Gracias, doctora. Pero, ¡ojalá que no tenga que demostrarlo!

¿ . . . ? _____ Pues conteste:

1. ¿ . . . ? ______________________________
2. ¿ . . . ? ¿ . . . teme? ______________________________
3. Según . . . , ¿para qué . . . ? ______________________________
4. ¿ . . . cree Ud. . . . ? ______________________________

M.: ¡ . . . ! Ud. entiende . . .

J.: Pues espero que entienda el cuento siguiente, porque creo que . . . gustar. ¿Recuerda Ud. a los tres compañeros de cuarto, . . . ? Pues aquí los tenemos . . . , en una nueva aventura . . .

MOMENTO DE VIDA: EL BACHE — *The Pothole*

Sábado. Mediodía. Un camión viene remolcando (*towing*) un coche lleno (*full*) de jóvenes hacia la Mecánica Rodríguez.

Felipe: ¡Caramba! Precisamente cuando tomamos el carro sin permiso, esto tuvo que pasar.

Pablo: ¡Ojalá que no lo sepa (*find out*) Miguel!

Felipe: ¿Y quién se lo va a contar? ¿Yo? ¿Tú? ¿Tú, Cuco? Dorotea, ¿tú?

Cuco: Realmente, la culpa (*fault*) no era nuestra. ¿Cómo íbamos a saber que había un bache en el camino?

Dorotea: Yo les dije que el camino estaba en construcción.

Pablo: Pues espero que Miguel no lo sepa. No digo más.

Dorotea: ¿Saben? Me sorprende que Uds. sean amigos todavía, desde la otra vez.

Felipe: ¿Cuándo? ¿Cuando se nos acabó la gasolina en el medio de la carretera? — *we ran out of* / *middle*

Dorotea: No. Cuando chocaron con el camión. — *you hit the truck*

Cuco: ¿Y no le pagamos por el *arreglo*? — *repair*

Felipe: Pero Miguel, él no perdona.

Pablo: Es muy egoísta. Yo no sé. Cuando un amigo pide que yo haga algo por él . . . — *selfish*

Cuco: ¿Tú? ¿Tú, Pablo? ¿Y qué pasó cuando rompimos tu tocadiscos? Por tres semanas . . . — *we broke*

Pablo: No digas nada, Cuco. ¿Y cómo te portaste *tú* cuando perdí tus notas de física? — *did* you *behave*

Cuco: ¡El día antes del examen final! Pero yo te perdoné, ¿no? Hay que saber cómo vivir con la gente. — *One has to know*

Felipe: Exacto. Pero Miguel, él no perdona.

Dorotea: Pues en una hora se lo arreglamos, y el coche queda como nuevo. — *we'll fix it for him* / *will be*

Pablo: Repito: ¡Ojalá que Miguel no lo sepa!

Felipe: ¿Y quién se lo va a contar? ¿Yo? ¿Tú? ¿Tú?

* * *

(En la Mecánica Ramírez.)

Felipe: Bueno, Sr. Ramírez, ¿qué dice? ¿Nos lo arregla en seguida?

Ramírez: A ver . . . Pues el cenicero funciona . . . Y el limpiaparabrisas anda divinamente. Pero la parte de abajo . . .díganme, ¿qué pasó? ¿Chocaron con un submarino? — *ashtray* / *windshield wiper is running / lower*

Felipe: Mire, señor, le rogamos que nos tenga el coche listo para esta tarde. Es urgente. — *we beg you*

Pablo: Es que . . . no es nuestro. Y si el dueño no lo encuentra, tememos que vaya a la policía. — *owner* / *we're afraid*

Ramírez: Entiendo. Pues vamos a ver. Hay cuatro desinflados. Les cobro seis mil pesos por arreglar las llantas, ¡y es un regalo! — *I'll charge you*; *gift (giveaway)*

Felipe: De acuerdo. Pero tenga compasión, ¿eh? — *OK*

Ramírez: Bueno, recomiendo que pongamos dos ruedas nuevas — una por delante y otra por atrás. ¡Ojalá que las consigamos! — *we put on*; *in front / in back*; *we get them*

Cuco: ¿Y cuánto vale eso?

Ramírez: Para Uds., sólo veinte mil. ¡Y pierdo dinero! Ahora bien, las puertas necesitan pintura. Siento que no haya el mismo color, pero sí hay uno casi *igual*. Y el motor . . . — *painting*; *same like it*

* * *

Diez minutos más tarde. Felipe habla por teléfono.

Felipe: ¿Miguel? . . . Siento molestarte, hombre, pero hay un pequeño problema . . . No, nada de importancia. . Es que . . . para tu cumpleaños te vamos a hacer una sorpresa. ¡Te estamos arreglando el coche! . . . Pues había un bache en el camino . . . En la Mecánica Ramírez . . . Y por favor, el Sr. Ramírez quiere que le traigas cien mil pesos, de anticipo . . . ¡Miguel! . . . Ah, no seas así, chico. — *birthday*; *down payment*

M.: ¡ . . . ! Cuidado, Felipe. ¡Esta vez . . . a matar!

J.: De acuerdo. Y si no queremos ver ese espectáculo, recomiendo que terminemos . . .

M.: Bien pensado, . . . Sólo nos queda . . . , y en seguida, ¡ya se acabó!

¿Verdad o falso?

1. . . . de Miguel. (. . .) ____________
2. No quieren que Miguel lo sepa porque . . . ____________
3. . . . que hicieron tal cosa (*such a thing*). ____________
4. . . . de arreglar (*to fix*). (. . . teme que . . .) ____________
5. . . . para las reparaciones (*repairs*). ____________

(Ruidos. Mucha conmoción.)

M.: ¡ . . . ! ¿Qué . . . ?

J.: Es . . . ¡Cuidado, Felipe! ¿No te dije, hombre? Miguel te va . . . Rápido, mi estudiante, vámonos (*let's get out of here*) . . . No quiero ver . . .

M.: (. . .)

J.: ¡ . . . !

Nombre ______________________________ Fecha ________________ Clase __________

LECCIÓN CATORCE

(Voces. Gritos. "¡Viva! ¡Viva Rafael!" Aplausos.)

Pa.: (. . .) ______________ ¿ . . . ? ¿Le interesa . . . ? ____________________________ ______________ Pues hoy va a tener la oportunidad . . . los políticos (*politicians*) . . . de nuestra época, ¡al incomparable, al gran. .

B.: ¡ . . . ! ¿Don Rafael? ¿ . . . ? ¿Don Rafael Urbano?

Pa.: El mismo . . . (Más gritos y aplausos)

B.: ¡ . . . esperar (*wait*)!

Pa.: Pues en veinte minutos . . . Y mientras esperamos, vamos a entrar . . . de la política.

B.: (. . .) Por ejemplo, podemos jugar a . . . ¿ . . . ?

¿Quién soy?

Aquí tenemos unos personajes importantísimos. Diga con nosotros:

el alcalde //

la embajadora //

el rey //

el dictador //

el general //

la primer ministro//

el almirante //

Ahora escuche y díganos siempre: ¿Quién soy?

1. "Mi profesión es la guerra, pero prefiero pensar que mis ejércitos sirven para mantener la paz." ¿. . . ? ______________________________ //

2. "Yo soy la representante . . . tierras extranjeras y ante (*at*) . . . Unidas." ¿. . . ?
____

3. "En tiempos antiguos, la autoridad . . . absoluta. Hoy . . . más bien (*rather*) simbólica, pero . . ." ¿. . . ? ______________________________

4. ". . . jefe (*head*) de . . . , y fui elegida . . . para dirigir el gobierno . . ." ¿. . . ?
____

5. ". . . la ley . . . Yo . . . máxima, . . . y el pueblo . . . ¿Ah? ¿Ud. no lo cree? (. . .)"
¿. . . ? ______________________________

B.: ¡. . . ! ¿Hay más, . . . ?

6. "Mi campo de batalla es el mar (*sea*), pero . . . fuerzas aéreas . . . Yo dirijo . . ."
¿. . . ? ______________________________

7. "Yo administro . . . Los problemas . . . y por eso . . . con el Concejo (*Council*) . . ."
¿. . . ? ______________________________ (. . .)

Nombre ______________________________ Fecha ________________ Clase __________

Mini-diálogo

(. . .)

— Buenas tardes, damas y caballeros. // Tenemos el gusto de presentarles // las últimas noticias del mundo. // Roma. // Tres terroristas // mataron hoy a cien personas // en una de las calles principales // de la ciudad. //

— Nicaragua. // El gobierno acaba de proclamar // un estado de emergencia // mientras la guerra continúa // en las provincias del norte. //

— Polonia. // La ley marcial sigue en efecto. // Según información secreta, // varios ejércitos se están mobilizando // en las fronteras. //

— Washington. // La crisis económica // está llegando a graves proporciones // con el aumento constante de la inflación. //

— Y ahora, señoras y señores, // ¡las malas noticias!

— ¡Ay, no! // ¡No puede ser! // ¡Los Yanquis perdieron la Serie Mundial! //

B.: ¡ . . . !

Pa.: ¿ . . . ? A veces no me gusta . . .

B.: Entonces, ¿por qué no hablamos . . . ? (. . .) Como . . .

Pa.: ¿Y empezando (*starting*) con . . . (. . .)

CONCEPTOS

#57. The present subjunctive of stem-changing verbs

(-ar) pensar // (*to think*)

piense, pienses, piense //
pensemos, penséis // piense //

(-er) mover (*to move*)

mueva, muevas, mueva //
movamos, mováis // muevan //

¿ . . . ? Pues observe muy bien otra vez:

• (-ir) sentir // (*to feel, feel sorry*)

sienta, sientas, sienta //
*sintamos // *sintáis // sientan //

pedir (*to ask for*) // pida, pidas, pida //

*pidamos, * *i*__________, *i*__________

morir (*to die*) // muera, mueras, muera //
*muramos // *muráis // mueran //

Mini-diálogos

Primero repita, y después conteste:

1. — ¿Quieren Uds. que sirvamos la comida? //
— Por favor, // si está lista. //

Conteste: ¿Cuándo ocurre . . . ? ¿Por (*in*) la mañana o . . . ? ____________________

__________________________ (Naturalmente . . . La comida no se come . . .)

2. — Espero que durmáis mejor que anoche. //
— ¡Hombre! // No creo que durmamos nada // con el ruido de ese tráfico. //

Conteste: a. ¿ . . . — o en el campo? ____

b. Y estas personas, ¿ . . . ? ____ (. . .)

Pa.: (. . .) Porque sólo los españoles dicen "durmáis" . . . "vosotros".

B.: (. . .) Ahora, ¿sabe Ud. . . . ? Ya no tiene que aprender más formas . . . ¡Ud. las sabe todas!

Pa.: ¡Qué bien, eh! Y nos queda (*we have left*) sólo un concepto más — el tercer concepto del subjuntivo — "irrealidad" (*unreality*). Así que pasemos . . .

Nombre ______________________________ Fecha ________________ Clase __________

#58. The third concept of the subjunctive: "Unreality"

- (*Doubt, uncertainty*) Sea brillante, ¿eh? . . .

— ¿Es Ramón? //	*—Is it Raymond?*
— Dudo que sea él. //	*—I doubt that it's he.*
— ¿Entonces es posible // que sea Anita? //	*—Then is it possible that it's Anita?*

¿Se fijó? Usamos el subjuntivo cuando dudamos (*we doubt*) de algo, o negamos (*deny*) su existencia.

No estoy seguro de que lo sepan.	*I'm not sure that they know it.*
— Y ellas no creen que lo sepas tú. //	*—And they don't think (they doubt) that you know.*

- (*Denial*)

Niego // que mi hermano diga eso. // No es verdad que mienta. //	*I deny that my brother says that. It's not true that he lies.*

- Observe cómo usamos el indicativo si no expresamos duda, si no estamos inseguros (*uncertain*) de algo.

No dudo que es él. //	*I don't doubt that it's he.*
— Yo sí. // Es cierto que era ella. //	*—I do. It's certain that it was she.*
Estoy seguro de que lo saben. //	*I'm sure that they know it.*
— Y ellas creen // que tú lo sabes también. //	*—And they believe that you know it too.*

(. . .)

No niego que lo dijo. //	*I don't deny that he said it.*
Es verdad que mintió. //	*It's true that he lied.*

Pa.: ¡ . . . ! No es tan difícil como pensaba, ¿ . . . ? ______________ ¿ . . . ? ______________

________________ Pues vamos . . . en todo caso.

Vamos a practicar

Repita, y después cambie según las indicaciones.

1. Mi esposo duda que lo tengan. //

 ________________ no cree ____________________________ (subjuntivo)

2. No dudo que manejas bien. //

 No niego ____ (indicativo)

3. Niegan que estén peleando. //

 No es verdad ____ (subjuntivo)

4. No hay duda de que es muy costoso. //

 No es posible ____// (¡subjuntivo!)

5. No estamos seguros de que vengan. //

 Ah, sí. Estamos segurísimos ___________________________________// (presente — indicativo) (. . .)

6. No creo que puedan encantrarlo. //

 No es posible ____________________________________ (¡subjuntivo — denial!)

Pa.: Pero, ¿sabes? Esto todavía necesita . . .

Nombre ______________________________ Fecha ________________ Clase __________

Más práctica

Esta vez escuche bien, y después cambie la pregunta para expresar duda (*doubt*). Por ejemplo:

1. ¿Cree Ud. que nos oyen? (*Do you think so? I don't know.*)

   ¿Cree Ud. que nos oigan? (*Do you think so? I doubt it!*)

2. ¿Creen Uds. que se atreve? (*. . . he'll dare? — I think he may.*)

   ¿______________________________? // (*Oh, no!* — subjuntivo)

3. ¿Tú crees que me reconocen?

   ¿ ______________________________ *reconozcan*? //

4. ¿Cree Ud.. que hay un desinflado?

   ¿ ______________________________? // (subjuntivo)

5. ¿Creéis que el chico tiene miedo?

   ¿ ______________________________? // (subjuntivo)

6. ¿Crees que lo comprendes ahora?

   ¿ ______________________________? // (subjuntivo)

B.: Ah, . . . Estoy segura.

Pa.: Entonces, ¿podemos . . . ?

B.: Sin duda . . .

#59. Indefinites and negatives

Como siempre, repita. (Esto va a ser muy rápido.)

— ¿Hay algo en el correo para mí?
— No. No hay nada. Pero alguien quiere verla. //
— ¡Qué curioso! // No estoy esperando a nadie. //

Is there anything in the mail for me?
—No. There isn't anything. But someone wants to see you.
—How strange! I'm not expecting anybody.

¿ . . . ? ____________ Repita otra vez:

— Algún día // voy a encontrar // al hombre perfecto para mí. //
— Pero María, // no hay ningún hombre perfecto para ti, // ninguno // ¡sino yo! //
— ¡Pero, Francisco! // No me lo imaginaba nunca. // Jamás se me ocurrió. // (¡ . . . !)

— Some day I'm going to find the perfect man for me.
— But Mary, there's no perfect man for you — none — except me!
— But Frank! I never imagined it. It never occurred to me.

A practicar

Por favor, escuche cada pregunta, y conteste diciendo siempre lo contrario. Por ejemplo:

1. ¿Me llamó alguien? — *No. Nadie te llamó.*

   (O si prefiere:) *No. No te llamó nadie.*

2. ¿Uds. no iban nunca a verlos? — ¡Qué va! *Siempre íbamos.*

3. ¿Conoces a algún miembro de su familia? — *No, ____________ a ninguno.*

4. ¿Algún día se van a casar? — *No. Nunca se ____________*

   O: ____________ *nunca.* //

5. ¿No le trajiste nada? — *Sí. ____________ traje algo muy bonito.*

6. ¿No vivía nadie en esa casa? — *Sí, alguien ____________*

7. ¿Hicieron Uds. alguna vez un error? — *No. Jamás ____________*

   ____________ // *No lo hicimos jamás.* //

B.: ¡ . . . ! ¿Ni siquiera (*not even*) en los . . . ?

Pa.: Nunca.

B.: Entonces, ahora mismo, vamos . . . Porque ya sabe Ud. quién va a llegar. (. . .)

Nombre ______________________________ Fecha ________________ Clase __________

Ejercicio escrito

Conteste, por favor:

1. En su opinión, ¿quién es — o fue — . . . ? ____

2. ¿Es posible que Ud. se interese por . . . ? ____

3. ¿ . . . la mayor parte . . . ? ____

4. Finalmente, hablando de cosas menos serias (*serious*): ¿Tuvo . . . alguna vez . . . ?

____

¡Ya! (Ruidos. Música. Gritos de entusiasmo.)

B.: ¿Ya ve (*see*)? Terminamos precisamente en el momento exacto . . . Aquí viene . . .

MOMENTO DE EL ÍDOLO

El salón está lleno. "¡Ya viene! ¡Es él! ¡Ahí está! ¡Viva Rafael!" El candidato acaba de llegar. Y mientras su figura alta y atlética sube a la plataforma, un hombre bajo y corpulento se acerca al micrófono. — *hall is full / there he is*; *while*

Presentador: Por favor, amigos, por favor . . . Bien. Y ahora, señoras y señores, tengo el gusto y honor de presentarles a Uds. al próximo presidente de este bello país, ¡¡don Rafael Urbano Paletero!! — *next / beautiful*

(Voces, aplausos, y música. Don Rafael se levanta.)

Don Rafael: Gracias, mil gracias . . . Muchas gracias . . . Bueno. Damas y caballeros, queridos amigos: No puedo decirles cuánto me alegro de estar con Uds. en esta bella ciudad, centro de cultura, de justicia, y de mujeres hermosas.

(Aplausos y gritos de aprobación.) — *shouts*

No estoy aquí para hablar mal de otro partido. Yo no soy así. Nunca digo nada contra nadie. Sólo quiero presentarles mi propia plataforma y discutir con Uds. los problemas de esta gran república. — *discuss*

(Más aplausos. Un hombre se vuelve a su esposa.) — *turns*

Sr.: ¿Ya ves, Rufina? ¿No te dije que era brillante?

Sra.: ¿Quién?

Sr.: Don Rafael.

Sra.: ¡Uf!

Sr.: ¡Ay, mujer! ¿Es posible que no te guste Rafael, que él no te parezca . . . ?

* * *

Don Rafael: Y así, amigos, en tres palabras les explico mi programa: ¡prosperidad, justicia y progreso!

(Grandes aplausos. «¡Así debe ser! ¡Que viva Rafael!!»)

Ahora bien, el otro partido está contra todo eso.

(«Sssssss.» «¡Abajo!» «¡Mueran!») — *Down with them! / hand over to them*

Y si Uds. les entregan el gobierno de esta gran nación, algún día van a ver que está en manos de verdaderos ladrones. Pero no quiero decirles nada de eso. No soy así. — *real*

("¡Qué bien, hombre!" "¡Viva!" "¡Qué simpático es!")

¿Qué soy, me preguntan Uds. ? Soy un hombre sencillo, de poca ambición personal, ¡pero de un corazón listo para pelear por su patria hasta la muerte! — *death*

(Aplausos histéricos. «¡Viva!» «Hurra!» «¡Arriba!» Una joven se vuelve a una amiga suya.)

Joven 1ª: ¡Qué hombre más divino!

Joven 2ª: Fantástico. Y dicen que es muy buen padre de familia. — *family man*

Joven 1ª: ¿Quién te contó eso? No creo que esté casado siquiera. — *even married*

Joven 2ª: Al contrario. Yo leí en alguna parte . . .

Joven 1ª: Yo también, y decían que no.

Joven 2ª: Imposible. Yo se lo voy a preguntar.

Joven 1ª: Buena idea. Preguntémoselo ahora mismo. — *right now*

Joven 2ª: No me atrevo. Mejor tú . . . — *I don't dare*

Joven 1ª: No. Tú . . .

Nombre ______________________________ Fecha ________________ Clase __________

Don Rafael: Y así, en conclusión . . . Un momento. Parece que alguien tiene una pregunta . . . Sí . . . Sí . . . ¡Cómo no, señora! Me alegro de que me haga esa pregunta. Y ahora, la contestación.Sí, es verdad que ayer en el Club Aristocrático yo propuse una administración exclusivamente de los ricos. Pero — recuerden Uds. — pero, digo, ¡a favor de los pobres! ¿Creen Uds. que el otro partido les pueda decir eso?

ask me that question
answer
I proposed

(Los aplausos son frenéticos. "¡Bien contestado, don Rafael!" "¡Así!" "¡Viva!")

¿Hay otra pregunta? ¿Alguna otra pregunta?

Joven 2ª: ¿Por qué no te atreves?

Joven 1ª: ¿Por qué no te atreves tú?

Don Rafael: Para concluir entonces, recuerden, amigos: Necesito su ayuda. Necesito su voto. La causa es buena. ¿Puedo contar con Uds. ?

I need your help
count on

(«¡Sí!» «¡Siempre!» «¡Arriba!» «¡Victoria!»)

Gracias, amigos, gracias. Y adiós.

(La música comienza otra vez y el candidato sale triunfante del salón. «¡Que viva Rafael!» «¡Viva!»)

Sr.: La verdad, Rufina, ¿tú no crees que es el hombre más brillante del mundo?

Pa.: ¡ . . . ! ¿Qué podemos . . . ?

B.: Nada, . . . Sólo hacer el último ejercicio, y . . . ¡Ay, esos . . . !

¿Verdad o falso?

Escuche, como siempre, y conteste:

1. . . . presidencial. ____________
2. . . . público desea oír. ____________
3. . . . muy claramente . . . ____________
4. . . . porque no quiere ser injusto. ____________
5. . . . la confianza del público . . . ____________

Pa.: Y así ocurre . . . , aquí también. Pues bien, el ídolo ya se ha ido.

B.: Y nosotros . . . Ud. ha sido "de primera" (*You've been first rate*) . . . Así que (*so*), . . . Hasta la próxima . . .

Pa.: Nos vemos (*we'll see each other*) . . . , ¿verdad?

Nombre ______________________ Fecha ______________ Clase __________

LECCIÓN QUINCE

P.: ¿ . . . ? ________________ Mire, es un poco temprano, y Bruno no ha llegado . . .

Así que (*So*), ¿le apetece (*would you like*) algo . . . ? ________________ Aquí hay de todo. Carnes, pescado, jugos, . . . Y unas combinaciones . . . ¿No me cree?

Combinaciones

Escuche bien, y después escriba el nombre del plato debajo de cada ilustración.

____

____

____

____

____

P.: Ahora, ¿tiene . . . ? ¿ . . . le apetece? ______________________ (La puerta se abre y Bruno entra.)

Br.: Yo sí. (*I am hungry.*) Pero no me contento con . . . (. . .) A la verdad, no he tomado nada de desayuno (*I haven't had any breakfast*) . . .

P.: Entonces, ¿te puedo ofrecer (*offer*) . . . ?

Br.:(. . .) Pero, ¿jugo de qué?

P.: Ah. Eso lo voy a consultar con . . .

¿Qué recomienda Ud. ?

Conteste siempre "Ah, sí." o "¡Ay, no!" Por ejemplo:

1. ¿Recomienda que le demos . . . jugo de naranja (*orange*)? ______________

2. ¿ . . . pescado? ______________ 3. ¿ . . . tomate? ______________

4. ¿ . . . papa? ______________ (. . .) 5. Entonces, ¿quiere que le ofrezcamos (*we offer him*) . . . con limón? ______________ ¿ . . . con crema? ______________ ¿ . . . con azúcar (*sugar*)? ______________ ¿de té . . . ?

Br.: Basta (*enough*), . . . Ya he perdido (*I've lost*) el apetito. Ahora sólo tengo deseo de . . .

Mini-diálogo

(. . .) Repítalo con nosotros . . . :

— Buenas tardes. // ¿Qué les apetece, señores? //
— No sé todavía. // ¿Qué hay? //
— Hay de todo. // En efecto, // en este restaurante, // si no tenemos el plato que el cliente pide // ¡le pagamos a él! //
— Ajá. // Entonces, para la señora, // fideos con albóndigas. // Para los niños, // pollo frito y rosbif. // Y para mí // carne de elefante // con huevos de cocodrilo. // Uds. no tienen ese plato, ¿verdad? //
— Al contrario, señor. // ¿Cuántas raciones desea? //
— Una, no más. //
— Lo siento, señor. // Pero por una sola ración, // ¡no comenzamos un elefante neuvo! //

Br.: (. . .) Pero nosotros, ¿ya ve?, por un solo estudiante, sí comenzamos . . . En efecto, aquí tenemos . . . , ¡sólo para Ud. !

P.: (. . .) Hasta (*even*) el participio de pasado . . . ¡ . . . suerte . . . !

Nombre ________________________________ Fecha __________________ Clase ___________

CONCEPTOS

#61. The past participle

caminar // (*to walk*) — caminado // *walked*

estudiar // (. . .) — ____________________// *studied*

beber // (*to drink*) — bebido // *drunk*

recibir // (*to receive*) — recibido // *received*

Rápidamente: A ver si puede continuar Ud. :

dar ________________ tener ________________

estar ________________ ir ________________

Hay algunas formas irregulares, pero son muy pocas. Por ejemplo:

abierto // *open, opened*
muerto // *died, dead*
puesto // *put, placed*
hecho // *done, made*
roto // *broken*
cubierto // *covered*
vuelto // *returned*
escrito // *written*
dicho // *said, told*
visto // *seen*

P.: ¡ . . . ! En efecto, ya hemos usado estas formas . . . Por ejemplo:

¿Está cerrada la puerta? //
— No. // Está abierta. //

Is the door closed? (past participle as an adjective)
— *No. It's open.*

¡Ay, qué cansados estamos! //
— Yo pensé que ya estaban dormidos. //

Oh, how tired we are!
— *I thought that you were already asleep (sleeping).*

Vamos a practicar

Repita, por favor, y después cambie:

1. Era un hombre casado. // (*He was a married man.*)

   ________________________________ (divorciar) ¡Qué lástima!

2. La carta está bien preparada. //

   ________________________________// (escribir)

3. Creo que están acostados. // (*lying down, gone to bed*).

   ____// (dormir)

4. ¡Ojalá que la ventana no esté rotada!

____ // (abrir)

P.: Ahora bien, vamos a ver cómo se usa . . . para formar los tiempos compuestos (*compound tenses*).

#62–63. Haber and the present perfect

Primero, aprendamos el presente del verbo haber.

(haber) he, has, ha // hemos, habéis, han //	*I have (gone, done, etc.)* — helping verb

(Present perfect)

¿Has terminado ya? // — Sí y no. // He terminado la primera parte. //	*Have you finished yet? — Yes and no. I have finished the first part.*
Díganme, // ¿han visto Uds. a Juanito? // — No. // No lo hemos visto hoy. // Pero no se preocupe. No se ha perdido. //	*tell me, have you seen Johnny? — No. We haven't seen him today. But don't worry. He hasn't gotten lost.*

Br.: No es difícil, ¿ . . . ? __________ En todo caso (*in any case*), vamos . . .

Ejercicio

Esta vez, conteste según las indicaciones. Por ejemplo:

1. ¿Ha venido María? — No . . . todavía.

   No. No ha venido todavía.

2. ¿Has terminado el libro? — No. Sólo las primeras lecciones.

   No. He ____

3. ¿Han vuelto Uds. de sus vacaciones? — Ah, sí . . .

   Ah, sí. Hemos ____________________ *nuestras* ____________________ ¡ . . . !

4. ¿Han visto Uds. al presidente? — Sí, varias veces.

   Sí. ____

5. ¿Lo has hecho muy bien? — No, muy mal.

   No. Lo he ______________________________

6. ¿Le habéis dicho algo? — No. Nada.

No. No le hemos ______________________ (Mejor así.)

P.: Bueno, . . . ¿vamos adelante . . . ? Por favor . . .

Br.: Sí. El presente de subjuntivo de haber . . .

#64. The present perfect subjunctive

haya, hayas, haya //, etc. (present subjunctive of haber)

Observe otra vez, y repita:

Han llegado. // Espero que hayan llegado. //	*They have arrived.* *I hope (emotion) that they have arrived.*
Hemos perdido. // ¡Ojalá que no hayamos perdido! //	*We have lost.* *Oh, if only (How I hope) we haven't lost!*

Ejercicio

Esta vez, no repita. Sólo responda según las indicaciones:

1. Felipe ha estado enfermo.

   ¡Ay, pobre! Es lástima *que Felipe haya estado enfermo.* __________ (. . .)

2. ¿Uds. han acabado?

   ¡Ojalá *que Uds. hayan* ______________!

3. ¿Sabes? Los Pérez han llamado muchas veces.

   ¡Uf! Me molesta *que* ______________________________

4. ¡Felicitaciones! ¡Te has sacado (*you've won*) la lotería!

   Ah, me alegro de que *te la* ______________________ //

5. ¡Qué maravilla! ¡Hemos ganado!

   ¿Ah, sí? ¿Les sorprende ______________________________ //

6. Rosa no ha aceptado nuestra invitación.

   Siento *que no la* ______________________ //

7. Este ejercicio no ha terminado todavía.

   Temo que ____ //

Br.: Ah, no . . . Esta vez se ha equivocado (*you've made a mistake*). El ejercicio sí ha terminado. Y ahora sólo tenemos que hablar del imperfecto de haber y cómo usarlo.

P.: El imperfecto de haber es completamente normal:

había, habías, había //, etc. *I had (gone, done, etc.)*

Lo usamos para formar el tiempo "pluscuamperfecto".

#65. "I had gone": The pluperfect (or past perfect) tense

Diga con nosotros:

— ¿Ud. estaba allí cuando llegaron? //	*— You were there when they arrived?*
— No. Yo había salido ya. //	*— No. I had left already. (Before that time). And you?*
¿Y Uds. ? //	
— Nos habíamos ido también. //	*— We had left, too.*
Sólo Ramón se había quedado. //	*Only Ray had stayed behind.*

P.: ¿ . . . ? ____________________ Pues vamos a hacer . . .

Ejercicio

Una vez más, conteste según las indicaciones. Por ejemplo:

1. ¿Lo habías visto antes de salir? — Sí . . .

   Sí, lo había ______________________ (*Yes, I had seen him* . . .)

2. ¿Se habían casado ya los jóvenes? — No . . . todavía.

   No. No se ______________________

3. ¿Habían estado Uds. antes en México? — Ah, sí. Muchas veces.

   Ah, sí. Habíamos ______________________ *muchas veces.*

4. ¿No me había dicho Ud. que venía? (No . . . Que me iba.)

   No. Le ______________________ *que me iba.*

5. ¿No les habíais escrito antes? — Claro. La semana anterior . . .

   Claro. Les habíamos ______________________

Nombre ______________________________ Fecha ________________ Clase __________

6. Uds. habían comido ya, ¿verdad? — No. Nada.

   No. (Nosotros) no ______________________________

P.: Y ahora, antes de oír . . . , una cosa más . . .

Br.: ¿ . . . ?

P.: Absolutamente . . .

Ejercicio escrito

Hoy vamos a hablar otra vez . . . Díganos:

1. ¿ . . . o pueblos ha . . . ? *He* ______________________________
2. ¿En cuántas . . . ? ______________________________

P.: ¿ . . . ? Nuestra familia . . . cambiado de casa. ¡Jamás! A mis padres . . . mismo lugar.

3. Hablando de . . . ¿Dónde habían . . . ? ______________________________

   ____

4. ¿ . . . nacido . . . ? ______________________________

Br.: (. . .) Pero hay tiempo para sólo . . .

5. ¿Le sorprende que hayamos . . . ? ______________________________

   ____

P.: ¡ . . . ! ¡No puede ser! Entonces, ¿vamos en seguida . . . ? (. . .)

MOMENTO DE VIDA: HORA DE COMER

Es una noche de verano y la familia Molinos está sentada a la mesa de la cocina. Por las ventanas abiertas entran los ruidos y aromas de los apartamentos vecinos. — *Through*

Sra. Molinos: Paco, a comer y callar, ¿está bien? — *just eat and be quiet*

Paco: ¿Qué he dicho yo?

Sra. Molinos: No sé, pero no has comido nada.

Sr. Molinos: ¡Qué calor! Algún día debemos comprar un ventilador. — *fan*

Esteban: ¿Me quieren pasar la carne? — *Will someone pass me*

Luisa: Por favor, Esteban. Acabemos ya. Quiero salir.

Sr. Molinos: ¿Para dónde?

Paco: Mamá, la sopa está fría.

Esteban: Repito, ¿me quieren pasar la carne?

Luisa: Aquí la tienes. Pero te digo que ya has comido demasiado. *too much*

Esteban: Muchas gracias. Yo no sé. En esta casa . . .

Sr. Molinos: ¿Adónde vas?, te pregunté, Luisa.

Luisa: Al cine con Juanita, papá.

Sra. Molinos: Nunca me ha gustado esa chica.

Luisa: ¿Por qué? Es muy simpática.

Sr. Molinos: ¿Con Juanita? ¿Y con quién más? *else*

Esteban: La leche, por favor.

Luisa: Con el novio de Juanita y . . . *boyfriend*

Sra. Molinos: Me sorprende que esa chica no se haya casado tres veces ya. Ella ha tenido más novios que . . .

Luisa: Mamá, sólo ha tenido seis. Y la cosa va en serio ahora. *is getting serious*

Esteban: ¡Enhorabuena! Pero no me han pasado todavía la leche.

Sra. Molinos: Creo que no hay más. Si quieres agua o té . . .

Sr. Molinos: ¿Té? El muchacho no está enfermo. Dale vino o cerveza . . . Pero Luisa, no me has contestado. ¿Con quiénes vas? *beer*

Luisa: Con Juanita y su novio . . . y con el de Chita.

Paco: Mamá, mi silla está rota.

Sra. Molinos: Si no te sientas tranquilo, Paquito, y comes . . . *you don't sit still*

Esteban: ¿Con el de Chita? ¿Y Chita no va?

Luisa: No te estaba hablando a ti.

Sr. Molinos: Entonces yo te lo pregunto. ¿Y Chita no va?

Luisa: Es que yo voy en su lugar.

Sra. Molinos: ¿Has oído, Alfonso?

Sr. Molinos: Tú ibas, Luisa. No vas.

Luisa: Pero, papá . . .	
Sr. Molinos: Tu mamá y yo hemos decidido que no.	*"No!"*
Paco: Mamá no ha dicho nada.	
Sr. Molinos: A comer, Paco, y callar.	
Luisa: Pero les he prometido que. (Se oyen unos golpes fuertes)	*I've promised* *loud banging*
Sra. Molinos: ¡Dios mío! ¿Qué fue eso?	
Luisa: Nada. Los chicos están bailando arriba.	*dancing upstairs*
Sra. Molinos: ¡Ojalá que no se haya caído el cielo raso.	*the ceiling hasn't fallen down*
Sr. Molinos: Voy a quejarme al dueño de la casa.	*complain to the owner*
Sra. Molinos: Sí, Alfonso, debes. Ya no se puede vivir aquí.	
Sr. Molinos: Es verdad. El barrio ha cambiado mucho. Algún día, Blanca, vamos a buscar otro apartamento.	*has changed* *look for*
Sra. Molinos: Como habíamos pensado entes de nacer los niños.	*the children were born*
Luisa: Entonces, mamá, papá, ¿salgo o no salgo? Por favor . . .	
Esteban: ¿Está caliente todavía el arroz?	
Paco: Nunca me han gustado las legumbres.	
Sra. Molinos: A comer, hijos, y callar, ¿está bien?	

Br.: ¿ . . . ? La señora Molinos me recuerda a (*reminds me of*) . . . "A comer . . ."

P.: Creo que todas . . . Y todas . . .

Br.: Pues hablando . . .

¿Verdad o falso?

1. . . . una familia típica de . . . __________
2. . . . privada en el campo. __________
3. La familia come junta, pero . . . (. . . y deseos.) __________

Br.:Como todo el mundo . . .

4. . . . porque ella ha salido . . . ________

5. Parece que . . . porque han realizado (*fulfilled*) . . . ________

P.: Otra vez, como . . .

Br.: Es lástima que no podamos . . . Pero a decir verdad, hemos trabajado fuerte (*hard*) . . .

P.: (. . .) Así que, hasta . . . , descanse un poco y reciba un saludo cariñoso . . .

Br.: (. . .)

Nombre ______________________________ Fecha ________________ Clase __________

Testing Tape III
PRUEBA TERCERA: LECCIONES XI–XV

M.: ¿ . . . ? ______________________ Ah, ya lo sé. Es día . . . Pero no importa. En media hora acabamos, ¡ . . . ! Primero . . .

I. Dictado

1. ____

____

2. ____ — ____________

____

3. ____

— __________________________________

4. ____ —¿__________________?

____

M.: Eso es. Ahora, ¿quiere que se lo repitamos? (. . .)

II. ¿Quién nos habla?

Escuche, como siempre, y después indique la conclusión más lógica.

1. "... Necesito ... — Pero no es posible. (. . .)"

   (¡ . . . !) ¿Quién le habla . . . ?

   a. un ingeniero
   b. un programador
   c. un mecánico de garaje

2. "Y así, . . . Porque yo soy el único que . . ." (. . .)

   (¡ . . . !) ¿Quién nos habla?

   a. un empleado de tienda
   b. un candidato
   c. un camarero

3. "..., ¿Ud. nunca recibió ... ? (...) En seguida se lo enviamos ..."

(¿ ... ?) ¿Quién está hablando?

a. la gerente de un negocio

b. una cliente

c. una empleada de Correos (...)

4. "... de distintas capacidades. Claro está, ... Dígame, ¿ ... gastar?"

(¿ ... ?) ¿Quién nos habla?

a. un vendedor de computadoras

b. un arquitecto

c. un programador (...)

5. "..., dígale al alcalde que los planos del ... Pero no he ... de la carretera."

¿ ... ? ¿Quién es el señor que habla?

a. un arquitecto

b. un ingeniero

c. un computista

III. Asociaciones

Piense por un momento, y díganos: ¿Qué asocia Ud. con las cosas siguientes? (Diga por lo menos 4 cosas para cada una.)

1. ______________________________

2. ______________________________

3. ______________________________

4. ______________________________

5. ______________________________

M.: (...) Y hablando de política, ¿sabe?, quiero hacerle ...

J.: Pues aquí tiene su oportunidad, ... ¿ ... ?

M.: (...)

Nombre ______________________ Fecha ______________ Clase ________

IV. ¿Qué contesta Ud. ?

1. Dígame: a. ¿Le . . . ? ______________________

   b. ¿ . . . ? ______________________

   c. En su opinión, ¿quién ha sido . . . ? ______________________

   ____

   d. ¿Qué busca . . . ? ______________________

J.: Bueno, pasando a otra cosa, díganos otra vez:

2. a. ¿Ha estado . . . ? ______________________

   ______________________ b. ¿ . . . personalmente? ______________________

   ____

M.: ¿Sabe? En mi familia . . . Pero, ¿jueces? . . . En fin, . . .

3. En su opinión, ¿cuáles . . . hoy día (*nowadays*)? ______________________

   ______________________ ¡Ay, no quiero acabar . . . ! Me gusta tanto.

J.: Pero tenemos que . . . Es tiempo de . . .

V. **Ejercicio de interpretación**

Curiosamente, aquí tenemos otra vez una cuestión de "justicia" . . .

Escuche bien, y después conteste:

— ¿Sr. Luzán?
— Sí, señora. ¿Y Ud. es . . . ?
— Alicia Mendoza, apartamento 3-D.
— Muy bien, señora Mendoza, ¿en qué la puedo ayudar?
— Pues señor, primero, quiero que Ud. sepa que el cielo raso en nuestra sala se está cayendo.
— ¿Ah, sí?
— Y que no hay electricidad en la cocina, ni agua caliente. Y que los elevadores no funcionan, y que no hay luces en los corredores.
— ¿Sólo eso, señora?
— No, señor. ¡Y que este mes no le vamos a pagar nada, si Ud. no . . .
— Muy bien, señora Mendoza, muy bien. Págueme Ud. ahora, y mañana mismo vamos a cambiar las bombillas del corredor.

M.: ¡ . . . ! ¡Qué casa, eh! Pues conteste Ud. :

1. ¿ . . . cree Ud. que . . . ? ______________________________

____

2. En su opinión, ¿ . . . más graves . . . ? ______________________________

____

3. Otra vez . . . , ¿ . . . la familia Mendoza? ______________________________

____

4. ¿ . . . se imagina . . . ? Descríbanosla . . . ______________________________

____

5. ______________________________

M.: ¿ . . . ? Yo les tengo . . .

J.: Pero si es sólo un cuento, . . . Y en este momento, . . . están terminados. Gracias por . . . , y buena suerte, siempre.

M.: Eso sí . . .

Nombre ______________________________ Fecha _______________ Clase __________

LECCIÓN DIEZ Y SEIS

(Programas de radio y de televisión. Música, noticias, etc.)

B.: Pacho, ¿por qué apagaste . . . ?

Pa.: Porque es tiempo de empezar . . .

B.: ¿Ya? ¿Ha llegado . . . ? (. . .)

Pa.: Pues háblale y verás (*you'll see*).

B.: (. . .) ¿ . . . ? ____________________ ¡ . . . ! No le oí (*I didn't hear you*) . . . En todo caso, . . . , y listos para . . .

Pa.: Primero, díganos: ¿ . . . ? ____ ¿ . . . ?

____

B.: ¿ . . . su propio . . . ? ____

¿ . . . grabadora (*tape recorder*)? ____

Pues aquí tenemos estas cuatro cosas . . . ¿ . . . ve? ___________________________

Palabras ilustradas

Ahora le vamos a decir diez palabras. Indique cada vez con qué ilustración (o ilustraciones) las asocia. Por ejemplo:

1. (encender)	√	√	√	√
2. (. . .)				
3. (pantalla)				
4. (. . .)				
5. (ca . . .)				
6. (. . .)				
7. (en . . .)				
8. (. . .)				
9. (. . .)				
10. (. . .)				

B.: ¡ . . . ! Eso no fue . . . ______________ ¿ . . . ? Pues si quiere, más tarde puede . . . Por ahora, es más importante que vayamos . . . ¡A actuar! (. . .)

Mini-diálogo

— ¡Uf! //
— ¿Qué? //
— ¿Por qué no quitas ese programa? // No me gusta. //
— A mí, sí. //
— Hay fútbol en el Canal 3. //
— No me importa. //
— Pues a las nueve, // ¿no puse yo el programa que tú querías? //
— A ti te gustaba también. //
— Mientes. // Lo hice sólo por ti. // Y ahora te pido que me hagas un pequeño favor, // y no quieres. //
— Yo te he hecho muchos favores también. //
— Chita, te lo voy a pedir una vez más. // ¿Lo cambias o no? //
— No. //
— Entonces voy a poner la radio, fuerte, // y no vas a oír nada. //
— ¿Ah, sí? // Entonces yo voy a poner el sonido más alto, // y no vas a oír tu radio. //
— ¿Ah, sí? // Entonces yo voy a tomar tus discos, // y los tiro por la ventana. //
— ¿Ah, sí? // ¡Mamá! ¡Papá! //

Nombre ______________________________ Fecha ________________ Clase __________

Pa.: ¡ . . . de hoy! Yo no sé. Yo no . . .

B.: ¿ . . . ?

Pa.: No. Yo era muy amable . . . Un niño modelo.

B.: (. . .)

Pa.: Y cuando veo . . . , me preocupo por (*I worry about*) el futuro.

B.: . . . , no tienes que . . . En efecto, aquí lo tenemos, esperándonos. . . .

CONCEPTOS

#66. The future tense: *"I will, you will . . ."*

habl<u>ar</u> //

hablaré, hablarás, hablará //	*I will speak, you, he, etc.*
hablaremos // hablaréis // hablarán //	*we, you-all, they will speak*

com<u>er</u> //

comeré, comerás, comerá //	*I will eat, you, he, etc.*
comeremos // comeréis // comerán //	

vivir //

viviré, vivirás, ______________//	*I will live, you, etc.*

Pa.: ¿ . . . ? ____________________

B.: Sobre todo porque hay muy pocos verbos irregulares . . . Aquí están:

venir //	vendré, vendrás, vendrá //	*I will come, you, . . .*
tener //	tendré, __________, __________	*I will have, . . .*

Ahora vamos a decir solamente la forma de "yo":

(poner)	pondré //	*I will put*
(salir)	saldré //	*I will go out, leave*
(valer)	valdré //	*I will be worth*
(poder)	podré //	*I will be able*
(saber)	sabré //	*I will know*
(haber)	______________	*I will have (gone, done, etc.)*
(hacer)	haré // (. . .)	*I will make, I will do*
(decir)	diré //	*I will say, I will tell*
(querer)	querré //	*I will want*

A practicar

Repita cada frase, y después cámbiela según el verbo nuevo.

1. Hablaré con él mañana. //

   _______________________________ (estar)

2. No perderé nada. // (*I won't lose . . .*)

   _______________________________ (romper)

3. ¿Tú irás? //

   _______________________________ (servir)

4. ¿La necesitarás? //

   ¿_______________________________? (buscar) (*Will you look for it?*)

5. Ud. no lo hallará. // (*You won't find it.*)

   _______________________________ (encontrar)

6. ¿Quién se sorprenderá? //

   ¿_______________________________? (atreverse)

7. Sí, lo sentiremos. // (*We'll regret it.*)

   _______________________________ (conseguir)

8. Nos quejaremos de eso. // (*We'll complain . . .*)

   _______________________________ (alegrarnos)

9. ¿Vendréis ahora mismo? // (*Will you-guys come . . . ? — Spain*)

   ¿ _______________________________ // (salir) _______________________________ //

10. ¿Lo pondréis allí? //

    ¿_______________________________ ? (tener) (. . .)

11. ¿Uds. se lo harán? // (*Will you do it for him?*)

    ¿_______________________________? // (decir)

12. Todos sabrán hacerlo, ¿verdad? //

    _______________________________ // (poder)

Pa.: Dígame, ¿qué le pareció . . . ? ¿ . . . ? _______________ Pues aquí . . . , pero mucho más corto.

Nombre ______________________ Fecha ______________ Clase __________

Ejercicio

Esta vez, conteste escogiendo siempre la primera alternativa. Por ejemplo:

1. ¿El niño nacerá en junio o en julio? — *Nacerá en junio.* ______________
2. ¿Te acostarás temprano o tarde? — *Me acostaré* ______________
3. ¿Lo hará Ud. hoy o mañana? — *Lo haré* ______________ //
4. ¿Saldrás antes de las diez, o después? — ______________
5. ¿Uds. lo pondrán en el comedor o en la sala? — *Lo pondremos* ______________
6. ¿Uds. se quedarán o se irán? — *Nos* ______________
7. ¿Las tendréis listas para el sábado o para el lunes? — *Las tendremos* ______________

   ____
8. ¿Podréis ir esta tarde o por la noche? — ______________

   Ah, me alegro. ______________ // (. . .)

#67. Using the future tense to make a guess

Observe, como siempre, y repita:

¿Quién será ese hombre? //	*Who can that man be? (I wonder who . . .)*
— No sé. // Pero Roberto sabrá. // (. . .)	*—I don't know. But Bob must know.*
¡Ay, no! ¿Dónde están mis llaves?	*Oh, no! Where are my keys?*
— Estarán en tu bolsa, ¿verdad? //	*—They're probably (they must be) in your purse, right?*

Un poco de práctica

Escuche, y después cambie para expresar conjetura (*a guess*) o probabilidad. Por ejemplo:

1. ¿Qué hora es? ______ *¿Qué hora será?* ______ (*I wonder what time it is.*)
2. Son las diez. ______________ //
3. ¿Estoy soñando? ¿ ______________ ? // (*Can I be dreaming?*)
4. ¿Quién llama a estas horas? ______________ ? //
5. Uds. tienen razón. // ______________ // (*You must be right.*)
6. Vale mucho dinero. // *Valdrá* ______________ // (*It must be worth . . . *)

B.: (. . .) Ahora, una cosa más — el futuro perfecto. Y como se puede imaginar . . .

#68. The future perfect tense: *I will have (gone, done, etc.)*

(future of haber + past participle)

Habré comenzado. //	*I will have begun.*
Habrás acabado. //	*You will have finished.*
Ya se habrá acostado. //	*He will have gone to bed already.*
Habremos vuelto para mayo. //	*We will have returned by May.*

El futuro perfecto también puede expresar probabilidad.

Lo habréis olvidado. //	*You must have (probably have) forgotten it.*
Se habrán perdido. //	*They must have (probably have) gotten lost.*

Mini-diálogos

1. — Seguramente, señor, los habremos terminado para mañana.
   — No, muchachos. Mañana será tarde. Debían darme sus papeles hoy.

   Conteste: a. ¿Para cuándo habrán . . . ? ______________________________

   ____________________ b. ¿ . . . estarán hablando? ____________________

   ____

2. — ¿Estarán aquí todavía en diciembre tus parientes?
   — No. Ya habrán vuelto al Canadá, para la Navidad.

   Conteste: a. ¿Adónde se habrán ido . . . ? ____________________________

   __________ b. ¿Hará . . . estación del año? ____________________________

3. — ¿Quién le habrá dicho eso a Miguel? (*Who can have told . . . ?*)
   — Habrá sido Juan. Ese muchacho siempre miente.

   Dígame: ¿Habrá dicho . . . o una mentira (*lie*)? ________________________

   ____

B.: Sin duda (*without a doubt*). Pero yo no le miento cuando digo . . .

Pa.: (. . .) En seguida . . .

Nombre ______________________________ Fecha ________________ Clase __________

Ejercicio escrito

1. ¿Cómo pasará . . . ? (¿Tendrá . . . ? ¿Irá . . . ? , etc.) ______________________________

____

2. ¿ . . . hará . . . ? ______________________________

3. ¿ . . . fin de semana? ______________________________

4. Para (*by*) el año . . . , ¿habrá completado . . . ? ______________________________

____

B.: (. . .) Y ahora, con su permiso, . . .

MOMENTO DE VIDA: MONTAJE

Las radios están puestas.

* * *

"Buenas tardes, damas y caballeros. Son las tres de la tarde, tiempo para las últimas noticias del mundo . . . Santiago. La huelga de los mecánicos seguirá <u>interrumpiendo</u> el servicio telefónico en esta ciudad. El gobierno mandará un representante para . . ." — *interrupting*

* * *

(Música de ye-ye)

"Olé, olé, olé. Hemos estado escuchando la música de Tito Rodríguez interpretando la canción "Bombero, apaga mi fuego". Ahora recuerden, amigos, Tito y sus muchachos estarán tocando para <u>su gusto</u> este domingo — ¡en persona! — en el hermoso Casino Real de la Calle . . ." — *your pleasure*

* * *

— Pero Inocencia, ¿qué haré? ¿Cómo le explicaré a Remigio que mi <u>marido</u> Anacleto, que yo creía muerto, ha estado <u>durante</u> todos estos años en la prisión, y que hoy mismo saldrá y vendrá a <u>reunirse</u> conmigo? — *husband / during*; *join me*

— Le dirás la verdad, Virginia, y él comprenderá.

— ¿Y qué pensará Anacleto <u>al saber</u> que tenemos cinco hijos ya? Teníamos sólo tres cuando se fue. — *when he learns*

— Tal vez <u>no se acordará</u>. — *he won't remember*

—Pero, de verdad, Inocencia, ¿tú crees que Anacleto me reconocerá? Él no sabe que después del accidente en que murió mi patrón, dejándome a mí todos sus millones, he tenido tres operaciones de cirugía cosmética, ¡y ahora soy bella, linda, hermosa! — *really / will recognize me? / boss / surgery / beautiful*

— No se fijará, Virginia. Te prometo que no se fijará. — *He won't notice*

— Entonces, Inocencia, ¿qué . . . ?

* * *

"Texas. El Centro de Aeronáutica Espacial acaba de anunciar la llegada de la cosmonave Venus 73 al planeta Marte. Los astronautas comenzarán su vuelta a la Tierra en . . . " — *Space / arrival of the spaceship / Mars / return to earth*

* * *

¡Boletín! . . . México. Silvia Malón, la conocida artista de cine se casará secretamente mañana con el director Vicente Espina. La boda se celebrará delante de tres mil de sus admiradores en . . . — *well known / wedding will take place*

* * *

(Más música de ye-ye)

"Bueno, bueno, bueno. Ésta ha sido la música de Riqui Meléndez interpretando la hermosa canción "¡Llamen a la policía! ¡Me robaron el corazón!" Gracias, Riqui. Y ahora, amigos . . . "

* * *

— Pero Inocencia, ¿viviremos felices Anacleto y yo? ¿Podremos olvidar la memoria de . . . ¿Sabes, Inocencia? Hay una cosa que jamás entenderé. ¿Quién le habrá dicho a Anacleto dónde hallarme? Si tú eres la única persona que sabía . . . ¿Por qué te ríes, Inocencia? ¡Inocencia! — *find me / are you laughing*

— Sí, Virginia. Fui yo. Lo hice porque yo también estoy enamorada de Remigio. ¿Me perdonarás? — *It was I.*

— ¡Inocencia! ¡Tú! ¡Mi mejor amiga! ¡Pero . . . chist! Hay alguien a la puerta. — *Shhh!*

— ¡Cielos! ¿Quién será? ¿Anacleto? — *Heavens!*

— ¿Remigio?

Nombre ______________________ Fecha ______________ Clase ________

* * *

(Música)

"Bueno, amigos y amigas, ¿qué nuevo peligro encontrarán ahora las dos amigas? Escuchen el próximo episodio de "Inocencia y Remigio y Virginia y Anacleto", mañana a la misma hora en . . . — *danger*

* * *

". . . y ahora, un pequeño mensaje comercial": — *message*

— Ramiro, estoy desesperado. ¿Por qué no me miran ya las chicas? ¿Por qué no quieren bailar conmigo? — *desperate*

— Bueno, Federico, te lo diré. ¿Tú conoces el desodorante "Suprima", el que ayuda a 99 personas entre cien? — *deodorant "Suppress"* / *the one that*

— Claro. Lo uso todos los días.

— Pues me da pena decírtelo. ¡Pero tú eres el número cien! — *I hate to*

— ¡No! Pero, ¿qué puedo hacer?

— No hay problema. Tú necesitas la fórmula "Suprima Hiperconcentrada Doble Potencia Número 3", ¡la fórmula que sirve para sólo una persona entre cien! — *Double Potency* / *works*

— Gracias, Ramiro. En seguida me la voy a comprar. ¿Y entonces las chicas me van a desear?

— Todavía no, Federico. ¿Tú conoces la crema dental "Brillo-Lustre", y el champú "Grasa", y el desinfectante "Purísimo" y el matacaspa "Copos", y . . . — *"Grease"* / *dandruff killer* / *"Flakes"*

* * *

"Temperatura, 22 grados, bajando a 19. Cielo despejado. Viento del norte. Mañana, más fresco y nublado. El jueves, lluvia, con temperaturas subiendo hasta . . . " — *clear skies* / *cooler and cloudy* / *rain*

Pa.: (. . .) No estará mal . . . Por lo menos, no hará mucho fresco.

B.: (. . .) Pero mira, . . . , tal vez debemos repasar primero . . . Y después, hablaremos del clima. (. . .)

¿Verdad o falso?

1. Según el noticiario de las tres, . . . acabará mañana. ____________
2. En la próxima estación, . . . ____________
3. En la telenovela . . . , Virginia está preocupada . . . ____________
4. La noticia de la cosmonave Venus es interrumpida . . . ____________
5. Según el pronóstico del tiempo, . . . ____________

Pa.: Ud. hace estos . . .

B.: (. . .) Porque sabe . . . Lástima que no podamos . . .

Pa.: Hoy no. Pero . . . nos veremos (*wel'll see each other*). Hasta, . . . , un abrazo y . . .

Nombre ______________________________ Fecha ________________ Clase __________

LECCIÓN DIEZ Y SIETE

(Música de arpa)

P.: Digamos juntos, . . .

Mini-diálogo

— ¡Qué día más hermoso! //
— Divino. //
— El sol calienta //, y el aire está lleno de perfume. //
— Sí. // La brisa es suave, // y las nubes son transparentes. //
— Sólo llueve de noche, // y el rocío baña la hierba. //
— Los pájaros cantan. // Los peces bailan en el río. //
— Y las frutas se caen de los árboles, // redondas, // rosadas. //
— Es un paraíso, Eva. //
— Sí, Adán. // ¿No quieres probar esta manzana? //

Br.: ¡ . . . ! ¿Y por esa manzana perdimos toda esa belleza (*beauty*)?

P.: (. . .) La naturaleza sigue tan bella . . . ¿ . . . ? __________________

Br.: Si la cuidamos. Si la vigilamos (*watch*).

P.: (. . .) En fin, ya que (*now that*) estamos hablando . . . , vamos a . . .

Juego ilustrado

Escuche bien, y escriba la palabra correcta debajo de cada ilustración.

Ahora escuche otra vez y díganos: ¿En qué pienso?

1. . . . amarilla que calienta . . . (Pienso en . . . y sentimos . . .) ¿En qué pienso?

2. Me llaman . . . ¿Qué soy?

3. . . . que canta . . . ¿Qué nombre . . . ?

4. . . . , reflejando (*reflecting*) . . . (Es un planeta . . .) ¿ . . . ?

5. . . . lleno de . . . ¿ . . . ?

6. . . . entre sus hojas. ¿En qué . . . ?

7. . . . condensación que cubre de (*with*) blanco . . . ¿ . . . ?

8. . . . junto al mar adonde . . . ¿ . . . ?

Br.: ¡ . . . ! ¡El final!

P.: Pues yo tengo una pregunta más, . . . Estoy pensando en . . . donde aprendemos gramática y que nos está esperando . . . Dígame: ¿ . . . ?

Br.: ¡ . . . ! Pues ahí vamos . . . A los . . . sobre el "modo potencial" o "condicional".

Nombre ________________________________ Fecha __________________ Clase __________

CONCEPTOS

#71. The conditional: *"I would go, etc."*

(-ar)

hablaría, hablarías, hablaría // *I, you, he, etc. would speak . . .*
hablaríamos //, hablaríais // hablarían // *we, you-all, they . . .*

¿Ya ve? Es muy similar al tiempo futuro.

(-er)

comería, comerías, comería // *I, you, he, etc. would eat . . .*

comeríamos // comeríais // ________________

- Observe que los mismos verbos que son irregulares en el futuro son irregulares aquí también.

(venir) vendría // *I would come, was going to come*

(tener) tendría // *I would have, was going to . . .*

(poner) ________________// *I would put . . .*

(salir) ________________// *I would leave, go out . . .*

Ahora, más rápidamente:

(poder) podría // *I would be able*

(saber) ________________ *I would know*

(haber) ________________ *I would have (gone, done, etc.)*

(querer) quería // *I would want . . .*
(hacer) haría // *I would do, make . . .*
(decir) diría // *I would say, tell . . .*

Vamos a practicar

Diga las formas del "condicional". (. . .)

yo: soñar *soñaría* prometer ______________ cubrir ______________

tú: andar *andarías* nacer ______________ sentir ______________

el frasco de perfume: costar *costaría* caer ______________

valer (¡Cuidado . . . !) *dr* //

nosotros (tú y yo): dar *daríamos* ser ______________

tener *dríamos*

Uds. : hacer *harían* decir ______________ // ver ______________

P.: Ahora bien, ¿cuándo . . . ?

(When do we use the conditional?)

- Observe primero la relación entre el tiempo futuro y el "condicional".

Future: *will . . .*	Conditional: *would . . .*
Dicen que vendrán. //	*They say that they will come.*
Dijeron // que vendrían. //	*They said that they would come.*

¿ . . . ? Pues repita otra vez:

Prometiste // que me invitarías. //	*You promised that you would invite me.*
— Sí. // Pero no dije cuándo sería. //	*— Yes. But I didn't say when it would be.*

¡ . . . ! Pues repita una vez más:

¿No lo haríais por mí? //	*Wouldn't you do it for me? (Spain)*
— Claro, lo haríamos si . . . //	*— Of course, we would do it if . . .*
Te lo daríamos si . . . //	*We would give it to you if . . .*

P.: ¡Basta (*enough*)! Ya no me gusta . . .

#72. Using the conditional to make a guess

- El "condicional" se usa también para expresar probabilidad o conjetura, pero con respecto a una acción pasada. Por ejemplo, observe:

¿Quién será ese tipo? //	*Who can that guy be? (I wonder who he is.)*
¿Quién sería ese tipo? // (Conditional . . .)	*Who could that guy have been? (I wonder who he was.)*

Nombre ______________________ Fecha ______________ Clase ________

Br.: Es lógico, ¿ . . . ? Pues vamos a decir ahora juntos:

— ¿Quién llamaría a esas horas? //	— *Who could be calling (could have called) at that time?*
— Sería Fernando. // Pero, ¿por qué no vendría en persona? //	— *It must have been (probably was) Fernando. But I wonder why he didn't come in person.*

P.: (. . .) Debemos practicar . . . , ¿ . . . ? ________ Será rápido . . . Se lo prometo.

A practicar

Escuche la frase en el tiempo futuro, y después cámbiela al "condicional". Por ejemplo:

1. ¿Ud. lo enviará? *¿Ud. lo enviaría?* (*Would you send it?*)
2. Yo no haré eso. ______________________ (*I wouldn't do that.*)
3. ¿Te gustará ir con ellos? ______________________ //
4. José dice que me lo dará. *José dijo* ____________ *daría.*
5. Prometen que no saldrán. *Prometieron* ______________________
6. Yo pienso que irán. // *Yo pensaba* ______________________
7. Creen que podrán hacerlo. *Creían* ______________________
8. ¿Qué hora será? ______________________ (*What time could it have been?*)

Br.: ¡ . . . ! ¿De verdad? ¡Era . . . ! Vamos a pasar en seguida . . .

#73. The conditional perfect: *"I would have gone, etc."*

Observe cómo lo formamos:

(conditional of haber + past participle)

— No me habría importado el peligro. // Yo habría ido. //	— *The danger wouldn't have mattered to me. I would have gone.*
— Pero Horacio, // habrías muerto. // Jamás te habríamos hallado. // ¿Y qué habrían hecho tus hijos sin ti? //	— *But Horace, you would have died. We never would have found you. And what would your children have done without you?*

P.: ¿Suficiente? Pues vamos a hacer . . .

Mini-diálogos

Escuche bien, y responda siempre según las indicaciones.

1. ¿Ud. lo habría hecho? — ¡Qué va! Yo nunca *lo habría hecho.*
2. ¿La habrían invitado Uds. ? — Sí, con mucho gusto (nosotros) *la habríamos* ____________

   ____
3. ¿Se lo habría devuelto Ud. ? — Por supuesto, (yo) ____________
4. ¿Se habrían atrevido ellos? — No. Jamás ____________
5. ¿Tú habrías soñado con eso? — No. (Yo) nunca ____________

   ____
6. ¿Se habría quejado Ud. al dueño? — Sin duda, *me* ____________

   ____
7. ¿Habríais avisado a la policía? — Sí. En seguida (nosotros) *habríamos* ____________

   ____

#74. *De* + a noun instead of an adjective

Como siempre, observe muy bien y repita:

un reloj de oro //	*a gold watch (made of gold)*
una casa de madera //	*a wooden house*
un equipo de estéreo //	*a stereo set (for stereo recordings)*
una cancha de tenis //	*a tennis court*

P.: ¿Ha . . . ? ____________ Entonces, . . . A ver cómo los interpreta.

Mini-diálogos

1. — Manuel, para tu cumpleaños, ¿quieres que te compre un equipo de estéreo?
   — Ah, gracias, Sarita. Pero no quiero que gastes mucho.

   Conteste: a. ¿ . . . comprarle . . . ? ____________

   ____________// b. A propósito, ¿cuesta . . . ? ____________

Nombre ______________________ Fecha ______________ Clase __________

2. — ¿Sabes, Carmen? Algún día vamos a tener una casa de verano en las montañas, y una casa de invierno en Acapulco, y una lancha grande de motor . . .
— ¡Ay, Rodrigo! ¡Qué cosas dices! Si ahora no tenemos nada.

¿ . . . ? Pues conteste: a. ¿Qué desea . . . ? ______________________

______________________ // y ______________________ //

y ______________________ // b. ¿ . . . ? ______________________

______________________ c. En su opinión, ¿va a

realizar . . . ? ______________________

Br.: ¿ . . . ? El joven puede . . .

P.: ¡O se puede sacar (*win*) . . . ! Todo es posible.

Br.: (. . .) Y eso nos lleva precisamente . . . Con un poco de suerte . . ¿ . . . ?

Ejercicio escrito

Imagínese que Ud. se sacó ayer . . . de diez millones de dólares. Díganos:

1. ¿Seguiría . . . ? ______________________
2. ¿Pasaría el resto . . . ? ______________________

   ____
3. . . . , ¿tendría tantos . . . ? ______________________

   ____
4. Hablando de otra cosa, . . . : De todas . . . , ¿a quién le gustaría . . . ? ______________________

   ______________________ (. . .)

Br.: (. . .) En realidad, hay tantas personas extraordinarias. Es lástima que no podamos conocerlas . . .

P.: (. . .) Como la "dama de las joyas" (*lady with the jewels*). ¿Le hemos dicho alguna vez su cuento (*story*) . . ? ________ Le va a fascinar.

MOMENTO DE VIDA: LA DAMA DE LAS JOYAS *Lady of the Jewels*

Era muy temprano para cenar. Los restoranes empezarían a servir a eso de las nueve, y ahí estábamos en Barcelona, después de un viaje tan largo. Y eran sólo las siete, y teníamos un hambre feroz.	*have supper* / *around* / *there* / *trip*
Nos acercamos al conserje del hotel. Tal vez él conocería un restorán . . . Pues sí, señores, había uno que podría recomendarnos. Estaba cerca, a dos cuadras del hotel, nada más. Pero no sabía en efecto si nos gustaría tanto como algún otro. Tal vez sería mejor esperar . . . En absoluto. Estábamos rendidos. Con cualquier cosa nos contentaríamos, ¡y a la cama¡ Así que . . .	*concierge* / *Absolutely not* / *exhausted / any* / *And so . . .*
El conserje había tenido razón. El restorán era uno de aquellos que habríamos pasado por alto sin fijarnos siquiera. El letrero que colgaba afuera estaba tan gastado como la ropa de su clientela.	*passed by* / *sign that hung outside* / *worn*
Y adentro las bombillas desnudas echaban una luz blanquísima sobrelos manteles salpicados de manchas amarillas y sobre los gruesos ceniceros de vidrio llenos de colillas de cigarrillos y fósforos apagados. Por eso nos extraño tanto verla a ella allí. A ella . . .	*on the inside, the bare bulbs cast / tablecloths* / *spattered with yellow stains / thick ashtrays* / *butts / matches* / *it amazed*
¿Quién sería? ¿Cuántos años tendría? No *us* lo sé definitivamente. Era un mujer viejísima. Su cara, tan arrugada como un papel desechado, habría sido hermosa en tiempos pasados. Ojos azules, nariz corta, boca más bien ancha, labios finos. Y sus manos — ¡sus manos! — largas y delgadas. Cada dedo estaba cubierto de anillos viejos — anillos de diamantes, de zafiros, de rubíes, de esmeraldas. Y la áspera luz eléctrica resbalaba sobre ellos, pintando en las paredes, en los ceniceros, en los manteles salpicados de manchas amarillas, los colores del arco iris.	*wrinkled* / *crumpled* / *each* / *covered with rings* / *harsh* / *glanced over them, painting on the walls* / *rainbow*

Sus brazos estaban cubiertos de brazaletes. La garganta seca lucía collares de perlas, de oro, de piedras preciosas. Y en el pecho caído brillaban dos, tres, cuatro prendedores. ¿Estaríamos soñando? ¿Podrían ser genuinas aquellas joyas?

dried-up neck showed off necklaces
sunken breast shone
brooches

La miramos boquiabiertos. El camarero acababa de traerle la comida — un solo plato de carne y legumbres — pero la vieja no comía. Se agachó por un momento, sacó de una bolsa grande una cacerola de plata y cristal, midió en ella precisamente la mitad de su comida, y la devolvió a la bolsa. Y todavía no comía. Seguimos observándola. Estaba ocupada ahora con algún aparato que había colocado en la mesa. Era un pequeño tocacintas, nuevo, de la mejor marca importada. La vieja metió una "cassette", y de repente el lugar se llenó de una ruidosa música norteamericana de los años '40. "Hold that tiger . . . " La anciana sonrió y se puso a comer. Comía lentamente. "Sometimes I wonder why I spend the lonely nights . . . " Y sonreía, sonreía.

agape
She bent over
measured into it
half
placed
brand / put into it
suddenly
was filled with
smiled and began
slowly

La próxima noche volvimos al pequeño restorán. No podríamos irnos sin verla otra vez, sin hablarle. Tendríamos que saber . . . Pero la vieja no estaba.

wasn't there

Primera terminación: Nos acercamos al camarero. Sí, él la conocía. Iba allí a menudo a comer. ¿Quién era? Era una famosa actriz venida a menos. Reconoceríamos en seguida su nombre. Y ahora no tenía nada, menos ese fabuloso tesoro de joyas, y antes que venderlas, preferiría morirse de hambre. Así que le daban de comer y no le pedían dinero porque . . .

often
"a has-been"
except / treasure
rather than

Segunda terminación: Nos acercamos al camarero. Sí, él la conocía. Iba allí a menudo a comer. Era una pobre ilusa que se creía millonaria. Y se cubría las manos y todo el cuerpo de joyas artificiales porque . . .

"nut"

Tercera terminación: Nos acercamos al camarero. "¡Qué dama ni qué nada!" Se rio. "¡Hombre, si estuvimos cerrados anoche!"

what anything
why

En uno de los manteles salpicados de manchas amarillas se veía un pequeño arco iris.

Br.: ¡Qué . . . ! ¡ . . . misterio! ¡Ojalá . . . haya desaparecido de repente!

P.: Pero, ¿cómo podía ser? ¿ . . . ? ______________________ Pues bien, vamos a ver cómo interpreta . . .

¿Verdad o falso?

1. . . . para cenar proque . . . ____________
2. El conserje nos recomendó . . . ____________
3. . . . cubierta de joyas. ____________
4. . . . mientras se comía una gran . . . ____________
5. Muertos (*dying*) de curiosidad, nos acercamos . . . ____________

P.: ¡Qué raro, . . . ! ¿Sabe? ¿Me gustaría oír todas sus ideas . . . Pero hoy, desafortunadamente, ya no queda . . . ¿ . . . tal vez?

Br.: ¡Ojalá, . . . ! Siento muchísimo tener que decirle . . .

P.: (. . .) Hasta . . . , y cuídese, ¿eh?

Nombre ______________________________ Fecha ________________ Clase __________

LECCIÓN DIEZ Y OCHO

(Música de teatro. Voces: "¡Ay, Guillermo, . . . ! — No, Jacqueline, . . . ")

J.: (. . .) __________________ Dígame, ¿le gusta mucho . . . ? ____________________ ¿ . . . ? Pues, ¿sabe?, de eso precisamente . . .

M.: (. . .) ¿Y por eso . . . nos pusiste (*you put on for us*) . . . atmósfera?

J.: Claro. ¿Hay mejor manera . . . ?

M.: Tal vez no. A menos que sea (*unless it's*) con unos juegos . . .

J.: ¡ . . . ! ¿Un ejercicio en lugar . . . ? ¡ . . . ! Hoy no tengo ganas (*I'm not i the mood*) . . . !

Voz: ¡ . . . ! ¡ . . . !

J.: (. . .) ¡Cómo no! En seguida, . . .

M.: ¿No te dije? Pues aquí . . .

NARRATIVA

Primero diga con nosotros:

taquilla (*box office*) entradas (*tickets*) astros (*stars*) fila (*row*) asiento (*seat*) función (*performance, show*) obra (*play, work of art*) película (*film*)

Ahora use estas palabras para completar el cuento. (A propósito, puede usar cada palabra solamente una vez.)

— Dime (*tell me*), ¿saliste anoche, Mila? ¿Viste algo de interés?

— Sí y no.

— ¿Cómo puede ser, sí y no?

— Te lo voy a contar. Ayer a las seis de la tarde mi amiga Alicia llamó. "¿Quieres ir al cine?", me preguntó. "Hay una ______________ fantástica en el Cine Luz." "La vi la semana pasada", le dije. "Pero ¿sabes? En El Teatro Rey hay una ______________ fabulosa con Manolo Fábregas y Diego Bonilla. Son mis ______________ favoritos." "Bien", respondió. "¿A qué hora comienza la ______________ ?" "A las siete en punto", contesté. "Si nos damos prisa (*we hurry*)." "De acuerdo. Nos veremos a las siete menos cuarto delante de la ______________ ".

* * *

(6:45)

— Me dirigí al taquillero. "Buenas tardes. Quiero comprar dos ______________." "Ah, pero señorita, el teatro está lleno. Para esta función queda sólo un ______________ en la última ______________" "Si quieren volver mañana . . . "

J.: ¡ . . . !

M.: Así, como ves, . . . sí, salí anoche. Y no, no vi . . .

J.: ¡ . . . ! En fin, dígame, mi estudiante, ¿pudo Ud. llenar (*fill in*) . . . ? ______________ Pues adelante . . . Como verá, otra vez nos encontraremos . . . escena (*stage*).

Nombre ______________________________ Fecha ________________ Clase __________

Mini-diálogo

— ¡Ay, estoy tan nerviosa! //
— Yo también. // ¿Qué dices, Nilda? // ¿Ensayamos otra vez? //
— No creo que haya tiempo. //
— ¡Qué va! // Nos quedan diez minutos antes del telón. //
— Pues bien, empecemos. // Desde "Héctor, // no me gusta que hagas eso a mis . . . " //
— "Tus", Nilda, // no "mis". // ¿Recuerdas? // Esta vez yo digo "mis" // y tú dices "tus". // Más tarde yo digo "tus" // y tú dices "mis". //
— Bien. // "Héctor, // no me gusta que digas eso // de tus propios hermanos." //
— "Me sorprende que tú pienses así, Rosalinda." //
— "Ermelinda", Toño. // Tú dices: // "Me alegro de que tú pienses así, Ermelinda". //
— Ah, sí. // Y después tú dices: // "¿Y no te molesta que . . . " //
— No, Toño. // Esa es la próxima escena. // Esta vez yo digo . . . // ¡Dios mío! // ¿Qué digo? ¿Qué digo? //

(Voz del director): ¡Luces! // ¡Telón! //

M.: ¡ . . . ! En fin, dejemos a nuestros pobres actores, y sigamos adelante . . . ¿ . . . ?

____

J.: Ah, sí, . . . Es muy importante que aprendamos . . .

CONCEPTOS

#75. Introducing the imperfect subjunctive

(-ar verbs)

(habl<u>ar</u>) habl<u>ara</u>, habl<u>aras</u>, habl<u>ara</u> //
habl<u>áramos</u> // habl<u>arais</u> // habl<u>aran</u> //

(-<u>er</u>, -<u>ir</u>)
(comer) com<u>iera</u>, comieras, comiera //
comiéramos, comierais // ________________

- En otras palabras, si miramos el <u>pretérito</u> de "<u>Uds</u>.", ahí tenemos la base del imperfecto de subjuntivo. ¡Siempre! ¡No hay ninguna excepción! Por ejemplo:

	<u>(pretérito — Uds.)</u>	<u>imperfecto de subjuntivo</u>
(morir)	murieron //	muriera, murieras, muriera //
(tener)	tuvieron //	tuviera, tuvieras, tuviera //
(ir, ser)	fueron //	fuera, fueras, fuera //
(decir)	dijeron //	dijera, dijeras, dijera // . . .

M.: (. . .) Ahora bien, ¿cuándo . . . ?

#76. When do we use the imperfect subjunctive?

A. Sencillamente, ¡cuando la acción indicada por el subjuntivo está en el pasado (*past*)!

Observe, y diga . . .

Quiero que hables con él. //	*I want you to speak to him.* (Present action — present subjunctive.)
Quería que hablaras con él. //	*I wanted you to speak to him.* (Past action — past subjunctive.)
Es lástima que no vengan. //	*It's a pity that they're not coming (won't come).*
Era lástima que no vinieran. //	*It was a pity that they didn't come.*
¿Es posible que lo maten? //	*Is it possible that they will kill him?*
¿Es posible que lo mataran? //	*Is it possible that they killed him?*

Vamos a practicar

Repita, y después cambie según el verbo nuevo.

1. Querían que yo estudiara con ellos. // (*They wanted me to study . . .*)

   ________________________________ (viajar) (. . .) //

   ________________ *volviera* ________________ (volver)

   ________________________________ (asistir)

2. Te dije que no lo compraras. // (*I told you not to buy it.*)

   ________________________________ (enchufar)

   ________________________ *metieras.* (meter)

   ________________________________ (permitir)

3. No era posible que se despertara. // (. . . *that he'd wake up.*)

   ________________________________ (olvidarse)

   ________________________ *se perdiera.* (perderse)

   ________________________________ (atreverse)

4. Insistieron en que se lo mostráramos. // (. . . *that we show it to them.*)

   ________________________________ (tocar — *play it for them.*)

   ________________________ *diéramos.* (dar — *give it to them.*)

   ________________________ *dijéramos.* (decir) (. . .)

Nombre ______________________________ Fecha ________________ Clase __________

Situaciones

Escuche, y después conteste:

1. — ¿Sabe? Me alegro de que Luis no ganara.
— Yo también. No creo que necesitara el dinero tanto como el otro.

Conteste: a. ¿De qué se alegran . . . ? ______________________________________

__________________// b. Según esto, ¿quién disfrutaba de mejor . . . ? __________

____

2. — ¿Sabes, Raquel? Era lástima que no llegaran a tiempo los billetes. Yo los había pedido dos meses antes de la función.
— Si yo fuera tú, Guillermo, me quejaría a la compañía.

En fin, díganos: ¿Qué lamenta Guillermo? _Que los billetes_ __________________

______________________________ Seguramente. Pues, ¿qué haría Raquel si fuera

(*if she were*) él? _Se_ ____

M.: (. . .) Y si yo fuera tú, . . . , explicaría en este momento el uso del imperfecto de subjuntivo después de la palabra "si".

J.: (. . .) Con tu ayuda.

B. "*If I were you . . .*": Condition contrary to fact)
Escuche bien, preste mucha atención, y diga:

Si yo fuera él, // no lo haría. // — Si Ud. estuviera en su lugar, // tendría otra opinión. //	*If I were he (but I'm not!), I wouldn't do it. —If you were in his place (but you're not!), you'd have another opinion.*
¿Qué harías, José, // si tuvieras un millón de dólares? // ¿Si pudieras comprar cualquier cosa? // — ¿Si yo tuviera un millón de dólares? // ¡Me despertaría! // Estaría soñando. //	*What would you do, Peter, if you had a million dollars? (But you don't!) If you could buy anything at all? (But you can't!) —If I had a million dollars? I'd wake up! I would be dreaming.*

Ahora conteste Ud. : Si Ud. viviera en París, ¿qué lengua hablaría? _Si yo viviera en París,_

____. Y si viviera en Tokio, ¿ . . . ?

____

¿Y si hubiera nacido (*if you had been born*) en Dinamarca . .

M.: Espera, . . . No hemos aprendido "hubiera nacido" todavía.

J.: ¿ . . . ? Pues rápido, entonces . . .

#77. *"If I had known . . .":* The pluperfect (or past perfect) subjunctive

(imperfect subj. of haber — *hubiera, etc.* + past participle)

¿Sabes? // Si yo hubiera ido, // habría sido mejor. //	*You know? If I had gone (but I didn't), it would have been better.*
— ¿Si tú hubieras ido? // ¡Qué va!	*—If you had gone? Nonsense!*
Tal vez si hubiéramos ido juntos. //	*Maybe if we had gone together.*

J.: ¿ . . . ? ¡Pues ya sabe Ud. todos los tiempos (*tenses*) del subjuntivo!

Observe ahora cómo los usamos.

#78. Which subjunctive do we use?

Observe, y repita:

Dudo que lo hagan. //	*I doubt that they do it (or will do it.)*
Dudo que lo hayan hecho. //	*I doubt that they have done it.*
¡Ojalá que pueda ayudarte! //	*How I hope I can help you.*
¡Ojalá que pudiera ayudarte! //	*How I wish I could help you (but I can't.)*

(. . .)

No quiero que peleen. //	*I don't want them to fight (now or ever).*
No quería que pelearan. //	*I didn't want them to fight (at some time past).*
Temíamos que murieran. //	*We were afraid that they died (were dying, or would die).*
Temíamos que hubieran muerto. //	*We were afraid that they had died.*

(. . .)

A practicar

Repita, y después cambie según las indicaciones:

1. Dudo que estén aquí. // (*I doubt that they are here.*)

   ________________________________ (volver) (. . .) //

2. No creo que hayan estado aquí. // (*I don't think they have been . . .*)

   ________________________________ (venir) (. . .) //

Nombre ______________________ Fecha ______________ Clase __________

3. Esperamos que tenga éxito. (*We hope he will be successful.*)

   Esperábamos ______________________ // (*We hoped he would be . . .*)

4. Si lloviera, // no saldríamos. // (*If it were raining . . .*)

   ______________________ (nevar) (. . .) //

5. Si hubiera llovido //, no habríamos salido. // (*If it had rained . . .*)

   ___________ *nevado,* ___________ (nevar)

J.: (. . .) Ahora vamos al . . .

Ejercicio escrito

Conteste, ¿está bien?

1. Si Ud. no hubiera . . . , ¿ . . . habría asistido? ______________________

   ____

2. Si Ud. pudiera pasar . . . , ¿ . . . ? ______________________

   ______________________ ¿ . . . ?

3. Bueno, otra pregunta . . . : Si Ud. encontrara una cartera . . . y sin el nombre del dueño,

   ¿ . . . o la guardaría . . . ? ______________________

   ____

4. . . . estrella de teatro, ¿ . . . hacer papeles (*play roles*) . . . ? ______________________

   ____

5. ¿ . . . ? Yo pensaba que Ud. diría lo contrario. En todo caso (*anyway*), hablando de teatro, . . . Creo que va a disfrutar.

MOMENTO DE VIDA: TEATRO SOBRE TEATRO

"El mayor éxito de la temporada." *El Sol* — *success / season*

"La gran Liliana es una sublime "Jacqueline'." *El Globo*

"Brillante. Un triunfo de prestigio." *El Mercurio*

"Carlos Aguilar interpreta a la perfección el papel del trágico Guillermo." *Época*

Teatro López de Hoyos. Funciones: 20:00, 23:00 (menos los domingos)

(Mediados del primer acto. Liliana y Carlos están en escena.) — *the middle / on stage*

Liliana: ¡Ay, Guillermo, yo no quería que lo supieras antes de que yo, misma pudiera explicártelo! Guillermo, Guillermo . . .

Carlos: No, Jacqueline. Nada me hará olvidar lo que has hecho. — *what*

Liliana: ¿Nada? ¿Nada? ¿Y si yo te dijera que te adoro?

(La puerta del fondo se abre. Un señor y su esposa entran y se dirigen de prisa hacia los asientos 121 y 123 de la Fila C. Uno por uno los asistentes se levantan para dejarlos pasar. — *in the rear / hurry down / spectators*

"Con permiso . . . Ah, lo siento mucho . . . Gracias. Muy amable . . . ¡Ay, perdón! . . . " "¡Cuidado donde caminan, eh!" . . . "Perdone . . . Permiso . . . " — *Excuse me / Very nice of you.*

Por fin, llegan a los asientos indicados y se quedan parados delante de otra pareja que está sentada allí.) — *standing / couple*

Sr. 1: Perdone, señor. Pero parece que Ud. y esta señora están ocupando nuestros asientos.

Sr. 2: ¡Qué va, hombre! El acomodador nos sentó. — *usher seated us*

Sr. 1: Entonces los dos se equivocaron. — *you both were wrong*

Carlos: Jacqueline, si yo pensara que tú . . .

Sra. 2: Tal vez si Uds. vinieran a tiempo . . . — *on time*

Sr. 1: Voy a llamar al gerente . . . "¡Gerente . . . Señor gerente . . . !"

(Se oyen varias voces en el auditorio. "Chist . . . Cállense ahí . . . Por favor, ¿eh? . . . ¡Bastante ya! ¿No se van a sentar jamás?") — *Enough already!*

Carlos: Jacqueline, si yo fuera otro hombre, nunca habría . . .

Sra. 1: ¡Ay, no! He perdido un arete. — *earring*

Sr. 1: ¿Dónde?

Sra. 1: Debajo de aquella butaca. — *under*

(Se oyen más voces. "Siéntense, ¡Por Dios, hombre! ¡$%¢&!")

Liliana (alzando la voz): ¿Qué no habrías hecho, Guillermo? — *raising*

Sr. 1: ¿No te dije esta mañana que no te pusieras los aretes buenos? — *not to put on*

Sra. 1: (buscando debajo de una butaca): Mira. Creo que ahí está, Alonso. ¿Quieres encender un fósforo? . . . Bueno. Gracias.

Carlos: Jacqueline, si no te quisiera . . . — *if I didn't love you*

Sra. 3: ¡Fuego! ¡Me están quemando los pies! — *My feet are on fire*

(Voces: "¿Dónde está el gerente? . . . ¡Caramba! ¡@#$¶#%@!" El gerente se acerca, acompañado por el acomodador.)

Gerente: Muy bien, señores, me dicen que . . .

Sr. 1: Que estos señores están ocupando nuestros . . .

Sr. 2: ¡Qué va! Este tipo piensa que . . . — *"character"*

Gerente: Pues si Uds. esperan un momento, voy a ver si hay otros asientos desocupados.

Acomodador: Sí hay, señor, pero están en la última fila.

Carlos (gritando ya): Jacqueline, tengo algo que confesarte. — *to*

Sr. 1: ¿En la última fila? ¡No, señor! Mire . . . aquí tiene Ud. nuestras entradas.

Gerente: Sí, Ud. tiene razón. (Se dirige al otro señor.) ¿Y las suyas, señor? — *He turns to*

Sr. 2: Aquí las tiene.

Liliana (gritando también): ¿Qué es, mi amor?

Gerente: Ah, sí. Lo siento mucho, señor, pero las suyas son para la Fila D. Así que Uds. tendrán que mudarse . . .	*move*
Sr. 3: ¡Qué demonios! Ahí estamos sentados nosotros.	*What the . . . ! / that's where*
Gerente: (al señor tercero) Pues si tuvieran la bondad de mudarse a la Fila E . . . Y Uds., señores, si me hicieran el favor de mudarse a . . .	*if you would please*
(Fila tras fila, los espectadores se levantan para cambiar de lugar. "Con permiso . . . Ay, perdón . . ." "¡La bolsa se me cayó!" "Permiso . . . Muy amable . . ." "¡Ay no! ¡Mi zapato se perdió!")	*Row after / place* *My purse dropped*

Gerente: Y Uds., señores a la Fila P . . .

(La puerta del fondo se abre. Un matrimonio entra de prisa y se dirige hacia las butacas 122 y 124 de la Fila B.)

M.: ¡ . . . ! ¡Qué locura (*madness*)!

J.: Pues, ¿no dije . . . ? En todo caso, tenemos que volver . . . , con nuestro eterno . . .

¿Verdad o falso?

1. Según los críticos, . . . teatral. (. . . de la temporada.) ______________
2. . . . , dos personas entran y se dirigen . . . (. . . y buscan sus asientos . . .) ______________
3. . . . de los recién llegados (*latecomers*). (. . .) ______________
4. . . . que dejar el escenario. (Una gran conmoción . . .) ______________
5. . . . echa (*throws out*) del teatro . . . , y la obra . . . (Por fin, . . . hace salir . . .) ______________

J.: ¿ . . . ? Todavía me río pensando en . . .

M.: Y en los pobres . . . , tan pacientes, tan . . . En fin, ha sido . . . experiencia, ¿ . . . ?

J.: Y la próxima vez, tendremos otra igual, . . . sólo para Ud. Hasta entonces, le mandamos . . . un abrazo afectuoso.

M.: Sí. Y recuerde: ¡ . . . !

Nombre ______________________________ Fecha ________________ Clase __________

LECCIÓN DIEZ Y NUEVE

Pa.: (. . .) ____________________________ ¿Qué dice? ¿ . . . ? ______________________
B.: ¿Y cómo, . . . ? ¿Sin . . . ? ¿ . . . ?
Pa.: Pero no he dicho cuándo, . . . En todo caso (*in any case*), vale la pena . . . , ¿no te parece?
B.: Ah, eso sí. Hoy . . . pertinente. Mañana, ¿ . . . qué oportunidad se nos presentará (*will turn up*)?
Pa.: (. . .) Así que, adelante. ¡A viajar!

¿Qué es? (Mire por un momento las ilustraciones.)

Escuche ahora cada definición y díganos siempre: ¿Qué cosa es?

1. . . . que uso en lugar de . . . (Es una forma de . . .) ¿ . . . ? ____________________

2. Es un lugar donde . . . (. . .) ¿ . . . ? ______________________________

   ______________________________ (Ah, eso fue demasiado . . .)

3. . . . donde encontramos . . . vuelos o excursiones, con . . . (Es una cosa que contiene . . .) ¿ . . . ? ______________________________

4. . . . campo grande adonde . . . un vuelo. (Es el lugar de donde . . .) ¿ . . . ? ________

   ____

5. . . . revisan (*check*) . . . (Es donde . . . inspecciona . . .) ¿ . . . ? ____________

6. . . . vehículo que tomo por . . . Pago . . . o millas, según el lugar. ¿ . . . ? __________

   ______________________________ (. . .)

Pa.: Es verdad, . . . Ud. siempre . . .

B.: Como . . . Por ejemplo, pasemos . . . y lo verá.

Mini-diálogo

— Bueno, señorita, // ¿adónde le interesa viajar? //
— A México, señor. //
—Muy bien. // Tenemos un vuelo directo a la capital. // Después Ud. tendrá dos semanas en Acapulco // por el mínimo precio de mil pesos diarios. //
— ¡Qué bien! Pero, la verdad, // tengo miedo de volar. //
— Pues hay un crucero en el Rey don Pedro, // partiendo de Miami // y haciendo escala en Puerto Rico y Cancún. // Y todo esto le cuesta sólo cuarenta mil pesos. //
— Es una ganga. // Pero no me atrevo. // Me voy a marear. //
— Entonces hay una gira en autobús. //
— No está mal. // Pero no me gusta estar sentada por tanto tiempo. //
— En ese caso, // tenemos para Ud. el viaje perfecto. // Mañana a las ocho y media, // en el Canal Número 3 // hay una película fantástica // sobre Acapulco y la capital. //
— Fabuloso. // ¿Y cuánto me van a cobrar? //
— Para Ud., señorita, ¡sólo cinco mil pesos! // ¡Qué ganga!, ¿verdad? //

Pa.: ¡ . . . ! Una oportunidad como ésa no se debe dejar (*shouldn't be missed*).

B.: Sin duda, . . . Pero . . . tampoco se pueden dejar (*can't be . . . either!*) (. . .)

CONCEPTOS

#79. Subjunctive and indicative with impersonal expressions

(No change of subject)

Es imposible saber eso. //	*It's impossible to know that.*
Era importantísimo verlos. //	*It was very important to see them.*

(Followed by another subject)

Es imposible // que Mario lo sepa. // ("Unreality")	*It's impossible that Mario knows it.*
Es lástima // que no hayan venido. // (Emotion)	*It's a pity that they haven't come.*
Era importantísimo // que los viéramos. // (Indirect command)	*It was very important that we see them.*

Ahora bien, observe cómo usamos el indicativo en expresiones como las siguientes:

(No "unreality", emotion, etc.)

Es seguro que vendrán. //	*It's certain that they will come.*
Era evidente que mentían. //	*It was evident that they were lying.*
Claro está que lo vimos. //	*It's clear (obvious) that we saw him.*

B.: Bien. ¿Estamos listos . . . ?

Ejercicio

Escuche bien, y díganos siempre su interpretación.

1. — ¡Pobre Fernando! Necesita mil pesos para comprar libros, y sus padres no tienen un centavo para darle.
   — ¡Qué lástima!

   Conteste: ¿ . . . le manden . . . ? ______________________________

   ____

2. — No es posible que haga calor mañana. No puede pasar de quince grados en esta estación del año.

   Díganos: a. ¿ . . . ? ______________________________

   ________________ b. Entonces, ¿ . . . será? ______________________

3. — Era lástima que Marisa no pudiera venir a la fiesta. Todo el mundo preguntaba por ella.

   Conteste: a. ¿Qué lamentaban . . . ? ______________________________

   ______________________________ b. Según esto, ¿ . . . muy poco querida . . . ?

   ____

4. — ¡Ojalá que disfruten ahora de sus nietosa (*grandchildren*)! Ya no tienen otra cosa en este mundo.

   Conteste otra vez: a. ¿ . . . para estos individuos? ______________________

   __________________________ b. A propósito, en su opinión, ¿ . . . ? ___________

   ____

B.: Porque . . . nietos (*grandchildren*) . . .

Pa.: No necesariamente. Hay ... bastante (*quite*) jóvenes ... Por ejemplo, si mi madre se hubiera casado a los ... de edad, y si yo hubiera nacido ... siguiente (*following*) ...

B.: ¡Válgame Dios! (...)

Pa.: Bien. En efecto, ¿...? ¿Puedo hacerle algunas ...?

Personales

1. a. Dígame francamente: ¿Es posible que Ud. sea ...? ______________________

______________________ b. ¿... lo sea (*you'll be so*)? ____

____

c. Pues en su opinión, ¿... que uno tenga ...? ______________________

______________________ d. ¿... se case? ______________

______________________________ e. ¿... que uno

tenga ...? ______________________________

2. Hablando de otra cosa: a. Cuando Ud. era adolescente, ¿... en que fuera ...? _____

____

b. En su opinión, ¿... obedezca (*obey*) siempre ...? ______________________

______________________ c. Y una cosa más: Cuando Ud.

tenga ..., ¿los tratará (*will you treat them*) ...? ______________________

____

B.: Ya lo sé. Es muy difícil saber lo que haremos ...

Pa.: Pues, una cosa sí sé. Que vamos a pasar ... y hablar de las conjunciones que producen ...

B.: ... Cuando expresan "irrealidad" (*unreality*). Una vez más, ..., preste atención, porque esto no es tan fácil.

Nombre ______________________________ Fecha ________________ Clase __________

#81. Subjunctive after conjunctions of "unreality"

En caso de que te llamen, // ve con ellos. // — Vale. // Con tal que tú vayas también. //

In case they call (they may not!) you, go with them. Fine. Provided that you go too.

Observe otra vez:

¿Te verán? // — No. // Lo haré // sin que nadie me vea.

Will they see you? —No. I'll do it without anyone's seeing me. (Will they see me? No! Unreal!)

Ahora un ejemplo más. Y note bien la diferencia entre indicativo y subjuntivo.

Aunque está enfermo, // sigue fumando. //

Although he is sick (he really is), he keeps on smoking.

Aunque esté enfermo, // seguirá fumando. //

Even though he may be sick, he'll keep on smoking.

(. . .)

- El subjuntivo puede indicar que una acción todavía está (o estaba) incompleta.

Me iré así que pueda. //

I'll leave as soon as I can. (I haven't left yet.)

— Bien. // Pero llámeme cuando vuelva. // Esperaré aquí // hasta que regrese. //

—Fine. But call me when you return. I'll wait here until you get back. (All incomplete so far!)

B.: Es lógico, ¿ . . . ? Pues . . .

Por favor, váyanse // antes de que los vean. // Se lo digo para que se salven. //

Please, go away before they see you. (So far they haven't.) I'm telling you this so that you can save yourselves.

— ¿De veras? // Gracias. // Pero, ¿qué debemos hacer? //

—Really? Thank you. But, what should we do?

Pa.: Es sencillo, . . . Debemos hacer . . .

Ejercicio

Repita, y después cambie según las indicaciones:

1. Lo haré // con tal que tú lo hagas también. // (*provided that you . . .*)

   Lo devolveré ______________________________

2. Llámeme en caso de que se quejen. // (. . . *in case they complain.*)

   ______________________________ (enojarse)

3. No le hablé, aunque me rogó. // (. . . *even though he did beg me.*)

   No le hablaré, ____________ *ruegue*. (. . . *even though he may* . . .)

4. Se quedan hasta que volvemos. // (*They stay until we return — always.*)

   Se quedarán ____________ *volvamos*. (*We haven't returned yet!*)

(Bueno, adelante por sí solo.)

5. Lo llamo cuando puedo. // (*I call him every time I can.*)

   Lo llamaré ______________ (subjuntivo — *I haven't called yet!*)

6. Se lo doy cuando lo veo. // (*I give it to him whenever I see him.*)

   Se lo daré ______________ (subjuntivo — *Haven't seen him yet!*)

7. Esperó hasta que llegaron los invitados. // (*He waited until they did arrive.*)

   Prometió esperar ________ *llegaran* ________ (*They hadn't arrived yet!*)

B.: Suficiente, ¿ . . . ? (. . .)

Nombre ______________________________ Fecha ________________ Clase __________

Ejercicio escrito

Esta vez toma la forma de un mini-diálogo. (. . .)

— ¡Ay, qué día voy a tener mañana! Así que vuelva a casa, tendré que limpiar mi cuarto. Cuando termine, tendré que ir al aeropuerto para buscar (*pick up*) a mi primo José. Entonces, por la tarde, hasta que vengan mis padres, cuidaré de mi hermanito Rafael. Y después . . .
— Por favor, Laurita, no quiero oír más.
— ¿Por qué, Miguel?
— Porque temo que me pidas ayuda. ¡Y me sentiré culpable!

B.: ¡ . . . ! Pues conteste:

1. ¿Qué tendrá que hacer . . . ? ____

____

2. ¿Adónde . . . ? ____

3. ¿Qué hará . . . ? ____

4. ¿Cree Ud. . . . ? *Sí, creo que es* ____

No, no creo que sea ____

B.: ¡Qué tipo! Se sentirá culpable, pero . . . En fin, hay toda clase de (*all kinds of*) . . .

Pa.: (. . .) Hay gente como . . . Hay . . . Ernesto y Marilú Costas. Hay . . . Donado e (*and*) Inés Pardo . . .

B.: Espera (*Hold it*), . . . Pero, ¿de dónde vienen . . . ? Si no conocemos . . .

Pa.: ¿ . . . ? Pues en un momento, sí las conocerá . . .

MOMENTO DE VIDA: LOS TURISTAS

Ernesto Costas les está mostrando a sus amigos Donado e Inés Pardo las transparencias de su viaje a Europa.	*slides*
Ernesto: Bueno, aquí estoy yo delante del Coliseo . . . y ahí está Marilú, con pantalón, atravesando la Vía Véneto.	*wearing pants / crossing*
Marilú: Ernesto, ¿cuántas veces te he pedido que no muestres mis fotos? Me veo tan gorda.	*I look*
Donado: Al contrario, Marilú. Por eso se pararía el tráfico.	*That must be why*
Ernesto: ¡Hombre! De otra manera no se puede cruzar la calle en Roma. Los italianos — yo no creo que necesiten licencia para manejar. Allí se compra un cochecito, ¡y a la calle, a matar!	*Otherwise* / *little car* / *all set to kill!*

Donado: Como aquí.

Ernesto: ¡Qué va! Allí, aunque uno tenga nueve años de edad, con tal que tenga dinero para pagar el primer plazo . . . *as long as*

Donado: ¡Caramba!

Ernesto: En fin, aquí estoy yo hablando con un policía romano . . . *Anyway*

Inés: ¿Tú hablas italiano, Ernesto?

Ernesto: Me defiendo. "Arrivederci, Roma" y "Ciao." *I get by.*

Inés: ¡Qué bien!

Ernesto: Ya pueden ver quién me sacó esta foto. Marilú siempre me corta los pies. *cuts my feet off*

Marilú: Mejor que la cabeza, digo yo.

Donado: En el caso de Ernesto, Marilú, no sé, no sé.

Ernesto: (riéndose) Gracias, hombre, ¿eh? . . . Ah, tienen que ver esto. Aquí estamos Marilú y yo delante del Vaticano.

Marilú: No es el Vaticano. Es el Arco de Constantino.

Ernesto: El Arco de Constantino está en Florencia.

Marilú: ¿Cómo lo sabes tú? Si no estuvimos nunca en Florencia.

Ernesto: ¿Ah, no? Yo pensé que aquel sábado . . .

Marilú: Esa fue Venecia. ¿No recuerdas? Perdimos el autobús. Oye, Inés, ¿quieres ver las cosas que compré?

Inés: Me encantaría. *I'd love to.*

Ernesto: Más tarde, por favor, cuando terminemos con las fotos . . . Bueno, aquí estamos Marilú y yo en el Castillo de San Miguel.

Marilú: De San Ángel . . . ¿Sabes, Inés? Para que sepas que no me olvido de ti, te traje algo de allí.

Inés: ¿De veras? ¡Pero no, no debiste! Déjame ver . . . *you shouldn't have!*

Ernesto: Marilú, no niego que tú sabes más que yo. Pero el castillo era de San Miguel.

Marilú: De San Ángel . . . En un momentito, Inés, te lo traigo.

Inés: Ah, gracias. No puedo esperar.

Ernesto: Y aquí estoy yo en la puerta del Restorán Siciliano. Esta vez Marilú me cortó la cabeza.

Donado: ¡Enhorabuena! — *Congratulations!*

Marilú: Pero no te impidió comer, Ernesto, en lo más mínimo. — *it didn't prevent you from / not in the least*

Donado: La comida fue tan rica, ¿eh?

Ernesto: ¡Fantástica! Pero, ¿dónde estábamos? . . . Ah, sí. Aquí estamos Marilú y yo delante de la Torre Inclinada de Pisa. — *Leaning Tower*

Donado: ¿Cuál es la torre?

Ernesto: (riéndose) La del pantalón rojo. — *The one with the*

Marilú: ¡Ernesto! Cuando yo te pido que no me saques una foto . . . Ahora mismo voy a traer el regalo de Inés. (Marilú sale.) — *not to take my picture / present*

Inés: Donado, ¿por qué no me llevas tú en un viaje?

Donado: Porque hasta que los niños sean mayores no podremos.

Ernesto: . . . y delante de la Gran Catedral de . . . no sé qué.

Inés: A menos que los dejemos con una buena nodriza. — *Unless / nursemaid*

Donado: Bien. Pero dudo que la nodriza quiera trabajar gratis.

Ernesto: . . . y en Londres, en el autobús . . .

Inés: Ay, Donado. Si pudiéramos llegar a un acuerdo con mi hermana Julia . . . Ella cuidaría de los niños hasta que regresáramos nosotros. Y después nosotros cuidaríamos de los suyos hasta que . . . — *make a deal / would take care / we got back / hers*

Donado: ¿De esos monstruos? Antes de que yo permitiera eso . . . — *monsters*

Ernesto: Fíjense. Marilú tiene los ojos cerrados.

Inés: Pero, Donado . . .

Ernesto: Y aquí estamos en Bruselas, detrás de la torre Eiffel.

B.: ¿ . . . , en Bruselas? ¿Sabe, . . . ? Pacho tuvo razón. Hay . . .

Pa.: ¿ . . . dije?

B.: En efecto, yo . . . Pero otro día se lo contaré (*I'll tell you about it.*) Por ahora, . . . rápido de comprensión.

¿Verdad o falso?

1. . . . acaban de hacer . . . (. . . han hecho recientemente . . .) ____________
2. Según Ernesto, los chóferes . . . (. . . manejan mucho . . .) ____________
3. (¡ . . . !) . . . realmente pudieron ver . . . (Los Costas . . . recordar lo que vieron.) ____________
4. Parece que . . . se interesan mayormente . . . (. . . muy cosmopolitas . . .) ____________
5. Donado e Inés . . . , así que puedan . . . (. . . así que encuentren . . .) ____________

Pa.: ¡ . . . ! Yo les tengo compasión.

B.: ¡Qué va! Tienen . . . y algún día tendrán su turno . . . Ud. también, . . . , si no lo ha tenido ya.

Pa.: En todo caso, en este momento, es nuestro turno de . . . , hasta la próxima . . . Y de darle las gracias . . .

B.: De verdad, nos encanta (*we love to*) pasar . . . Cuídese . . .

Nombre ______________________ Fecha ______________ Clase __________

LECCIÓN VEINTE

Br.: (. . .) ______________________ Encantado de verte.

P.: Estás de muy buen humor . . .

Br.: ¿ . . . ? Hoy hice . . . Y de mañana en quince días (*two weeks from tomorrow*) me voy de paseo. ¿ . . . acompañar, . . . ? ______________ Ya me puedo imaginar . . . Y llegando a mi destino. Y entrando . . . Mira. Cierra los ojos. ¿ . . . ? ______________

P.: Tal vez sea mejor que mires . . . Con la imaginación sola no bastará (*it won't be enough*). En efecto . . .

Palabras ilustradas

Escribe la palabra correcta debajo de cada ilustración.

"¿Servicio de cuartos?" // Tráigame el menú, por favor.//

"¡Ay, cuánto pesa!" //

"Por favor, señora, // ¿me arregla la habitación?" //

"Botones, llévemelo al cuarto." //

"Deseo un cuarto con terraza. // ¡Y háganme el favor // de no estorbar!" //

"Agua con . . . , // bien, bien fría." //

Br.: ¡Ah, qué delicia! ¡ . . . esperar!

P.: ¿Ni para hacer . . . ?

Br.: Tampoco, . . . ¡ . . . !

Mini-diálogo

— Buenos días. // Nosotros somos los señores Montes. // Horacio y esposa. // Tenemos reservación. //
— Muy bien. // Déjeme ver. // Montes. // Montes. // ¿Está seguro? // Según nuestra computadora, // Ud. se llama <u>N</u>ontes. // Horapio Nontes. //
— Mire. // Hemos reservado un cuarto doble. //
— Para <u>uno</u>. //
— Con baño. //
— No. Sencillo. //
— Con vista al mar. //
— Al garage. //
— A 5000 pesos semanales. //
— Diarios. //
— Con aire acondicionado. //
— Con aire acondicionado. //
— ¡Ese es! //
— Bienvenido, Sr. Nontes. // ¡Botones! //

Br.: ¡ . . . no me vaya a pasar!

P.: ¿A ti? Nunca. . "¡Bronu!"

Br.: ¿Ya ves? Nada me puede dañar (*spoil*) el buen humor. Ni . . . , ni la voz pasiva, . . .

P.: Pero . . . , no es muy complicada. Créeme, . . .

CONCEPTOS

#82. The passive voice

Repite:

"Este programa <u>fue presentado</u> // por la Compañía General. // Los bailes <u>fueron dirigidos</u> // por José Alvarado. // Y la música fue arreglada // por María Veloz. //" (. . .)	*This program was presented by the General Company. The dances were directed by Jose Alvarado. And the music was arranged by Maria Veloz.*
Dígame, señor, // ¿su libro <u>será publicado</u> en enero? // — Sí. // Pero mi primera obra // <u>ha sido publicada</u> ya. //	*Tell me, sir, your book will be published in January? — Yes. But my first work has already been published.*

Nombre ______________________________ Fecha ________________ Clase __________

Vamos a practicar

Repite, y después cambia según las indicaciones.

1. La casa fue <u>construida</u> por mis abuelos. //

   ____________________ comprada ______________________________

2. <u>Los muebles</u> fueron hech<u>os</u> en Italia. //

   Las alfombras ____

3. Sus hijos <u>serán</u> educados en Inglaterra. //

   ____________________ han sido ________________________________

4. Muchos árboles fueron destruid<u>os</u> // por el huracán. //

   ______________ playas ______________________________________

5. <u>Las puertas</u> son abiertas a las diez. //

   El almacén ____//

- Observa: Usamos <u>estar</u> si no hay <u>ninguna acción</u>. (. . .)

<u>Estábamos sentados</u> en el sofá. // — Y Miguel <u>estaba</u> <u>dormido</u> // en la cama. //	*We were seated (sitting) on the sofa. —And Mike was sleeping (asleep) on the bed. (No action.)*

Br.: (. . .) Esa es la voz pasiva. Pero hay otras maneras de expresarla también, sobre todo cuando <u>no se menciona por quién</u> fue hecha la acción.

#83. The impersonal "*they*" in place of the true passive

<u>Dicen</u> que va a nevar fuerte. //	*They say (It <u>is said</u>) that it's going to snow hard.*
— ¿Por eso <u>han cancelado las</u> clases? //	*—Is that why they have canceled the classes (classes <u>have been</u> canceled)?*
¿Lo castigarán por su crimen? // — No sé. // Cerraron la corte temprano hoy. //	*Will they punish him (will he be punished) for his crime? —I don't know. The court was closed early today.*

Mini-cuentos

Escucha y contesta, como siempre:

1. — ¿Han hallado al niño?
   — Gracias a Dios, lo salvaron al último momento. Se había caído al agua, y no sabía nadar.
   — ¡Ah, qué maravilla!

   Contesta: a. ¿ . . . cuando lo hallaron? ________________________

   ________________ b. ¿ . . . cuando lo salvaron? ________________

   ________________________ ¡Qué suerte, eh! (. . .)

2. "Publicaron la primera obra de nuestro poeta en 1807 y anunciaron la segunda para el año siguiente. Pero nunca salió (*came out*). Por razones que no conocemos, lo metieron al pobre en la cárcel, y no escribió nada más."

   Contesta otra vez: a. ¿ . . . del poeta? ________________________

   ________________ // b. ¿Para cuándo . . . ? ________________

   ________________ c. ¿ . . . ? ________________________

   ________________________ ¡Qué lástima, eh! En fin, díganos . . . ¿Está vivo

   . . . ? ____

Br.: Seguramente. No se puede vivir para siempre.

P.: Ahora bien, . . . Hay todavía una manera más de expresar la voz pasiva. Esta vez usando . . .

#84. The reflexive to express passive voice

Por ejemplo, repite:

Aquí se habla español. //	*Spanish is spoken here.*
En efecto, // aquí se hablan muchos idiomas. //	*In fact, many languages are spoken here.*

A propósito, ¿es éste un lugar cosmopolita o muy provinciano (*provincial*)? ________

________________________________ ¡Sin duda!

Repite otra vez:

El cine se abre a las tres. //	*The movie opens (is opened) at seven.*
Los teatros se abren a las siete. //	*The theaters open at three.*

¿Cuál se abre . . . ? ____

Nombre ______________________ Fecha ______________ Clase __________

Nuestra escuela <u>se construyó</u> // en 1970. // Las otras <u>se construyeron</u> // hace tres años. //	*Our school was built in 1970. The others were built three years ago.*

Dime? ¿Cuál . . . ? ____ (. . .)

Ahora repite una vez más, y observa:

Se dice . . . //	*It is said . . .*
<u>Se me dice</u> . . . //	*I am told . . . (It is said to me!)*
Se mató. //	*He killed himself.*
<u>Se le mató</u>. //	*He was killed. (Someone killed him.)*
Se metió en el hospital. //	*She put herself in the hospital.*
<u>Se la metió</u> en el hospital. //	*She was put in the hospital.*

Br.: Esto es un poco . . . Pues sólo queremos que lo reconozcas, no más.

P.: Así que (*so*) . . .

Opciones

Escucha bien, y contesta escogiendo siempre una de las opciones.

1. Si un hombre es culpable de un crimen muy grave, ¿se le manda . . . o se le perdona?

   ____

P.: En realidad, depende de . . .

2. Si un estudiante . . . pero sale mal en sus clases, ¿se le debe suspender o se le ofrece más ayuda? ______________________________
3. Si se le ha dejado una gran fortuna a un individuo, ¿tiene todavía la obligación . . . , o no tiene ninguna? ______________________________
4. Si una persona . . . , ¿se le debe permitir votar o no? ______________________________

   ____

P.: Esto ha sido . . . A lo menos, para mí. Me encanta oírte . . .

Br.: Pero esta vez, . . . nos encantará verte . . .

Ejercicio escrito

1. ¿ . . . recientemente . . . ? ______________________________

______________________ *vivimos.*

2. ____

3. ¿Habías sido . . . ? ______________________________

4. Hablando francamente, ¿de qué categoría . . . — . . . o mediana (*average*)? __________

____

Br.: A mí se me ha dicho que es de primera (*first rate*). ¡Ojalá que nosotros hayamos contribuido . . . !

P.: Espero que sí. ¿ . . . ? ____________ Espera. Tal vez no . . . El cuento está comenzando . . .

Voz: Pasen . . . No tengan miedo. Bienvenidos . . .

MOMENTO DE VIDA: CUENTO DE TERROR

Estamos en el vestíbulo de un gran hotel. La gente entra y sale y conversa en grupos animados. Los ascensores (*elevators*) abren a cada momento sus puertas doradas (*gold-colored*), y una elegante escalera automática (*escalator*) desaparece en el piso del mezanín. En la Recepción, un huésped recién llegado (*newly-arrived*) habla con un señor vestido de gris (*in gray*), con corbata de rayas (*stripes*) blancas.

Huésped: Buenas tardes. Yo soy el señor Carlos Ruiz Núñez. Y ésta es mi señora.

Sr. de la Recepción: Muy bienvenidos. ¿Han hecho Uds. reservación?

Huésped: Sí. Se ha reservado a nuestro nombre un cuarto doble con baño y aire acondicionado. A mil pesos diarios (*a day*).

Sr.: Lo siento mucho, señor, pero alguien se ha equivocado (*has made a mistake*). Aquí no tenemos nada a ese precio. No lo hemos tenido nunca.

Huésped: ¿Y qué quiere decir eso (*does that mean*)?

Sr.: Que no se ha podido honrar su reservación, porque el precio minimo aquí es de 3000 pesos diarios, sin aire acondicionado. Además (*Besides*), el hotel está completamente ocupado.

Huésped: Pero si el error fue cometido por Uds. , no por . . .

Sr.: Lo siento, señor.

Huésped: Mire, hemos viajado dieciocho horas para llegar aquí, y estamos cansadísimos. ¿No se nos puede ofrecer nada?

Sr.: Nada. El hotel está lleno. Además, ¿no recibieron Uds. nuestro telegrama?

Huésped: No recibimos nada.

Sr.: Pues no sé qué decir. Si Ud. quiere hablar con el gerente ...

Huésped: Seguro que quiero hablar con él.

Sr.: Señor gerente, señor gerente ...

(El gerente se acerca. Es un señor alto, también vestido de gris, y con la misma corbata de rayas blancas.)

Ger.: Buenas tardes. ¿Ud. es ... ?

Huésped: El señor Carlos Ruiz Núñez. He hecho reservación ...

Ger.: ¿Ruiz Núñez? ¿Carlos Ruiz Núñez?

Huésped: Y señora. Ahora bien, el recepcionista ha dicho que Uds. nos han mandado un telegrama.

Ger.: Así es.

Huésped: Pero no lo hemos recibido.

Ger.: Claro. Je, je. Porque Uds. habían muerto ya en el accidente. *(Chuckle)*

Huésped: ¿¿¿Qué dice??? ¿En qué accidente habíamos muerto?

Ger.: En la carretera. ¿No lo recuerda?

Huésped: ¿Nosotros? ¿Muertos? Pero no es posible. Además, no íbamos en coche. Íbamos en avión.

Ger.: Pues se cayó el avión. *crashed*

Huésped: No. No íbamos en avión. Íbamos en barco.

Ger.: Y sc hundió en el mar. Fue dinamitado por ... *it sank*

Huésped: Pero, ¿puede ser ... ?

Ger.: Claro. Aquí lo dicen en el periódico. "Carlos Ruiz Núñez y su esposa Elena . . ." Así que . . . je, je . . . ¿Ya entiende Ud. ? Uds. no pueden estar aquí. Pero no importa. El hotel estaba lleno. Además, nunca hemos tenido cuarto doble por mil pesos diarios . . .

Sra. Ruiz: ¡Carlos! ¡Carlos! Has estado gritando, ¿sabes? No me gusta despertarte, pero es tiempo de ponernos ya en camino. *to get on the road*

Carlos: ¿Eh?

Sra. Ruiz: ¿No te acuerdas, querido? Hoy comienza nuestro viaje de vacaciones.

Carlos: Ay, perdón, Elena. Pero, ¿sabes? He estado pensando. Tal vez debemos pasar estas vacaciones en casa, tú y yo, solos. ¿Qué te parece? Podemos jugar al tenis, e ir a la playa, y al cine, y . . .

Sra. Ruiz: Pero, las maletas ya están hechas. *packed*

Carlos: No importa, querida. Yo las desharé. ¿Por favor . . . ? *I'll unpack them*

Sra. Ruiz: Muy bien, Carlos, si así lo quieres. Las cosas no van a resultar como yo las había planeado. Pero, en fin . . . ¿Me perdonas por un momentito, querido? *turn out*

Carlos: Cómo no, Elena. Y gracias, ¿eh? (Carlos se instala cómodamente en el sillón más grande de la sala, enciende un cigarro, coge una revista de deportes, y comienza a leer.) ¡Ah, qué rico! ¡Qué lindo! Esto sí se llama vivir . . . Pero Elena, ¿ya cambiaste de vestido? . . . ¿Sabes? No recuerdo haberte visto con ese traje gris . . . y esa corbata de rayas blancas . . . ¡Elena! ¡¡Elena!! ¿¿Qué es eso que traes en la mano??

armchair
great!
your clothes
having seen you
you've got

P.: ¡ . . . ! ¿Qué le pasaría (*could have happened*) . . . ? ¿Tú crees . . . haya matado? ________

________________________________ ¿ . . . todo eso haya sido . . . , o un sueño

dentro de un sueño? ____ ¡Me da miedo pensar!

Br.: Entonces, . . . en vez de pensar, vamos a repasar . . .

1. . . . , descubren . . . no ha sido honrada. (. . . no se ha honrado.) ______________

2. . . . al precio que les fue confirmado. (. . .) ______________

3. . . . se habían mudado de casa (*moved*). (. . . cambiado de dirección.) ______________

4. . . . que cancele el viaje. (. . . y le ruega que no vayan . . .) ______________

5. . . . son muertos . . . , como el sueño había profetizado (*prophesied*). (. . .) ______________

P.: ¡ . . . ! El final.

Br.: ¿ . . . ?

P.: No, . . . Hasta . . . , abrazos y un cariñoso . . .

Br.: Hasta la vista.

Nombre ______________________ Fecha ______________ Clase ________

Testing Tape IV
PRUEBA CUARTA: LECCIÓNES XVI–XX

M.: (. . .) ______________ ¿ . . . ? Hoy será la última vez que estaremos juntos . . .

J.: Lástima que tengamos que pasarlo . . .

M.: De acuerdo, . . . Pero recuerde, si comenzamos . . .

J.: (. . .)

I. Dictado

1. ____

2. ____

3. ____

   ¿ ______________________________ ?

4. ____

   ____

II. ¿Qué nos hace falta?

Escucha, y escoge siempre la conclusión más correcta:

1. ¿Qué te parece . . . ? ¿ . . . ?
   — (. . .) Llamaré . . . A ver si consigo . . .

   a. entradas

   b. un papel bueno

   c. nuestro equipaje

2. Los dos . . . y esto limita . . .
   — Pues . . . que construyeran

   a. una buena carretera

   b. un puente

   c. un aeropuerto

3. — Oye . . . (. . .) ¿Cómo . . . ?
— Realmente, . . . Es que nos hace falta . . .

a. una maleta más grande

b. más tiempo libre

c. un cuarto con aire acondicionado

4. — Me dicen . . .
— Es verdad. ¿ . . . ?
— (. . .) Y si Uds. desean, pueden usar . . .

a. mi cámara vieja

b. mis billetes de entrada

c. nuestro nuevo proyector

5. — ¡ . . . ! ¿Qué me cuenta? ¿ . . . a pie . . . ? Uds. deben instalar:

a. un aparato de televisión.

b. un ascensor

c. una cocina más moderna

M.: Eso es. Ahora . . .

(. . . Repetición de los diálogos.)

III. Asociaciones

Dinos por lo menos tres cosas que asocies con cada una de las siguientes:

1. ______________________________

2. ______________________________

3. ______________________________

4. ______________________________

5. ______________________________

M.: (. . .) Ahora, adelante.

J.: Sí. Nos espera la parte en que conversamos . . .

Nombre ______________________________ Fecha ________________ Clase __________

M.: Sí. Nos fascina . . . Por ejemplo:

1. a. Dime, francamente, ¿te parecieron . . . ? ______________________________

______________________________ b. . . . , ¿los eliminarías . . . ? ______________________________

____

J.: ¿Sabes? Yo no entiendo cómo . . .

M.: Tal vez si . . . , o si no hubiera tanta competencia (*competition*) . . . En fin, hablando de cosas que sí podrían ser, dinos otra vez:

c. Si tú pudieras . . . , ¿ . . . ? ______________________________

______________________________ d. ______________________________

____

M.: ¿Sabes? A mí me ofrecieron . . . , pero no lo acepté.

J.: ¿ . . . ? ¿ . . . dejar este país?

M.: Realmente, era porque . . . Y hablando de . . . , contesta una vez más:

2. a. ¿Has trabajado . . . ? ______________________________

b. ¿Qué clase . . . ? ______________________________

c. Pues dinos, de verdad: ______________________________

______________________________ d. Pues, ¿qué harías . . . ? ______________________________

____

M.: ¡ . . . ! Y ahora, una pregunta para . . . Si yo le dijera que quedan sólo cuatro minutos . . . , ¿qué diría . . . ?

J.: Que pasáramos en seguida . . . (. . .)

V. Ejercicio de interpretación

Escucha, y después contesta:

— ¿Sabes, Natalia?
— ¿Qué, Ramón?
— He estado pensando ... Si yo pudiera conseguir un trabajo ahora mismo, no tendríamos que esperar para casarnos.
— Pero, ¿qué harías? No estás preparado para nada.
— Pues, trabajaría en una tienda, o en una fábrica, ¿quién sabe qué? Aun estaría dispuesto a robar para poder estar contigo.
— ¿Y tu carrera? ¿Y tus estudios?
— No me interesan ya. Vamos, Natalia, ¿qué te parece?
— No sé, Ramón. Yo quería que tuvieras una profesión.
— Pues piénsalo más, amor mío. Y dame un beso por ahora.
— ¡Ah, qué malo! ... ¿Sólo uno?

Contesta:

1. ¿ ... crees tú ... ? ______________________________

2. ¿ ... ha estado preparándose? ______________________________

   ____

3. ______________________________

4. Si ..., ¿ ... le dirías? ______________________________

   ____

5. Y una pregunta más: ¿Cómo piensas ... ? ______________________________

   ____

M.: Yo no sé cómo terminará ..., pero sí sé ... esta cinta.

J.: ¿ ... ?

M.: Con un último, pero siempre cariñoso ...

J.: Y que nos veamos otra vez pronto ...

WORKBOOK

Actividades Individuales

Nombre ______________________________ Fecha ________________ Clase __________

LECCIÓN PRÍMERA

I. Juegos de palabras (*Word Games*)

A. Categorías

¿A qué categorías corresponden los cursos a la derecha (*on the right*)?

química
economía
música
filosofía
biología
física
arte
botánica
política
matemáticas
literatura

Ciencia Natural	Ciencia Social	Humanidades
___________	___________	___________
___________	___________	___________
___________	___________	___________
___________	___________	___________

B. Situaciones

Conteste siempre Sí o No.

1. Escribo una composición ... ¿Uso papel? ___________ ¿Necesito una pluma o un lápiz? ___________ ¿Uso tiza? ___________ ¿Necesito una mesa? ___________
2. Mi madre enseña filosofía ... ¿ Enseña en una escuela elemental? ___________ ¿Enseña en una escuela secundaria? ___________ ¿Enseña en la universidad? ___________
3. El profesor escribe en la pizarra ahora ... ¿Usa pluma? ___________ ¿Usa tiza? ___________ ¿Usa lápiz y papel? ___________ ¿Usa una mesa? ___________
4. Yo soy estudiante de literatura ... ¿Leo muchos libros? ___________ ¿Leo poesía? ___________ ¿Uso mucho a biblioteca? ___________ ¿Leo solamente periódicos? ___________

C. Palabras pequeñas

Complete estas frases usando las palabras siguientes (*using the following words.*)

a   de   con   en   aquí   también

1. ¿Dónde hay una buena cafetería? — _______________.
2. ¿Lee la clase una novela _______________ Cervantes?
3. Hay tres mil estudiantes _______________ esta universidad.
4. Vamos a hablar _______________ la directora. — Yo _______________.
5. ¿Escribes _______________ Manuel? — No es necesario. Trabajo _______________ Manuel.

D. Palabras "femeninas"

a. All nouns ending in -ción (*-tion*) and -tad, -dad (*-ty*) are feminine. Almost all that end in -ión are feminine too.

la universidad, ______ ciudad, ______ libertad, ______ humanidad,

______ instrucción, ______ educación, ______ nación, ______ unión

How many more can you add? ____

____

____

b. Complete las frases siguientes usando palabras (*Complete the following sentences using words*) de la parte a arriba (*above*).

1. Mi hermano y yo somos estudiantes de ___________________________ de California.
2. ____________________ en este (*this*) colegio es excelente.
3. Los Estados Unidos de América es una de ____________________ más grandes del mundo.
4. No vivimos en un área rural. Vivimos en ____________________.
5. ____________________ es el derecho (*right*) más fundamental de _______________.

Nombre ________________________________ Fecha _________________ Clase __________

II. Ejercicios suplementarios

#1. About nouns and their articles

A. Indique el artículo determinado (*Place the definite article before each noun*):

1. __*la*__ pluma, ______ papel, ______ lápices, ______ correspondencia

2. ______ puerta, ______ ventanas, ______ apartamento, ______ edificio

3. ______ clases, ______ maestro, ______ estudios, ______ lección

   ______ ejercicios, ______ laboratorio, ______ cursos, ______ estudiantes

Ahora indique el artículo indefinido (*indefinite*):

4. __*una*__ hora, ______ día, ______ semanas, ______ mes, ______ años, ______ década

5. ______ democracia, ______ presidente, ______ senadores, ______ elecciones

6. ______ tío, ______ abuelos, ______ sobrinos, ______ primas, ______ hijo

7. ______ dólar, ______ franco, ______ libra esterlina (*sterling*), ______ pesos,

   ______ pesetas, ______ rublo, ______ lira

B. Ahora díganos: To which of the following categories do the above groupings belong?

el tiempo, ____________ la educación, ____________

el dinero, ____________ el gobierno (*government*) ____________

la familia, ____________ una casa, ____________

escribir, ____________

Incidentally, how many words can you add to each of these groups?

____

____

#2. Contractions

A. Conteste subrayando (*underlining*) la alternativa correcta. Por ejemplo:

1. ¿Enero es un mes del otoño o <u>del invierno</u>?
2. ¿Lunes o martes es el primer día de la semana?
3. ¿La primavera o el verano es la segunda estación del año?
4. ¿La China es un país del hemisferio occidental o del hemisferio oriental?
5. ¿Miami es una ciudad del norte o del sur de los Estados Unidos?
6. ¿Washington es la capital del Canadá o de los Estados Unidos?
7. Si hoy es día de clase, ¿voy a la universidad o al museo?
8. Si deseo viajar (*travel*) al Japón, ¿voy al aeropuerto o a la terminal del bus?
9. Si deseo participar en un deporte (*sport*), ¿voy al teatro o al gimnasio?
10. Si no me gusta el frío, ¿voy a la Zona Ártica o al trópico?

B. Mini-diálogo

— ¿ A qué hora tomas el tren (*train*), Clara?
— A las once y media. Y llega (*it arrives*) a Miami a las siete de la mañana. Toma siete horas y media.
— ¿Ah, sí? Entonces tomas el tren . . .

a. del mediodía b. de la mañana c. de la noche

Nombre ______________________________ Fecha ________________ Clase __________

#3. The singular of regular verbs — Present tense

Complete usando los verbos siguientes (*following*): enseñar, estudiar, aprender, hablar, gustar, escribir, tomar, trabajar, comer, tocar, preparar.

1. ¿____________ Ud. una lengua extranjera?
2. (Yo) ______________ una composición ahora.
3. Mi hermano ______________ muy bien la guitarra.
4. ¿Tú ______________ la comida (*dinner*)?
5. ¿Dónde ______________, Juanito?
6. Me ______________ mucho el español.
7. ¿Cuántos cursos ______________ Ud. ahora?
8. ¿A qué horas ______________ Ud. ? — A las ocho, a las doce y a las seis.
9. Yo no ______________ los sábados y domingos.
10. ¿Qué ______________ (tú) ahora en la clase de inglés?
11. ¿Quién ______________ la clase? — El Dr. Rodríguez.
12. ¿______________ Ud. el tren o el autobús?

#4. Negative sentences — Questions

Conteste negativamente:

1. ¿Es Ud. el (la) mejor estudiante de su clase? *No, no soy* ______________________ ______________________
2. ¿Trabaja Ud. mucho en sus clases? ______________________ *en mis clases.*
3. ¿Vive Ud. con sus padres ______________________
4. ¿Estudia biología? ______________________
5. ¿Habla español su familia? ______________________
6. ¿Toca Ud. bien la guitarra? ______________________
7. ¿Camina Ud. a la escuela? ______________________
8. ¿Comes a las doce? ______________________
9. ¿Comprendes la lección? ______________________
10. ¿Deseas escribir otro ejercicio ahora? ______________________

______________________ (Muy bien. El fin.)

Nombre ______________________________ Fecha ________________ Clase __________

III. Recapitulación

Exprese en español:

Mike: Hi, Anita. How are you?

Anita: So, so. I'm going to registration now.

Anita enters the gymnasium and goes to the desk of her adviser.

Anita: Good morning, Dr. Fernández.

Dr. F.: Good morning. And you are . . . ?

Anita: Anita Castro.

Dr. F.: Oh, yes. Juanita Castro. Now, what classes do you want to take, Clarita?

Anita: Anita. Well, I like literature, and I like music. But, really, it doesn't matter (*no importa*) much. I want all my classes on Tuesdays and Thursdays, from 10 to 2. The rest of the time, I study in the school of life.

Dr. F.: In . . . where?

Anita: In the school of life. My friend Mike teaches there.

Nombre ______________________________ Fecha ________________ Clase __________

LECCIÓN DOS

I. Juegos de palabras

A. Decorador(a) de casas

Ud. ocupa un apartamento de tres cuartos y baño. ¿Dónde acomoda estos muebles y aparatos?

la cocina	la sala	la alcoba	
____________	____________	____________	el sofá
			silla grande
____________	____________	____________	sillas pequeñas
			mesita de noche
____________	____________	____________	mesa grande
			lámparas
____________	____________	____________	el televisor
			cama
____________	____________	____________	estufa
			escritorio
			cómoda
			el refrigerador

B. Asociaciones

¿Cómo relaciona Ud. las cosas de los grupos 1 y 2?

1		2
refrigerador	____________	entrar
		aire fresco
alcoba	____________	escribir
		frío
baño	____________	lavar
		cama
ventana	____________	leer de (*at*) noche
		fiestas
sala	____________	
escritorio	____________	
puerta	____________	
lámpara	____________	

C. ¡Al contrario!

Diga siempre lo contrario (*the opposite*):

siempre ___________________ muchas personas ___________________

área rural ___________________ nada ___________________

subir ___________________ causar problemas para una persona ________________

D. Palabras relacionadas

¿Con qué palabras se relacionan (*are related*) éstas?:

dificultad ___________________ ciudadano ___________________

vecindad ___________________ ayudante ___________________

facilidad(es) ___________________

Ahora, diga en español:

vicinity (*neighborhood*) ___________________ citizen ___________________

helper, adjutant ___________________ difficulty___________________

facilities ___________________

A propósito (*By the way*): ¿Con qué verbo español se relacionan las palabras inglesas: "debt, debtor, debit"? ______________________________________

II. Ejercicios suplementarios

#6–7. Subject pronouns and the plural of regular verbs — Present tense

A. Haga (*Make*) plurales las frases siguientes. Por ejemplo:

¿Ud. come ahora? *¿Uds. comen ahora?*
(Yo) deseo aprender español. *(Nosotros) deseamos aprender español.*
¿(Tú) vives aquí? *¿(Vosotros) vivís?* o *¿Uds. viven aquí?*

1. ¿A qué hora termina Ud. ? ____
2. ¿Yo subo las sillas? ____
3. ¿Qué aprendes ahora? ____
4. No estudio francés. ____
5. No saco nada. ____

6. ¿Ud. ayuda en la casa? ______________________________
7. ¿Escribes el ejercicio? ______________________________
8. Vivo en Nueva York. ______________________________
9. ¿Vive ella en la ciudad? ______________________________
10. ¿Él no cree la verdad? ______________________________

B. Cambie según las indicaciones:

1. Elena desea entrar.

   Elena y yo ______________________________.

   ______________________________ escuchar.

   Los muchachos ______________________________.

2. ¿Tú bajas ahora?

   ¿Ud. ____________________?

   ¿Uds. no ____________________?

   ¿____________________ trabajo?

3. Deben escribir más.

   Tú ______________________________.

   Tú y Pepito ______________________________.

   ______________________________ caminar ______________.

4. ¿Uds. toman algo?

   ¿________ tomas ______________?

   ¿Nosotros ______________________________?

   ¿____________________ tocáis ____________________?

#8. Ser and its uses

Complete las frases siguientes usando las formas correctas de ser:

1. Mi casa no ______ muy grande.
2. Las clases aquí ______ enormes.
3. Enrique y yo ___________ hermanos.
4. Mis padres ________ muy sinceros.
5. María no ________ muy sociable.
6. Paquito _____ un muchacho muy malo.
7. ¿De dónde ______ los López?
8. El coche nuevo _______ para mi madre.
9. ¿De qué ________ las mesas, de metal o de plástico?
10. Amor mío, ________ maravilloso. — Sí, ________ una persona excepcional.
11. Yo ______ el hijo mayor de mi familia.
12. (Nosotros) no ___________ ricos ni (*nor*) pobres.
13. ¿________ española su familia? — No. Mis padres ______ de México.
14. ¿Quiénes ________ esas personas?

#9–10. Adjectives and their position

A. Conteste diciendo (*saying*) siempre lo contrario. Por ejemplo:

¿Es una casa muy pequeña? — *No. Es muy grande.*
¿Son difíciles las lecciones? *No. Son fáciles.*

1. ¿Viven Uds. en un edificio grande? ________________________________
2. ¿Son viejos sus tíos? *No, mis* ________________________________
3. ¿Le gusta una lección larga (*long*)? ________________________________
4. ¿Es un buen ejemplo? ________________________________
5. ¿Es muy bajo (*short*) Pedro? ________________________________
6. ¿Uds. son muy ricos? ________________________________
7. ¿Hay una silla blanca? ________________________________

Nombre ______________________ Fecha ______________ Clase ________

B. Nacionalidades

argentino brasileño español norteamericano francés italiano

Inserte la nacionalidad — en la forma correcta.

1. Buenos Aires es la capital de la nación ______________________
2. Julio Iglesias es un famosa cantante (*singer*) ______________________
3. Roma y Florencia son dos bellas ciudades ______________________
4. Pelé es un famoso futbolista (*soccer player*) ______________________
5. Hemingway y Twain son dos grandes (*great*) escritores ______________________
6. Napoleón Bonaparte es una figura muy importante en la historia ______________

III. Recapitulación

Exprese en español:

In the "Zona Florida", Sotelo Avenue, there are thirty houses in a row, all identical. There is a big truck at the door of one. The men go in and out, go up and down with the furniture.

Mr. Lopez: Man, the green sofa is for the living room, not for the kitchen!

Mrs. Lopez: Careful with the lamps! They're (made of) crystal . . . No, no. The stove isn't for the bathroom.

Mr. L.: There's something curious here, Phyllis. Shouldn't the big bedroom be blue?

Mrs. L.: Yes, Alfonso. Well, tomorrow we'll call . . . Oh, no! The piano doesn't go through (*no pasa por*) the door!

Moving Man: Well, why don't we take off the door?

Mr. L.: All right. To work!

(An hour later)

Man: There's another problem now. The piano won't go through the living room door. Possibly if we use the window . . .

Bobby: Mom, Dad, there are two people at the door.

Mrs. L.: Now? Who are they? I don't want to talk with anyone.

Bobby: But it's important, Mom.

Mrs. L.: All right. Yes, sir, madam?

Neighbor: Good afternoon. My name is Eduardo Mera and this lady is my wife. I don't like to be a bother, but we are your neighbors, and . . .

Man: Excuse me, Mr. Lopez. There's a problem with the window.

Mr. L.: Oh, no! Goodbye, window!

Mrs. L.: ¡Caramba! Tell me, Mr. Mera, why . . . ?

Mr. Mera: Excuse me, ma'am, but . . . my wife and I . . . <u>we</u> live here! This isn't your house!

Nombre ______________________________ Fecha ________________ Clase __________

LECCIÓN TRES

I. Juegos de palabras

A. Combinaciones

¿Cómo combina Ud. los artículos de los grupos 1 y 2?

1	2
corbata ______________________	paraguas
sombrero ______________________	camisa
zapatos ______________________	abrigo
saco ______________________	blusa
impermeable ______________________	calcetines
pijama ______________________	levis
falda ______________________	bata y zapatillas
camiseta o jersey ______________________	pantalones
bufanda ______________________	guantes

B. Español — Inglés

¿Con qué palabras españolas están relacionadas estas palabras inglesas?

festival, feast, festive ______________________________

malady, malcontent, malfeasant ______________________________

benefactor, beneficial ______________________________

recipient ______________________________

connoisseur, recognize, incognito ______________________________

vestment, divest ______________________________

manufacture, manipulate ______________________________

embrace ______________________________

C. Diga lo contrario

malo ______________ salir ______________

recibir ______________ bien ______________ todavía no ______________

II. Ejercicios suplementarios

#11. The present indicative of *estar*, *ir* and *dar*

Conteste según los modelos.

¿Está Ud. listo? (No ... todavía.) *No, no estoy listo todavía.*
¿Van Uds. mañana? (No. Hoy ...) *No, vamos hoy.*

1. ¿Estás enferma, Luisa? (No ... perfectamente bien.) ______________________________
2. Dr. Alas, ¿da Ud. el examen hoy? (No. El martes.) ______________________________
3. ¿Están en casa tus hermanos? (Sí ...) ______________________________
4. ¿Dónde está la biblioteca? (Cerca del parque.) ______________________________
5. ¿Está caliente la sopa? (No ... fría.) ______________________________
6. ¿Está cerrada la ventana? (Sí, todas ...) ______________________________
7. ¿Vas ahora a clase? (No. Al cine.) ______________________________
8. ¿Damos la fiesta esta noche? (No. El sábado.) ______________________________
9. ¿Estás cansado? (Sí ...) ______________________________
10. ¿El estado da dinero a la universidad? (No. Nada ...) ______________________________
11. ¿Están Uds. preparados? (No ... todavía.) ______________________________
12. ¿Estáis en el primer año o en el segundo? (En el segundo.) ______________________________

Nombre ______________________ Fecha ______________ Clase __________

13. ¿Vais con ellos? (No . . . solos.) ______________________

14. ¿Dais algo al niño? (Sí, siempre . . .) ______________________

#12. General view of *estar*

Complete las frases siguientes usando estar o ser. (¡Y sea muy inteligente!)

1. Mis abuelos tienen unos ochenta años ya. — Ah, entonces __________ muy viejos.

2. ¿De dónde __________ el profesor Vega? — Creo que __________ mexicano.

3. Mis padres __________ ahora en España de vacaciones. 4. ¿Quién __________ el mejor estudiante de la clase? — __________ yo. Pero francamente, __________ cansado ya de estudiar. 5. ¿__________ fría el agua? 6. ¿Dónde __________ mis papeles? — __________ aquí con tu pluma. 7. Creo que Julia __________ enferma. __________ muy pálida hoy. — No. __________ su color natural. 8. Nosotros no __________ pobres, pero no __________ millonarios tampoco (*either*). 9. ¿Cómo __________ Uds. hoy? — Bien, gracias. 10. ¿Cómo __________ Pepe Rodríguez? — __________ alto, moreno y muy guapo.

#13. Demonstratives: *this, that, these, those*

A. Cambie según las indicaciones: (Y sea brillante, ¿está bien?)

1. Este elevador no sirve. (escalera) ______________________

2. Vivimos por muchos años en esa casa. (piso) ______________________

____

3. Aquella ventana siempre está abierta (*open*). (puertas) ______________________

____

4. En aquella época las mujeres no tienen el voto. (tiempos) ______________________

____

5. Esta sala es más grande que (*than*) aquélla. (cuarto) ______________________

____

6. Estas plumas escriben mejor (*better*) que ésas. (lápices) ______________________

____

7. Este libro me gusta más que ése. (novela) ______________________________

8. Esta clase es más interesante que aquélla. (clases) ______________________________

____

B. Frases en serie

1. Este televisor no funciona.

________ televisores __________________

________ estufa __________________

Esa ______________________________

________ lámparas __________________

2. Voy a ir esta tarde.

______________________________ lunes.

Pío y yo ______________________________

______________________________ aquella noche.

______________________________ día.

3. No me gusta ese joven.

______________________________ esos jóvenes.

______________________________ chicas.

______________________________ aquellas __________________.

______________________________ hombre.

#14. Possession

A. ¿De quién es? ¿De quién son?

Conteste según la persona indicada en paréntesis. Por ejemplo:

¿De quién son esos papeles? (profesor) *Son del profesor.*

1. ¿De quién es ese abrigo negro? (mi hermana) ______________________________
2. ¿De quién son esas botas? (Paco) ______________________________
3. ¿De quiénes son estos libros? (Lisa y David) ______________________________
4. ¿De quién es aquella casa? (mi familia) ______________________________

Nombre ______________________ Fecha ______________ Clase ________

Ahora cambie:

la blusa de Isabel _su blusa_
los exámenes del Dr. López _sus exámenes_

el vestido de mi hermana ______________________

los zapatos de mi hermano ______________________

las amigas de mi madre ______________________

la casa de mis tíos ______________________

los zapatos de ese niño ______________________

B. Conteste las preguntas siguientes:

1. Si yo tengo cinco hermanas y dos hermanos, ¿cuántos hijos tienen mis padres? ______________________

2. Si el hijo de mi hermano es mi sobrino, ¿qué son los hijos de mi hermana? ______________________

3. Si mi padre tiene cuatro hermanos y mi madre tiene tres, ¿cuántos tíos tenemos mis hermanos y yo? ______________________

4. Si nuestra familia es nicaragüense, ¿somos centroamericanos o sudamericanos mis hermanos y yo? ______________________

5. Si hay cuarenta y cinco personas en nuestro curso de español, ¿es grande o pequeña nuestra clase? ______________________

6. Si tus padres tienen un millón de dólares, ¿eres tú rico o pobre? ______________________

7. Si vuestra profesora de francés es de Quebec, ¿es canadiense o francesa? ______________________

8. Si José tiene quince años de edad (*is 15 years old*) y sus hermanos tienen veinte y dos, ¿es José el menor (*youngest*) o el mayor de su familia? ______________________

9. ¿Eres tú el (la) mayor de tu familia? ______________________

C. ¿Singular? No, plural.

Cambie según las indicaciones: (And always make the underlined word plural!) Por ejemplo:

mi casa — nuestra casa   nuestra clase — nuestras clases

1. mi familia ______________   mis amigos ____________________

   mis cosas ______________   tu ropa (Spain) *vuestra* ____________

   tus hermanos ______________   tus padres __________________

2. mi amiga *amigas*   mi abuelo __________________

   tu papel ______________   su tío ______________

   su intención ______________   su interés ____________________

   nuestro plan ______________

III. Recapitulación

Exprese en español:

Is Hispanic clothing very different from the clothing of other nations? Yes and no. In the cities, in all the more or less urban centers, the modes of dress are international. And television is an important influence. Naturally, (the) clothing depends on the climate, the geography, and the economic position or the occupation of the individual. But in the rural areas, where the distances are very great and where the old traditions still predominate, we see much diversity. And in those parts of Latin America where there are many Indians, the clothing helps conserve the memory of epochs gone by.

Nombre ______________________________ Fecha ________________ Clase __________

LECCIÓN CUATRO

I. Juegos de palabras

A. La palabra intrusa (*The intruder*)

¿Qué palabra no corresponde en cada uno de estos grupos?

1. nariz, boca, labios, cara, corazón, ojos, orejas
2. dientes, boca, pierna, estómago, digestión, lengua, comer
3. brazo, mano, cara, dedos, tocar el piano, uñas, pie
4. pelo, cabeza, rubio, moreno, alto, corto, largo

B. Asociaciones

¿Cuántas asociaciones hay en el grupo 2 para cada cosa del grupo 1? (There are more than one for each!)

1	2
un tocadiscos ______________________	escuchar
______________________	trabajar
	hablar
	música
dinero ______________________	la radio
______________________	comer
	dientes
	horas
la boca ______________________	las luces
	días, semanas, meses, años
______________________	la televisión
	disco
tiempo ______________________	lengua
	ganar
______________________	oír
	la lotería
apagar ______________________	grande, pequeña
	mucho, poco
______________________	labios

C. ¡Al contrario!

Diga lo opuesto de cada una de estas expresiones:

grande	________________	la noche	________________
rubio	________________	los pies	________________
muchos	________________	no más	________________
fuerte	________________	tener frío	________________

II. Ejercicios suplementarios

#15–16. *Tener, venir, decir* and *oír*

Complete las frases siguientes usando tener, venir, oír o decir.

1. ¿A qué hora __________ Ricardo? — Yo no __________ la menor (*least*) idea.
2. ¿Uds. __________ que trabajar hoy? — Hoy no. Mañana sí ______________ que trabajar todo el día.
3. Pepito, ¿__________ hambre, chico? — Sí, __________ mucha.
4. ¿Qué __________ Ud. de eso? — Yo no __________ nada. No comprendo exactamente.
5. Tus padres __________ razón.
6. (Yo) __________ mucha prisa (*hurry*) para terminar. — ¿Por qué? — Porque __________ sueño.
7. ¿Cuántos años __________ Ud. ? — Diez y nueve.
8. El profesor __________ que la clase __________ examen mañana. — ¡Ay, no! (Yo) __________ miedo. No comprendo nada.
9. Chicos, ¿__________ calor? — Al contrario. ______________ frío.
10. ¿Desea Ud. una Coca Cola? — Gracias. __________ mucha sed.
11. ¿__________ Ud. a la fiesta? — Si es posible, sí __________. Creo que mis hermanos __________ también.
12. ¿Tú __________ esa (*that*) música? — No. No __________ nada. Pero Lula __________ que es muy buena.

Nombre ______________________ Fecha ______________ Clase __________

#17. Pronouns that follow a preposition

Conteste escogiendo (*choosing*) siempre la primera alternativa. Por ejemplo:

¿Es para Uds. o para mí? Es para *nosotros.*
¿Estudias conmigo o con ella? *Estudio contigo.*
¿Hablas de mí o de él? *Hablo de ti.*

1. ¿El tocadiscos es para mí o para ellos? ______________________
2. ¿Es de ella o de Roberto el cuarto? ______________________
3. ¿Trabajas con nosotros o con ellos? ______________________
4. ¿Camino contigo o con los otros? *Caminas* ______________________
5. ¿Comemos con vosotros o con ellas? ______________________
6. ¿Entráis conmigo o con él? *Entramos* ______________________
7. ¿Viven con él o con Uds. ? ______________________
8. ¿Hablan de mí o de otra persona? ______________________

#18. The double negative

Cambie según el verbo nuevo:

1. No tengo nada. (preparar, escribir, creer, sacar)

   ____

2. No hay nadie aquí. (entrar, trabajar, vivir)

   ____

3. No comemos eso nunca. (admitir, comprender, leer, recibir)

   ____

4. ¿No trabajas nunca? (estudiar, escuchar, aprender, comprender)

   ____

5. ¿Tú no tomas nada? (tocar, comer, desear, deber)

   ____

#19. Irregular "yo-forms"

Complete usando siempre el verbo indicado entre paréntesis:

1. —¿A qué hora __________ Ud. de casa? — __________ a las ocho. (salir)
2. Yo nunca __________ mi dinero en el banco. (poner) No __________ por qué, pero __________ miedo. (saber — tener)
3. ¿Me __________ algo? — No. Hoy no __________ nada para ti. (traer)
4. Soy nuevo aquí y no ____________________ a nadie. (conocer)
5. Yo no __________ nada comparado contigo. (valer) — ¡Qué modestia!
6. Ana, ¿qué __________ este domingo? (hacer) — No __________ nada. (hacer) __________ contigo. (salir)

III. Recapitulación

Exprese en español:

The scene (*escena*) is a student dormitory at 10 PM. Paul shouts to his roommate Cuco.

Paul: Cuco, why don't you turn off the radio? I have to study.

Cuco: It's not my radio. It's Phil's record player. Don't you know? (*¿No sabes?*) Our roommate always listens to terrible music.

Paul: (in a loud voice) Phil, why don't you turn off your record player? I have two exams tomorrow and . . .

Phil: In two minutes. I'm talking on the (*por*) phone . . . (Into the phone) Then are you coming or aren't you coming? . . . If you're hungry, we have a good cafeteria here. And if you're thirsty . . . Well (*Pues*), why don't your friends come too? (He calls to Paul and Cuco.) Hey, fellows (*¡Hombres!*), Dorothy has two beautiful friends. Do you have time this (*esta*) evening? . . . (Again into the phone) What do you say, Dorothy? You're (all) coming tomorrow, not tonight? Well, all right. So long. Till tomorrow.

Paul: Fantastic. Tonight I have to study for . . .

Cuco: Come on (*En fin*), man, aren't you ever going to turn off the light? I'm sleepy.

Nombre ______________________________ Fecha ________________ Clase __________

LECCIÓN CINCO

I. Juegos de palabras

A. Amplíe su vocabulario (*Broaden your vocabulary*)

A base de (*based on*) los verbos que estudiamos en esta lección, ¿puede Ud. expresar en español estas palabras inglesas?

Banco de palabras

sentimiento
compra
sala de espera
entendimiento
comienzo
pago/paga
venta
vuelta
pérdida
recuerdo
ganancia
encuentro
petición

payment, pay ______________________

meeting, encounter ______________________

waiting room ______________________

(a) feeling ______________________

(a) purchase ______________________

(a) sale ______________________

(an) understanding ______________________

(the) beginning ______________________

loss ______________________

memory ______________________

(a) request ______________________

gain, profit ______________________

(the) return ______________________

B. Grupos asociados

¿Puede Ud. decirnos por lo menos (*at least*) seis palabras relacionadas con transacciones comerciales? ______________________________

¿siete palabras que se refieran al cuerpo humano? ______________________________

______________ ¿ocho palabras que se refieran a la ropa? ______________

____

¿diez palabras relacionadas con la casa? ______________________________

____

C. ¡Al contrario!

Díganos siempre lo opuesto:

comprar ______________ rápido ______________

aprender ______________ todos ______________

ir ______________ poco ______________

recibir ______________ viejos ______________

escuchar ______________ pobres ______________

encontrar ______________ algo ______________

abrir ______________ más ______________

llegar ______________ rubia ______________

Nombre ______________________ Fecha ______________ Clase ________

D. ¿Cómo se relacionan?

(Recuerde: Hay más de (*more than*) una asociación para cada palabra del grupo 1.)

tienda ______________________________

____

invitados ______________________________

____

puerta ______________________________

____

teléfono ______________________________

____

tocadiscos ______________________________

____

escribir ______________________________

____

entrar
música
vender
pagar un precio
llamar
salir
fiesta
pluma
contestar
lápiz
discos
abrir y cerrar
apagar
clientela
liquidación
visita
papel

E. Familias de palabras

¿Cómo llena Ud. (*do you fill in*) los blancos?

Nombre (Noun)	Verbo	Adjetivo	Adverbio
escritor(a)	____________	escrito	
ocupación	____________	____________	
____________	____________	____________	vivamente
sentimiento	____________	____________	
____________	____________	costoso	
recuerdo	____________		
____________	enfermar	____________	
____________	vestir	____________	
facilidad	facilitar	____________	____________
dificultad		____________	____________

II. Ejercicios suplementarios

#20–21. Stem-changing verbs

Cambie según las indicaciones:

1. Ud. recuerda el número, ¿no? (Tú, Juan, Uds. , nosotros, vosotros)

   ____

2. Vuelven muy tarde. (comenzar, empezar, servir, dormir)

   ____

3. Pienso ir con ellos. (María, ¿Tú . . . ?, ¿Vosotros . . . ?, Anita y yo)

   ____

4. Puedo llamar ahora. (querer, sentir, pensar, comenzar a)

   ____

5. No cuenta muy bien. (sonar, dormir, empezar, entender)

   ____

6. Entendemos la lección. (Yo, Diego y yo, Uds. , ¿Tú . . . ?, ¿Vosotros . . . ?)

   ____

7. ¿Qué pides ahora? (ellos, nosotras, vosotros, Uds.)

   ____

8. Sirvo sólo sandwiches con café. (ellas, nosotros, ¿Ud. ?, ¿tú?)

   ____

#22. Special uses of the preposition *a*

A. The personal a

Conteste escogiendo la primera alternativa:

1. ¿Conoce Ud. mejor a Miguel o a su hermano? ______________________________
2. ¿Visitas a tus padres esta semana o la semana que viene? ______________________________

   ____
3. ¿Vas a llamar a Enrique ahora o más tarde? ______________________________
4. ¿Prefiere Ud. a Adela o a Juanita? ______________________________

5. ¿Debemos invitar a Mario también o sólo a Eduardo? ______________________

____

6. ¿Tiene Ud. muchos primos o muy pocos? ______________________

7. ¿Te llama a ti o a mí? ______________________

8. ¿Ves más a Elena o a Marisol? ______________________

B. Using a after *ir, venir,* etc.

Conteste escogiendo siempre la segunda alternativa:

1. ¿Uds. van a estudiar francés o español ahora? ______________________

2. ¿Aprenden Uds. sólo a hablar o a escribir también? ______________________

____

3. ¿Comienzas primero a escribir o a hablar?

____

4. ¿Vienen Uds. a visitar o a vivir aquí? ______________________

5. ¿Vienes a trabajar con él o conmigo? ______________________

6. ¿Uds. van a telefonear por la mañana (*in the morning*) o por la tarde? ______________________

____

7. ¿Quién va a traer (*bring*) el tocadiscos, Carlos o tú? ______________________

____

#23–24. Introducing the object pronouns: *me, you, us*

A. Cambie:

1. Nos visitan siempre. ______________________ (llamar)
2. Marta, ¿te llama tu mamá? ______________________ (tus amigos)
3. Os digo, muchachos . . . ______________________ (entender)
4. Nos esperan todavía. ______________________ (escribir)
5. Te quiero. ______________________ (adorar)
6. ¿Me abres la ventana? (*Will you open the window for me?*)

   ______________________ (cerrar)
7. ¿Os conocen? ______________________ (creer)
8. Nos preparamos. (*We're preparing ourselves.*)

   ¿______________ preparas? (*Are you preparing yourself?*)
9. ¿Quiere pasarme la sal (*salt*)? ______________________? (traer)
10. ¿Puedes hacernos un favor? ______________________? (querer)

B. Conteste ahora según los modelos. Por ejemplo:

¿Me quieres? (Sí, muchísimo.)	*Sí, te quiero muchísimo.*
¿Nos dais el dinero? (No, nada.)	*No, no os damos nada.*
¿Te ayudo? (Sí, por favor.)	*Sí, me ayudas, por favor.*

1. ¿Te traigo (*shall I bring you*) algo? (Sí, una Coca Cola, por favor.) *Sí, me* ______________

   ____
2. ¿Me dices la verdad? (Sí, siempre . . .) ______________________
3. ¿Me das todo tu dinero? (¡Qué va! Nada . . . ______________________
4. ¿Te gusta el español? (Sí, enormemente.) ______________________
5. ¿Te mueres de amor? (No, de fatiga.) ______________________
6. ¿Me ayudáis? (Sí, con mucho gusto.) ______________________
7. ¿Nos recuerdas? (Sí, muy bien.) ______________________
8. ¿Te sientes mal? (No, perfectamente bien.) ______________________
9. ¿Me compras algo? (Claro, si quieres.) ______________________
10. ¿Os esperan? (Sí, hasta la una.) ______________________

Nombre ______________________ Fecha ______________ Clase ________

III. Recapitulación

Exprese en español:

This morning begins the summer clearance sale at the Continent Department Store, and many customers are waiting at the doors.

(Different people): "Hey, wait. Where are you going?" "I'm ahead of you." "Go on! I've been here for two hours!"

A salesperson opens the doors and the customers enter.

"Ground Floor: Cosmetics. Clothing."

Salesperson: No, miss. You cannot return this shirt. It's defective!

"Second Floor: Furniture and Appliances"

Customer: Sir, I wish to see the vacuum cleaner that you have for 15.000 pesos.

Salesman: Of course, madam. What a bargain! There is only one problem. It works a little slowly.

Customer: Slowly? Why?

Salesman: Because it doesn't have a motor, madam. Now if you pay 20.000 pesos, . . .

"Third Floor: Radios, TV sets and Computers"

Customer: I don't understand, miss. You tell me that for 30.000 pesos the computer comes unassembled?

Saleslady: Yes, sir. Here are all the parts — 5001! Now, for 40.000 pesos we have another . . .

Customer: All right. Can you show me the other computer?

Saleslady: If you come back tomorrow, sir. We close at noon when there's a sale!

"The Continent Department Store. Where the customer comes first!"

Nombre ______________________ Fecha ______________ Clase __________

REPASO I

¿Sabe Ud. leer?

The art of the educated guess

You're still pretty new at Spanish, but believe it or not, you are already equipped to read many things, and get their basic meaning. Now, in this adaptation of a Uruguayan newspaper article, we're going to prove it to you. Here are some techniques that will help:

1. *What is the article talking about?* Look for familiar words and establish the theme. And if you can relate new words to old ("hora — horario"), you're another step along the way.

2. *Are there any "time" clues?* If there are such words as "ayer, hoy, mañana" or times of day, you'll know whether things are happening in the present, future or past. So even if the verb ending is unfamiliar, the time frame will clue you in.

3. *What is the logical sequence of events? What would I do in this situation?* Even if you do not know certain words, the following sentence or phrases may clear them up. For example, if the article is talking about 8 AM and there's some reference to food, what meal do you think it is? And what foods would you expect to find? Or if the telephone rings at 7 AM, what is the purpose of the call?

4. *A few specific clues:* Do you remember the word "se"? "¿Cómo se llama . . . ?" Well, "se" means "himself, herself, yourself, etc." For example: "Se ducha." (He showers — gives himself a shower). Now what does "Se reúne con sus asistentes" mean? Or "Se mantiene activo"? . . . ¡Vamos a comenzar!

"Un día en la vida de un presidente de los Estados Unidos"

La mayor parte de las personas, al llegar a los 75 años de edad, ya quieren tomar la vida "un poco suave". Pero Ronald Reagan se mantiene activo todavía y trabaja intensamente. Aquí tiene Ud. su horario, que mantiene con una rutina casi militar.

La mañana

A las siete de la mañana suena puntualmente el teléfono de su mesita de noche. Diez minutos más tarde, el presidente se baña. Y a las siete y cuarenta se desayuna en compañía de su esposa Nancy. Siempre toma la misma cosa: un poco de cereal, jugo de naranja, una tostada, y huevos pasados por agua. A las ocho lee los periódicos y ve las noticias del mundo en varios canales de televisión. A las ocho y cincuenta y cinco toma el elevador para el salón oval. Desde las nueve hasta las nueve y media se reúne con sus asistentes para finalizar el horario del día. A las nueve y media estudia las cuestiones más importantes de seguridad nacional y de relaciones internacionales que se presentan para aquel día. Y a las diez comienza una serie de reuniones con miembros de su gabinete.

La tarde

Exactamente al mediodía toma un almuerzo muy frugal — un plato de sopa con una manzana — y vuelve a trabajar. Por la tarde tiene numerosas entrevistas, visitas, funciones públicas y otras obligaciones oficiales. Y su trabajo de la tarde termina a las cinco y media. Toma una hora entonces para relajarse, muchas veces con ejercicios o actividades deportivas. Se baña otra vez. Y a las siete y media cena con su esposa en una sala privada de la Casa Blanca. (Sus platos favoritos son macarrones con queso, lasagna, y los bistecs grandes y jugosos.) A las nueve, después de comer, frecuentemente se dedica otra vez a trabajar.

La noche

Le gusta mucho al presidente el cine. Y así, si no tiene que participar en diversos banquetes o recepciones, invita a sus amigos a ver un buen film después de cenar. A las once y media se retira a su alcoba. A veces se retira a las once, pero nunca después de la medianoche. Está cansado, y por eso, en el momento de poner la cabeza en la almohada, se duerme profundamente. Hasta la mañana no tiene que pensar en los problemas de la nación y del mundo.

Comentarios

1. ¿Puede Ud. expresar ahora en sus propias palabras — en inglés o en español — las ideas principales de este artículo?
2. Ahora (en español), ¿qué similaridades encuentra Ud. entre el horario del presidente Reagan y el de Ud. ?

Nombre ______________________________ Fecha ________________ Clase __________

LECCIÓN SEIS

I. Juegos de palabras

A. Lógica lingüística

1. Si una tetera es un aparato en que preparamos, o servimos el té,

   ¿qué es una "cafetera"? ________________

   ¿una "cremera" ________________

   ¿una "azucarera" (o un "azucarero")? ________________

2. Si "muy condimentado" significa "con mucho condimento", ¿qué significa "muy salado"?

   ____

3. Si "comer" es a "comida" como "beber" es a "bebida", ¿qué es una "mirada"? __________

   ¿una "entrada?" ____________ ¿una "salida"? ____________ ¿y una "llamada" (telefónica)? ______________________

4. Si un "comprador" es un señor que compra algo, ¿qué es un "pescador"? ____________

   ¿y una "pescadora"? ______________

5. Si un político "derechista" es muy conservador, ¿qué es un "izquierdista"? ____________

B. ¡A poner la mesa! (*Let's set the table.*)

Indique siempre los artículos o utensilios que debemos usar.

1. Sirvo un solo plato esta noche — biftec con ensalada. ¿Qué utensilios debo poner? ____

   ____

2. Vamos a comer sopa esta tarde. ¿Qué utensilio vamos a necesitar? ________________

3. Mañana vienen unos invitados muy importantes a comer. ¿Con qué debo cubrir la mesa?

   ______________________________ ¿Qué más debo poner? ______________________

   ____

4. Vamos a concluir la comida con helados (*ice cream*) y café. ¿Qué utensilios tenemos que usar? ____

5. Naturalmente, siempre acompañamos la comida con agua o vino. ¿Qué más vamos a necesitar? ____

II. Ejercicios suplementarios

#25. Third person object pronouns

Complete, insertando el complemento (*object pronoun*) correcto. Por ejemplo:

¿El libro? — Sí, _*lo*_ tengo.
¿Los Ramírez? — No, no _*los*_ conozco.
¿A Juanita? — No _*le*_ pido nada.

1. ¿Tu pluma? No, no ________ veo.
2. ¿Las ventanas? Ya ________ tengo cerradas.
3. ¿Angel Ramos? Sí, ________ conozco muy bien.
4. ¿La verdad? Siempre ________ digo.
5. ¿Los papeles? ________ termino ahora mismo.
6. ¿La casa? No ________ vendemos nunca.
7. ¿El camarero? No, no ________ conocemos. Yo no sé cómo ________ llama. (!!!)
8. ¿Llamadas (*phone calls*)? ______________ recibo todos los días.
9. ¿El número? No ________ recuerdo.
10. ¿A Miguel? No, no ________ hablo nunca.
11. ¿A mis padres, dice? Claro. ________ escribo todas las semanas.
12. ¿A Ud. ? Siempre ________ comunico mis planes.
13. ¿A ellos? No, no ________ muestro nada.
14. ¿A ella? ________ doy todo mi amor.

Nombre ________________________________ Fecha ________________ Clase __________

#26. *a mí, a ti, a él,* etc. and *gustar*

Conteste enfáticamente siempre, según los modelos:

¿A Ud. le gusta mucho el tenis? (Sí . . .) *Sí, a mí me gusta mucho.*
¿A Uds. les gusta cocinar? (No . . .) *No, a nosotros no nos gusta.*
¿Le gustan a su marido las cortinas? (No mucho.) *A él no le gustan mucho.*

1. ¿Le gustan a Ud. los deportes? (Sí, enormemente.)

   Sí, a mí ________________________________

2. ¿Les gusta a Uds. este restaurante? (Sí, bastante)

   ____

3. ¿A ti te gusta la comida aquí? (No . . .) ________________________________

4. ¿A tus padres les gustan tus amigos? (A ellos, no . . .)

   ____

5. ¿Te gustan a ti los amigos de tus padres? (No, nada.)

   ____

6. ¿Le gustan a Ud. las mujeres independientes o más bien sumisas (*rather submisive*)?

   ____

7. ¿Le gustan a Ud. los hombres agresivos o más bien dóciles?

   ____

8. ¿Les gustan a Uds. más las lecciones en la clase o en el laboratorio?

   ____

9. ¿Le gusta a su madre tener muchos invitados?

   ____

10. Y a su padre, ¿le gusta gastar (*spend*) dinero?

    ____

#27. Two object pronouns together

A. Conteste ahora según los ejemplos:

¿Me da Ud. su libro? *Sí, se lo doy.*
¿Nos trae Ud. unas sillas? *Sí, se las traigo.*

1. ¿Me presta (*lend*) su lápiz? Sí, ______________________________
1. ¿Me dice Ud. la verdad? ______________________________
3. ¿Me presta Ud. cinco dólares? ______________________________
4. ¿Me manda Ud. (*send*) en seguida las cartas? ______________________________
5. ¿Me escribe Ud. la dirección de su casa? ______________________________
6. ¿Me da el número de su teléfono? ______________________________
7. ¿Me muestra Ud. sus papeles? ______________________________
8. ¿Nos trae Ud. café? ______________________________
9. ¿Nos vende Ud. su casa? *No,* ______________________________
10. ¿Nos trae unas sillas? *No,* ______________________________
11. ¿Nos dice los secretos? *No,* ______________________________
12. ¿Nos cierra las puertas? *No,* ______________________________
13. ¿Nos abre una cuenta de crédito (*charge account*)? *Sí,* ______________________________
14. ¿Nos paga Ud. el precio? *No,* ______________________________
15. ¿Nos hace Ud. la comida? *No,* ______________________________

B. Conteste ahora affirmativamente. Por ejemplo:

José, ¿me lo das? *Sí, te lo doy.*
Chicos, ¿me lo mandáis? *Sí, te lo mandamos.*

1. ¿Me la prestas? ________________________
2. ¿Me los vendes? ________________________
3. ¿Me las cantas? ________________________
4. ¿Me las cantáis? ________________________
5. ¿Me los muestras? ________________________
6. ¿Me lo mostráis? ________________________

Nombre ______________________________ Fecha ________________ Clase __________

7. ¿Me las cuentas? ______________________

8. ¿Me los contáis? ______________________

9. ¿Me los movéis? ______________________

10. ¿Me lo escribes? ______________________

C. Y conteste otra vez:

¿Se lo pido a Uds. ? *Sí, nos lo pide.*
¿Os la pago? *Sí, nos la paga.*

1. ¿Se lo explico (*explain*) a Uds. otra vez? ______________________

2. ¿Os lo digo ahora? ______________________

3. ¿Se las muestro a Uds. ? ______________________

4. ¿Os lo traigo? ______________________

5. ¿Se las cuento a Uds. ? ______________________

6. ¿Os la repito? ______________________

7. ¿Se lo debo a Uds. ? ______________________

8. ¿Os los devuelvo? ______________________

9. ¿Se los llevo a Uds.? ______________________

#28. Using the infinitive after prepositions

Conteste, por favor:

1. ¿Apaga o enciende Ud. las luces al salir de un cuarto? ______________________

____

2. ¿Abre o cierra Ud. las ventanas al acostarse (*on going to bed*)?

______________________ al acostarme.

3. ¿Está Ud. normalmente de buen humor (*in a good mood*) o de mal humor al levantarse (*getting up*) por la mañana.

______________________________________ al levantarme.

4. ¿Le gusta a Ud. tomar un desayuno (*breakfast*) pequeño o grande antes de ir a la escuela?

____

5. ¿Les gusta a sus padres tomar algo de beber (*something to drink*) antes de comer?

____

6. ¿Está Ud. acostumbrado(a) (*accustomed*) a tomar exámenes sin estudiar?

____

7. ¿Está Ud. contento(a) de recibir notas medianas (*average grades*) o sólo notas muy altas?

____

8. ¿Va Ud. a estudiar en otra universidad después de terminar su curso aquí?

____

#29. More about the present tense

A. Cambie según las indicaciones:

1. Hace una hora que te espero.

________________________. (llamar)

________ una semana ________________.

________________ que (nosotros) ________________

________________________. (preparar)

2. Hace un año que vivimos aquí.

________________________. (trabajar)

________________________. (venir)

________________ esas personas ________________.

________________ (yo) ________________.

Nombre ______________________________ Fecha ________________ Clase __________

B. Ahora conteste en español (¡por supuesto!)

1. ¿Hace poco o mucho tiempo que Ud. estudia aquí?

____

2. ¿Hace más de (*than*) diez años que Uds. viven en su casa?

____

3. ¿Hace más de veinte años que sus padres están casados?

____

4. ¿Estudias español desde septiembre o desde antes?

____

5. ¿Estudian Uds. esta (*this*) lección desde la semana pasada?

____

6. ¿Hace mucho tiempo que conoces a tu novio (*boyfriend*) o novia?

____

7. ¿Desde cuándo conoces a tu mejor amigo?

____

III. Recapitulación

Traduzca al español: (¿Hay otra lengua ya?)

We are in a downtown restaurant.

Waiter: Good evening. Can I serve you something before you eat (before eating)?

Man: No, thank you. We're ready to order (*pedir*).

Waiter: Very well. (He passes them an enormous menu.) And what appeals to you (pl.) to begin with?

Man: First, I want onion soup, with cheese.

Wife: And a shrimp cocktail for me.

Waiter: Excellent. I'll bring them to you right away.

Man: No. Wait. Next I want steak American style, with French fries, and lettuce salad with mayonnaise.

Wife: And for me, Italian style chicken, with spinach and mushrooms. And another lettuce salad with mayonnaise.

Man: Just a moment, dear, please. Why don't you take a string bean salad with French dressing, and we can split it, half and half?

Wife: Good idea.

Waiter: But sir, your steak already comes with string beans. Why don't you order steak French style, with cauliflower instead of string beans?

Man: Very well.

Wife: But then, darling, you have two French dishes. And if you remember, the onion soup is also French.

Man: You're right. In that case, I'll order a dish of shellfish (*mariscos*) with rice and . . .

Wife: And instead of the shrimp cocktail and the Italian style chicken, I'll take . . . Waiter, will you pass us the menu again, please?

Nombre ______________________________ Fecha ________________ Clase __________

LECCIÓN SIETE

I. Juegos de palabras

A. En otras palabras . . .

¿Puede Ud. encontrar en el grupo 2 un sinónimo para cada artículo del grupo 1?

crema dental ____________________________

papel higiénico ____________________________

anteojos ____________________________

navaja de afeitar ____________________________

frasco ____________________________

una bombilla ____________________________

un coche ____________________________

carro
lentes
una botella pequeña
pasta dentífrica
una afeitadora (eléctrica)
un bombillo
papel de baño

Ahora, ¿puede encontrar un sinónimo para cada acto?

pasar ____________________________

terminar ____________________________

hacer una pregunta ____________________________

cantar ____________________________

usar ____________________________

acabar
llevar una melodía
ocurrir
llevar
preguntar

B. ¿En qué pienso? (*What am I thinking of?*)

1. Es un instrumento de "dientes" pequeños que usamos para el pelo. Frecuentemente es de plástico. ¿Qué es? ________________

2. Los hombres la usan más que las mujeres. En efecto, la usan casi todos los días. ¿En qué pienso? ________________

3. Lo usamos para el pelo y para la ropa también. ¿Cómo se llama? ________________

4. Lo tenemos en la cocina para abrir latas. ¿Qué aparato es? ________________

5. La ponemos en una lámpara para dar luz de (*at*) noche. ¿Qué cosa es? ________________

6. La usamos para cerrar bien la puerta o para abrirla. ¿En qué pienso? ________________

7. Tenemos que usarlos si no vemos bien, o si deseamos protección del sol. ¿Qué son? ________________

8. Es un aparato que indica si es tarde o temprano. ¿Cómo se llama? ________________

9. Los tienen casi todos los artículos de vestir. ¿En qué pienso? ________________

10. Es un adorno que llevamos en los dedos, y que representa frecuentemente el estado matrimonial. ¿En qué pienso? ________________

II. Ejercicios suplementarios

#30. The preterite tense of regular verbs

Cambie según las indicaciones:

1. Compré el coche ayer. (recibir, vender, dejar, tomar)

____

2. ¿Dónde la perdiste? (encontrar, comprar, comer, dejar)

____

3. Lo comprendió inmediatamente. (llamar, encender, abrir, cerrar)

____

4. Comimos a la una. (llegar, volver, salir, telefonear)

____

5. ¿Las visteis? (contestar, tocar, entender, conocer)

____

6. Uds. los contaron, ¿verdad? (escuchar, esperar, beber, escribir)

____

#31. The preterite of *ser, ir* and *dar*

Conteste escogiendo una de las alternativas:

1. ¿Fue Ud. a la escuela ayer o pasó el día en casa? ______________________
2. ¿Quién fue el primer presidente de nuestro país — Washington o Jefferson?

   ____

3. Antes de venir a esta universidad, ¿fuiste a una escuela pública o a una escuela privada?

   ____

4. ¿Les dio mucho o poco trabajo su profesor(a) de español ayer?

   ____

5. ¿Fueron Uds. al laboratorio esta semana o estudiaron solamente en la clase?

   ____

6. ¿Te dieron dinero tus padres para asistir a (*attend*) la universidad, o lo ganaste tú?

   ____

#32. About the reflexives

A. ¿A quién? — ¡A sí mismo!

Inserte siempre el pronombre correcto para indicar que el sujeto está haciendo la acción a sí mismo (*to itself*). Por ejemplo:

1. Voy a levantar*me* temprano.
2. ¿Cómo *se* llamaba el señor?
3. ¿______ llamas "Cuqui"?
4. Uno debe respetar______ a sí mismo.
5. Roque ______ perdió en el camino.

6. ¿Cuándo _____ casaron Marga y Felipe?

7. ¡Cuidado con el cuchillo! Vas a cortar_____.

8. ¿A qué hora ______ acostaron?

9. ______ divertí mucho anoche con Uds.

10. ¿No ibais a casar_____ (*get married*) en junio?

11. __________ compramos un coche nuevo en febrero.

12. ¿Por qué no ______ vistes? Es tarde ya.

B. Complete las frases siguientes usando:

te acuestas (*go to bed*) — siéntense — se despertó (*woke up*) — me levanté — se abren

1. ¿A qué hora ____________________ Ud. esta mañana? — A las seis, pero no ____________________ en seguida.

2. Si tienes sueño, ¿por qué no ____________________ temprano?

3. Uds. están muy cansados, ¿verdad? Por favor, ____________________ por un momento.

4. ¿____________________ a las nueve los almacenes? — No, a las nueve y media o después.

C. Ahora complete usando el tiempo (*tense*) más lógico de:

irse, dormirse, perderse, cansarse, enojarse o quejarse (*to complain*)

1. Vine completamente fatigada y ____________________ en seguida.

2. ¿Por qué ____________________ (tú) siempre conmigo? — Porque tú siempre ____________________ de todo, y eso me molesta.

3. ¿____________________ Uds. mucho en el viaje (*trip*)? — Al contrario. Pudimos descansar en unos hoteles fantásticos.

4. Su hija ____________________ con el sobrino de su vecina. — ¡No! ¡Qué escándalo!

5. ¿Por qué llegasteis tarde? — Porque ____________________ en el camino.

Nombre ______________________________ Fecha ________________ Clase __________

#33. More uses of the definite article

A. Use el artículo definido solamente si es necesario.

1. _________ vida es buena.
2. _________ electricidad es indispensable en estos tiempos.
3. _________ amigos son más importantes que _________ dinero.
4. ¿Conoce Ud. a _________ señora Mendoza? — ¡Cómo no! Buenos días, _________ señora Mendoza.
5. _________ Don Juan fue un gran seductor.
6. Aquí viene _________ Dr. Olmedo.
7. Son _________ tres de la tarde.
8. Hoy es lunes. Ayer fue _________ domingo.
9. _________ agua (*water*) refresca más que _________ vino.
10. Mi estación favorita es _________ verano.
11. Se quitó _________ sombrero.
12. Tengo hambre. ¿Hay un poco de _________ pan (*bread*)?
13. No hay clases _________ sábados.

B. The definite article for an omitted noun

Conteste escogiendo siempre la segunda alternativa:

1. ¿Es Ud. miembro de esta clase o de la de junio? ______________________________
____
2. ¿Prefiere Ud. usar su propio coche o el de sus padres? ______________________________
____
3. ¿Cuál es más grande — la casa de su familia o la de sus vecinos? ______________________
____
4. ¿A qué concierto piensa Ud. asistir (*attend*) — al de música clásica o al de música popular? ______________________________

5. ¿Quiénes le gustan más — las personas de muchas palabras o las de mucha acción?

____

6. La verdad, ¿cuáles son mejores, los productos de nuestra compañía o los de nuestros competidores? ____

7. ¿Cuál me recomienda Ud. — la sección de las ocho o la de las diez? ______________

____

III. Recapitulación

Exprese en español, por favor:

Once again, we are in the student dorm. Phil comes out of the bathroom. He is furious.

Phil: Hey, Cuco. Did you use the bathroom just now?

Cuco: Who, me? Why?

Phil: Because you used up all the hot water.

Cuco: Me? I only showered for two minutes.

Phil: Then why did you make off with the soap?

Cuco: I didn't make off with anything. And didn't I leave you two towels?

Phil: Yes, completely soaked.

Cuco: Well, then, how did you dry yourself?

Phil: With your shirts and pants, man, that's how (*así*).

Cuco: Phil, I tell you, . . .

(Paul comes out of the other room. He too is furious.)

Paul: Cuco, Phil, did you use my record player last night?

Cuco and Phil: Who, us?

Paul: Yes, I know it was you, and you're going to have to pay me for it. You broke it, didn't you?

Cuco: Well, it really wasn't such a big deal. You see, we went to a party, and . . . we dropped it, that's all.

Paul: Where? In the Grand Canyon?

Phil: No. On the road. And a little Italian car ran over it.

(The door opens violently, and Mike Osorio, the fellow from the next room enters.)

Mike: Paul . . . Cuco . . . Phil . . . did you take my car last night? It doesn't work now.

Paul: But man, we only took a little ride . . .

Nombre ______________________ Fecha ______________ Clase __________

LECCIÓN OCHO

I. Juegos de palabras

A. Inglés-español

¿Con qué palabras españolas se relacionan estas palabras inglesas?

incendiary ______________ locale ______________

advise ______________ pacifist ______________

daily ______________ robbery ______________

periodical ______________ gentle ______________

crime, criminal ______________ denounce ______________

B. Lógica lingüística

1. Si "cansado" significa "fatigado", ¿qué significa "descansado"? ______________

   Y si "ayunar" significa "to fast", ¿qué significa "desayunar"? (Se refiere a la comida más temprana del día.) ______________________

2. Si "cansancio" es "fatiga", ¿qué es "descanso"? ______________ ¿Qué es "una pelea"? ______________ Y en la corrida de toros (*bullfight*), ¿qué es un "matador"? ______________ (Sí, pelea con el toro, y lo . . .)

C. Es lo contrario

Díganos lo opuesto (*the opposite*) de estas expresiones:

en voz baja ______________ gorda ______________

estar cansado ______________ vivir en paz ______________

temprano ______________ a la derecha ______________

feo ______________

II. Ejercicios suplementarios

#34–35. The preterite of *-ir* stem-changing and irregular verbs

A. Cambie según las indicaciones:

1. El pobre murió.

   Las víctimas ______________.

   Nosotros casi ______________.

   Tú ______________.

2. ¿Ya vinieron?

   ____________________ (estar)

   ____________________ (hacerlo)

   ____________________ (traerlo)

3. ¿Fuiste con él?

   ____________________ (venir)

   Ud. ____________________

   ¿Uds. ____________________?

4. ¿Quién lo trajo?

   ____________________ (decir)

   ____________________ (pedir)

   ¿Quiénes ____________________?

5. Yo no lo dije.

   ____________________ (hacer)

   (Nosotros) ____________________

   ____________________ (saber)

6. No quisieron verme.

   El jefe ____________________

   ¿Tú ____________________?

   ¿____________________? (poder)

B. Escoja siempre el verbo lógico para completar la frase, y úselo en el tiempo pretérito:

1. Gerardo y Roque se lo ____________________ (decir, ir), pero nadie los creyó. — ¿Por qué? — Porque en otras ocasiones (ellos) ______________ (mentir, sentir)
2. ¿Por qué no nos ____________________ Ud. (servir, pedir) el dinero a nosotros? — Porque (nosotros) no ____________________ (poner, querer) causarles problemas.
3. ¿Quién ______________ primero (venir, tener) — tú o Juanita? — Yo ______________ primero (venir, tener), pero __________ que (tener, ser) salir temprano.
4. Nadie ____________ (poner, poder) dormir anoche. — ¿Por qué? — Porque vosotros ______________ (hacer, saber) mucho ruido.

Nombre ______________________________ Fecha _______________ Clase __________

5. ¿Cuándo (tú) ________________ (saber, estar) la noticia? — Cuando __________ (estar, ser) con el director en la estación de radio ayer.

6. ¿Qué ________ Ud. (hacer, ir) anoche? — Yo ________ (ir, servir) de compras, y ____________ (traer, ser) varias cosas para todos Uds. — ¡Gracias! ¡Qué bien!

#36. "Good, better, best": About making comparisons

Indique Ud. las conclusiones correctas, usando siempre comparaciones o superlativos.

1. Mi madre tiene cuarenta y cinco años. Mi padre tiene cuarenta y ocho: Mi madre es __________ que mi padre.

2. Esta casa tiene tres mil pies (*feet*) cúbicos. Aquélla tiene casi cinco mil: Aquella casa es ______________________________ que ésta.

3. Esta lección contiene diez ejercicios. La lección nueve contiene casi treinta: La lección nueve es ______________________ que esta lección.

4. Ricardo tiene seis pies de alto y pesa (*weighs*) doscientas setenta libras. Alano también tiene seis pies de alto, pero pesa sólo ciento noventa: Ricardo es __________________ que Alano. O en otras palabras, Alano es ________________________ que Ricardo.

5. Carmen siempre saca "A" en todos sus cursos. No hay nadie como ella en nuestra escuela: Carmen es la ____________ estudiante de nuestra clase.

6. Yo, en cambio (*on the other hand*), soy todo lo contrario de Carmen. Nunca saco notas buenas, y el semestre pasado me suspendieron en todas mis clases: No me gusta admitirlo, pero yo soy _______________ estudiante del mundo.

7. Nuestra ciudad tiene dieciséis millones de habitantes. Tokio, la segunda ciudad más grande, tiene sólo doce millones: Nuestra ciudad es ________________________ del mundo.

8. Los "Tigres" ganaron ciento veinte partidos (*games*) el año pasado. Nadie ganó más que ellos: Los "Tigres" son los ______________ jugadores (*players*) de nuestro país.

III. Recapitulación

Exprese en español:

This morning there was a robbery of twenty million pesos at the National Bank. A television reporter is speaking with a group of witnesses.

Reporter: Well, Mr. Brown. I understand that you are the guard here.

Brown: I <u>was</u> the guard. No more! (*Ya no.*) A person can get killed here.

Reporter: But you were the hero of this incident, weren't you?

Brown: Yes. You see, this morning at nine fifteen, two men armed with pistols entred and asked me for the keys of the vault.

Reporter: And what did you do? Did you give them to them?

Brown: I didn't have time. I fainted. But my head hit the alarm button, and that's how (*así*) I was able to notify the police.

Reporter: What presence of mind! Congratulations, Mr. Brown, and many thanks. And now, you, madam. Do you want to tell us exactly what (*lo que*) you saw?

Lady: I'd be glad to. It was awful. (She smiles for the camera.) I came to the bank at eight o'clock this morning to make a deposit. And when I opened the door, four men armed with rifles followed me.

2nd Lady: Seven men, plus a woman who was always in the car.

Man: They didn't come by car. They came on foot.

2nd Man: Who said "rifles"? *I* saw a machine gun. In fact, I tried to grab the leader, but he began to shoot. He hit the guard, and the poor guy died instantly.

Man: The guard isn't dead. He raised his head later and talked.

2nd Man: He's as dead as your grandfather.

Man: What do <u>you</u> know, pipsqueak?

2nd Man: More than you, old man.

Man: Oh, you think so? Well, I'll teach you to hold your tongue. (The two begin to fight amid the applause of the crowd. Above it all the witnesses are still talking to the reporter.)

Different voices: "There were ten thieves, or more." "It was at nine thirty on the dot." "They took the number 3 bus." "Just imagine! One single woman robbed the National Bank!"

LECCIÓN NUEVE

I. Juegos de palabras

A. Inglés-español

¿Con qué palabras españolas se relacionan estas palabras inglesas?

vitality, vital ______________

odious ______________

desire ______________

amorous, amatory, amiable ______________

pensive ______________

final ______________

pardon ______________

surprise ______________

secure, security, assure, insure ______________

pain ______________

marvelous ______________

¡Felicitations!, felicity ______________

somnolence, somnambulist ______________

enamored ______________

A propósito: ¿Qué significa el término médico: "vital signs"?

______________ ¿Es buena o mala "a felicitous occasion"? ______________

B. Familias de palabras

¿Cómo llena Ud. los blancos? (*How do you fill in the blanks?*)

Verbo	Nombre (Noun)	Adjetivo
______________	______________	odioso, odiado
felicitar	______________dad	______________
______________	amante	______________
entristecer	______________	______________
______________	______________	sorprendido, sorprendente
______________	molestia	______________
______________	alegría	______________
______________	______________	soñoliento
finalizar	______________	______________
______________	______________	pensativo
______________	______________	sentimental
______________	enojo	______________
______________	______________	deseable, deseoso

II. Ejercicios suplementarios

#37. The imperfect

Cambie al imperfecto las frases siguientes:

1. ¿Qué haces? ______________________________
2. ¿Dónde están Uds. ? ______________________________
3. Lo guardo en mi corazón. ______________________________
4. Llora como un niño. ______________________________
5. Estoy muy molesta contigo. ______________________________
6. Es feísima. ______________________________
7. Tenemos una cita (*date*) para el lunes. ______________________________
8. Mi coche no funciona bien. ______________________________

9. Yo bajo y ella sube. ______________________

10. No la vemos frecuentemente. ______________________

11. Me siento enferma. ______________________

12. Encienden las luces a las ocho. ______________________

13. Cierran las puertas a la medianoche. ______________________

14. ¿Adónde vamos? ______________________

15. ¿No vas a volver pronto?

16. Somos los primeros. ______________________

#38. Uses of the imperfect

Conteste según las indicaciones. (Ud. ya sabe cómo, ¿verdad?)

1. Cuando Ud. era niño, ¿era grande o pequeño para su edad? (grande . . .)

   ____

2. ¿Vivían Uds. en esta ciudad? (No, muy lejos de aquí.)

   ____

3. ¿Tenía Ud. muchos amigos? (Sí, muchísimos . . .)

   ____

4. ¿Le gustaba la escuela? (Sí, a veces . . .)

   ____

5. ¿Adónde iban Ud. y sus amigos por la tarde? (Al parque.)

   ____

6. Y tú, Paquito, ¿cuántos años tenías en 1972? (Diez . . .)

   ____

7. ¿Qué hora era cuando volviste anoche? (La una y media.)

   ____

8. ¿Estaban en casa tus padres? (Sí, dormidos . . . *asleep*).

____

9. ¿Había pocas o muchas personas en la calle? (Poquísimas)

____

10. ¿Estabas muy cansado? (Sí, cansadísimo.)

____

#39. Imperfect vs. preterite

Esta vez llene los blancos, usando el imperfecto o pretérito de los verbos indicados.

1. Ayer cuando yo ________________ a la universidad, ________ en la calle a un viejo amigo mío. (caminar, ver)

2. Se _______________ Francisco Villena, y _________ una de las personas más simpáticas del mundo. (llamar, ser)

3. Le _______________: "¡Francisco, Francisco!", y le __________________ con la mano. (llamar, saludar – *greet*)

4. Pero no me ____________________, ni __________________ (*turned*) la cabeza para mirarme. (contestar, volver)

5. Pues bien, yo no _______________ dispuesto a dejarlo pasar sin hablarme. (estar)

6. Y así ______________ corriendo (*running*) hacia él. (ir)

7. "Francisco", le __________________ otra vez. (decir)

8. Esta vez sí _______________ la cabeza y me ______________. (volver, ver)

9. Pero en lugar de sonreír, me ____________ una mirada (*look*) curiosa, y se _________ corriendo en otra dirección. (dirigir, irse)

10. Ahora no lo entiendo. ¿ ________ él o _________ otra persona? (ser, ser)

11. ¿Por qué no _____________ hablarme ni mirarme? No lo sé. No lo entiendo. (querer)

Nombre ______________________________ Fecha ________________ Clase __________

#40. Time expressions with imperfect and preterite

A. Conteste según el modelo:

¿Llegaste hace una hora? (No. Dos.) No. Llegué hace dos horas.

1. ¿Marcos y Loni se casaron hace muchos años? (No. Hace unos meses.)

____

2. ¿Cuándo los conociste (*meet*)? (Hace mucho tiempo.)

____

3. ¿Hablaba Ud. mucho español hace tres meses? (No. Muy poco.)

____

4. ¿Vivían Uds. aquí hace cinco años? (No. En otra ciudad.)

____

5. ¿No estuvo Ud. en México hace unas semanas? (Sí . . .)

____

6. Pues, ¿volvió ayer? (No. Hace una semana.)

____

B. acabar de (*to have just*)

Cambie según las indicaciones:

1. Acabo de volver.

   ¿Tú ____________________?

   ¿Uds. ____________________?

   ¿____________________ comer?

2. Acabamos de verla.

   Acabábamos ____________________.

   Elisa ____________________.

   ¿Vosotros ____________________?

3. ¿Acababas de llegar?

   ¿Uds. ____________________?

   ¿____________________ levantarse?

   ¿____________________ recibirlos?

4. Acaban de llamarnos.

   ____________________ encontrarlo.

   Acababan ____________________.

   Pío y yo ____________________.

III. Recapitulación

Diga en español:

"I'm me, and I do what I want." That's how a famous Spanish writer described (*Así describió*) the Hispanic ideal. They all were individualists, he said — and they all wanted to be totally independent. And the writer knew his compatriots well. In fact, up to a certain point, that explains why there still exist separatist movements in Spain, and why there never was formed a "United States of Latin America". But the personality of the "hispano" is much more complex.

In general, the "hispanos" are profoundly religious, profoundly Catholic. And they like to think that God knows them personally. In general, they are very proud — proud of their concept of "family", proud of their personal dignity. And that is why (*por eso*) "nobility of blood" or racial distinction doesn't matter much to them. Above all, Hispanic men are proud of their masculinity, and of their position as head (*jefe*) of the family. For example, did you know that they used to say: "La mujer honrada, la pierna quebrada, y en casa"? (*"The decent woman should have a broken leg and stay home!"*)

— What was (*fue*) that? ¡Caramba!

— Things are different today. Women work and take part in many activities, cultural and professional. But at home, the man is still the undisputed (*indisputado*) head.

— Not any more, friend, not in this house!

Nombre ______________________ Fecha ______________ Clase ________

LECCIÓN DIEZ

I. Juegos de palabras

A. Asociaciones

Díganos por lo menos seis cosas, acciones o personas que asocie con cada una de éstas:

1. casarse ____

____

2. despertarse ____

____

3. ruido ____

____

B. Inglés-Español

¿Con qué palabras españolas se relacionan estas palabras inglesas?

edifice ____________________

bibliography, bibliophile ____________________

cinema ____________________

ecclesiastic ____________________

quadrant ____________________

avenue ____________________

joint ____________________

sally ____________________

C. ¡Al contrario!

Diga siempre lo opuesto:

acostarse ____________________

olvidar ____________________

silencio ____________________

sentarse ____________________

divorciarse ____________________

alejarse ____________________

entrada ____________________

desde ____________________

D. Lógica lingüística

¿Recuerda Ud. estas palabras?: cerca, lejos, delante, detrás, junto a. Pues conteste ahora:

1. Si una persona vive en las "cercanías" de una ciudad, ¿vive en un barrio central o en un área suburbana? ______________________________
2. Si Ramiro Robles es un pariente lejano de la familia Vásquez, ¿es un miembro de la familia inmediata o de la "familia extendida"? ______________________________
3. En los Estados Unidos, si una persona se sienta en el asiento delantero de su coche, al lado izquierdo, ¿es el chófer o un pasajero? ______________________________
4. Si dos personas van juntas a alguna parte, ¿van al mismo tiempo o cada una por sí sola?

   ____

5. Si una nación está "atrasada", ¿tiene mucho o poco desarrollo (*development*) tecnológico?

   ____

II. Ejercicios suplementarios

#41. *Estar* + the present participle

Cambie según las indicaciones:

1. Por favor, no me molesten. Estoy comiendo.

   ____. (trabajar)

   ____________________ nos ____

   ____________________ lo ____

   ____ (estudiar)

2. ¿Qué hacían los niños? — Estaban jugando.

   ____ (pelear)

   ____ (moverlo)

   ______________________ Uds. ? ____

   ____ (apagarlos)

   ____ (escribirlels)

Nombre ______________________________ Fecha ________________ Clase __________

Conteste otra vez según las indicaciones. Por ejemplo:

¿Uds. van a casarse ahora? (No. En junio.) _No. Vamos a casarnos en junio._

1. ¿Se escriben Uds. todos los días? (No. Sólo una vez a la semana.)

____

2. ¿Os veis siempre en la clase? (Sí, si podemos.)

____

3. ¿Hacía mucho tiempo que se conocían? (No, relativamente poco.)

____

4. ¿Se reunían Uds. todos los años? (Sí, cuando era posible.)

____

5. ¿Os amabais mucho? (Sí, locamente.)

____

6. ¿Se ayudaban Uds. uno a otro? (Sí, casi siempre.)

____

7. ¿Se sale de aquí por esta puerta? (No. Por aquella ventana.)

____

8. ¿Se come bien en este restaurante? (No. Muy mal.)

____

9. ¿Se habla español en esta tienda? (Sí, señora . . .)

____

10. ¿Se sabe si los astronautas llegaron ya a Venus? (No . . . todavía.)

____

#43. The reflexive "sí"

Conteste afirmativamente o negativamente. Por ejemplo:

¿Tú vives sólo por ti mismo? _No, no vivo sólo por mí mismo._

1. ¿Lo hizo Ud. por sí mismo? _Sí,_ ______________________________
2. ¿Los compras para ti misma? _Sí,_ ______________________________
3. ¿Tú piensas sólo en ti mismo? _No,_ ______________________________
4. ¿Uds. hablan mal de sí mismos? _No,_ ______________________________
5. ¿La preparaste para vosotras mismas? _Sí,_ ______________________________
6. ¿Se lo llevó consigo? _Sí,_ ______________________________
7. ¿Ud. misma lo terminó? _Sí,_ ______________________________

#44. "Mine, yours, his . . .": the stressed possessives

Conteste escogiendo siempre la segunda alternativa. Por ejemplo:

¿Son de ellos o son tuyos estos botones? _Son míos._
¿Eran suyas o vuestras las llaves? _Eran nuestras._

1. ¿Es de Ud. o de ella la llave? _(Es suya.)_
2. ¿Es tuyo o es mío este bolígrafo (*ball point pen*)? ______________________________
3. ¿Esta casa es de Ud. o de sus padres? ______________________________
4. ¿El perro es de Pepe o es tuyo? ____________________
5. ¿Esos cuartos son de los maestros o de Uds. ? ______________________________
6. Los relojes que robaron, ¿eran de otras personas o eran vuestros? ______________
7. Este número nuevo, ¿es tuyo o es mío? ____________________
8. ¿Aquellas cosas son vuestras o son nuestras? ______________________________
9. Los tocadiscos que trajeron, ¿son nuestros o de ellos? ______________ _(Son suyos.)_
10. ¿Esas personas son familiares de ella o tuyos? ____________________

Nombre ______________________________ Fecha ________________ Clase __________

#45. Ordinal numbers

Harrison, Jefferson, Jackson, Washington, John Adams, John Quincy Adams, Tyler, Van Buren, Monroe, Madison. He aquí los diez primeros presidentes de los Estados Unidos. Vamos a ver si Ud. puede ponerlos en orden:

1° (primero)	____________________	6° (__________)	____________________
2° (segundo)	____________________	7° (__________)	____________________
3° (__________)	____________________	8° (__________)	____________________
4° (__________)	____________________	9° (__________)	____________________
5° (__________)	____________________	10° (__________)	____________________

III. Recapitulación

Exprese en español:

The scene is the midtown area of a large city. Thousands of people are walking everywhere and the roads are filled with cars. We hear voices and shouts and taxi horns. A young man comes running toward a young woman.

He: Grace!

She: What happened to you? You're late. (*Llegaste* . . .).

He: I'm never late. I was waiting for you for an hour.

She: Impossible. Where?

He: On the corner of the Royal Theater.

She: Well, I was here at the subway exit.

He: At the subway exit? Why? Didn't we say last week that we were going to meet . . .

She: On the corner of the Royal Theater? Never! You know I don't like that neighborhood. I don't like to walk there even during the day.

He: Well, maybe (*tal vez*) you forgot.

She: I never forget anything.

He: Oh, no? Don't you remember that time when we were supposed to go to . . .

She: I didn't forget. It's that I didn't wake up on time that morning. I went to sleep late the night before and I didn't get up until . . .

He: All right, all right. I don't care. Grace, the only thing that I do care about (*que sí me importa*) is that I love you and . . . (The noises of the street get louder.)

She: I can't hear you. What were you saying?

He: That I love you and that I want to marry you. And when I'm with you, the rest doesn't mean anything, not the noise or the people or the corner of the Royal Theater, or . . .

She: You're right, darling. Here we are. Alone at last!

Nombre ________________________________ Fecha _________________ Clase __________

REPASO II

¿Sabe Ud. leer?

Antes de comenzar:

You already know the basic questions to ask yourself as you approach any new piece of reading:

What is the subject? — Is it about a place, a person, an event? Look at your lead sentence. Spot any proper names.

When does it (or did it) happen? — The tenses will help!

How do the new words relate to words I already know? — in English, in Spanish, or from anywhere else!

What are the linking words that hold the sentences together? — And if their usual meaning doesn't seem to fit, use your imagination to find a second choice.

Now here are a few specific clues for this passage:

1. Una "obra" es una labor creativa — producto del talento de un escritor, compositor o artista. "La poesía" es la obra de un poeta.

2. La palabra "pastor" es similar a una palabra inglesa que se usa mucho en la iglesia. Estrictamente hablando, un "pastor" es un rústico que atiende a sus ovejas (*sheep*). La literatura "pastoril" es una representación idealizada de la vida de pastores ficticios entre una naturaleza perfecta.

3. La "tierra" es el lugar que ocupamos todos en este mundo — es donde vivimos y donde cultivamos sus frutos. En tiempos antiguos, si una persona cometía un crimen, en lugar de "encarcelar" a esa persona, muy frecuentemente la "des-terraban" — la expulsaban de su tierra.

Ahora, con un poco de imaginación — ¡vamos a leer!

"El padre del teatro español"

"Prodigio de la naturaleza", le llamó Cervantes. "El Shakespeare de España," lo llamaron otros. "Es de Lope", decían en su época para indicar que una cosa era excepcionalmente buena. Tuvo una vida larga, llena de triunfos personales, de aventuras, de conquistas amorosas, y también de tragedias. Y cuando murió en 1635, era casi una figura legendaria, y una nación entera lloró su muerte.

Félix Lope de Vega Carpio, el prodigio de su tiempo, nació en Madrid en 1562, de familia pobre. Se dice que antes de aprender a escribir, ya dictaba poesías. Siendo joven todavía, fue encarcelado y desterrado después por una aventura amorosa. Sirvió a varios personajes de rango altísimo. Se hizo soldado y estuvo con la Armada Invencible en 1588. Y volvió a España para continuar su carrera literaria, escribiendo con una rapidez increíble numerosos volúmenes de poesía lírica, largos poemas épicos, dos novelas pastoriles, otros libros de prosa, ¡y unas dos mil obras dramáticas en verso!

Genio de la improvisación, podía componer un drama de tres actos en veinte y cuatro horas. Y a pesar de la velocidad de su composición, gran número de ellos son verdaderas obras maestras. La producción de Lope de Vega solo es suficiente para llenar los anales literarios de toda una época. Escribió dramas históricos basados en baladas populares y en crónicas medievales. Escribió comedias de "capa y espada", comedias dc palacio, comedias de carácter, comedias pastoriles y mitológicas y religiosas, y comedias picarescas (sobre gente de la clase más baja que vivía en los márgenes de la sociedad). Antes de él, el teatro era la forma literaria menos cultivada. Lope lo hizo la forma más popular. Descuidando las reglas clásicas, mezclando elementos trágicos y elementos cómicos, introduciendo una gran variedad de temas y perfeccionando el ritmo poético, Lope de Vega creó un verdadero teatro nacional. "Es de Lope . . . "

Comentarios

1. Primero, ¿puede Ud. explicarnos en inglés o en español el tema principal de este pasaje? ¿Quién era Lope de Vega? ¿Cuándo vivió? ¿Qué hizo? A propósito, ¿era un hombre muy tradicional o un poco rebelde? ¿Por qué piensa Ud. así?

2. En su opinión, ¿quién es (o fue) el escritor más importante de nuestra literatura? ¿Puede Ud. hacernos una corta "biografía en cápsula" de su vida?

Nombre ______________________________ Fecha ________________ Clase __________

LECCIÓN ONCE

I. Juegos de palabras

A. ¡Es lo mismo!

Busque en el grupo 2 un sinónimo para cada expresión del grupo 1.

1	2
puesto ______________________	remesa
	comerciante
jefe ______________________	manufactura
	empleo
dueña ______________________	patrón
	oficinista
envío ______________________	propietaria
	obrero
fábrica ______________________	planta
fabricación ______________________	
trabajador ______________________	
hombre o mujer de negocios ______________________	
mecanógrafa-estenógrafa ______________________	

B. Extensiones

¿Conoce Ud. estas palabras?: fábrica, destinatario, sello, mecanógrafa, pagar, cenar

Pues díganos entonces:

1. ¿Qué es un "fabricante"? — ¿una persona que trabaja en una fábrica o un manufacturero?

   ____

2. ¿Qué significa "el destino" de una carta, un viaje, etc.? ______________________________
3. ¿Qué hacemos si "sellamos" una carta o un paquete? ______________________________
4. ¿Qué clase de trabajo busca una persona si es experta en "mecanografía"? ______________
5. En una transacción bancaria o comercial, ¿qué es "un pagaré" (*"I will pay"*)? (Pista: Se relaciona con dinero prestado.) ______________________________
6. ¿A qué horas del día comemos la "cena"? ______________________________

C. Inglés-español

¿Con qué palabras españolas se relacionan estas palabras inglesas?

negotiations ________________ post ________________

employer, employee ________________ vigil ________________

petition ________________ attention ________________

revise ________________ pack(age) ________________

II. Ejercicios suplementarios

#46. Familiar commands to tú: "Do it, my friend."

Cambia a mandatos afirmativos. Por ejemplo:

¿Comes conmigo? *Come conmigo.* ¿Lo haces hoy? *Hazlo hoy.*

1. ¿Trabajas con nosotros? ________________
2. ¿Piensas en mí? ________________
3. ¿Lo comes todo? ________________
4. ¿Me dejas en paz por un momento? ________________
5. ¿Me tocas algo en el piano? ________________
6. ¿Te sientas aquí? ________________
7. ¿Te vistes ahora? ________________
8. ¿Te cepillas el pelo? ________________
9. ¿Te acuestas temprano? ________________
10. ¿Te bañas con agua fría? ________________
11. ¿Me lo traes, Marta? ________________
12. ¿Le pides más dinero? ________________
13. ¿Nos haces un favor? ________________
14. ¿Sales ahora mismo? ________________
15. ¿Eres bueno, Manolito? ________________
16. ¿Vienes a nuestra fiesta? ________________
17. ¿Te pones la bata nueva? ________________

18. ¿Nos lo explicas otra vez? ______________________

19. ¿Se las das? ______________________

20. ¿Te vas ahora? (¡Ten cuidado aquí!) ______________________

#47. Equal comparisons — as much, as many . . . as

Completa las frases siguientes usando siempre una comparación de igualdad:

1. No tenemos ________ dinero como ellos, pero no nos importa.
2. Si estás ________ cansado como dices, ¿por qué trabajas ________?
3. Tengo ________ cosas que hacer hoy que no sé dónde comenzar.
4. No hay ________ jóvenes en este mundo ________ inteligentes como yo.

   — Ni ________ modestos.
5. Esta lección no es ________ difícil como pensaba.

#48. The uses of *para*

Contesta según las indicaciones:

1. ¿Debemos acabarlo para mañana? (No, para el lunes.) ______________________
2. ¿Es para mí el regalo? (Sí . . .) ______________________
3. ¿Es muy alto Jaime? (Sí, para su edad.) ______________________
4. ¿Salieron ya para México sus amigos? (No, para Guatemala.) ______________________

   ____
5. ¿Uso estos anteojos para manejar? (No, sólo para leer.) ______________________

   ____
6. ¿Este vaso es para agua? (No, para leche.) ______________________
7. ¿Hay algo difícil para ti? (Sí, muchísimas cosas.) ______________________

   ____
8. ¿Vais a volver para el 15? (No, para el 31.) ______________________

9. ¿Tu hijo estudia para médico? (No, para abogado.) ____________________

10. ¿Estas tabletas son para adelgazar (*get slim*)? (No, para engordar.) ____________

____

#49. The uses of *por*

Completa las frases siguientes usando siempre <u>por</u> o <u>para</u>:

1. Esa chica se casó __________ dinero, nada más.
2. ¿Cuánto me ofrecen Uds. __________ este genuino reloj de bronce?
3. __________ un hombre de su edad, es muy fuerte todavía.
4. Mis zapatos tienen que estar __________ aquí.
5. __________ estar seguros, manden su ropa a nuestra lavandería (*laundry*).
6. Ramón, ve __________ el médico.
7. Se lo mandamos __________ avión.
8. __________ sacar "A" en este curso, hay que conocer al profesor.
9. ¡__________ Dios! ¿Nunca haces nada __________ nadie?
10. ¿Pagan aquí __________ días o __________ semanas?

III. Recapitulación

We are in the offices of Losada and Company. The receptionist is at the switchboard.

Recep.: Good afternoon, Losada and Company. Yes, sir, I'll connect you at once . . . Losada and Company . . . Janie! Wait a minute. I have to take another call . . . Losada and Company . . . Janie, listen. Call me later, OK? The boss is in a bad mood (*de mal humor*) today.

* * *

Mr. Losada: Yes, speaking . . . What order? Three months ago? It's impossible . . . Don't say that, please. You know that I always attend to your orders immediately . . . Give me another chance (*oportunidad*) and you'll have it all by next week . . . Thanks a million. Goodbye . . . Elvira, tell Mr. Montero that I want to speak with him.

* * *

Recep.: Losada and Company . . . Richard! What a pleasure to hear your voice!

* * *

(Two employees are talking in another part of the office.)

He: Linda, can I bring you something? The coffee man is here.

She: All right. Thank you. But I want to pay.

He: Please, let me treat you. For me, it's an honor ... Tell me, Linda, would you like to (do you want to) have dinner with me tonight? And (*e*) go to the movies? Or to the theater?

She: I'm really very busy, Paul. Look, your phone is ringing. Why don't you answer it?

* * *

Recep.: Losada and Company ... Oh, Philip! One minute, all right? Don't hang up ...

* * *

Mr. Losada: Now, Mr. Montero, can you explain to me why you neglected for three months the order of our best client, Aranda and Company? Listen well to me, Mr. Montero. If you cannot ...

* * *

Recep.: Yes, Philip. Great! Saturday afternoon at three? Fabulous! (She hangs up.) Oh, what a happy day!

Nombre ______________________________ Fecha ________________ Clase __________

LECCIÓN DOCE

I Juegos de palabras

A. Es lo mismo (*It's the same thing!*)

¿Puede Ud. encontrar en el grupo 2 un sinónimo para cada expresión del grupo 1?

1	2
empezar ______________________	prisión
tener la culpa ______________________	tribunal
magistrado ______________________	juez
cárcel ______________________	dar consejos
calculadora ______________________	comenzar
corte ______________________	computador(a)
aconsejar ______________________	un rato
alegar ______________________	matar
asesinar ______________________	lindo
un tiempo corto ______________________	máquina de sumar
hermoso ______________________	acusar
ordenador ______________________	ser culpable

B. Lógica lingüística

¿Conoce Ud. estas palabras?: consejos, firmar, jurar, testigo, cárcel, explicar, juez, último

Pues díganos entonces:

1. ¿Qué es un "consejero"? ________________ ¿Qué es una "firma"? ________________ ¿Y una "explicación"? ____________________

2. Si una "cárcel" es una prisión, ¿qué hacemos si "encarcelamos" a un criminal? ________________ ¿Y si "atestiguamos" algún evento? ________________ ¿Y si "juzgamos" algo? ________________

3. ¿Con qué palabra inglesa se relaciona el verbo "jurar"? ________________ ¿Con qué adjetivo español se relaciona la palabra "ultimatum"? ________________ Finalmente: ¿Con qué preposición española se relaciona el prefijo inglés "counter"? ______________ (Pistas: *counter-revolution, counter-demand*).

C. La palabra intrusa: ¿Puede Ud. encontrarla en cada grupo?

1. causa, caso, corte, abogada, cliente, principio, juez, la ley
2. testimonio, evidencia, testigo, jurar, alegación, seguir, fiscal
3. delito, víctima, ladrón, título, cárcel, sentencia, culpable
4. contrato, firmar, banquillo, documento, firma, negocios
5. disco, base de datos, llamada, programar, teclado, kilobyte, ordenador, impresor

Nombre ______________________ Fecha ______________ Clase ________

II. Ejercicios suplementarios

#50. The present subjunctive of regular verbs

Escriba las formas correspondientes del presente de subjuntivo:

yo: odiar ___________

Adela: casarse ___________

tú, Paquita: quedar ___________

Uds. : llamar ___________

Cuco y yo: esperar ___________

Cuco y tú: gritar ___________

Ud. : escribir ___________

Roberto: creer___________

los precios: subir ___________

la sesión: terminar ___________

yo: comprender ___________

el coche: funcionar ___________

tu: olvidar ___________

nosotros: desear ___________

los estudiantes: asistir (*to attend*) ___________

nadie: mirar ___________

vosotros: deber ___________

el jefe: vender ___________

los maestros: contestar ___________

el ladrón: matar ___________

los niños: pelear___________

#51. Using the subjunctive in commands

A. Lea bien, y después escoja la conclusión más lógica:

1. ¡Por fin! Aquí viene el elevador. — Bueno. (Tómelo. Suba a pie al piso 5. Vuelva Ud. mañana.)
2. ¡Por Dios! Esta cocina está muy sucia (*dirty*). — Pues (límpiela, mírela otra vez, quédese toda la tarde.)
3. Aquí tiene Ud. un vaso de lecho. (Cómala. Bébala. Déjela.)
4. ¡Ay, no! Es muy tarde ya y tenemos que estar en la escuela antes de las nueve. — Bueno, (despiértense entonces, acuéstense inmediatamente, levántense en seguida).
5. Cometimos unos errores muy grandes y ahora lo sentimos muchísimo. ¿Qué vamos a hacer? No podemos continuar así, pensando siempre en ellos. — En realidad, amigos, les digo: (Olvídenlos y traten de hacer mejor en el futuro. No se permitan descansar por un momento. Quítense la vida.)

B. Haga plurales los mandatos siguientes:

1. Ayúdeme. ______________
2. Mátelo. ______________
3. Pásemelos. ______________
4. Sálvenos. ______________
5. Repítala. ______________
6. Escríbalas. ______________
7. No me mire así. ______________
8. No se levante todavía. ______________
9. Véndaselo ______________
10. No se lo quite. ______________

C. Ahora haga negativos los mandatos siguientes. (Recuerde que todos los mandatos negativos usan el presente de subjuntivo) Por ejemplo:

Háblanos. *No nos hables.* Vete. *No te vayas* .

a. (tú)

1. Sueña conmigo. *No* ______________
2. Firma el contrato. ______________
3. Pasa el puente. ______________
4. Llega con los otros. ______ *gues* ______
5. Levántate. ______________
6. Siéntate en el banquillo. ______________
7. Lávate la cara con eso. ______________
8. Acúsalos. ______________
9. Hazlo por ellos. ______ *hagas* ______
10. Tráenos las nuevas. ______________
11. Dale algo. (¡Cuidado!) ______ *nada*
12. Diles algo. ______________
13. Sácalo de la caja. ______ *ques* ______
14. Búscalo más. ______________

b. (vosotros)

1. Ponedlo ahí. ______________________________
2. Tened fe (*faith*) en él. ______________________________
3. Hacedlo en seguida. ______________________________
4. Idos con ellas. ______________________________
5. Volved muy temprano. ______________________________
6. Cambiádmela. ______________________________
7. Cortadlo. ______________________________
8. Pedídselo. ______________________________

#52. Commands to "nosotros". — Let's . . .

Cambie a mandatos las frases siguientes:

1. Caminamos. ____________________
2. Subimos. ____________________
3. Descansamos. ____________________
4. Le escribimos. ____________________
5. Les contestamos. ____________________
6. La esperamos. ____________________
7. Las contamos. ____________________
8. No lo creemos. ____________________
9. No los perdemos. ____________________
10. Nos sentamos aquí. (¡Cuidado!) ______________ *émonos* ______________
11. Nos casamos en junio. ______________ *émonos* ______________
12. Nos ayudamos. ____________________
13. Nos comprendemos. ____________________
14. Nos escribimos. ____________________
15. No nos odiamos. ____________________

Traduzca al español:

Today we are in the Supreme Court, listening to "The State against José Montenegro." The famous defense lawyer, Pérez Masón is interrogating a witness.

Pérez: Now, Mr. Hernández, go back to the beginning and tell me again everything (*todo lo que*) that happened that night.

Witness: Well, let's see. It was ten thirty and I was very tired.

Pérez: Aha! The other time you said that you were exhausted. Do you want to change your testimony? . . . Let's talk straight, Mr. Hernández. You killed the victim, didn't you?

Witness: No . . . I don't know. I'm confused.

Judge: So am I. Let's rest for a while.

* * *

(Half an hour later. A beautiful young woman goes up to the witness chair.)

Judge: Sit down, please, miss. Begin your interrogation, Mr. Pérez.

Pérez: Thank you, sir. And now, Miss Bellavista, tell us: You didn't know the victim, did you?

Miss B.: Oh, yes. I knew him very well. I was his wife. But I hated him. Thank you so much (*Mil . . .*) for killing him.

Pérez: Who, me? (*¿Yo?*) What are you saying?

Miss B.: Well, you see, that afternoon I went to your office to ask you a favor. But you weren't there. I looked through the window and I saw you get into (*subir a*) your car. I followed you in mine (*el mío*). And I saw you go to the victim's house, and kill him! Really, I'm so happy! But tell me, why did you do it?

Pérez: Well, let me explain. I killed him because . . . Well, it was five thirty in the afternoon, and I was very tired, exhausted . . .

Nombre ________________________________ Fecha ________________ Clase __________

LECCIÓN TRECE

I. Juegos de palabras

A. ¿Cómo se relacionan?

¿Qué asociaciones encuentra Ud. en el grupo 2 para cada cosa del grupo 1? (Recuerde: Siempre hay más de una asociación.)

1	2
semáforo ________________________	tener miedo
________________________	luz roja, verde o amarilla
	coches y camiones
	licencia de manejar
carretera ________________________	gasolina
	llantas de repuesto
________________________	viernes 13
	varias pistas
temer ________________________	señales de tráfico
	precios altos
________________________	aceite
	tener cuidado
cobrar ________________________	pagar
	parar
________________________	seguir los reglamentos de tránsito
	bomba
estación de servicio ________________	la muerte
________________________	
chofer, chófer ________________________	
________________________	

B. Palabras combinadas

Hay numerosas palabras españolas que se forman a base de dos palabras diferentes: un verbo y un nombre. Por ejemplo:

un abrelatas *can opener* (abre + latas = *it opens cans*!)

Aquí tiene Ud. varias otras. ¿Qué significan?

un parabrisas (Pista: parar — *to stop*) ____________

un limpiaparabrisas ____________________________

un sujetalibros (sujetar — *to hold fast*) ____________

un sacacorchos ____________________________

un sacamuelas ____________________________

un pisapapeles (pisar — *to step on*) ____________

un paracaídas ____________________________

un paraguas ____________________________

un rompecabezas ____________________________

un rompenueces ____________________________

an umbrella
a puzzle
a bookend
a corkscrew
a dentist (slang)
a windshield
a windshield wiper
a nut cracker
a paper weight
a parachute

II. Ejercicios suplementarios

#54. Subjunctive: The first concept — indirect or implied command

A. Conteste escogiendo la alternativa más indicada:

1. Hace muchísimo frío aquí, y no hay calefacción (*heat*).
   Conteste: ¿Recomienda Ud. que cerremos o que abramos las ventanas?

   ____

2. Carlos nunca estudia, y ahora quiere que le ayudemos en el examen.
   Conteste: ¿Es mejor que le pasemos las respuestas durante el examen o que le dejemos fracasar *fail*)?

   ____

3. ¡Ay, Dios mío! Estoy más gorda que nunca (*ever*). ¿Qué voy a hacer?
   Conteste: ¿Le aconseja Ud. que coma más chocolates o que siga una dieta?

   ____

Nombre ______________________ Fecha ______________ Clase __________

4. La semana pasada mi mejor amigo me hizo una mala jugada (*dirty trick*). Ahora dice que lo lamenta mucho, pero yo no lo creo.
Conteste: ¿Me recomienda Ud. que lo perdone o que lo odie para siempre?

____

B. Cambie según el verbo nuevo.

1. No quiero que lo contestes. (mirar, ayudar, romper, permitir)

____

2. Nos ruega que la perdonemos. (olvidar, guardar, salvar, creer)

____

3. Le pido que acabe temprano. (subir, bajar, terminar, levantarse)

____

4. Preferimos que le enseñe Ud. (hablar, escribir, avisar, esperar)

____

5. Es necesario que lo manden Uds. (preparar, vender, abrir, recibir)

____

6. Insisto en que estudiéis. (trabajar, asistir, comer, contestarme)

____

#55. The present subjunctive of irregular verbs

Busque Ud. en el grupo B una respuesta lógica para cada comentario del grupo A.

A	B
1. Que Dios los ayude y que vengan sanos y salvos (*safe and sound*)	a. — ¡Y yo temo que me conozcan!
2. Te ruego que tengas cuidado.	b. — Si no les gusta, que vayan a un restorán.
3. ¿Es posible que Eloy sea el terrorista?	c. — No. No quiero que lo sepáis.
4. Insisto en que nos digas el nombre de esa persona.	d. — Y que valga la pena su sacrificio.
5. Espero que todo les salga mal. No los puedo soportar.	e. — Por favor, mamá. No tengas miedo.
6. Sentimos que se vaya Ud. tan pronto.	f. — No. Es imposible que él haga una cosa tan mala.
7. Temo que no nos reconozcan.	g. — Me sorprende que Ud. diga eso. ¿No eran Uds. amigos?
8. Les molesta que no les sirvamos una comida grande.	h. — Gracias. Es muy probable que venga a verlos otra vez en julio.

#56. The second concept of the subjunctive: Emotion

Cambie según las indicaciones:

1. Me alegro de que esté mejor.

_______________________________________ (ser el primero)

_______________________________________ (salir de ahí)

____________________ (tú) ____________________

____________________ (vosotros) ____________________

2. ¿No le sorprende que Ramón haga tal (*such a*) cosa?

_______________________________________ (decir)

____________________ (nosotros) ____________________

____________ *gusta* ____________________________

_______________________________________ (traer)

Nombre ______________________ Fecha ______________ Clase ________

3. Tenemos miedo de que sea tarde.

   Es lástima que ______________________

   ______________________________________ (venir)

   Sentimos ______________________

   Me enoja ______________________

4. ¡Ojalá que no me lo traiga a mí !

   ______________ te ______________

   ______________________________ a ellos.

   ______________________________________ (hacer)

   ______________ nos ______________

III. Recapitulación

A towtruck is towing a small car full of young people.

Felipe: ¡Darn it! Just because we took Mike's car without permission, this had to happen!

Pablo: I hope Mike doesn't find out (*saberlo*)!

Cuco: What a pothole! It was like an excavation to China!

Dorotea: You know? I'm surprised (*Me sorprende*) that Mike still speaks to you guys since the other time.

Felipe: When? When we ran out of gas in the middle of the highway?

Dorotea: No. When you hit the truck.

Cuco: Oh, that was nothing. Didn't we pay for the repair?

Pablo: That's true. But that Mike, how selfish he is! He never forgives anything.

Dorotea: Don't worry. Here's the garage. In one hour they'll fix it all up and the car will be like new. (*Use present tense.*)

Felipe: I hope the mechanic can fix it! Here he comes.

Mechanic: Oh, no! What happened, guys? Did you hit a submarine? The underpart is a disaster! There are four flat tires. And I recommend that you put on three new wheels, two new doors, and a coat of paint.

Cuco: Please, mister, we beg you to have it ready for this evening.

Mechanic: I'm afraid that it's impossible. But, let's see. At least the ashtry is working. Listen. It's going to cost you 60,000 pesos — and I'm losing money!

Felipe: All right. Agreed! (*De acuerdo.*) Will you permit me to use your phone? . . . (Five minutes later Felipe is speaking on the phone.) Miguel? . . . I don't like to bother you, man. But I want you to come to the Ramírez Auto Repair right away. And it's important that you bring money . . . Only 20,000 pesos . . . for the down payment . . . No, there's no problem, Mike. You see? We're going to make you a surprise for your birthday . . . We're going to fix your car!

Nombre ______________________ Fecha ______________ Clase __________

LECCIÓN CATORCE

I. Juegos de palabras

A. Paralelos

Complételos usando la lista a la derecha.

cuerpo diplomático
ejército
monarquía
estado
paz
Parlamento

1. Congreso es a Estados Unidos como ________________ es a Inglaterra.
2. Senador(a) es a Senado como embajador(a) es a ________________
3. Marinero es a marina como soldado es a ________________
4. Presidente es a república como rey (o reina) es a ________________
5. Alcalde es a ciudad (o pueblo) como gobernador(a) es a ________________
6. Patriótico es a patria como pacífico es a ________________

B. Español- inglés

¿Con qué palabras españolas se relacionan estas palabras inglesas? (A propósito, ¿sabe Ud. lo que significan?)

regal ________________

mariner ________________

guerrilla ________________

pacific ________________

citizen ________________

approximate ________________

proprietor ________________

bass, basso ________________

mortal ________________

C. Opiniones

Use una exclamación apropiada para cada una de estas cosas. Por ejemplo:

¡Caramba! ¡Qué horror! ¡Qué bien!, etc.

democracia ____________________ paz ____________________

dictadura ____________________ guerra ____________________

armas nucleares ____________________ monarquía absoluta ____________________

impuestos altos ____________________

D. Familias de palabras

¿Cómo llena Ud. los blancos?

Verbo	Nombre	Adjetivo
____________	atrevimiento	atrevido
morir	____________	____________
____________	necesidad	____________
verificar	____________	____________
aproximar(se)	proximidad	____________
____________	____________	ayudante
apropiar	propiedad, propietario	____________

II. Ejercicios suplementarios

#57. The present subjunctive of stem-changers

A. Indique el presente de subjuntivo que corresponda a cada sujeto:

yo (Ud. , Sarita): pensar ______________ sentir ______________

recordar ______________ dormirme ______________

entender ______________ pedir ______________

mover ______________

Ahora diga estos mismos verbos en la forma de "Uds."

____

Nombre ______________________ Fecha ______________ Clase __________

tú:	contar ______________	sentarte ______________
	soñar ______________	morirse ______________
	volver ______________	consentir ______________
	perder ______________	repetir ______________
tú y yo:	sonar ______________	sentir (!) *sin* ______________
	negar ______ *guemos*	mentir ______________
	rogar ______________	dormir *dur* ______________
	devolver ______________	morirnos ______________
	mover ______________	vestirnos ______________
vosotros:	pensar ______________	sentir ______________
	soñar ______________	pedir ______________
	sentaros ______________	servir ______________
	perder ______________	vestiros ______________
	entender ______________	

B. ¡Al contrario!

Responda, diciendo siempre lo contrario de los verbos indicados:

mentir, dormirse, recordar, pedir, morir

1. ¡Ojalá que lo olviden! ______________________________
2. Espero que no les digan la verdad. ______________________________
3. ¿Es posible que vivan de eso? ______________________________
4. No quieren que nos despertemos tan temprano. ______________________________

   ____
5. ¿Recomiendas que les ofrezcamos (*offer*) algo? ______________________________

#58. The third concept of the subjunctive: Unreality

Conteste negativamente, usando el subjuntivo sólo cuándo sea necesario. (Y sea brillante, ¿está bien?)

1. ¿Es posible que Eduardo lo haga? ______________________________
2. ¿Es cierto que vienen? ______________________________
3. ¿Es probable que llueva hoy? ______________________________
4. ¿Estás segura de que sea él? ______________________________
5. ¿Niegas que te conozcan? _______________ *que me* _______________
6. ¿Niegan que lo hagan? ______________________________
7. ¿Duda Ud. que lo sepan? ______________________________
8. ¿Cree Ud. que podamos ganar? ______________________________
9. ¿Es verdad que Julia se casa? ______________________________
10. ¿Es seguro que todos están aquí? ______________________________
11. ¿No cree Ud. que es muy guapo? ______________________________
12. ¿Admiten Uds. que mienten? ______________________________
13. ¿Es posible que lo olviden? ______________________________
14. ¿No es verdad que están esperándonos? ______________________________

#55–56. Indefinites and negatives

A. Conteste según las indicaciones:

1. ¿Hay alguien en el cuarto contigo? (No . . .) ______________________________
   ____
2. ¿Ocurrió algo anoche? (No . . .) ______________________________
3. ¿Conoces a sus amigos? (Sí, a algunos . . .) ______________________________
   ____
4. ¿Me llamó alguien? (Sí, algunas chicas . . .) ______________________________
5. ¿Siempre tienes que hablar mal de alguien? (¿Yo? Nunca hablo . . .)
   ____

6. ¿Les dijo algo de importancia? (Sí, algunas cosas . . .) ____________________

____

7. ¿Fueron Uds. alguna vez a España? (No, nunca . . .) ____________________

____

8. A mí no me gusta nada eso. ¿Y a Uds. ? (Tampoco . . .) ____________________

____

9. ¿Llegaron todos? (No, ninguno . . .) ____________________

10. ¿Hay algún otro como él? (No . . .) ____________________

B. Conteste esta vez según los modelos:

¿No te invitó nadie? — *No. Nadie me invitó.*
¿No pasó nada? — *No, nada pasó.*

1. ¿No van nunca en autobús? ____________________
2. ¿No le sorprende nada? ____________________
3. ¿No los necesitaba nadie?

____

4. ¿No sirvió nada para remediarlo? ____________________
5. ¿No lo pusiste allí nunca? ____________________
6. ¿No se atrevió nadie a contradecirle? ____________________
7. ¿No van a parar jamás? ____________________
8. ¿No quiere que la acompañe nadie? ____________________

#60.

A. y and e (*and*); o and u (*or*)

Complete ahora usando correctamente y, e, o, o u.

1. Este semestre estudio francés _____ inglés. El semestre pasado estudié inglés _____ portugués.
2. ¿Vas a tomar ciencia _____ historia también? — No. Ciencia _____ matemáticas.
3. Ese reloj, ¿es de plata _____ oro? — De uno _____ otro. No sé.
4. ¿Quién es tu compañero de cuarto este año, Carlos _____ Octavio? — Dolores. (!!!)
5. ¿Tú trabajas para Sánchez _____ Hijos? — No. Para Sánchez _____ Hermanos.
6. ¿Cuántas personas hay en el auditorio? — Setenta _____ ochenta, nada más. — ¡Qué va! Más bien setecientos _____ ochocientos habrá, _____ yo no sé contar.

B. pero vs. sino (*but*)

Complete estas frases usando pero o sino:

1. No lo conozco, _________ no me importa.
2. No le conocemos a él _________ a su hermano.
3. No hacía frío, _________ calor.
4. Llovía, _________ no hacía viento.
5. Tenía un carácter un poco frívolo, _________ me gustaba.
6. No era un barrio elegante _________ pobre.
7. En el centro de la ciudad no hay casas privadas _________ edificios comerciales.
8. Lo anunciaron tres veces en la radio, _________ todavía no lo creo.
9. No era una novela muy buena, _________ era interesantísima.
10. No la vi en persona _________ en el cine.
11. No sé su primer nombre _________ su apellido (*surname*).
12. No pongas la lámpara en la mesa grande _________ en la pequeña.

Nombre ______________________________ Fecha ________________ Clase __________

III. Recapitulación

Diga en español:

We are in a large hall filled with people. "Here he is! Long live Rafael!" The idol has just arrived.

Introducer: Ladies and gentlemen, I have the great honor to introduce to you the next president of our country, don Rafael Urbano! (Great applause and cheers.)

Don R.: Thank you, thank you very much . . . Ladies and gentlemen, dear friends, I can't tell you how happy I am (*cuánto me alegro*) to be here with you today, here in this beautiful city. (More applause.) I'm not here to speak ill of the other party. I don't ever say anything against anybody. All I want is to explain to you my own program — prosperity, justice and progress for (*para*) all! (Great applause again.) Now the other party is against all that. (Sssssssss. Down with them!) And if you hand over to them the government of our beloved country, some day you are going to see that you put it in the hands of thieves! But I don't want to tell you anything about that. I'm not that way. (More shouts and applause: How nice he is! Long live Rafael! Down with the others!)

And so, in conclusion, let me say that it is always a great pleasure to spend these moments with you today, here in this center of culture and of beautiful women! Well do I know that in every election someone has to win, and someone has to lose. But this time, the matter is more serious. I don't want you, the people, to lose! I need your votes, your help. Can I count on you? (Frenzied shouts and applause: "Yes, don Rafael! Till death! Victory! Horray for Rafael!")

The music begins again and the idol leaves. Democracy will (*va a*) triumph.

Nombre ______________________ Fecha ______________ Clase __________

LECCIÓN QUINCE

I. Juegos de palabras

A. La palabra intrusa

¿Puede Ud. hallar en cada grupo la palabra que no corresponde al tema? Después indique cuál es el tema de cada grupo.

1. hamburguesa, biftec, rosbif, cerdo, langosta, cordero, ternera

   La palabra intrusa: ____________________ El tema: ____________________

2. vino, leche, maíz, café, té, agua, jugo de naranja, cerveza

   La palabra intrusa: ____________________ El tema: ____________________

3. naranja, toronja, piña, manzana, pera, melón, cebolla, fresas

   La palabra intrusa: ____________________ El tema: ____________________

4. espinacas, zanahorias, maíz, papas, lechuga, tomate, pastel, apio

   La palabra intrusa: ____________________ El tema: ____________________

5. tortas, bizcocho, helados, fruta fresca, guisantes, pasteles

   La palabra intrusa: ____________________ El tema: ____________________

6. novios, enamorados, anillo, escalope, vestido blanco, iglesia, fiesta, invitados

   La palabra intrusa: ____________________ El tema: ____________________

B. Lógica lingüística

Repase por un momento los verbos siguientes:

cambiar, nacer, cuidar(se), buscar, caer, abrir, quejarse

1. Díganos ahora: ¿Qué es una "queja"? ______________ ¿una "busca"? ______________

   ¿una caída? ______________ ¿una "abertura"? ______________

2. Si una persona es muy "cuidadosa", ¿le podemos acusar de "negligencia"? ___________

   ¿Hace cosas peligrosas (*dangerous*)? ______________

3. Si una cafetera sirve para preparar o servir café, ¿para qué usamos una "tetera"?

   ____

4. Si vemos en un banco una ventanilla con la palabra "Cambio" por encima, ¿qué transacciones se realizan allí? __________________________

5. ¿Qué significa en inglés: nascent (*a nascent dilemma, etc.*) ______________________

   an aperture ____________________?

II. Ejercicios suplementarios

#61. The past participle

¿Puede Ud. hallar en el grupo B la terminación de cada frase del grupo A?

A	B
1. ¡Ay, qué cansado estoy	cierre una
2. En boca cerrada	cuando sonó el teléfono
3. Si hay dos ventanas abiertas,	tiene tres hijos ya
4. Mi hermana casada	en la última fila del teatro
5. Estábamos dormidos	no entran moscas (*flies*)
6. Un espejo (*mirror*) roto	de hacer ejercicios!
7. Estuvimos sentados	con un uniforme gris
8. Queridos amigos,	en una casa abandonada
9. Encontraron a un hombre muerto	me alegro mucho de estar con vosotros
10. El guarda estaba vestido	trae siete años de mala suerte

Nombre ________________________________ Fecha ________________ Clase __________

#62–65. *Haber* and the compound (or perfect) tenses

Aquí tenemos una lista de antónimos:

comprar	vender	dar	tomar
poner	quitar	amar	odiar
preguntar	contestar	vivir	morir
aprender	enseñar	creer	dudar
empezar	terminar (acabar)	descansar	trabajar
abrir	cerrar	dormir (se)	despertarse
sentarse	levantarse	perder	hallar (encontrar)
encender	apagar	subir	bajar
salir	entrar, etc.	irse	volver

Estúdielos bien y después conteste diciendo siempre lo contrario. Por ejemplo:

A. ¿Ha subido ya José? *No, ha bajado.*

1. ¿Han comprado Uds. la casa? *No, la* ______________________________
2. ¿Has descansado todo el día? ______________________________
3. ¿Se ha dormido el niño? ______________________________
4. ¿Lo han creído los otros? ______________________________
5. ¿Se lo ha contestado Ud.? ______________________________
6. ¿Has perdido tus llaves? ______________________________

B. ¿Habían salido? *No, habían entrado.*

7. ¿Había empezado ya la función? ______________________________
8. ¿Habían abierto las tiendas? ______________________________
9. ¿Habían entrado Uds. ? ______________________________
10. ¿Se habían amado mucho? ______________________________
11. ¿Te lo habías puesto? ______________________________

C. ¿Sientes que se hayan ido? *No. Siento que hayan vuelto.*

12. ¿Es posible que hayan vivido así? ____________________

13. ¿Temes que no hayan aprendido nada este semestre? ____________________

____

14. ¿Le molesta que hayan encendido las luces? ____________________

____

15. ¿Temen que les hayamos dado algo? ____________________

16. ¿Les sorprende que nos hayamos levantado? ____________________

17. ¿Es probable que los precios hayan bajado? ____________________

III. Recapitulación

It is dinner time at the home (*en casa*) of the Molinos family. The windows of the kitchen are open, and the noises and smells of the neighboring apartments enter.

Mrs. M.: Frankie, just eat and be quiet, will you?

Frankie: Me? What have I said?

Mrs. M.: I don't know. But you haven't eaten anything.

Steve: Will someone pass me the meat?

Louise: Again? You've eaten enough for (*para*) six people.

Steve: Do you-all hear that? My own (*propia*) sister!

Louise: Well, please, Steve, let's finish already, OK? I want to go out.

Mr. M.: Where?

Louise: To the movies.

Mrs. M.: With whom?

Louise: With Janie and her boyfriend, and Chita's boyfriend.

Mrs. M.: I've never liked that Janie. With so many (*tantos*) boyfriends, I'm surprised she hasn't gotten married three times already.

Steve: Did you say with Chita's boyfriend? And where is Chita?

Louise: I wasn't talking to you.

Mr. M.: Then I'll ask you (I'm asking . . .). Where is Chita?

Nombre ________________________________ Fecha ________________ Clase __________

Louise: Chita can't go. I'm going in her place.

Mr. M.: You <u>were</u> going, Louise. You are not (going)!

Frankie: Mom, my chair is broken.

Mrs. M.: If you don't sit still and eat, Frankie . . .

Louise: Please, Mom, Dad . . .

Mr. M.: Your mother and I have decided "No."

Frankie: Mom hasn't said anything.

Mrs. M.: Frankie, just eat and be quiet.

Mr. M.: What heat! You know, Sara, some day we should buy an electric fan.

Mrs. M.: Some day, Joseph, we should find another apartment, as we had planned (*pensar*) to do before Frankie was born.

Mr. M.: Oh, if only . . . ! (*¡Ojalá!*) Remember? I had put away some money . . .

Frankie: I've never liked vegetables.

Louise: So, Mom, Dad, can I go out or not?

Steve: Will someone pass the rice?

Mrs. M.: Please, kids, just eat and be quiet, all right?

Nombre ______________________________ Fecha ________________ Clase __________

REPASO III

¿Sabe Ud. leer?

You should have no trouble whatever with this story because the basic grammar and vocabulary are all well in your grasp. But here are a few clues to help you through any dilemmas:

1. As always, try to figure out the meaning of words in the specific context at hand. And if you still can't get the sense, try relating the new words with others that may come from the same source. For example, take the word "asiento trasero". Since we're talking about a taxi, we know that there are only two possible "asientos" — uno por delante, el otro por atrás. ¿Con cuál se relaciona la palabra "trasero"?

2. Again, sound out the Spanish words to see whether the main part bears any resemblance to some other word you know, in English or elsewhere. Por ejemplo: "argüir" — ¿Qué hace una persona si tiene un problema y "arguye consigo mismo"? . . . Hablando de "suerte", ¿qué es la "rueda de ruleta"? . . . Si decimos que el cuento "trata de alguien o de algo", ¿con qué palabra inglesa se relaciona aquí la palabra "tratar"? ¿Qué es un "tratamiento médico"? . . . Bueno, a leer.

"La suerte"

Suerte. ¿La tendré? ¿No la tendré? Es un problema que nos obsesiona siempre. ¡Cuántas veces hemos oído decir a nuestros amigos:

— Ramón? Se ha hecho millonario. Él jamás ha sabido nada de la Bolsa. Pero compró mil acciones de la Compañía Unida cuando no valían nada. Y un día descubren uranio, suben cien veces las acciones, y ahora no hay nadie más astuto que él. Eso sí es suerte.

— ¡Pobre Elsa! En toda su vida no ha tenido ni un día bueno. Las cosas siempre le van de mal en peor. Nunca podré comprenderlo. Eso sí es tener mala suerte.

— Con la suerte que tengo yo, no lo dudes por un momento, ¡me darán el mismo profesor que me suspendió el semestre pasado!

Suerte. En realidad, ¿qué es? Recuerdo un cuento de un autor moderno español llamado Joaquín Calvo Sotelo. El cuento se titula sencillamente "La suerte".

Trata de un pobre chófer de taxi que encuentra un día en el asiento trasero de su coche una maleta que contiene cien millones de pesetas. Siempre ha sido un hombre honrado, pero esta vez piensa en las muchas cosas que necesitan él y su familia. — El dinero será de un gran millonario. Él no lo necesitará tanto como yo, piensa. — Pero no es mío, arguye consigo mismo. — No tengo derecho a este dinero. — Y así, peleando con su conciencia, decide entregar los cien millones de pesetas a la policía.

Camino a la comisaría de policía, se le presenta en la calle la Dama Suerte. Está furiosa con él. — ¿Por qué me ofendes así?, pregunta al chófer. — Fui yo quien hice a ese señor olvidar su maleta en el taxi. No quiero que le devuelvas el dinero. Si lo haces, no volveré a sonreírte jamás. Ya lo verás.

Pero el chófer ha tomado ya su decisión y entrega la maleta a la policía. Pasan semanas. Pasan meses. Y las cosas le van de mal en peor. Va buscando por todas partes a la Dama Suerte. Quiere hablar con ella. Pero no la encuentra en ninguna parte. Un día, compra todos los números en la rueda de ruleta, y la obliga a venir. Pero la Dama no quiere favorecerle más. Desesperado, el chófer decide quitarse la vida.

Sube al último piso de su casa y se tira por la ventana. Pero en vez de morir aplastado en la calle, cae en el toldo de una terraza. Levanta la cabeza y entonces, en la ventana de la casa vecina, ve a la Dama Suerte — que le sonríe cariñosamente.

Comentarios

1. Otra vez, explíquenos en sus propias palabras — en inglés o en español — el cuento de "La suerte". En su opinión ¿hizo bien o mal el chófer entregando el dinero a la policía? Al final de cuento, ¿tuvo suerte? ¿En qué forma? ¿Qué piensa Ud. de esta conclusión?

2. Al principio de este cuento, se habla de "Ramón el millonario", de la "pobre Elsa", y del estudiante que fue suspendido el semestre pasado. ¿Conoce Ud. a alguien que haya tenido un gran "golpe de suerte" — buena o mala? ¿Lo ha tenido Ud. ? ¿En que respectos se considera Ud. afortunado (afortunada)? ¿En que respectos no?

Nombre ______________________________ Fecha ________________ Clase __________

LECCIÓN DIEZ Y SEIS

I. Juegos de palabras

A. La palabra intrusa

¿Puede Ud. encontrarla en cada grupo? Indique después el tema.

1. pantalla, canales, sonido, cámara, programación variada, peligro, antena, cable, circuito cerrado, imagen ____________________ Tema: ____________________
2. estaciones, micrófono, sonido, noticias, locutores, periódicos, música de disco, audífonos (*ear phones*), modelo portátil con reloj y despertador ____________________

   Tema: ____________________
3. noticias internacionales domésticas y locales, anuncios comerciales, información sobre condiciones de tránsito, telenovela, pronóstico del tiempo, noticias deportivas, crítica de cine y teatro, comentarios y entrevistas ____________________

   Tema: ____________________
4. grabación magnética, cintas o cassetes, micrófono, programa de variedades, portátil o permanente, enchufar, baterías, poner, quitar ____________________

   Tema: ____________________

B. Asociaciones: ¿Cómo se relacionan los grupos 1 y 2?

peligro ____________________________	¡Bienvenidos!
nublado ____________________________	gracioso
tocar ____________________________	Dios
cielo ____________________________	un instrumento
gusto ____________________________	placer
llegada ____________________________	otoño
reír ____________________________	¡Cuidado!
fresco ____________________________	llover

C. Lógica lingüística

1. Si una "grabadora" es un aparato que se usa para cintas o discos, música, conversaciones, etc., ¿qué es una "grabación"? ______________________________

2. Si "bailar" es el acto de ejercitar los pies y todo el cuerpo rítmicamente al compás de música, ¿qué es un "bailarín" (o una "bailarina")? ______________________________

3. Si "peligro" es una situación en que la salud o la vida de una persona está amenazada (*menaced*), ¿qué significa "peligroso"? ______________________________

4. Si "tocar" significa aplicar los dedos o apretar (*press*) algo con alguna parte del cuerpo, ¿qué significa "el toque final"? ______________________________

5. Si una canción es una melodía con versos que se cantan, ¿qué es un(a) "cantante" (o una "cantatriz")? ______________________________

D. Inglés-español

¿Con qué palabras españolas se relacionan estas palabras inglesas? (¿Sabe Ud. lo que cada una significa?)

terrain, terrestrial ____________________	celestial ____________________
gustatory, gusto ____________________	fixation ____________________
ballerina, ballet ____________________	cantor, canto ____________________
recognize ____________________	fresh ____________________

II. Ejercicios suplementarios

#66. The future tense

Cambie según el elemento nuevo:

1. Yo se lo mandaré. (presentar, arreglar, entregar, decir)

____

2. ¿Le suspenderás? (castigar, servir, descubrir, acompañar)

____

3. Lo haré mañana. (Alvaro y yo, nuestro club, los otros, ¿tú . . . ?)

____

4. Los diremos en seguida. (hacer, tener, saber, poner)

____

5. ¿Cabrán (*will fit*) todos? (vosotros, nosotros, ellos, yo)

____

6. ¿No sabrás hacerlo? (poder, querer, saber, gustarte)

____

#67. The future of probability

Conteste expresando siempre conjetura. Por ejemplo:

¿Qué hora es? (La una.) *Será la una.*
¿Qué desea ese hombre? (. . . hablarte) *Deseará hablarte.*
¿Qué tienen en la mano? (un rifle) *Tendrán un rifle en la mano.*

1. ¿Quién es esa persona? (Un amigo de Gloria) ________________________________
2. ¿Qué sirven para la comida? (Rosbif) ________________________________
3. ¿Qué contiene la cartera? (Mucho dinero) ________________________________
4. ¿Quién gana el premio (*prize*)? (Juan . . .) ________________________________
5. No conocemos a nadie allí. (¡Qué va! . . . a muchas personas.) __________________

   ____

6. ¿En qué piensa Roberto? (en ti) ________________________________
7. ¿Lo necesita ese señor? (No tanto como yo.) ________________________________
8. ¿Qué hora es? (Las cuatro) ________________________________ (¡Cuidado!)

#68. Other meanings of *will* and the idiom *haber de* (*to be supposed to*)

A. Busque en el grupo 2 respuestas lógicas para las frases del grupo 1.

1	2
1. Ricardo había de llegar a las siete y no ha llegado todavía.	a. — Con mucho gusto. Pero ¿no tendrás frío?
2. ¿Quiere Ud. sentarse por un momentito?	b. — ¿Quiere que le dé la pimienta también?
3. Manuel, ¿quieres abrir un poco más las ventanas?	c. — No se preocupen. El profesor les dará más tiempo para estudiar.
4. He de verla a María mañana.	d. — ¡Dios mío! ¿Qué le habrá pasado?
5. ¿Quiere Ud. pasarme la sal?	e. — Gracias, pero no estoy cansada.
6. ¿Cómo había de saber yo que ya no vivían allí?	f. — ¡Qué bien! ¿Quieres darle nuestros recuerdos?
7. Hemos de tener examen hoy, y no estamos preparados.	g. — ¿Por qué no los llamaste primero por teléfono?

B. Mini-diálogos

Lea bien, y después conteste?

1. — El avión salió a las diez y el viaje tarda (*takes*) sólo una hora.

   Conteste: ¿A qué hora han de llegar a su destino los pasajeros? ____________________

   ____

2. — Veinte personas habían de venir a la reunión, pero ahora parece que cinco no pueden.
   — ¡Qué lástima!

   Conteste: ¿Cuántas personas habían de asistir? ______________________________

   Y ahora, ¿cuántas han de venir? ______________________________

Nombre ________________ Fecha ________________ Clase ________

#69. The future perfect

Ahora conteste según las indicaciones:

1. ¿Uds. habrán vuelto para el 26? — Sí, ________________ para entonces.
2. ¿Habrá salido ya Rosario? — Sí, ________________ con algunos amigos suyos.
3. ¿Habrá llegado la carta? — No, ________________ todavía.
4. ¿Quién la habrá perdido? ________________ un gran millonario.
5. ¿Lo habréis terminado para mañana? — Sí, ________________, con suerte.
6. ¿Habré perdido la oportunidad? — *No la* ________________ todavía.
7. ¿Habrá chocado (*hit*) con otro automóvil? — No, ________________ con un camión.
8. ¿Quién se lo habrá contado? — Algún vecino suyo ________________.

#70. More about adjectives: Shortening and position

A. Emplee los siguientes grupos de adjectivos según los modelos:

un artista — gran(de), moderno, francés:	un gran artista moderno francés
un ejercicio — largo, difícil, complicado:	un ejercicio largo, difícil y complicado

1. su obra — primera, dramática ________________
2. el autor — tercer(o), más importante, inglés ________________

   ____
3. una aventura — peligrosa, increíble, fascinante ________________

   ____
4. un poeta — famoso, contemporáneo, argentino ________________

   ____

5. una mesa — elegante, grande, redonda ____

____

6. el episodio — primer(o), memorable, distintivo ____________________________________

____

7. un análisis — buen(o), psicológico, social ____

____

B. Alternatives

Escoja siempre entre las dos alternativas.

1. José Robles tenía dinero, pero no tenía amor ni salud ni amigos. En su opinión, ¿era un hombre pobre, o un pobre hombre? ____

2. Mi familia vivía en una casa de apartamentos con doscientas otras familias. ¿Era un edificio grande o un gran edificio? ____

3. Yo conocí (*met*) a mi amiga Charo cuando estábamos en la escuela elemental, y ahora vamos a la universidad juntas. Dígame: ¿Somos viejas amigas o amigas viejas?

____

4. Miguel de Cervantes escribió <u>Don Quijote de la Mancha</u>. ¿Era un gran escritor español o alemán? ____

5. Leonardo da Vinci pintó la Mona Lisa. Díganos: ¿Era un gran artista francés o italiano?

____

6. Me encanta la música de discoteca. ¿Qué dice Ud. ? ¿Me gusta más la música clásica europea o la música moderna americana? *Le* ____________________________________

____

7. A mi novio le gusta el arte de Picasso. Dígame: ¿Le gusta el arte abstracto moderno o el arte realista tradicional? ____

Nombre ________________________________ Fecha __________________ Clase __________

III. Recapitulación

Diga en español:

Various radio stations are on. Let's listen:

"Santiago. The mechanics' strike that began three weeks ago will continue interrupting train service for an indefinite time, according to (*según*) . . . "

* * *

"Olé, olé, olé! We have been listening to the music of Tito Rodríguez performing the beautiful song: 'Oh, heart, will you recognize me?' Now remember, friends, Tito and his boys will be playing for your pleasure this Sunday, in person, in . . . "

* * *

"— But, Inocencia, what will I do? What will Remigio say if he learns that my husband Anacleto, who I thought was dead, really has been in jail during all these years, and that he will come out tomorrow and will come here to see me?
— He'll understand, Virginia.
— And what will Anacleto think on learning that we now have five children? We only had three when he went away.
— Maybe he won't remember, Virginia. Maybe he won't notice . . . "

* * *

"Bulletin! Mexico. Sylvia Malón, the famous stage and screen star will be married secretly tomorrow to the director . . . "

* * *

"— But, will we love each other as much as . . . Heavens! There is someone at the door. Can it be he?"

* * *

"Remember, friends: Buy Hyperconcentrated Suppress, the deodorant that helps only one person in a hundred. Who knows? You may be that person!"

* * *

"Tomorrow, rain, changing to cooler and . . . "

Nombre ______________________________ Fecha ________________ Clase __________

LECCIÓN DIEZ Y SIETE

I. Juegos de palabras

A. Lógica lingüística

¿Conoce Ud. estas palabras?

salud, razón, guardar, faltar, ofrecer, preocuparse, tratar, carta, fuera, bastante, campo

Pues conteste entonces:

1. ¿Qué es una comida "saludable"? ____

   ¿Y una persona "razonable"? ____________________________

2. ¿Dónde trabaja un "guarda"? (¿Puede mencionar dos lugares?) ____________________

   ¿Y un "cartero"? ____________________________

3. Si hay una "falta" de algo, ¿hay una cantidad demasiada o insuficiente? ______________

4. ¿Qué es un "tratamiento" médico? __________________________

   ¿una "oferta" especial en una tienda? __________________________

5. ¿Es feliz o infeliz una persona si tiene muchas "preocupaciones"? ________________

6. ¿Qué significa "vivir en las afueras" de una ciudad? ____________________________

   ¿Dónde vive un "campesino"? ________________

7. ¿Se muestra paciente o impaciente una persona si dice: "¡Basta!"? ________________

B. Paralelos

1. Clima es a climático como luna es a ________________. (¡Sí! Significa "afectado por la luna".)

2. Sol es a asoleado como _________ es a nublado y _________ es a floreado. A propósito, ¿qué significan estos tres adjetivos? ______________________________

3. ___________________ es a montañoso como ___________________ es a arenoso, y ___________________ es a lluvioso. Otra vez, ¿qué significan los tres adjetivos?

   ____

4. ____________________ es a <u>aclimatarse</u> como ____________________ es a <u>marearse</u>.

¿Se siente bien o mal una persona que está "mareada"? ____________________ ¡Uf!

C. Asociaciones al instante

¿Cuál es la primera cosa que Ud. asocie con cada una de éstas?:

anillo ____________________	oro ____________________
fósforo ____________________	seda ____________________
plata ____________________	cartón ____________________
aparato ____________________	gas ____________________
edificio ____________________	electricidad ____________________
vidrio ____________________	madera ____________________
algodón ____________________	lana ____________________
nilón ____________________	goma ____________________
cuero ____________________	

D. ¡Al contrario!

Busque en el grupo 2 lo opuesto de cada palabra del grupo 1.

1	2
afuera ____________________	sacar
aquí ____________________	ahí o allí
la mitad ____________________	adentro
cubrir ____________________	blando
sonreír ____________________	nacer
morirse ____________________	descubrir
meter ____________________	largo
grueso ____________________	ligero
duro ____________________	todo
pesado ____________________	llorar
corto ____________________	fino

Nombre ______________________________ Fecha ________________ Clase __________

E. ¿Cómo son?

1. ¿Duro o blando?:

piedra ____________________

diamante ____________________

una cama ____________________

ladrillos ____________________

seda ____________________

cristal ____________________

un sofá ____________________

2. ¿Barato o costoso?:

plata ____________________

petróleo ____________________

poliéster ____________________

oro ____________________

plástico ____________________

electricidad ____________________

cuero ____________________

3. ¿Ligero o pesado?:

hierro ____________________

nilón ____________________

aluminio ____________________

acero ____________________

II. Ejercicios suplementarios

#71–72. The conditional and its uses

A. Cambie siempre según el elemento nuevo.

1. ¿Qué haría Ud. en esa situación?

¿ ____________________ tú ____________________?

¿ ____? (decir)

¿ ____________________ nosotros ____________________?

¿ ____? (valer)

2. ¿Les gustaría un piso hermoso?

¿ ____________________ unos muebles ____________?

¿Te ____?

¿ ____? (interesar)

A nosotros ____

3. Yo los cubriría mejor.

_________________________ (pintar)

_________________________ (servir)

¿Vosotras _________________________?

¿_________________________? (preparar)

4. ¿A qué hora saldrían?

¿_________________________? (marcharse)

¿_________________________? (volver)

¿_________________________? (irse)

¿____________ nos ____________?

5. ¿No dijo Ud. que me lo daría?

¿______ dijiste ____________________?

¿______ prometieron ____________________?

¿_________________________? (traer)

¿_________________________? (devolver)

B. Other meanings of *would* and *should*

¿Como se relacionan las grupos A y B?

A

1. Gonzalo nos llamaba todos los días
2. Ya sé que debemos ayudarlos
3. Sara debe conocerlo bien
4. Debes coger el tren de las ocho
5. La visitábamos a menudo
6. ¿Quiere Ud. darme
7. Cuando yo era pequeña
8. Debo hacer mi tarea ahora

B

si no quieres llegar tarde.
pero no los soportamos.
porque pasaron el verano juntos.
pero nunca quisimos contestarle.
pero no estoy de humor (*in the mood*).
soñaba con ser una gran actriz.
el número de su teléfono?
cuando vivíamos cerca.

Nombre ______________________ Fecha ______________ Clase ________

#73. The conditional perfect

Conteste afirmativamente o negativamente, según las indicaciones:

1. ¿Lo habría hecho Ud. ? (No . . . jamás.) ______________________________

____

2. ¿Las habrías invitado tú? (Sí, con el mayor gusto.)

____

____

3. ¿Vosotros habrías peleado por una cosa tan pequeña? (Claro que no.) ______________

____

4. ¿Se habrían quejado Uds. al jefe? (No, al presidente mismo.) ______________

____

5. ¿Ud. habría devuelto la cartera? (Por supuesto . . .) ______________________

____

6. ¿Tú habrías comprado una máquina de escribir tan grande? (No, más pequeña y portátil.)

____

7. ¿Tú te habrías casado con él? (¡Dios mío! ¡Antes con el demonio . . . !) ______________

____

8. ¿Me habrían entregado Uds. a la policía? (No, por nada.) ______________________

____

#74. *De* + a noun instead of an adjective

Conteste lo mejor que pueda:

1. ¿Vale más un anillo de diamantes o un anillo de oro? ______________________

____

2. ¿Es más fuerte una caja de cartón (*cardboard box*) o una caja de madera? ______________

____

3. ¿Cuesta más una cuchara de plata o una cuchara de lata (*tin*)? ______________

____

4. ¿Pesa (*weighs*) más una olla de hierro (*iron pot*) o una olla de aluminio? ____________

____

5. ¿Le gusta más una camisa de algodón o una camisa de seda? ____________________

____

6. ¿Vive Ud. en una casa de ladrillos? ______________________________________

____

7. ¿Le gustan a Ud. los abrigos de pieles (*fur coats*)? ________________________

____

8. ¿Tiene Ud. muchos artículos de plástico? _________________________________

____

III. Recapitulación

Traduzca al español:

It was very early for dinner. The restaurants wouldn't begin to serve until nine or ten o'clock, and there we were, starving (*con un hambre feroz*) and so tired after that long trip. We went over to the concierge.

Perhaps he would know a restaurant near the hotel . . . Yes, there was one that he could recommend to us, but he didn't know whether we would like it as much as some other one. Maybe it would be better to wait . . . No, that one would be (*estaría*) perfectly all right, and then, to bed!

It was an ordinary restaurant, one that we would have passed a hundred times without even noticing. And that's why (*por eso*) it surprised us so (much) to see her there. Her! Who could she be? She was very old, but she had probably been beautiful in times past (*pasados*). And in the harsh light of that poor café, her jewels glistened, casting little rainbows on the walls and on the tablecloths spattered with yellow stains. Could those jewels be real? And why did she divide her meal into two halves, placing the other half in a silver casserole in her large bag? Why was she listening to that American music of the 40s? And she smiled, smiled.

The next night we returned to the little café. We wouldn't be able to leave without seeing her again, without talking to her. But the old lady wasn't there. We went over to the waiter. The man laughed. "What woman?", he asked. "Man, we were closed last night!" On one of the tablecloths spattered with yellow stains we could still see a small rainbow.

Nombre ______________________ Fecha ______________ Clase ________

LECCIÓN DIEZ Y OCHO

I. Juegos de palabras

A. Asociaciones al instante

¿Cuál es la primera cosa que se le ocurre al oír estas palabras?

concierto ________________

película ________________

función ________________

taquilla ________________

comedia musical ________________

orquesta ________________

el telón ________________

ballet ________________

disfrutar ________________

asistir (a) ________________

estrella, astro ________________

ópera ________________

banda ________________

un estreno ________________

B. Teatro

1. ¿Antes o después?

¿Cuáles de estas cosas ocurren antes de comenzar la función de teatro? ¿Cuáles ocurren después de comenzar la acción en escena?

a. El director y los artistas ensayan la obra. ________________

b. El director musical presenta los arreglos musicales a la orquesta. ________________

c. El coreógrafo trabaja con los bailarines. ________________

d. El público entra al salón. ________________

e. Se preparan el decorado y el escenario. ________________

f. Los protagonistas interpretan sus papeles delante del auditorio. ________________

g. El telón se levanta. ________________

h. Hay un intermedio corto entre los actos. ________________

i. El productor consigue fondos para montar la producción y contratar a los artistas.

____

j. El telón cae. ________________

2. ¿Delante o detrás?

Entre todas estas personas, ¿quiénes trabajan delante del telón? ¿Quiénes trabajan detrás?

el director (la directora)	el escenógrafo
los productores	los técnicos de iluminación
los protagonistas y demás artistas	los tramoyistas (*stage hands*)
los cantantes y bailarines	el director de orquesta
el coreógrafo	los coristas

Delante	Detrás
______________________	______________________
______________________	______________________
______________________	______________________
______________________	______________________
______________________	______________________

3. ¡Es lo opuesto!

Busque en el grupo 2 lo contrario de cada expresión del grupo 1.

1	2
gritar ______________	callar
fondo ______________	también
debajo de ______________	tarde
gerente ______________	fracaso
mudarse ______________	frente
a tiempo ______________	empleado
adelante ______________	hacia atrás
éxito ______________	quedarse
tampoco ______________	encima de
	alto

A propósito, ¿con cuál de estas palabras se relaciona la palabra inglesa "fiasco"?

______________ (¿Sabe Ud. lo que significa? ______________)

Nombre ______________________ Fecha ____________ Clase ________

C. Lógica depontiva

¿Conoce estas palabras?

deporte, jugar, derrotar, empatar, aficionado, pereza, aguantar, temporada

Pues conteste ahora:

1. ¿Qué es un "deportista"? ______________________ ¿Qué es un "coche deportivo"? ______________________
2. Si un partido acaba en un "empate", ¿quién ganó? __________ Y si acaba en una "derrota" para los nuestros, ¿nos sentimos tristes o nos alegramos? ____________
3. Si una persona "no aguanta" algo, ¿le parece bien o mal la cosa? ______________ Y si uno tiene mucha afición a algo, ¿le gusta o no? ____________
4. Si tengo fama de ser perezosa, ¿soy gran trabajadora? ________________ ¿Me levanto temprano o tarde? ________________ ¿Están muy llenos o desocupados mis días? ________________ ¿Qué significa entonces "pereza"? ________________
5. Si le compro a mi hijo un "juguete", ¿qué le he dado? ________________
6. Finalmente, si decimos que algo es "temporal", ¿dura para siempre o relativamente poco? ________________

II. Ejercicios suplementarios

#75. Introducing the imperfect subjunctive

Escriba la forma correspondiente del imperfecto de subjuntivo.

Roberto: alzar ____________________

los ladrones: quemar ____________________

eso: significar ____________________

nosotros: soñar ____________________

las bombillas: apagarse ____________________

el mantel: cubrir ____________________

la cabeza: dolar ____________________

las fotos: salir ____________________

los pantalones: romperse ____________________

Linda y yo: cuidarnos ____________________

tú: cruzar ____________________

los anillos: brillar ____________________

yo: tener ____________________

yo: haber ____________________

Juanito: estar ____________________

Juanito y yo: andar ____________________

tú: decir ____________________

vosotros: decir ____________________

los testigos: repetir ____________________

los otros: ser ____________________

Pío y tú: dar ____________________

el jefe: pedir ____________________

Nombre ______________________ Fecha ______________ Clase __________

#76. Uses of the imperfect subjunctive

A. Conteste según las indicaciones. Por ejemplo:

¿Dijeron que volvieras en seguida? (No . . . quedarme) *No, dijeron que me quedara.*
¿No querías que yo lo hiciera? (No, que Pablo . . .) *No, quería que Pablo lo hiciera.*

1. ¿Querían que lo guardáramos? (No . . . devolver) ______________________

____

2. ¿Era probable que tuviera razón? (No . . . equivocarse) ______________________

____

3. ¿Se alegraron de que no fueran ellos? (No . . . tú) ______________________

____

4. ¿Le pidieron a Ud. que se lo explicara? (No . . . repetir) ______________________

____

5. ¿No te rogamos que no hicieras nada? (No . . . decir) ______________________

____

6. ¿Era posible que lo suspendieran? (No . . . castigar) ______________________

____

7. ¿Le dijeron Uds. A Luisa que no manejara de noche? (No, a los chicos) ______________

____

8. ¿Era posible que estuviera parado todo el tiempo? (No . . . dormido) ______________

____

B. "If I were you . . ."

Lea bien, y después escoja la alternativa más lógica:

1. Si yo tuviera diez millones de dólares, (los gastaría en un solo día, trataría de ayudar a otras personas, me moriría de pena).
2. Yo iría en seguida a un garaje (si mi coche fuera tan nuevo como el tuyo, si mi coche estuviera en perfectas condiciones, si mi coche funcionara tan mal como el tuyo).
3. Yo me echaría una siesta (si no tuviera tanto trabajo que hacer, si no estuviera tan cansada, si hubiera algo interesante que hacer hoy).
4. Si no fuera tan costoso, (haríamos un largo viaje, nos compraríamos una nueva caja de fósforos, me quejaría al dueño de la casa).
5. Yo tomaría aspirinas y me metería en la cama (si tuviera menos años de edad, si tuviera una jaqueca tan fuerte como la tuya, si tuviera más suerte).
6. Pasaríamos un año en un país hispánico (si quisiéramos sacar mejores fotos, si pudiéramos ir a pie, si nos interesara de veras dominar la lengua española).
7. Si me faltaran doscientos dólares para pagar la matrícula este semestre, (abandonaría para siempre mis estudios, buscaría trabajo en otra ciudad, pediría un préstamo [*loan*] a un banco).

#77. The pluperfect (past perfect) subjunctive

Use siempre el pluscuamperfecto de subjuntivo del verbo más lógico:

1. Si ____________________ a tiempo, no habrías llegado tan tarde. (salir, volver, devolver)
2. Si Uds. ____________________, la foto habría salido mucho más bonita. (despedirse, sonreír, gozar)
3. Si lo ____________________ mejor, tu vestido no estaría tan arrugado (*wrinkled*). (lavar, ensuciar, planchar — *iron*)
4. Si nos ____________________ de la oportunidad, seríamos ricos hoy. (dudar, preocupar, aprovechar)
5. Si su amigo le ____________________ las nuevas con más consideración, no le habrían chocado tanto. (prometer, contar, mudar)
6. Si ese hombre no ______________________________ en la vida, entenderíamos mejor por qué se quitó la vida. (tener tanto éxito, darse cuenta, quejarse tantas veces).
7. Si yo no te ____________________, ¿me habría sacrificado tanto por ti? (querer, odiar, rogar)

Nombre ________________________________ Fecha __________________ Clase ___________

#78. Sequence of tenses with the subjunctive

Exprese en español las palabras indicadas entre paréntesis:

1. Quiero que ______________ en seguida. (*you to come* — Uds.)
2. Quería que ________________ en seguida. (*you to come* — Uds.)
3. Dudamos que __________ él. (*it is*)
4. Dudamos que ___________ él. (*it was*)
5. ¿No te decimos siempre que ____________________? (*not to do it*)
6. ¿No te dijimos cien veces que ____________________? (*not to do it*)
7. No es verdad que ___________ enamorado de mí. (*he is*)
8. No es cierto que ________________ enamorado de mí. (*he was*)
9. Es lástima que __________________ hacerlo. (*we can't*)
10. Era lástima que ____________________ hacerlo. (*we couldn't*)
11. ¡Ojalá que ____________________ tan pronto. (*they don't go away*)
12. ¡Ojalá que ____________________________ tan pronto. (*they haven't gone away*)
13. Teme que le ______________________. (*they have forgotten*)
14. Temía que le _________________________. (*they had forgotten*)
15. Si me lo _____________, lo aceptaría en el acto. (*they offered*)
16. Si me lo ________________________, lo habría aceptado en el acto. (*they had offered*)
17. Les ruego que lo __________ listo para mañana. (*you have*)
18. Les rogué que lo ______________ listo para hoy. (*you have*)

III. Recapitulación

Exprese otra vez en español:

We are in the theater, watching <u>Temptation</u>, the biggest hit of the season. The two stars (*protagonistas*) are on stage.

She: Oh, William, I didn't want you to know until I myself could tell you, and beg you to forgive me.

He: No, Jacqueline, there is nothing that can make me forgive you.

She: And if I were to tell you that I adore you, that that other one meant nothing to me?

He: What can I say, Jacqueline? Perhaps if I were another man, if you were another woman, . . .

A couple comes rushing down the aisle heading toward seat Nos. 121, and 123C, only to find (*para hallar*) that their seats are occupied by another couple. They begin to argue (*discutir*) in a loud voice. Someone calls the manager, and the voices grow louder, while the stars continue valiantly on stage:

She: Oh, William, if you had been there that night, nothing would have happened. We would have spent the rest of our life together, living, loving.

The manager has discovered that in reality the seats belong to the second couple, and that the first couple should be in Row B. Row by row, the audience gets up. All is noise and confusion. Above it all (*Encima de todo*), we still hear the voices of our actors:

She: If you could love me once again, . . .

He: Oh, Jacqueline, if you had not trampled (*pisar*) on my heart . . .

The door opens again, and another couple rushes down the aisle toward Seats 122 and 124 of Row B.

Nombre ______________________ Fecha ______________ Clase ________

LECCIÓN DIEZ Y NUEVE

I. Juegos de palabras

A. Paralelos

¿Cómo los completa Ud. ?

1. Viaje es a viajero como pasaje es a ______________
2. Vuelo es a _______ *ar* como ______________ es a parar.
3. Maleta es a ______________ como ______________ es a billetero, como ______________ es a boletero, y como Aduana es a ______________
4. A propósito: ¿Qué es un "camionero"? ______________ ¿Y en México? ______________

B. Familias de palabras

Llene los blancos, y después díganos: ¿Sabe Ud. lo que significa cada una de estas palabras?

Verbo	Nombre	Adjectivo
doler (Me duele . . .)	______________	doloroso
______________	cruz, cruce de caminos	crucial
______________	negación	______________
______________	______________	cuidadoso
______________	corte	______________
regalar	______________	regalado
distinguir	______________	______________
______________	encanto	______________

C. Sinónimos

¿Cómo relaciona Ud. los grupos 1 y 2?

1	2
manera ____________	pena, penoso
distinto ____________	diferente
al día siguiente ____________	dar
dolor, doloroso ____________	cuidadosamente
precioso ____________	el próximo día
de veras ____________	modo
negar ____________	mantener la negativa
dudar ____________	no creer
con cuidado ____________	valioso
regalar ____________	de verdad

II. Ejercicios suplementarios

#79. Subjunctive and indicative with impersonal expressions

Conteste según las indicaciones (como siempre, ¿verdad?)

1. ¿Es posible que llueva mañana? (Sí, es muy posible . . .)

   ____

2. ¿Es verdad que ha terminado la huelga? (No, no es seguro . . . todavía.)

   ____

3. ¿Es necesario que salgamos ahora mismo? (Claro, es urgent . . .)

   ____

4. ¿Es fácil (*likely*) que hayan copiado todas las preguntas? (Es evidente . . .)

   ____

5. ¿Era posible que murieran en el accidente? (No, . . .)

   ____

6. ¿Es cierto que los hayan suspendido? (No, es increíble.)

____

7. ¿Era preferible que fuéramos por el otro camino? (Si, era necesario . . .)

____

#80. Unreality: "Is there anyone who . . . ?

A. Busque en el grupo B las respuestas del grupo A.

1. ¿No hay nadie que lo sepa todavía?
2. Quiero comprar un reloj que no se pare siempre.
3. No hay nada que me guste más que verla feliz.
4. ¿Buscan Uds. una secretaria que hable español?
5. ¿Hay alguien que nos pueda llevar a la estación?
6. ¿Has visto jamás a una persona que hable tanto y que diga tan poco?
7. ¿Conoces a un abogado que entienda de estos casos?
8. Jamás he probado legumbres que tengan tanto sabor como éstas.

a. — No sé. ¿A qué hora ha de salir el tren?
b. — Hay muchos que son expertos sobre esas cuestiones.
c. — Le recomiendo que compre uno de aquellos nuevos eléctricos.
d. — No, a menos que hayan llegado más noticias hoy.
e. — Sí, yo tengo un vecino que habla más y que sabe menos.
f. — Es porque nosotros mismos las cultivamos.
g. — Gracias, pero ya tenemos dos que son bilingües.
h. — Y no hay nadie a quien ella quiera más que a ti.

B. Ahora complete usando el subjuntivo o indicativo, según sea necesario.

1. ¿Hay una calle por aquí que no _______ tanto tránsito? (tener) — Hay solamente una que no lo ______, pero no te la recomiendo. (tener)
2. No hay ninguna estrella de cine que me ____________ más que ella. (gustar) — ¿Por qué? Hay otras que _______ mucho más hermosas que ella. (ser)
3. ¿Tienes una caja que ____________ para meter mis zapatos, guantes, bufanda y pantalones? (servir) — Aquí tienes una que ____________. (servir)
4. Esta es la única foto que nos ____________. (interesar) — ¿No hay ninguna otra que les ____________ también? (interesar)
5. Me gustaría hablar con alguien que ____________ hecho ya ese viaje. (haber) — Si quieres, te presentaré a un amigo mío que lo ____________ el año pasado. (hacer)

#81. Conjunctions that imply unreality: Uncertainty, impossibility, unfulfillment

Conteste escogiendo siempre la segunda alternativa. Por ejemplo:

En caso de que llame, ¿le digo que llame más tarde o que espere?
En caso de que llame, dígale que espere.

1. Con tal que tengamos dinero, ¿iremos al cine o al teatro?

   ____

2. En caso de que me lo pida, ¿se lo niego o se lo doy?

   En caso de que se ______________________________

3. Dado que apruebe (*he passes*) el examen, ¿debe repetir el curso o pasar al próximo?

   ____

4. A menos que acaben temprano, ¿quieres que sigan trabajando o que lo dejen para mañana. ______________________________

5. Aunque sea millonario, ¿aprenderá a vivir mejor o siempre guardará el dinero?

   ____

6. ¿Recomienda Ud. que lo hagamos abiertamente o sin que nadie lo sepa?

   ____

7. ¿Se quedarán Uds. toda la noche o sólo hasta que ellos vuelvan?

   ____

8. ¿Quieren que les avisemos cuando salgamos o así que volvamos?

   ____

9. ¿Debemos salir después de que vengan los invitados o antes de que nos vean?

   ____

10. ¿Lo está haciendo para que le tengamos miedo o para que le respetemos más?

    ____

Nombre ______________________________ Fecha ________________ Clase __________

III. Recapitulación

Traduzca al español ahora:

Donald and Ines Brown are looking at the slides that Ernest Costas took (*sacar*) on his trip to Europe.

Ernest: Well, here we are in Rome. That's Mary Lou in the red pants, crossing the Via Veneto.

Donald: That must be why the traffic stopped!

Mary Lou: Ernest, I've asked you many times not to show that picture. I look so fat.

Ernest: Go on! I like you (*Me gustas*) that way . . . Anyhow, here I am talking to an Italian policeman.

Ines: Do you know Italian, Ernest?

Ernest: I get by. "Arrivederci" and "Ciao". Now, here we are in front of the Vatican.

Mary Lou: It's St. Paul's church, not the Vatican.

Ernest: St. Paul's church is in Florence.

Mary Lou: How do you know? We never were in Florence.

Ernest: Oh, no? I thought . . .

Mary Lou: We were supposed to (*Debíamos*) go to Florence on Wednesday afternoon, but you went up to the room to take some aspirins, and we missed the bus.

Ines: What a pity! So you couldn't buy anything that day?

Mary Lou: Oh, yes. I found a little store in the hotel and . . . You know, Ines? So that you'll understand how much I like you, I brought you a little present from there.

Ernest: Please, Mary Lou, when I finish with the photos. Look, here Mary Lou cut off my head!

Donald: Congratulations! Well done, Mary Lou.

Mary Lou: But it didn't stop you from eating, Ernest. Never have I seen a man eat so much!

Ernest: She's right. The food was fantastic. Now here are Mary Lou and I near . . .

Ines: Donald, why don't you take me to Europe?

Donald: Because I won't have the money until the children are grown.

Ines: Well, maybe a little trip — two or three days in Paris?

Ernest: And here we are in London, behind the Eiffel Tower . . .

Nombre ______________________ Fecha ______________ Clase ________

LECCIÓN VEINTE

I. Juegos de palabras

A. Asociaciones

Dinos por lo menos ocho cosas que asocies con un hotel:

____

____

Dinos cuatro cosas que asocies con la ropa de cama:

____

Cinco cosas (o actividades) relacionadas con los preparativos de un viaje: ______________

____

____

B. Sinónimos

Busca en el grupo 2 una expresión que signifique lo mismo que cada una del grupo 1.

1	2
las maletas ______________	no tener razón
parar (en un hotel) ______________	enviar
un calentador ______________	el equipaje
el ascensor ______________	un radiador
equivocarse ______________	una posada
mandar ______________	una manta
un mesón ______________	el elevador
una cobija ______________	significar
querer decir ______________	alojarse
una habitación ______________	un cuarto

C. Inglés-español

¿Con qué palabras españolas se relacionan estas palabras inglesas?

ascend, ascension ____________________ inhabit ____________________

elevate ____________________ mandate ____________________

joke ____________________ portal ____________________

equivocal ____________________ grizzly ____________________

diary ____________________ signify, significance ____________________

II. Ejercicios suplementarios

#82. The passive voice

Contesta lo mejor que puedas:

1. En nuestro país, ¿es elegido el presidente por el público o por el Colegio Electoral?

   ____

2. Don Quijote, ¿fue escrito por Cervantes o por Lope? ____________________

3. La vida es sueño, ¿fue escrita por Cervantes o por Calderón? ____________________

   ____

4. En el "Cuento de terror", ¿fueron muertos los Ruiz Núñez en el camino? ____________

   ____

5. ¿Serán construidos más dormitorios este año por la universidad? ____________________

   ____

6. ¿Serán iniciados algunos cursos nuevos? ____

7. ¿Has sido tú asaltado(a) alguna vez en la calle por un criminal? ____________________

   ____

8. ¿Ha sido robada alguna vez tu casa? ____

9. ¿Serás invitado(-a) a alguna fiesta este fin de semana? ____________________

   ____

10. ¿Fue fundada esta escuela por el estado o por una institución privada? ______________

    ____

Nombre ______________________ Fecha ______________ Clase ________

#83. The impersonal *they* in place of the true passive

Lee bien, y después inserta el verbo más indicado — en la tercera persona plural:

1. ______________ más pantalones que faldas este año. (traer, llenar, llevar)
2. Lo ______________ ayer a diez años en la cárcel. (absolver, perdonar, condenar)
3. Me ______________ el catarro en dos días con el medicamento nuevo que me dieron. (quitar, poner, dar)
4. ______________ en la radio que va a nevar y hacer mucho viento mañana. (anunciar, prometer, impedir)
5. Estoy segurísimo de que los ______________ inocentes cuando estudien mejor el caso. (encontrar, denunciar, faltar)
6. ¡Ojalá que te ______________ una beca (*scholarship*) para continuar tus estudios en Madrid! (tomar, ofrecer, producir)
7. Le ______________ una gran fortuna y él la perdió en una semana. (dejar, ofrecer, buscar)
8. ______________ que para el año 2000, una vida normal pasará de los cien años. (mandar, faltar, decir)
9. No ______________ fumar en el laboratorio porque puede ser muy peligroso. (permitir, prohibir, impedir)
10. ______________ el frasco en alguna caja y ahora nadie puede encontrarlo. (deber, meter, hallar)

#84. The reflexive to express passive voice

Cambia siempre según el elemento nuevo:

1. Se construirán muchas casas aquí.

   ______________________ un supermercado ______________________

   ____ el año pasado.

   ____ (instalar)

2. Se ha iniciado un programa nuevo en esta universidad.

   ______________________ varios ______________________

   ____ (cancelar)

   Se van a ____

3. Se le mató como a un perro.

_______________________________________ (tratar)

_______________________________________ rey.

_______________________________________ (recibir)

4. Se me ha dicho que no habrá clases mañana.

_________________ (a nosotros) ___________________________

¿_________________ (a Ud.) ___________________________

¿_________________ (a Uds.) ___________________________

III. Recapitulación

We are in the lobby of a large hotel. A newly-arrived guest is speaking to the manager.

Guest: Good afternoon. My name is Charles Ross, and this is my wife. A double room with bath and air conditioning has been reserved in our name.

Manager: Ah, yes, of course. At 1.000 pesos per day, isn't that so?

Guest: Exactly.

Manager: Well, I'm terribly sorry, but your reservation cannot be honored. You see, our prices here begin with 3.000 pesos, without air conditioning. Besides, the hotel is full.

Guest: But if the mistake was made by you, not by ...

Manager: I'm very sorry, sir. Besides, didn't you receive our telegram?

Guest: What telegram? We didn't receive anything.

Manager: Oh, of course. You couldn't receive it. You had already died in the accident.

Guest: We had already ... what?

Manager: Don't you remember? Look, here it says in the newspaper: Mr. and Mrs. Charles Ross died this morning when their car was destroyed by ...

Guest: But we weren't going by car. We were going by plane.

Manager: Then the plane crashed (*se estrelló*).

Guest: No, we were going by ship.

Manager: And the ship was dynamited by ... Really, Mr. Ross, you can't be here. Don't you understand: And besides, we've never had a room for 1.000 pesos a night!

Nombre ______________________________ Fecha ________________ Clase __________

REPASO IV

¿Sabe Ud. leer?

This time there really is nothing that will escape your quick understanding. And if you don't quite recognize a word, the old "tips" can still be brought to bear. So let's read from a different perspective today. Let's look beyond the actual meaning of the words, and try to find from the rhythm of their speech, from the language they choose, exactly who these two people are whom we're getting to know. That's the real purpose of reading . . . A comenzar . . .

"Cartelera"

Ella: Osvaldo, ¿tú quieres salir esta noche?

El: Depende.

Ella: ¿De qué?

El: ¿Adónde quieres que vayamos?

Ella: Tal vez al cine. ¿Qué te parece, querido?

El: Muy bien, Carolina. Tú dirás. ¿Qué hay en el Teatro Colón?

Ella: A ver . . . Bueno, aquí tengo el periódico. Ah, sí. A las ocho y a las once, "Muerte bajo el Sol", con Ricardo Castellano y Marisa Orbán.

El: Uf.

Ella: ¿Por qué dices "uf"?

El: No me gusta. ¿Qué más hay?

Ella: Pues en el Cine Real, "Encuentro Violento", con Alberto Martínez y Eloísa Lu.

El: Uf.

Ella: ¿Tampoco?

El: Tampoco.

Ella: Entonces, en el Teatro California, a las nueve, "El Fantasma del Jardín". Y a las diez y media, una función de variedades.

El: No me provoca.

Ella: Pues, a ver ... En el Avenida Cortes, dos películas por el precio de una. "Beso encima de Beso" y "Mil Noches de Amor".

El: ¿Ah, sí?

Ella: ¿Te gustarían?

El: No.

Ella: ¡Ay, Osvaldo! Bueno, todavía hay ... Ea, ¡qué bien! En el Teatro Orlando, "Ni pasión ni Amor", con Antonia López y Roberto Soler. Tú los recuerdas, Osvaldo, ¿verdad?

El: ¿A quiénes?

Ella: No me escuchabas. A Antonia López, digo, y Roberto Soler. Ella era la mujer con quien se fugó Ernesto Lisondo, cuya primera esposa lo había dejado por Arnaldo Rivas, el que antes estuvo casado con Linda Montalvo, cuyo segundo marido fue Roberto Soler. !Ay, si yo hubiera sabido que eran ellos, ya estaríamos allí! ¿Qué te parece, mi vida?

El: Que no. No me interesa.

Ella: ¡Ajá! Ya lo sabía.

El: ¿Qué sabías?

Ella: Que no es otra cosa sino pereza. Pura y simple. No te quieres mover de tu silla.

El: ¿Perezoso, yo? ¡Qué va!

Ela: Es verdad. ¿Sabes lo que yo pienso, Osvaldo: Que lo único que a ti te gusta es quedarte siempre en casa, pegado a la televisión. Tú no quieres ir a ninguna parte.

El: ¿Que yo no quiero ... ? ¡Vaya! Es que no me gustan las películas que tú has dicho.

Ella: Entonces, ¿por qué no tomas el periódico tú mismo y tratas de encontrar algo mejor?

(Le pasa el periódico.)

El: Bueno. A ver ... En el Teatro Luna, "El monstruo del árbol" y "Los pájaros desnudos". El programa no está mal.

Ella: ¡Caramba!

El: Pues en el Coliseo, hay lucha libre. "El Hombre Tigre" contra "El Orangután".

Ella: Por Dios. No los aguanto.

El: Y en el Hipódromo, a las diez ...

Ella: Pero, Osvaldo, ¿te has olvidado?

El: ¿Qué?

Ella: Que a las diez tenemos que ver "Diario de una asesina", en el Canal 3.

El: ¡Qué me cuentas! . . . Por supuesto. Hoy es martes. No me daba cuenta siquiera.

Ella: Y ahora mismo tenemos que poner "La familia Gutiérrez" en el Canal 6.

El: Claro. Entonces no podemos salir.

Ella: Exactamente. Si hubiéramos salido, nunca me habría perdonado.

El: Es verdad. Si me hubieras hecho salir, nunca te habría perdonado.

Ella: ¡Qué suerte, eh!

El: Gracias, querida. (Osvaldo pone la televisión.) Ahh. Bien. Ahora, por favor, Carolina, ¿me quieres dar una botella de cerveza? Y trae tu caja de chocolates, ¿está bien?

Comentarios

Como siempre, explíquenos primero — en inglés o en español — lo que pasa en este cuento . . . Después, díganos todo lo que sepa de Carolina y Osvaldo como seres humanos:

¿Quiénes son? ¿Qué edad tienen? ¿Dónde viven? ¿De qué clase social son? ¿Qué sabe Ud. de su vida? ¿de su trabajo? ¿de sus intereses? ¿de sus sentimientos? ¿de sus hijos — si los tienen? ¿de su aspecto físico? ¿de sus amigos? ¿Le gustan? ¿Conoce Ud. a alguien como ellos?

KEYS

KEYS TO THE TAPED EXERCISES

Here are the correct answers to all those exercises for which responses are not given on the tape — all except the free-response Ejercicio Escrito, which we really would like you to answer on your own.

Here also are certain questions which we wanted you to try to understand by yourself on the tapes. But for purposes of checking, they are now included.

LECCIÓN DE CONVERSACIÓN — UNO

"Hola. Yo soy . . ."

(Top) ¿Cómo se llama Ud.? [P. 3]

¿Bueno o malo? [P. 4]

brillante – bueno
estúpido – malo
excelente – bueno
terrible – malo
artístico – bueno
romántico – bueno

ridículo – malo
criminal – malo
sincero – bueno
hipócrita – malo
tolerante – bueno
cruel – malo

¿Es Ud. . . ? [P. 5]

¿Es Ud. muy emocional? — Sí, soy . . . No, no soy . . .
¿Es Ud. muy sentimental?
¿Es Ud. una persona sociable?
¿Es Ud. una persona muy independiente?
¿Es Ud. optimista o pesimista? (Soy . . .)
¿Es Ud. muy normal, o un poco diferente? (. . .)

¿Es Ud. activo (activa)?
¿Es Ud. impulsivo (impulsiva)?
¿Es Ud. artístico (artística)?
¿Es Ud. atlético (atlética)?
¿Es Ud. ambicioso (ambiciosa)?
¿Es Ud. muy estudioso (estudiosa)?

Personas famosas: ¿Quién soy? [P. 6]

1. — Ah, señor ... señor ... ¿No es Ud. ... ? — Sí, señorita. Soy un político importante. Soy senador del estado de Massachusetts ... Ted Kennedy.
2. — Señorita ... señorita ... ¿No es Ud. una famosa pianista? — ¿Pianista? No. Soy una figura importante de tenis ... Chris Evert.
3. — Yo soy un actor de cine. — ¿Es Ud. un actor dramático o cómico? — Principalmente cómico. Y soy autor y director y productor ... Woody Allen.
4. — Señorita, Ud. es una artista famosa de televisión, ¿no? — Sí. En el drama Dinastía. Soy inteligente y elegante. Pero soy ambiciosa y cruel ... Joan Collins.
5. — Yo soy la monarca británica ... Queen Elizabeth (la reina Isabel)

Profesiones y categorías

Es médico su padre? (Sí, mi padre es ... No, mi padre no es ...) ¿Es ingeniero? ¿mecánico? ¿demócrata o republicano? (Y su madre, ¿es profesora?) ¿Es médica? ¿arquitecta? ¿latina o norteamericana?

¿Cuál es mi ocupación? [P. 7]

1. "Me llamo Andrea Molina. Soy profesora universitaria. ¿Mi especialidad? La novela moderna." ... ¿Qué es Andrea? ¿Es profesora de literatura o de música? — Es profesora de literatura.
2. "Yo soy el doctor Víctor Cárdenas. Soy especialista en problemas dentales." ... ¿Qué es Victor? ¿Es médico o dentista? — Es dentista.
3. "Yo soy Inés Díaz. ¿Mi ocupación? La construcción de plantas hidroeléctricas ... ¿Qué es Inés? ¿Es ingeniera o artista? — Es ingeniera.
4. "Me llamo Juan Canseco. Soy especialista en automóviles japoneses." ... Díganos ¿qué es Juan? ¿Es mecánico o arquitecto? — Es mecánico.

¿Qué oye Ud. ? [P. 8]

palo, mesa, dele, pino, mito, lata, pila, nena

¿Qué oye Ud. ? [P. 9]

toco, luna, cupo, sopa, puro, ley

Dictado [P. 9]

1. copa
2. misa
3. piano
4. musical
5. causa
6. bueno

Amenidades

(Ahora conteste Ud.:) [P. 10]

Buenos días, mi estudiante. ¿Como está Ud.?

— *Muy bien, (gracias). ¿Y Ud.?* — Muy bien, gracias. Pues adiós.
— *Adiós.*

(¿Comprende? Pues conteste ahora otra vez:)

Buenas tardes, mi estudiante — *Buenas tardes. (Muy buenas.)* — ¿Cómo le va? — *(Muy bien, gracias. Excelente, etc.)* — ¿Y cómo está su familia?
— *Excelente, señor. (Así, así, etc.)* — Bueno, hasta luego. — *(Sí.) Hasta luego. (Adiós).*

Diversiones

(. . . televisión . . . radio . . . programa . . . cine . . . teatro . . . comedia . . . drama . . .) Dígame, ¿"Dallas" es un programa de teatro o de televisión?
— *Es un programa de televisión.* ¿Es una comedia o un drama? . . .

(música . . . instrumento . . . piano . . . flauta . . . clarinete . . . trompeta) Pues escuche ahora: (1) ¿Qué instrumento es éste? — *Es un piano* . . .

¿Le gusta . . . ? [P. 11]

¿Le gusta mucho la televisión? ¿Le gusta el teatro?
¿Le gusta más el teatro o la televisión?
(Me gusta más . . .)
¿Le gusta más la televisión o el cine? ¿Qué instrumento musical le gusta más — el violín, el piano o la flauta?

Dígame otra vez: [P. 12]

¿Le gusta el béisbol? (Sí me gusta . . . No, no me gusta . . .) ¿Le gusta mucho el fútbol?
¿Qué le gusta más — el béisbol, el básquetbol o el fútbol? (Me gusta más . . .)

(¿Le gustan los deportes? ¿Le gustan los conciertos de "rock"?)
¿Le gustan los conciertos sinfónicos?
¿Le gustan los estudios?
¿Le gustan las clases de español?

Ejercicio ilustrado [P. 12]

1–4. On tape
5. ¿Toca Ud. el piano? — No, no toco el piano. Or: No. Toco el violín.
6. ¿Toca Ud. la guitarra? — Sí, toco . . .

Ejercicio escrito: [P. 14]

You're on your own!

LECCIÓN DE CONVERSACIÓN — DOS

P.: Muy buenos. ¿Cómo está? [P. 15]

(after first dialogue)

Br.: ¿Comprende? (Pues repita otra vez.)

Ejercicio [P. 18]

Write in this order under illustrations:

hotel, hospital, honor,
hombre, alcohol

¿Qué oye Ud. ? [P. 19]

1. mala
2. calle
3. milla
4. polo
5. sello
6. caña
7. tono
8. cuña
9. moño
10. panal

¿Es Ud. matemático (matemática)? [P. 20]

1. (diez)
2. doce
3. nueve
4. tres

Aritmética

1. Dos
2. Dos y dos son cuatro.
3. Nueve menos uno son ocho.
4. Ocho y tres son once.
5. Doce menos cinco son siete.
6. Tres por tres son nueve.
7. Cuatro dividido por dos son dos.

LECCIÓN DE CONVERSACIÓN — TRES

(top) Hola. ¿Cómo está? *Muy bien, gracias. Y Ud. ?* (*Así, así, etc.*)

En familia [P. 25]

(Con mucho gusto . . .) Dígame, mi estudiante, ¿cómo se llama su padre? *Mi padre se llama* . . . ¿Y su madre? *Mi madre se llama* . . .

(Members of the family)
(mi tío, mi tía) mis tíos (mis tías); (mi abuelo, mi abuela, mis abuelos) mis abuelas; (mi primo, mi prima, mis primos) mis primas; (mi sobrino), mi sobrina . . . (. . .) (el niño) la niña, los niños . . .

Conteste Ud. ahora: ¿Hay una persona "importante" en su familia? (Sí, hay . . . No, no hay . . .) ¿Hay profesores o profesoras en su familia? ¿Hay políticos? ¿Hay médicos? ¿Hay ingenieros? ¿Hay más demócratas o republicanos? (Hay más . . .) ¿Hay más liberales o más conservadores?

¿Cuál es la conclusión correcta? [P. 29]

1. (veinte)
2. Veinte menos uno son diez y nueve.
3. Siete y ocho son quince.
4. Tres por seis son diez y ocho.
5. Trece y siete son veinte.
6. Veinte dividido por cinco son cuatro.

Problemas de aritmética [P. 29]

1. Diez y seis más diez son veinte y seis.
2. Diez y siete más ocho son veinte y cinco.
3. Treinta dividido por dos son quince.
4. Treinta y dos menos doce son veinte.
5. Veinte y tres más ocho son treinta y uno.
6. Siete por cuatro son veinte y ocho.

¿Que oye Ud. ? [P. 30]

1. nata
2. cada
3. modo
4. ruta
5. seda
6. mito

Dictado [P. 32]

Write under illustrations in this order:

radio, rico, rata, burro,
la Estatua de la Libertad, la Torre de Pisa

LECCIÓN DE CONVERSACIÓN — CUATRO

Hola. ¿Cómo está? . . . Dígame, ¿le gusta la lotería? *Sí,* (*No, no*) me gusta . . .) [P. 34]

¡Olé! [P. 35–36]

Here are the numbers we've called:

Game 1:

Column	O — 13	L — 22	L — 29
	E — 46	O — 15	O — 14
	L — 15	E — 37	E — 41
	L — 19	E — 42	O — 11
	L — 24	E — 38	E — 33

Game 2:

	O — 53	O — 69	E — 100
	L — 78	E — 91	O — 57
	O — 63	E — 94	E — 89
	L — 82	L — 75	L — 77
	E — 86	O — 61	L — 85

¿Verdad o falso? [P. 36]

1. Hay catorce personas en mi familia, siete hermanos, cinco hermanas, papá y mamá. — Ah, entonces, su familia es muy grande. — Verdad.
2. Hay diez y nueve millones de personas en la capital de México. — ¿Ah, sí? Pues diez y nueve millones no son muchas (personas). — Falso.
3. "Hay cien lecciones en mi libro de español. — ¿Cien? Entonces el curso es muy breve." — Falso.
4. Mi apartamento cuesta ochenta dólares al mes. — ¿Sólo ochenta? Entonces no es muy costoso. — Verdad.
5. ¿Cuántas semanas hay en un año? — Hay cincuenta y dos. — Ah, entonces hay ciento seis semanas en dos años, ¿verdad? — Falso.

Dictado [P. 38]

Write in this order under the illustrations:

Mi amiga Elena es una atleta excelente.
¿No hay hombres en la familia?
Hoy es dia de examen.

Las estaciones . . .

¿Qué tiempo hace? [P. 40]

1. Hace (mucho) sol.
2. ¿Qué tiempo hace? ¿Llueve o nieva? — Nieva.
3. Dígame, ¿hace mucho o poco viento? — Hace mucho viento.
4. ¿Llueve mucho aquí? — No, . . .
5. ¿Hace fresco o calor aquí? — Hace calor.

A propósito: Realmente, ¿hace frío o calor aquí hoy? (Hace . . .) ¿Hace mucho frío aquí en el invierno? (Sí, hace . . . No, no hace . . .) ¿Nieva frecuentemente? (Sí, nieva . . . , No, no nieva . . .) ¿Hace mucho calor aquí en el verano? ¿Llueve más en la primavera o en el otoño? (Llueve más en . . . — Free response)

Números, otra vez [P. 41]

(trescientos) cuatrocientos

¡Vamos a una subasta! [P. 41]

1. TV set — (cien dólares) ciento veinte; (ciento cuarenta) ciento sesenta; (ciento ochenta) doscientos; (doscientos diez) doscientos treinta; (doscientos cincuenta) doscientos setenta; (trescientos treinta) trescientos cincuenta; (trescientos setenta) trescientos noventa; (cuatrocientos) cuatrocientos veinte; (cuatrocientos cincuenta) cuatrocientos setenta; (cuatrocientos ochenta) quinientos . . . ¡Y se vende!

2. Car — (mil dólares) mil quinientos; (dos mil) dos mil quinientos; (tres mil) tres mil quinientos; (cuatro mil quinientos) cinco mil; (cinco mil doscientos) cinco mil setecientos; (seis mil doscientos) seis mil setecientos; (siete mil cuatrocientos) siete mil novecientos; (ocho mil cuatrocientos) ocho mil novecientos; (nueve mil cuatrocientos) nueve mil novecientos; (diez mil cien) diez mil seiscientos . . . ¡Se vende!

3. House — (cincuenta mil) sesenta mil; (setenta mil) ochenta mil; (noventa mil) cien mil; (ciento quince mil) ciento veinte y cinco/veinticinco mil; (ciento cincuenta mil) ciento sesenta mil; (ciento ochenta mil) ciento noventa mil . . . ¡Se vende!

¿Qué tiempo hace?

1. Hace sol.
2. ¿Qué tiempo hace? ¿Llueve o nieva? — Nieva.
3. Dígame, ¿Hace mucho o poco viento? — Hace mucho viento.
4. ¿Llueve mucho aquí? — No . . .
5. ¿Hace fresco o calor aquí? — Hace calor.

LECCIÓN PRIMERA

(top) Hola. ¿Cómo está hoy? [P. 45]

Palabras ilustradas

The numbers should be placed under the illustrations in this order: 3, 1, 5, 2, 4

Un poco de lógica

1. ¿Es estudiante de ciencia o de arte? — De ciencia.
2. ¿Enseña en una escuela elemental, secundaria o en la universidad? — En la universidad.
3. Esta es una clase de literatura. ¿Vamos a leer muchos libros, o solamente periódicos? — Muchos libros.
4. ¿Estudio ciencia natural o ciencia social? — Ciencia social.
5. Mario Vargas estudia día y noche, pero no aprende. ¿Es un estudiante bueno o malo? — Malo.

CONCEPTOS

#2. Mini-diálogos [P. 49]

1–2. On tape
3. b. del otoño
4. c. al psicólogo de la escuela

MOMENTO DE VIDA

¿Verdad o falso?

1. Anita Castro es estudiante de primer año en la universidad. — Falso.
2. El Dr. Fernández tiene una memoria fantástica. — Falso.
3. Anita desea aprender inglés este semestre. — Falso.
4. La pobre Anita toma clases todos los días de la semana. — Falso.
5. Realmente, Anita prefiere estudiar con Miguel en la escuela de la vida. — Verdad.

LECCIÓN DOS

(top) Buenas tardes . . . [P. 55]

¿Qué ve Ud. aquí?

1. (la sala) ¿Hay un sofá? — Sí. . . . ¿Cuántas sillas hay? — Una. . . . ¿Es grande o pequeña la lámpara? — Es grande. . . . ¿Hay un televisor? — Sí.

P.: Bueno, pasen a la cocina, ¿está bien? ¿Desean Uds. un poco de café?

Br.: No, gracias. Muy amable. Pues conteste otra vez:

2. (la cocina) ¿Qué ve Ud. aquí? ¿Hay una estufa? — Sí. . . . ¿Hay una mesa? — No . . . ¿Cuántas ventanas hay? — Hay una . . . ¿Y cuántos niños hay? — Hay dos.

P.: (. . .) Son mis sobrinos.

3. (bedroom)

P.: Esta es la alcoba de mi hijo Luis . . . ¿Le gusta la mesita de noche? (Sí, me gusta. No, . . .) ¿Y la lamparita? (Sí, me gusta. No, . . .)

Br.: Son muy bonitas, Patricia. Pero dígame, mi estudiante: ¿Qué es esto? ¿Hay una persona en la cama de Luis? (¡No! . . .)

CONCEPTOS

#8. Mini-diálogos [P. 61]

1. ¿Son españolas o latinas estas personas? (Son españolas.)
2. ¿De qué nacionalidad son los hermanos López? (Son argentinos.)
3. a. Dígame: ¿Qué estación del año es — verano o invierno? — Es invierno. b. ¿Es típico del norte o del sur un clima frío? — Del norte.

#9–10. Adjectives and their position [P. 62]

(la vida francesa) los perfumes franceses, las modas francesas; (un pintor inglés) una pintora inglesa; (los artistas japoneses) las artistas japonesas (. . .)
(un lápiz verde) una pluma verde . . .

MOMENTO DE VIDA

¿Verdad o falso?

1. Todas las casas son diferentes en la Zona Florida. — Falso.
2. La familia López ocupa su casa nueva sin problema, sin confusión. — Falso.
3. Por ejemplo, el piano entra fácilmente por la puerta. — Falso.
4. Y los hombres que entran con los muebles son muy eficientes, muy inteligentes. — Falso.
5. Los López descubren finalmente que ésta no es su casa. — Verdad.

LECCIÓN TRES

Hola. ¿Cómo está? . . . ¿Y Ud. , José?

¿Qué ropa es?

Pistas:

1. ¿Hay dos cosas separadas o es una sola cosa? — *Es una sola cosa.* ¿Llevamos esta ropa con pantalones? — *Sí, o con falda. ¿Sabe Ud. qué es? . . . Es un suéter (o un jersey).*
2. ¿Son para hombres y mujeres? — *Sí, Para todos — hombres, mujeres y niños.* — ¿Son muy importantes? — *Naturalmente. Para caminar.* Dígame, ¿qué son? . . . Son zapatos.
3. ¿Usamos esta ropa en la sala de clase? — *No. No es para llevar en la clase.* — ¿Es para el día o para la noche? — *Normalmente, para la noche. Para ir a la cama.* ¿Qué ropa es? . . . Un(a) pijama (o piyama).

CONCEPTOS

#12. Mini-diálogos [P. 72]

1. ¿Dónde está Carmen hoy? — *Está en su casa.* (*Está en la cama.*) ¿Cree Ud. que está muy enferma? — Sí, porque está en la cama toda la semana.
2. ¿Dónde están estas personas — en una casa privada o en un restaurante? — *En un restaurante.* Según esta conversación, ¿en qué estación del año cree Ud. que estamos? — *En el invierno.*
3. ¿Por qué no va Elisa al cine esta noche? —*Porque está ocupada* En su opinión, ¿está muy interesada Elisa en Miguel? — *No, Elisa no está interesada en Miguel.* ¿Cree Ud. que Miguel está enamorado de ella? — *Sí,* (*No, no*) *creo que Miguel* . . .

#13. Demonstratives [P. 73]

(esa camisa) esas camisas (. . .)
(este suéter) estos impermeables
(ese saco) esos pantalones
(esta blusa) estas faldas
(esa camiseta) esas chaquetas

Un poco de lógica [P. 74]

1. "Este coche funciona muy mal. Ése funciona divinamente. ¿En cuál debemos ir — en éste o en ése?" *Debemos ir en ése.*
2. "No me gusta ese joven. No dice 'por favor' ni 'gracias'. Aquél es mucho más simpático." ¿Quién habla con más cortesía — ese joven o aquél? — Aquél . . .
3. "Estos niños van a la fiesta hoy. Ésos van mañana. Y aquéllos van en ocho días." ¿Quiénes van a ir primero? — *Éstos* . . . ¿Quiénes van después? — *Ésos* . . . ¿Y quiénes no van esta semana? — *Aquéllos* . . .
4. "Aquí hay tres casas. Ésta es de la época colonial. Ésa es de 1940. Y aquélla es nueva." Díganos, ¿cuál es la más antigua? — *Ésta* . . . ¿Cuál es la más moderna? — *Aquélla* . . . ¿Cuál es más similar a la casa de Ud. ? — *Free response.*

#14. Possessives [P. 75]

(mi papel) mis papeles
(nuestra profesora) nuestros profesores
(vuestro examen) vuestros exámenes (. . .)

(los vestidos de María) sus vestidos
(los intereses de los jóvenes) sus intereses
(el coche de mis hermanos) su coche

ESTAMPAS HISPÁNICAS

Free response

J.: ¿Comprende? Pues dígame: ¿le gusta esta chica Gloria? En su opinión, ¿es una joven típica o no?

M.: ¿Le gusta la madre de Gloria? A propósito, ¿cree Ud. que ésta esa una familia latina o norteamericana?

J.: ¿Sabe? En mi opinión, no es una familia latina.

M.: ¿Por qué?

J.: Porque la joven hispana no habla así a la mamá. No me gusta cómo habla.

M.: ¿Ah? Pues, ¿qué opina Ud. , mi estudiante? ¿Habla así la joven norteamericana? ¿Hablan así sus hermanas o sus amigas?

J.: Y hay otras cosas también. Para muchas familias hispanas, no importa la cuestión de qué ropa llevar. Están contentas si hay suficiente ropa y comida para todos.

M.: Es verdad. Pero no sólo en el mundo hispánico. ¡En todas partes del mundo! ¿Qué dice Ud. , mi estudiante? ¿A Ud. le importa mucho la ropa? ¿Le interesan mucho las modas nuevas?

J.: Pues como Ud. sabe, la ropa del hispano, como la ropa nuestra, depende de la posición que el individuo ocupa en la escala social. Hay personas ricas, y hay pobres.

M.: Y las diferentes ocupaciones frecuentemente requieren ropa distinta también. El mecánico usa otra ropa que el profesional.

J.: Los viejos usan ropa más conservadora que los jóvenes.

M.: Y en ciertas regiones rurales, los indios conservan su ropa tradicional.

J.: Pero por lo general, en las ciudades — en efecto, en todos los centros más o menos urbanos — la ropa del hispano es muy similar a la nuestra, y la moda es internacional.

LECCIÓN CUATRO

Palabras ilustradas

The numbers should be written under the illustrations in this order: 3, 2, 5, 1, 6, 4

CONCEPTOS

#16. Mini-diálogos [P. 81]

1. "Pacho, ¿hay algo de comer aquí? ¿Un sandwich? ¿Una pizza? ¿Un poco de fruta? ¿Chile con carne? — Paciencia. En un momentito." Dígame, ¿qué tiene Beatriz — frío, sed o hambre? *Tiene hambre.*
2. "¡Uf! La temperatura está a 90. ¿No hay aire acondicionado? — Sí, pero no funciona hoy, Pacho." ¿Qué tiene Pacho? — sueño, frío o mucho calor? *Tiene mucho calor.*
3. (*Tiene mucha sed.*)
4. "Cinco y cinco son diez. Diez y diez son treinta. Treinta y treinta son cien . . ." ¡Dios mío! ¿Qué dice Ud. ? ¿Tiene razón esta persona? *No, no tiene razón.*
5. Son las dos de la mañana y trabajo todo el día. Por favor, chicos, ¿por qué no apagan la radio? . . . ¿Qué tiene esta señorita — miedo o sueño? — *Tiene sueño.*

#18. Ejercicio [P. 83]

1. (Yo) no estudio nada.
2. No hablo español con nadie.
3. No vienen preparados nunca. Nunca vienen preparados.
4. No aprendemos nada . . .
5. No, no hay nadie como yo.

MOMENTO DE VIDA

¿Verdad o falso?

1. Los estudiantes del dormitorio preparan sus lecciones en absoluto silencio. — Falso.
2. Pablo desea estudiar, pero Felipe tiene su música muy alta. — Verdad.
3. Al mismo tiempo, Felipe habla por teléfono con una chica de su clase. — Verdad.
4. Dorotea y sus amigas vienen esta noche al dormitorio de los muchachos. — Falso.
5. Ahora Felipe no apaga la luz porque tiene que estudiar. — Falso.

LECCIÓN CINCO

Definiciones [P. 89]

1. Es una tienda donde venden muebles ... Es una mueblería.
2. Es un lugar donde hay muchas cosas para comprar ... Un almacén.
3. Es la suma de dinero que piden por una cosa ... El precio.
4. Es la persona que paga su dinero por un artículo ... El (o la) cliente.
5. Es la persona que muestra los artículos a los clientes ... El (o la) dependiente.
6. Es una tienda donde venden blusas, pantalones, camisas, etc. ... Una ropería.

CONCEPTOS

#21. Situaciones [P. 92]

(Free response)

1. Son las tres de la tarde. Ud. tiene hambre y entra en un restaurante. ¿Qué pide?: ¿una hamburguesa, una pizza, un sandwich o un helado de chocolate? — *Pido* ...
2. Este sábado, Uds. van a tener una fiesta informal. ¿Qué sirven — diferentes sodas (o gaseosas), vino, o cerveza? ... *Servimos* ...
3. A veces mi abuela no oye muy bien. Cuando hablo con ella, ¿qué debo hacer? ¿Repito dos o tres veces en voz alta? ¿O escribo algo en un papel? — *Ud. repite* ... *Ud. escribe* ...

¿Lógico o ilógico? [P. 93]

1. — Ah, entonces eres nueva aquí ... Lógico.
2. Evidentemente, entonces, no hay emergencia ... Ilógico.
3. Ah, Pedro, Ud. aprende a hablar portugués ... Ilógico.
   Dígame: ¿Qué lengua aprenden Uds. a hablar en esta clase? — Aprendemos a hablar español.
4. Fabuloso. Entonces Uds. van a tener una fiesta, ¿eh? — Lógico. A propósito, ¿Ud. va a ir a una fiesta esta sumana? — Sí, voy ... (No, ...) ¿Va a tener invitados en su casa? — Sí, (No, ...)

#23-24. ¿Tengo razón? [P. 95]

1. (*Sí, Ud. tiene razón.*)
2. "Estas personas trabajan en una tienda de libros." — *No, Ud. no tiene razón.*
3. "Deseamos muchísimo comunicarnos contigo." . . . *Sí, Ud. tiene razón.*
4. "Esta muchacha está muy enamorada." *Sí, Ud. tiene razón.*
5. "Existe una relación muy íntima entre estas personas. *No, Ud. no tiene razón.*
6. "Estas personas quieren escribir en la pizarra." *No, Ud. no tiene razón.*

MOMENTO DE VIDA

¿Verdad o falso?

1. Hoy es día de liquidación, y todas las personas esperan pacientemente a las puertas del Almacén Continente. — Falso.
2. La aspiradora que venden por 15.000 pesos funciona mal, ¡porque no tiene motor! — Verdad.
3. La computadora que venden por 30.000 pesos viene completamente lista para usar. — Falso.
4. En el Almacén Continente, no permiten devolver una cosa defectuosa. — Verdad.
5. Hoy cierran la tienda al mediodía porque no quieren dar tiempo a los clientes para comprar. — Verdad.

LECCIÓN SEIS

Palabras ilustradas

Write under the illustrations in this order:

un vaso y un plato; tenedor y cuchillo;
una servilleta y una taza; cuchara y cucharita

¿Qué usamos? [P. 104]

1. Vamos a servir rosbif. ¿Qué usamos? . . . Usamos (o Uds. usan) tenedor y cuchillo.
2. Voy a comer una hamburguesa. ¿Qué uso? . . . Usa las manos.
3. Vamos a tomar sopa. ¿Qué usamos? . . . Cuchara.
4. Voy a beber café caliente. ¿Uso un plato, una taza o un vaso? . . . Usa una taza.
5. ¿Sabe? Tenemos sed. — Pues, ¿quieren beber agua? — Ah, sí, por favor, sí. Pero, ¿qué usamos? . . . (Uds.) usan un vaso.

Si "verde" es el color característico de muchas plantas, ¿qué son "verduras"? ¿un pescado, una clase de carne o un vegetal? . . . Un vegetal (o vegetales). Entonces, ¿dónde encontramos las verduras — en una ensalada, en el vino o en la lista de comidas? . . . En una ensalada. (Posiblemente: "en la lista de comidas")

CONCEPTOS

#25. Third person object pronouns: *him, her,* etc. [P. 105]

(lo): Sí, lo tengo. Sí, lo tomo. No, no lo pago.
(la): No, no la como. Sí, quiero verla.
(los, las): Sí, los servimos. Sí, voy a pedirlos. No, no las traemos. Sí, vamos a usarlas.

(le): ¿Le traen el tocadiscos? (. . .) ¿Le damos de comer?
(les): Les escribo. Les muestro las cortinas. Voy a explicarles la situación.

#27. Vamos a practicar [P. 109]

1. (Se la enseño hoy.)
2. Se lo voy a leer mañana.
3. Se las preparamos bien.
4. ¿Se los dices ahora?
5. No quiero dársela nunca.
6. ¿Se lo pago aquí?

#28. Situaciones [P. 110]

1. (Antes de ir.)
2. ¿Cuándo vienen mis primos? . . . Después de terminar el semestre.
3. ¿Cuándo debo quitarme el sombrero . . . al entrar en una casa o al salir? — Al salir.
4. ¿Debo escuchar estas cintas hasta terminarlas o dejarlas sin terminar? . . . Free response.

MOMENTO DE VIDA

¿Verdad o falso?

1. La escena es un pequeño restaurante rural. — Falso.
2. El restaurante tiene un menú muy limitado. — Falso.
3. El señor y su esposa no quieren una comida completa. — Falso.
4. El problema comienza porque el señor quiere una bebida antes de comenzar. — Falso.
5. Los señores piden el menú otra vez porque no pueden llegar a una decisión. — Verdad.

LECCIÓN SIETE

¿Qué cosa es? [P. 114]

1. Lo usamos con agua para lavar las manos. ¿Qué cosa es? . . . Es jabón.
2. Lo usamos para peinar el pelo . . . Es un peine.
3. Se llama también "papel de baño" . . . Es papel higiénico.
4. La usamos al salir del baño . . . Es una toalla.
5. La usamos para abrir una puerta . . . Es una llave.
6. Lo miramos para saber la hora del día . . . Es un reloj.
7. Lo usamos para limpiar nuestros dientes . . . Es un cepillo dental.
8. Guarda nuestro dinero en la bolsa o en el bolsillo . . . Es una cartera.

CONCEPTOS

#32. Vamos a practicar [P. 119]

1–4. On tape
5. Sí, vamos a casarnos en junio.

MOMENTO DE VIDA

¿Verdad o falso?

1. Felipe está furioso porque Cuco acabó toda el agua caliente. — Verdad.
2. En realidad, Cuco le dejó muchas toallas nuevas. — Falso.
3. Pablo está furioso también porque Cuco y Felipe usaron su tocadiscos. — Verdad.
4. En efecto, Cuco y Felipe llevaron el tocadiscos a una fiesta, y lo dejaron allí. — Falso.
5. Miguel Osorio está furioso con Pablo, Cuco y Felipe porque tomaron su coche sin permiso. — Verdad.

LECCIÓN OCHO

Situaciones [P. 123]

1. incendio, apagar, bomberos
2. ladrón, policia
3. una huelga
4. accidente, ambulancia
5. periódico, revistas

CONCEPTOS

#34. Vamos a practicar [P. 125]

(yo) pedí, mentí, dormí
(nosotros) sentimos, servimos, morimos
(María) pidió, sintió, durmió
(ellos) mintieron, consintieron, murieron

#35. Patterns of irregular preterites [P. 127]

(estuve) estuviste, estuvo
(estuvimos) estuvisteis, estuvieron

(traje) trajiste, trajo
(trajimos) trajisteis, trajeron

Mini-diálogos [P. 128]

1. a. ¿Con quién quiso hablar Antonio? — Quiso hablar con el jefe.
   b. Pues, ¿pudo hablar con él? — No, no pudo . . .
   c. ¿Tuvo Ud. alguna vez una experiencia como ésa? — Sí, tuve una vez . . . No, no tuve nunca (jamás) . . .

2. a. ¿Estuvieron muy ocupados ayer Pepe y Sarita? — No, no estuvieron . . . No hicieron casi nada.
   b. ¿Quiénes vinieron a verlos? — Unos amigos . . .
   c. ¿Y qué hicieron después? — Tuvieron una buena comida.
   d. A propósito, ¿qué dia cree Ud. que fue? — (Probablemente domingo.)

#36. Un poco de lógica [P. 129]

1. Marcelo es mejor atleta
2. a. Gonzalo es el mejor estudiante.
   b. Robi es el peor.
   c. En su opinión, ¿quién estudia más? (Free response)

MOMENTO DE VIDA

¿Verdad o falso?

1. Esta mañana ocurrió un robo grande en el Banco Municipal. — Falso.
2. El guarda del banco llamó a la policía cuando vio a los ladrones. — Falso.
3. Un reportero de la televisión habla con diferentes testigos. — Verdad.
4. Los testigos comienzan a pelear entre ellos. — Verdad.
5. Finalmente, todos los testigos cuentan la misma historia a la policía. — Falso.

LECCIÓN NUEVE

(top) ¿No le gusta comenzar así? [P. 133]

Familias de palabras

1. . . . como pensar es a pensamiento.
2. "Odio" es a odiar como deseo es a desear.
3. "Deseo" es a deseoso como amor es a amoroso.
4. "Amor" es a enamorado como enojo es a enojado.
5. "Contentar" es a contento como molestar es a molesto.
6. "Triste" es a tristeza como sorprendido es a sorpresa.

Situaciones

1. ¡ . . . ¡Gané la lotería! — Qué suerte!
2. Tú eres la persona más brillante de esta escuela. — ¿Yo? ¡Qué va!
3. ¿Sabes? Me aceptaron en una escuela de medicina. — Ah, me alegro.
4. Mi tía favorita murió ayer. — ¡Ay, lo siento!
5. Estoy enamorado de Alicia y ella me ama a mí. — ¡Hombre! ¡Qué bien!
6. Mañana nos van a dar un examen, y no estamos preparados. — ¡Ay, caramba!

CONCEPTOS

#38. The imperfect tense [P. 135]

(escribíamos, escribíais) escribían

(íbamos, ibais) iban
(veía, veías) veía
(veíamos), veíais, veían

Vamos a practicar [P. 136]

1. (La maestra enseñaba . . .
2. ¿Tu madre se enojaba?)
3. La clase sabía . . .
4. Mi abuelo parecía . . .
5. Elena y yo esperábamos . . .
6. Robi y yo nos alegrábamos . . .
7. (yo) dormía . . .
8. Me moría . . .
9. (tú) ibas
10. (vosotros) veíais
11. Los jóvenes deseaban . . .
12. Uds. soñaban . . .

Memorias [P. 137]

1. (Vivía en otra.)
2. Iba a mi mamá.
3. Me gustaba más la televisión.
4. Era muy desobediente.
5. Lloraba mucho.
6. Mentía un poco.
7. Tomábamos el autobús.
8. ¿Aprendían mucho o poco . . . ? — Aprendíamos poco en nuestras clases.
9. ¿Tenían buenos o malos maestros? — Teníamos malos . . .
10. ¿Eran Uds., buenos o malos estudiantes? — Eramos malos . . .

#39. ¿Verdad o falso? [P. 138]

1. José soñó con Linda anoche. — Verdad.
2. José soñó también con su antigua profesora. — Falso.
3. En su sueño, Linda estaba furiosa con él. — Verdad.
4. Linda estaba furiosa porque la antigua novia de José vivía en la casa vecina. — Falso.
5. Linda también soñó anoche que acababa de estudiar medicina. — Falso.

Estampas hispánicas

B.: Claro. Entonces, ¿recuerda Ud. las Estampas hispánicas al final de la lección? El tópico es "¿Quién es el hispano? ¿Cómo es?" . . .

Pa.: Pues habla de ciertas características generales de los hispanos — de su individualismo.

B.: O "personalismo".

Pa.: Sí. Y de su profundo sentimiento religioso. Y de su orgullo. Y de cómo todo esto afecta su vida — y afectó su historia. ¿Lo recuerda?

B.: Ajá. Pero no todos los hispanos son así. Es imposible hacer generalizaciones muy exactas.

Pa.: Claro. Y al mismo tiempo, existen ciertas cualidades más o menos típicas de un pueblo, o de una nación. Por ejemplo, ¿qué dice Ud., mi estudiante? En su opinión, ¿son muy individualistas por lo general los norteamericanos? . . . ¿Son muy independientes, o les gusta estar siempre con la mayoría? . . . Y Ud., ¿es Ud. muy individualista, muy independiente? . . .

B.: Pues, por lo general, ¿es muy importante la religión en la vida norteamericana? . . . ¿Es muy importante en la vida de Ud. ? . . .

Pa.: Finalmente, en su opinión, ¿es muy orgulloso el norteamericano? . . . ¿Es Ud. una persona muy orgullosa? . . . Muy interesante, ¿sabe?

B.: Me fascina. Pero, realmente, el orgullo toma muchas formas. Por ejemplo, la "Estampa" también dice que el hombre hispano es muy orgulloso de su "machismo" — de su masculinidad . . . y de su posición privilegiada de "hombre".

Pa.: ¡Qué va! Somos unos esposos modelos. Gentiles, cariñosos, magnánimos.

B.: Pues seguro, Pacho, seguro. Pero a decir verdad, yo sé por mi experiencia personal que el hombre hispano sí siente mucho orgullo en su "machismo". Él quiere dominar. Él quiere ser el jefe indisputado de la familia. Él quiere ganar el pan de la familia, y ocupar el puesto de "honor". Y la mujer tiene que obedecer.

Pa.: (teasing) Pero Beatriz, así debe ser. El hombre todavía es el hombre. (more seriously) Además, chica, Ud. exagera un poco, ¿no le parece? Las cosas hoy no son como eran antes.

B.: Es verdad. Antes decían que "la mujer honrada, la pierna quebrada ¡y en casa!" Ahora, la mujer sale más a trabajar. Hay más mujeres en distintas profesiones — hasta en la política. Pero todavía, en la casa, ¿quién domina? ¡El hombre!

Pa.: Pues claro, Beatriz, porque así debe ser. Así debe ser.

B.: ¡Válgame Dios! ¿No se lo dije, mi estudiante? Bueno, dígame una cosa más: En su opinión, ¿quién domina por lo general en la familia norteamericana — el hombre o la mujer? . . . ¿Cree Ud. que la mujer ocupa un puesto igual al hombre en el mundo profesional, o comercial? . . . Finalmente, ¿cree Ud. que para tener un matrimonio feliz, el esposo y la esposa deben ser completamente inguales? . . . Ajá. ¿Oye, Pacho?

Pa.: Oigo, pero no sé si lo creo. Pero de verdad, mi estudiante, esto fue fantástico, ¿sabe? Me encanta oír sus opiniones.

B.: Otro día vamos a hablar más, ¿está bien? Hasta muy pronto, entonces, un abrazo fuerte.

Pa.: Y adiós.

LECCIÓN DIEZ

Palabras ilustradas [P. 143]

Write these words in the following order:

una iglesia, un edificio, el metro,
la biblioteca, el centro

Definiciones [P. 143]

1. Es una estructura grande que tiene apartamentos, oficinas o tiendas. ¿Qué es? . . . Un edificio.
2. Es un lugar donde encontramos una gran colección de libros. ¿Qué es? . . . Una biblioteca.
3. Es la parte central de una ciudad, el barrio donde hay más cines, teatros y edificios comerciales. ¿Cómo se llama? . . . Se llama el centro.
4. Es una forma de transporte subterráneo. ¿Qué es? . . . El metro.
5. Es un lugar donde celebran servicios religiosos . . . Es una iglesia.

CONCEPTOS

#41. The present participle [P. 144]

(sentir — sintiendo), pedir — pidiendo
(dormir — durmiendo) morir — muriendo

Situaciones [P. 145]

1. "Por favor, me puede dar diez pesos?" ¿Qué está pidiendo esta persona? — Está pidiendo dinero.
2. "Muy bien. Ya tengo listo el rosbif. Ahora preparo los vegetales y la sopa, ¡y ya!" ¿Qué esta haciendo esta persona? — Está haciendo una comida.
3. ¡Ay, la temperatura está a noventa grados, y no hay aire acondicionado.!" ¿Qué está sintiendo este señor? — Está sintiendo el calor.
4. "¡Hombre! Yo te voy a enseñar a guardar la lengua!" ¿Qué están haciendo estos homres? — Están peleando.
5. (Telephone rings. Person waking.) "Sí? ¿Quién habla?" ¿Qué estaba haciendo esta persona cuando el teléfono sonó? — Estaba durmiendo.

#42. Ejercicio [P. 147]

1. Se habla portugués en el Brasil.
2. Se come mal en la cafetería aquí.
3. Se vive mejor en el campo.
4. Se aprende una lengua más rápidamente viviendo en el país.

#43. Mini-diálogos [P. 147–48]

1. a. ¿Enrique compró los discos para sí mismo o para otra persona? . . . Los compró para sí mismo.
   b. ¿Antes tenía muchos discos o pocos? . . . Tenía muchos.

2. a. ¿Cómo lo hicieron todo Pepe y Gloria? . . . Lo hicieron por sí mismos.
   b. ¿Son personas independientes o no? . . . Sí, son muy independientes.

3. a. ¿Se considera bonita o fea Maruca? . . . Bonita.
   b. ¿Qué hace todo el día? . . . Se mira en el espejo y se peina el pelo.

#44. Mini-diálogos [P. 149–50]

1. (. . .) míos; mías.
2. (. . .) mía; suya (de él)
3. (. . .) nuestros; (. . .) suyos

MOMENTO DE VIDA

¿Verdad o falso?

1. Este cuento ocurre en el centro de una ciudad grande. — Verdad.
2. Riqui siempre llega tarde cuando tiene que ver a Graciela. — Falso.
3. Graciela estaba esperándolo a la salida del metro, mientras él estaba en la esquina del Teatro Real. — Verdad.
4. Rigui piensa que Graciela se olvidó, pero ella dice que no. — Verdad.
5. Según Riqui, cuando dos personas están enamoradas, nada más les importa. — Verdad.

LECCIÓN ONCE

[P. 157]
Hola. ¿Como estás? . . . ¿Yo? Fantástica. A propósito, ¿sabe Ud. dónde estamos?

A. ¿Quién soy? ¿Qué soy?

1. (Sobre correspondencia) Yo soy la persona que va a recibir la carta. Mi nombre va encima. ¿Quién soy? . . . *El destinatario.*
2. Yo soy la persona que le mandó la carta, la persona que se la remitió. ¿Quién soy? . . . *La remitente.*
3. Esta cosa se usa para meter una carta y escribir la direccion. ¿Qué es? . . . *El sobre.*
4. Éste es el lugar donde hacen la distribución de la correspondencia, donde venden sellos, tarjetas postales, etc. ¿Cómo se llama? . . . *La Casa de Correos.*
5. Yo soy el dueño de este negocio. Hay 20 personas que trabajan aquí para mí. ¿Como me llaman? . . . *El propietario.*

B. Paralelos

1. . . . fábrica es a fabricante.
2. . . . tendero como obra es a obrero.
3. Entrar es a entrada como llamar es a llamada.
4. Gastar es a gasto como pagar es a pago.
5. Teléfono es a telefonista como oficina es a oficinista.
6. Fotografía es a fotógrafo como máquina de escribir es a mecanógrafo.
7. Vender es a vendedor como comprar es a comprador.

CONCEPTOS

#46. Commands to *tú* and *vosotros* [P. 159]

¡Presta atención!
¡Cierra la ventana!
(Ciérrala. Muévelo. Siéntate.) Cuídate.
Levántate y vístete.

#47. Ejercicio [P. 161]

(Free response)

1. ¿Tú tienes tantos amigos ahora como tenías antes? — Sí, (*No, no*) *tengo . . . como tenía antes.*)
2. ¿Ganas tanto dinero como necesitas? — *Sí,* (*No, no*) *gano . . . como necesito.*
3. ¿Es tan difícil esta clase como pensabas? — *Sí,* (*No,*) esta clase (no) *es tan difícil como* (*yo*) *pensaba.*
4. ¿Hablas español tan bien como debes? — *Sí,* (*No, no*) *hablo tan bien como debo.*
5. La verdad, ¿estudian Uds. tanto como deben? — Sí, (*No, no*) *estudiamos tanto como debemos.*

#48. Un poco de lógica [P. 162]

1 (. . .)
2. "Salimos para Bogotá para el 15 del mes." ¿Estas personas se van para Europa o para Latinoamérica? . . . *Para Latinoamérica.*
3. "Para ir al centro, tienes que tomar el tren y dos autobuses." ¿Está lejos o cerca de la ciudad esta persona? . . . *Está lejos.*
4. "¿Lo va a terminar Ud. para mañana? Lo necesito para entonces, si no antes." ¿Es muy urgente esa cosa? . . . *Sí. La necesita para mañana, si no antes.*
5. "¡Qué maravilla! Para una persona de su edad, es muy activa todavía." ¿Es joven o vieja esa persona? — *Esa persona es vieja.*
6. "En esta tienda vendemos sólo ropa para caballeros." ¿Puedo encontrar una blusa y falda para mi hermana? . . . *No, no la puede encontrar aquí. (Vendemos sólo ropa para caballeros — para señores).*

#49. Opciones [P. 164]

1. Lo hizo sólo por ti.
2. Íbamos a clase por la tarde.
3. Ud. sale por la puerta de la izquierda.
4. Mandaron el paquete por via aérea.
5. Pago poco por este apartamento.
6. *Don Quijote* fue escrito por Cervantes.

MOMENTO DE VIDA

¿Verdad o falso?

1. La recepcionista de Losada y Compañía pasa mucho tiempo contestando sus propias llamadas telefónicas. (La recepcionista está muy ocupada con sus llamadas personales.) — Verdad.
2. Un buen cliente, Ernesto Aranda, dice que su pedido llegó en malas condiciones, pero Losada defiende a su compañía. (Ernesto Aranda dice que le enviaron en malas condiciones su pedido, pero Losada no quiere ser responsable.) — Falso.
3. Dos de los oficinistas, Julio y Luisa, están muy enamorados. (Parece que dos empleados, Julio y Luisa, están muy enamorados.) — Falso.
4. El señor Losada está furioso con su gerente porque no atendió al pedido del señor Aranda. (El señor Losada está muy enojado porque su gerente descuidó el pedido de Aranda.) — Verdad.
5. La recepcionista está contentísima hoy porque va a salir mañana con su amigo Miguel. (La recepcionista está felicísima porque va a ver mañana a su antiguo novio Miguel.) — Verdad.

LECCIÓN DOCE

(after computer-dialogue) ¿Lo comprendió? Pues, ¿quiénes estuvieron hablando ahora? — *Dos computadores — un computador y una computadora.* (. . .) [P. 169]

(*Free response*) A propósito, ¿sabe Ud. usar una computadora? ¿Tiene Ud. su propio ordenador de palabras? ¿Tiene una pequeña calculadora?

¿Quién es quién? [P. 170]

Write in the following order under the illustrations.

una abogada, el acusado, el testigo
el juez, el jurado

1. "Yo defiendo los derechos de mis clientes." ¿Quién soy? . . . La abogada.
2. "Dicen que yo cometí un crimen. Me llaman "ladrón'." ¿Quién soy? . . . El acusado.
3. "Mis compañeros y yo vamos a decidir si esta persona es inocente o culpable." ¿Qué somos? . . . El jurado.
4. Yo lo vi todo. ¿No quieren tomar mi declaración?" ¿Quién es esta persona? . . . El testigo.
5. "Yo interpreto las leyes, y mando a los criminales a la prisión." ¿Quién soy? . . . El juez.

CONCEPTOS

#50. Introducing the present subjunctive [P. 171]

(escribir), escriba
escriban

A practicar [P. 172]

yo:	acuse, firme; comprenda, reciba
tú:	olvides, llores; creas, abras
Pedro:	llegue, pague, beba, viva
Nina y yo:	esperemos, compremos, vendamos, permitamos
vosotros:	perdonéis, aconsejéis; entendáis, subáis;
Uds.:	saquen, toquen; insistan, ocurran

#51. A practicar: [P. 174]

1. No me acuses.
2. No le aconsejes eso.
3. No lo firmes.
4. Por favor, no se lo compres.
5. No lo permitas.
6. No la recibas en tu casa.
7. No se los leas.
8. No lo creas.

#52. Vamos a practicar [P. 175–76]

1. (Vamos a hablar)
2. Vamos a cantar.
3. (Vamos a volver)
4. Vamos a escribir. (. . .)

MOMENTO DE VIDA

¿Verdad o falso?

1. Pérez Masón es el fiscal en el caso del Estado contra José Montenegro. — Falso.
2. El testigo Hernández está muy confundido por la interrogacion de Pérez. — Verdad.
3. Lila Bellavista está muy triste por la muerte de su esposo. — Falso.
4. Pérez acusa a Lila de matar a su esposo. Pérez dice que Lila era la asesina. — Falso.
5. En efecto, Lila vio a Pérez cometer el crimen. En efecto, Pérez mismo era el asesino. — Verdad.

LECCIÓN TRECE

J.: Perdone, . . . ¿Ya ve por qué llegué tarde? Con el tráfico que hubo hoy en el camino . . . Pensé que nunca iba a llegar.

M.: Por eso yo no manejo en la ciudad. Prefiero tomar el metro, o el autobús, o caminar. Pero, ¿manejar con este tráfico? ¡Jamás! Dígame, mi estudiante, ¿maneja Ud. ? ¿Tiene su propio coche? . . .

Turista [P. 179]

The Spanish traffic signals you heard are as follows:

1. Curva (*Curve*)
2. Una vía (*One way*)
3. Velocidad Máxima 100kph (*Speed limit 60mph*)
4. No estacionar ni parar (*No parking or standing*)
5. No doblar a la izquierda (*No left turn*)
6. Zona de carga y descarga (*Loading zone*)
7. ¡Alto! ¡Pare! (*Stop*!)
8. Peatones, no pasen (*Don't walk!)*

The illustrations should be numbered in the following order: 7, 1, 8, 2, 4, 6, 3, 5

Reglamentos de tráfico

1. Si mi carro no tiene placa (o chapa), ¿lo puedo usar? — No.
2. Si el semáforo está en rojo, ¿tengo que parar? — Sí.
3. Si la señal de tráfico dice: "Trabajadores", ¿hay construcción en el camino? — Sí.
4. Si la señal dice "Desviación", ¿podemos seguir adelante en el mismo camino? — No.

CONCEPTOS

#54. **Frases en serie (Cambie, y después conteste)** [P. 181–82]

1. ¿Quién cree Ud. que está dando estos consejos? . . . *Un médica.*
2.
3. En su opinión, ¿quién insiste en que hagamos estas cosas? . . . *Una profesora (maestra)*

Preguntas rápidas [P. 182]

(Free Response)

1. ¿Prefiere Ud. que usemos más español o más inglés en esta clase? — *Prefiero que usemos más* . . .
2. Prefiere Ud. escribir los ejercicios o hacerlos oralmente? — *Prefiero escribirlos* (*hacerlos oralmente*).
3. ¿Insisten los profesores aquíl en que Uds. estudien mucho? — *Sí* (*No, no*) *insisten en que estudiemos mucho.*
4. ¿Quieren sus padres que Ud. trabaje fuera de la escuela? — *Sí* (*No*), *mis padres* (*no*) *quieren que yo trabaje* . . .

#55. **The present subjunctive of irregular verbs** [P. 183]

(digo — diga)
pongo — ponga
salgo — salga
traigo — traiga
vengo — venga
valgo — valga
produzco — produzca

#56. **Ejercicio** [P. 184–85]

1. Claro, esperamos que Diego venga.
2. No. Tememos que haga mucho viento.
3. Sí. Nos sorprende mucho que Mario no quiera ayudarte.
4. No. No me gusta que vayamos juntos.
5. No. Sentimos que haya fiesta aquí.
6. Sí. Me molesta muchísimo que Uds. pongan la radio.

MOMENTO DE VIDA

¿Verdad o falso?

1. Felipe, Cuco y Pablo acaban de tener un accidente con el carro de Miguel. — Verdad.
2. No quieren que Miguel lo sepa porque usaron su carro sin su permiso. — Verdad.
3. En realidad, era la primera vez que hicieron tal cosa. — Falso.
4. El mecánico teme que el carro no sea muy fácil de arreglar. — Verdad.
5. Felipe llama a Miguel y pide que le traiga dinero para las reparaciones. — Verdad.

LECCIÓN CATORCE

¿Quién soy? [P. 190]

1. "Mi profesión es la guerra, pero prefiero pensar que mis ejércitos sirven para mantener la paz." ¿Quién soy? . . . El general.
2. "Yo soy la representante diplomática de mi país en tierras extranjeras y ante las Naciones Unidas." ¿Quién soy? . . . La embajadora.
3. "En tiempos antiguos, la autoridad de mi familia era absoluta. Hoy en España mi autoridad es más bien simbólica, pero mi influencia es grande." ¿Quién soy? . . . El rey.
4. "Soy la jefe de mi partido político, y fui elegida por el Parlamento para dirigir el gobierno nacional." ¿Quién soy? . . . La primer ministro.
5. "Yo soy la ley en mi país. Yo soy la autoridad máxima, el Número Uno, y el pueblo es mío . . . Ah, ¿Ud. no lo cree? (¡Zas!)" ¿Quién soy? . . . El dictador.
6. "Mi campo de batalla es el mar, pero la marina moderna tiene sus fuerzas aéreas también. Yo dirijo todas esas actividades." ¿Quién soy? . . . El almirante.
7. "Yo administro el gobierno de mi ciudad. Los problemas son numerosos y por eso me gusta consultar con el Concejo Municipal." ¿Quién soy? . . . El alcalde.

CONCEPTOS

#57. The present subjunctive: stem-changing verbs [P. 192]

pedir: (. . .) (pidamos) pidáis, pidan

Mini-diálogos [P. 192]

1. ¿Cuándo ocurre esta conversación — por la mañana o por la tarde? . . . Por la tarde. (La "comida" no se come por la mañana.)
2. a. ¿Dónde ocurre esta conversación — en la ciudad o en el campo? . . . En la ciudad. b. Y estas personas, ¿son hispanoamericanos o españoles? . . . Españoles. (Usan "vosotros".)

#58. Vamos a practicar [P. 194]

1. Mi esposo no cree que lo tengan.
2. No niego que tú manejas bien.
3. No es verdad que estén peleando (que peleen).
4. No es posible que sea muy costoso.
5. Estamos segurísimos de que vienen (de que van a venir).
6. No es posible que puedan encontrarlo (que lo encuentren).

#59. A practicar [P. 196]

1. (No, nadie te llamó. No te llamó nadie.)
2. ¡Que va! Siempre íbamos a verlos.
3. No, no conozco a ninguno (a ningún miembro de su familia).
4. No. Nunca se van a casar. No se van a casar nunca.
5. Sí, le traje algo muy bonito.
6. Sí, alguien vivía en esa casa.
7. No, jamás hicimos un (ningún) error. No hicimos jamás . . .

MOMENTO DE VIDA

¿Verdad o falso?

1. Don Rafael Urbano es un candidato presidencial. — Verdad.
2. Don Rafael dice todas las cosas que el público desea oír. — Verdad.
3. En efecto, don Rafael explica muy claramente su plataforma. — Falso.
4. Don Rafael nunca dice nada contra el otro partido porque no quiere ser injusto. — Falso.
5. Don Rafael gana la confianza del público por su personalidad, no por sus ideas. — Verdad.

LECCIÓN QUINCE

Combinaciones [P. 201]

You should have written the following in this order under the illustrations:

lechuga con tomate; huevos con tocino; pan con mantequilla; sopa con galletas; hamburguesa con papas fritas

¿Qué recomienda Ud. ? [P. 202]

1. ¿Recomienda que le demos a Bruno jugo de naranja? — Ah, sí.
2. ¿Jugo de pescado? — ¡Ay, no!
3. ¿Jugo de tomate? — Ah, sí.
4. ¿Jugo de papa? — ¡Ay, no!
5. ¿Quiere que le ofrezcamos un poco de leche con limón? — ¡Ay, no! . . . ¿de café con crema? — Ah, sí. . . . ¿de leche con azúcar? — ¡Ay, no! . . . ¿de té con café? — ¡Ay, no!

CONCEPTOS

#61. The past participle [P. 203]

estudiar — estudiado (*studied*) (. . .)
dar — dado; tener — tenido; estar — estado; ir — ido

#62-63. Ejercicio [P. 204–5]

1. (No. No ha venido todavía.)
2. No. He terminado sólo las primeras lecciones.
3. Ah, sí. Hemos vuelto de nuestras vacaciones.
4. Sí, hemos visto varias veces al presidente.
5. No. Lo he hecho muy mal.
6. No. No le hemos dicho nada.

#64. Ejercicio [P. 205]

1. (Es lástima que Felipe haya estado enfermo.)
2. ¡Ojalá que Uds. hayan acabado!
3. ¡Uf! Me molesta que los Pérez hayan llamado . . . (Answers for #4–7 are on tape.)

#65. Ejercicio [P. 206–7]

1. Sí, lo había visto.
2. No. No se habían casado todavía.
3. Ah, sí. Habíamos estado antes en México.
4. No. Le había dicho que me iba.
5. Claro. Les habíamos escrito la semana anterior.
6. No. No habíamos comido nada.

MOMENTO DE VIDA

¿Verdad o falso?

1. Los Molinos, una familia típica de la clase rica, viven en una hermosa casa de campo. (Los Molinos, una familia típica de la clase alta, viven en una mansión en el campo.) — Falso.
2. El Sr. Molinos no quiere que su hijo Esteban beba vino o cerveza. (El Sr. Molinos no quiere que su hijo Esteban tome ninguna clase de licor.) — Falso.
   (En realidad, el tomar vino con la comida es una parte importantísima de la tradición hispánica. ¿Es así la familia de Ud. , mi estudiante? (Free response)
3. La familia come junta, pero cada persona piensa en sus propios problemas y deseos. — Verdad.
4. El señor Molinos está furioso con Luisa porque ella ha salido con el novio de Chita. — Falso.
5. Parece que los señores Molinos son felices porque han realizado todas sus ambiciones en la vida.

LECCIÓN DIEZ Y SEIS

Palabras ilustradas [P. 216]

		TV	radio	tocadiscos	grabadora
1.	encender	√	√	√	√
2.	apagar	√	√	√	√
3.	una pantalla	√			
4.	diferentes programas	√	√	√	
5.	canales	√			√
6.	casetes				√
7.	enchufar	√	√	√	√
8.	sonar	√	√	√	√
9.	varias estaciones		√		
10.	discos			√	

CONCEPTOS

#66. The future tense [P. 217]

(viviré, vivirás), vivirá (. . .) haber – habré (. . .)

A practicar [P. 218]

1. Estaré con él mañana.
2. No romperé nada.
3. Tú servirás.
4. ¿La buscarás?
5. Ud. no lo encontrará.
6. ¿Quién se atreverá?
7. Sí, lo conseguiremos.
8. Nos alegraremos de eso.
9. ¿Saldréis ahora mismo?
10. ¿Lo tendréis allí?
11. ¿Uds. se lo dirán?
12. Todos podrán hacerlo, ¿verdad?

Ejercicio [P. 219]

1. (Nacerá en junio.)
2. Me acostaré temprano.
3. Lo haré hoy.
4. Saldré antes de las diez.
5. Lo pondremos en el comedor.
6. Nos quedaremos.
7. Las tendremos listas para el sábado.
8. Podremos ir esta tarde

#67. Un poco de práctica [P. 219]

1. (¿Qué hora será . . . ?)
2. Serán las diez.
3. ¿Estaré soñando?
4. ¿Quién llamará . . . ?
5. Uds. tendrán razón.
6. Valdrá mucho dinero.

#68. Mini-diálogos [P. 220]

1. a. ¿Para cuándo habrán terminado sus papeles los estudiantes? . . . Los habrán terminado para mañana.
   b. ¿Con quién estarán hablando? . . . Con su profesor, wrx. (Free response)
2. a. ¿Adónde se habrán ido estas personas? . . . Se habrán ido al Canadá.
   b. ¿Hará frío o calor allí en esa estación del año? . . . Hará mucho frío.
3. ¿Habrá dicho Juan la verdad o una mentira? — Una mentira.

MOMENTO DE VIDA

¿Verdad o falso?

1. Según el noticiario de las tres, la huelga de los mecánicos en Santiago acabará mañana. — Falso.
2. En la próxima estación, escuchamos la música sinfónica de Tito Rodriguez. — Falso.
3. En la novela que escuchamos después, Virginia está preocupada porque su marido saldrá hoy mismo de la cárcel . . . saldrá hoy de la prisión. — Verdad.
4. La noticia de la cosmonave Venus es interrumpida por el anuncio de la muerte del presidente. — Falso.
5. Según el pronóstico del tiempo, nevará y hará mucho frío toda la semana. — Falso.

LECCIÓN DIEZ Y SIETE

Juego ilustrado [P. 226]

Write in this order under the illustrations:

un pájaro, un perro, la luna, el sol
un árbol, la nieve, el bosque, la playa

¿En qué pienso? [P. 226]

1. Es una estrella amarilla que calienta nuestra tierra. Pienso en una estrella grande, y sentimos su calor . . . Piensa en el sol.
2. Me llaman el mejor amigo del hombre . . . Un perro.
3. Es un animal pequeño que canta divinamente . . . Un pájaro.
4. Es un planeta frío que vemos de noche, reflejando la luz del sol. Es un planeta muerto que refleja la luz del sol . . . Se llama "la luna".
5. Es un lugar lleno de árboles y animales . . . Es el bosque.
6. Pienso en una planta alta y verde, donde cantan los pájaros entre sus hojas . . . Piensa en un árbol.
7. Es una forma de condensación que cubre de blanco la tierra . . . Piensa en la nieve.
8. Es un lugar junto al mar adonde vamos para tomar el sol y bañarnos . . . Es la playa.

CONCEPTOS

#71. The conditional [P. 227]

(comeríamos, comeríais), comerían
(poner) pondría
(salir) saldría; (saber) sabría
(haber) habría

Vamos a practicar

yo:	(soñaría), prometería, cubriría
tú:	(andarías) nacerías, sentirías
el frasco de perfume:	(costaría), caería, valdría
nosotros:	(daríamos), seríamos, tendríamos
Uds.:	(harían), dirían, verían

#72. A practicar [P. 229]

1. (¿Ud. lo enviaría?)
2. Yo no haría . . .
3. ¿Te gustaria . . .?
4. . . . que me lo daría.
5. . . . que no saldrían.
6. . . . que irían.
7. . . . que podrían hacerlo.
8. ¿Qué hora sería?

#73. Mini-diálogos [P. 230]

1. (On tape)
2. . . . la habríamos invitado.
3. . . . se lo habría devuelto.
4. . . . se habrían atrevido.
5. . . . habría soñado con eso.
6. . . . me habría quejado . . .
7. . . . habríamos avisado a la policía.

#74. Mini-diálogos [P. 230–31]

1. a. ¿Qué quiere comprarle Sarita a Manuel? . . . (Answer on tape.)
   b. ¿Cuesta mucho o poco hoy un buen equipo de estéreo? . . . Cuesta mucho.
2. a. ¿Qué desea tener algún día Rodrigo? (Answer on tape.)
   b. ¿Es un hombre rico o pobre ahora? . . . Pobre.
3. En su opinión, ¿va a realizar (*fulfill*) Rodrigo todos sus sueños? (Free response)

MOMENTO DE VIDA

¿Verdad o falso?

1. Las siete eran temprano para cenar porque los españoles comen después de las nueve. — Verdad.
2. El conserje nos recomendó un restaurante de primera categoría en un barrio elegantísimo. — Falso.
3. En un restorán pobre, encontramos a una señora muy vieja cubierta de joyas. — Verdad.
4. La señora escuchaba música tradicional española mientras se comía una gran comida. — Falso.
5. Muertos de curiosidad, nos acercamos a ella, y la mujer nos contó toda su historia. — Falso.

LECCIÓN DIEZ Y OCHO

[P. 235]
(top) Muy buenas. ¿Cómo está? . . . Dígame, ¿le gusta mucho el teatro? ¿Y el cine?

NARRATIVA [P. 236]

The 8 words should be inserted in this order in the appropriate blanks:

película; obra; astros; función;
taquilla; entradas; asiento; fila

CONCEPTOS

#75-76. Introducing the imperfect subjunctive [P. 237]

(comiéramos, comierais), comieran

Vamos a practicar [P. 238]

1. (. . .) Querían que yo viajara con ellos; . . . que yo volviera . . .; que yo asistiera
2. (. . .) Te dije que no lo enchufaras. . . . metieras; . . . permitieras.
3. (. . .) No era posible que se olvidara . . . se perdiera; . . . se atreviera.
4. (. . .) Insistieron en que se lo tocáramos. . . . diéramos; . . . dijéramos.

Situaciones [P. 239]

1. a. (¿De qué se alegran estas personas? — *De que Luis no ganara.*)
   b. Según esto, ¿quién disfrutaba de mejor situación económica — Luis o el otro? — *Luis.*
2. a. ¿Qué lamenta Guillermo? — *Que los billetes no llegaran a tiempo.*
   b. ¿Qué haría Raquel si fuera él? — *Se quejaría a la compañía.*

P.: Si Ud. viviera en Paris, ¿qué lengua hablaría? — *Hablaría francés.* Y si viviera en Tokio, ¿qué lengua hablaría? — *Hablaría japonés.*

#77. A practicar [P. 240–41]

1–4. On tape
5. Si hubiera nevado, no habríamos salido.

MOMENTO DE VIDA

¿Verdad o falso?

1. Según los críticos, "Téntación" es un gran triunfo teatral. Es el éxito más grande de la temporada. — Verdad.
2. En el medio del primer acto, dos personas entran y se dirigen a las butacas del frente. Dos asistentes llegan tarde, y buscan sus asientos en el frente del teatro. — Verdad.
3. Otro señor con su señora están ocupando los asientos de los recién llegados. — Verdad.
4. Comienza una gran conmoción en el teatro, y los actores tienen que dejar el escenario. Una gran conmoción empieza, y los actores dejan el escenario. — Falso.
5. Por fin, el gerente echa del teatro a los recién llegados, y la obra continúa tranquilamente. Por fin, el gerente hace salir a los recién llegados, y la obra termina tranquilamente. — Falso.

LECCIÓN DIEZ Y NUEVE

¿Qué es? [P. 245]

1. Es un papel que uso en lugar de dinero cuando viajo a otros países. Es una forma de dinero internacional. ¿Qué cosa es? . . . *Un cheque de viajero (o de viaje).*
2. Es un lugar donde venden boletos o pasajes. Es un lugar donde compro mi pasaje. ¿Qué lugar es? . . . *El Despacho de Boletos (o la boletería), Despacho de Pasajes.*
3. Es un papel donde encontramos la lista de los vuelos o excursiones, con sus horas de llegada y salida. Es una cosa que contiene información sobre todas las llegadas y partidas. ¿Cómo se llama? . . . *El horario.*
4. Es un campo grande adonde vamos para coger un vuelo. Es el lugar de donde salen y adonde llegan los aviones. ¿Qué lugar es? . . . *El aeropuerto.*
5. Es el lugar donde los inspectores del gobierno revisan los pasaportes y el equipaje de los viajeros. Es donde el gobierno inspecciona el equipaje de los viajeros. ¿Cómo se llama? . . . *La aduana.*
6. Es un vehículo que tomo por un tiempo limitado cuando no tengo mi propio carro. Pago por días y kilómetros (o millas), según el lugar. ¿Puede Ud. decirnos?: ¿Qué cosa es? . . . *Un coche de alquiler.*

CONCEPTOS

#79. Ejercicio [P. 247]

1. ¿Es probable o improbable que sus padres le manden el dinero? ... *Es improbable que se lo manden.*
2. a. ¿Por qué es imposible que haga calor mañana? ... *Porque no puede pasar de quince grados en esa estación del año.*
   b. Entonces, ¿qué estación del año será? ... *Invierno.*
3. a. ¿Qué lamentaban los invitados? ... *Que Marisa no pudiera venir (ir) a la fiesta.*
   b. Según esto, ¿era muy popular o muy poco querida Marisa? ... *Muy popular.*
4. a. ¿Qué deseamos para estos individuos? ... *Que disfruten de sus nietos.*
   b. En su opinión, ¿serán viejos o jóvenes? (*Free response*)

Personales [P. 248]

1. Dígame francamente: ¿Es posible que Ud. sea famoso (famosa) algún dia? — *Sí (No, no) es posible que yo sea ...*
   b. ¿Es probable que lo sea? — *Sí, (No, no) es probable que (yo) lo sea.*
   c. En su opinión, ¿es importante que uno tenga dinero para ser feliz? — *Sí, (No, no) es importante que uno tenga ...*
   d. ¿Es necesario que uno se case (para ser feliz)? — *Sí, (No, no) es necesario que uno se case ...*
   e. ¿Es necesario que uno tenga amor (para ser feliz)? — *Sí, (No, no) es necesario que uno tenga ...*
2. Hablando de otra cosa:
   a. Cuando Ud. era adolescente, ¿insistían sus padres en que fuera muy obediente? — *Sí (No,) mis padres (no) insistían en que yo fuera muy obediente.*
   b. En su opinión, ¿es necesario que el hijo obedezca siempre a los padres? — *En mi opinión, (no) es necesario que el hijo obedezca ...*
   c. Cuando Ud. tenga sus propios hijos, ¿los tratará exactamente como sus padres lo trataron a Ud. ? — *Cuando yo tenga mis propios hijos, (no) los trataré exactamente como mis padres me trataron a mí.*

#81. Ejercicio [P. 250]

1. Lo devolveré con tal que tú lo hagas (o devuelvas) también.
2. Llámeme en caso de que se enojen.
3. No le hablaré aunque me ruegue.
4. Se quedarán hasta que volvamos.
5. Lo llamaré cuando pueda.
6. Se lo daré cuando lo vea.
7. Prometió esperar hasta que llegaran los invitados.

MOMENTO DE VIDA

¿Verdad o falso?

1. Ernesto y Marilú Costas acaban de hacer un viaje largo por toda la América latina. Ernesto y Marilú han hecho recientemente un viaje muy largo por la América latina. — Falso.
2. Según Ernesto, los chóferes italianos son los mejores del mundo. Según Ernesto, los italianos manejan mucho mejor que nosotros. — Falso.
3. El viaje de los Costas fue tan rápido que realmente pudieron ver muy poco. Los Costas viajaron tan rápidamente que realmente no pudieron recordar lo que vieron. — Verdad.
4. Parece que Ernesto y Marilú se interesan mayormente por la historia y cultura de los países que visitan. Ernesto y Marilú son viajeros muy cosmopolitas que se interesan por historia y cultura. — Falso.
5. Donado e Inés irán a Europa así que puedan hacer sus reservaciones en el avión. Donado e Inés también viajarán a Europa así que encuentren un vuelo. — Falso.

LECCIÓN VEINTE

Palabras ilustradas [P. 255]

The words should be written in this order:

un camarero, la maleta, la criada,
el equipaje, la Recepción, hielo

CONCEPTOS

#82. Vamos a practicar [P. 257]

1. La casa fue comprada ...
2. Las alfombras fueron hechas ...
3. Sus hijos han sido educados ...
4. Muchas playas fueron destruidas ...
5. El almacén es abierto ...

#83. Mini-cuentos [P. 258]

1. a. ¿Dónde estaba el niño cuando lo hallaron? ... Estaba en el agua.
   b. ¿Era temprano o casi tarde cuando lo salvaron? ... Casi era tarde.
2. a. ¿En qué año publicaron la primera obra del poeta? ... En mil ochocientos siete.
   b. ¿Para cuándo anunciaron la publicación de su segunda obra? ... Para el año siguiente.
   c. Por qué no salió entonces el libro? ... Porque lo metieron en la cárcel.
   d. ¿Está vivo o muerto ahora ese escritor? ... Está muerto.

#84. Reflexive to express for passive voice [P. 258–59]

"En efecto, aquí se hablan muchos idiomas." A propósito, ¿es éste un lugar cosmopolita o muy provinciano? . . . *Es un lugar cosmopolita.* "El cine se abre a las tres. Los teatros se abren a las siete." ¿Cuál se abre primero? . . . *El cine se abre primero.* "Nuestra escuela se construyó en 1970. Las otras se construyeron hace tres años." ¿Cúal es más vieja? . . . *Nuestra escuela.*

Opciones

(Free response)

1. Si un hombre es culpable de un crimen muy grave, ¿se le manda a la cárcel o se le perdona?
2. Si un estudiante trabaja mucho pero sale mal en sus clases, ¿se le debe suspender o se le ofrece más ayuda?
3. Si se le ha dejado una gran fortuna a un individuo, ¿tiene todavía la obligación de trabajar o no tiene ninguna?
4. Si una persona no sabe hablar inglés, ¿se le debe permitir votar o no?

MOMENTO DE VIDA

(after the *Cuento de terror*)

¿Qué le pasaría a Carlos? ¿Tú crees que Elena lo haya matado? . . . ¿Es posible que todo eso haya sido un sueño, o un sueño dentro de un sueño? (Free response)

¿Verdad o falso?

1. Cuando Carlos Ruiz y su esposa llegan al hotel, descubren que su reservación no ha sido honrada. (Cuando los Ruiz llegan a su hotel, descubren que su reservación no se ha honrado.) — Verdad.
2. Según el señor de la Recepción, nunca han tenido ningún cuarto al precio que les fue confirmado. (Según el recepcionista, jamás han tenido una habitación al precio que les fue confirmado.) — Verdad.
3. El gerente dice que no recibieron su telegrama porque se habían mudado de casa. (El gerente dice que no recibieron su telegrama porque habían cambiado de dirección.) — Falso.
4. Carlos se despierta gritando de su sueño malo, y le ruega a su esposa que cancele el viaje. (Carlos se despierta de su sueño malo, y le ruega a Elena que no vayan en ese viaje.) — Verdad.
5. Elena no quiere cancelar sus planes, y los dos son muertos en un accidente, como el sueño había profetizado. (Elena insiste en que se vayan de viaje, y los dos mueren trágicamente en un accidente.) — Falso.

KEYS TO THE ACTIVIDADES INDIVIDUALES

LECCIÓN PRIMERA

I. Juegos de palabras

A. Categorías

Ciencia natural: química, biología, física, botánica
Ciencia social: economía, política
Humanidades: música, filosofía, arte, matemáticas, literatura

B. Situaciones

1. Sí . . . Sí . . . No . . . Sí.
2. No . . . No . . . Sí.
3. No . . . Sí . . . No . . . No.
4. Sí . . . Sí . . . No.

C. Palabras pequeñas

1. Aquí.
2. de
3. en
4. a . . . también
5. a. . . . con

D. Palabras femeninas

a. "La" or "una" is the article that goes with each of these nouns . . . Free response.

b. 1. la universidad
   2. La educación, o La instrucción
   3. Las naciones
   4. la ciudad
   5. La libertad . . . de la humanidad.

II. Ejercicios suplementarios

#1. A.

1. la pluma, el papel, los lápices, la correspondencia
2. la puerta, las ventanas, el apartamento, el edificio
3. las clases, el maestro, los estudios, la lección, los ejercicios, el laboratorio, los cursos, los estudiantes
4. una hora, un día, unas semanas, un mes, unos años, una década
5. una democracia, un presidente, unos senadores, unas elecciones
6. un tío, unos abuelos, unos sobrinos, unas primas, un hijo
7. un dólar, un franco, una libra esterlina, unos pesos, unas pesetas, un rublo, una lira

B.

el tiempo (4)	la familia (6)
la educación (3)	una casa (2)
el dinero (7)	escribir (1)
el gobierno (5)	

#2.

A.

1. del invierno
2. el primer día
3. la primavera
4. del hemisferio oriental
5. del sur
6. de los Estados Unidos
7. a la universidad
8. al aeropuerto
9. al gimnasio
10. al trópico

B. Mini-diálogo c. de la noche

#3.

1. ¿Estudia? ¿Aprende? ¿Habla? ¿Enseña? ¿Escribe? ¿Toma?
2. Escribo, preparo
3. toca
4. comes, preparas
5. estudias, trabajas, comes, enseñas
6. gusta
7. estudia, toma, prepara
8. come
9. trabajo, estudio
10. estudias, aprendes, preparas, escribes
11. enseña
12. ¿Toma?

#4.

1. No, no soy el (la mejor) . . .
2. No, no trabajo . . .
3. No, no vivo . . .
4. No, no estudio . . .
5. No, mi familia no habla . . .
6. No, no toco . . .
7. No, no camino . . .
8. No, no como . . .
9. No, no comprendo . . .
10. No, no deseo . . .

III. Recapitulación

Miguel: Hola, Anita, ¿Cómo estás?

Anita: Así, así. Voy a la matrícula ahora.

Anita entra al (en el) gimnasio y va a la mesa de su consejero.

Anita: Buenos días, doctor Fernández.

Dr. F.: Muy buenos. ¿Y Ud . es . . . ?

Anita: Anita Castro.

Dr. F.: Ah, sí. Juanita Castro. Ahora (bien), ¿qué clases desea (Ud.) tomar (estudiar), Clarita?

Anita: Anita. Pues (Bueno), me gusta la literatura, y me gusta la música. Pero realmente, no importa mucho. Deseo todas mis clases los martes y jueves, de diez a dos. El resto del tiempo, estudio en la escuela de la vida.

Dr. F.: En . . . ¿dónde?

Anita: En la escuela de la vida. Mi amigo Miguel enseña allí.

LECCIÓN DOS

I. Juegos de palabras

A. Decorador (a) de casas

la cocina: sillas pequeñas, mesa grande, estufa, el refrigerador
la sala: sofá, silla grande, sillas pequeñas, lámparas, el televisor, escritorio
la alcoba: silla grande, mesita de noche, cama, el televisor, escritorio, cómoda, lámparas

B. Asociaciones

refrigerador – frío;
alcoba – cama;
baño – lavar;
ventana – aire fresco;
sala – fiestas;
escritorio – escribir;
puerta – entrar;
lámpara – leer de noche

C. ¡Al contrario!

siempre – nunca;
muchas personas – nadie;
área rural – la ciudad;
nada – algo;
subir – bajar;
causar problemas – ayudar

D. Palabras relacionadas

dificultad – difícil;
ciudadano – ciudad;
vecindad – vecino;
ayudante – ayudar;
facilidad(es) – fácil

vecindad; ciudadano; ayudante; dificultad; facilidades;
"debt, debtor, debit" — deber

II. Ejercicios suplementarios

A.

1. ¿A qué hora terminan Uds.?
2. ¿Subimos las sillas?
3. ¿Qué aprendéis (Spain), aprenden Uds. (Span. Amer.)
4. No estudiamos . . .
5. No sacamos . . .
6. ¿Uds. ayudan . . . ?
7. ¿Escribís (Spain), Escriben Uds. (Span. Amer.) . . . ?
8. Vivimos . . .
9. ¿Viven ellas . . . ?
10. ¿Ellos no creen . . . ?

B.

1. deseamos entrar
   Elena y yo deseamos escuchar
   Los muchachos desean escuchar
2. ¿Ud. baja?
   ¿Uds. no bajan?
   ¿Yo no trabajo?
3. Tú debes escribir más.
   Tú y Pepito debéis (deben) . . .
   Tú y Pepito debéis (deben) caminar . . .
4. ¿Tú tomas algo?
   ¿Nosotros tomamos algo?
   ¿Vosotros tocáis algo?

#8.

1. es
2. son
3. somos
4. son
5. es
6. es
7. son
8. es
9. son
10. eres – soy
11. soy
12. somos
13. ¿Es? – son

#9–10.

A.

1. No. Vivimos en un edificio pequeño.
2. No, mis tíos son jóvenes.
3. No, me gusta una lección corta.
4. No, es un mal ejemplo.
5. No, Pedro es muy alto.
6. No, somos muy pobres.
7. No, hay una silla negra.

B.

1. la nación argentina
2. cantante español
3. ciudades italianas
4. futbolista brasileño
5. escritores norteamericanos
6. historia francesa

III. Recapitulación

En la "Zona Florida", Avenida Sotelo, hay treinta casas en fila, todas idénticas. Hay un camión grande a la puerta de una. Los hombres entran y salen, suben y bajan con los muebles.

Sr. López: ¡Hombre, el sofá verde es para la sala, no para la cocina!

Sra. López: ¡Cuidado con las lámparas! Son de cristal . . . No, no. La estufa no es para el baño.

Sr. L.: Hay algo curioso aquí, Felipita. ¿No debe ser azul la alcoba?

Sra. L.: Sí, Alfonso. Bueno, mañana llamamos . . . ¡Ay, no! ¡El piano no pasa por la puerta!

Hombre: Pues, ¿por qué no quitamos la puerta?

Sr. L.: Muy bien. ¡A trabajar!

(Una hora más tarde)

Hombre: Hay otro problema ahora. El piano no pasa por la puerta de la sala. Posiblemente si usamos la ventana . . .

Robi: Mamá, papá, hay dos personas a la puerta.

Sra. L.: ¿Ahora? ¿Quiénes son? No deseo hablar con nadie.

Robi: Es importante, mamá.

Sra. L.: Muy bien . . . ¿Sí, señor, señora?

Vecino: Buenas tardes. Me llamo Eduardo Mera, y esta señora es mi esposa. No me gusta molestar, pero somos sus vecinos, y . . .

Hombre: Perdone, Sr. López. Hay un problema con la ventana.

Sr. L.: ¡Ay, no! ¡Adiós, ventana!

Sra. L.: ¡Caramba! . . . Dígame, Sr. Mera, ¿por qué . . . ?

Sr. M.: Perdone (Perdóneme), señora, pero . . . mi esposa y yo . . . ¡nosotros vivimos aquí! ¡Ésta no es su casa!

LECCIÓN TRES

I. Juegos de palabras

A. Combinaciones

corbata – camisa
sombrero – abrigo
zapatos – calcetines
saco – pantalones
impermeable – paraguas
pijama – bata y zapatillas
falda – blusa
camiseta o jersey – levis
bufanda – guantes

B. Español-inglés

fiesta; mal; bien; recibir;
conocer; vestir; mano; brazo

C. Diga lo contrario

malo – bueno
salir – entrar
recibir – dar
bien – mal
todavía no – ya

II. Ejercicios suplementarios

#11.

1. No, estoy perfectamente bien.
2. No, doy el examen el martes.
3. Sí, están en casa.
4. La biblioteca está cerca del parque.
5. No, la sopa está fría.
6. Sí, todas las ventanas están cerradas.
7. No. Voy ahora al cine.
8. No, damos (Uds. dan) la fiesta el sábado.
9. Sí, estoy cansado.
10. No, el estado no da nada a la universidad.
11. No, no estamos preparados todavía.
12. Estamos en el segundo.
13. No, vamos solos.
14. Sí, siempre damos algo al niño.

#12.

1. son
2. es – es
3. están
4. es – soy – estoy
5. ¿Está . . . ?
6. está – están
7. está – está – es
8. somos – somos
9. están
10. es – es

#13.

A.

1. Esta escalera . . .
2. Vivimos . . . en ese piso.
3. Aquellas puertas siempre están abiertas.
4. En aquellos tiempos . . .
5. Este cuarto es más grande que aquél.
6. Estos lápices escriben mejor que ésos.
7. Esta novela me gusta más que ésa.
8. Estas clases son más interesantes que aquéllas.

B.

1. Este televisor no funciona. Estos televisores no funcionan. Esta estufa no funciona. Esa estufa no funciona. Esas lámparas no funcionan.
2. Voy a ir esta tarde. Voy a ir este lunes. Pío y yo vamos a ir este lunes. Pío y yo vamos a ir aquella noche. Pío y yo vamos a ir aquel día.
3. No me gusta ese joven. No me gustan esos jóvenes. No me gustan esas chicas. No me gustan aquellas chicas. No me gusta aquel hombre.

#14.

A.

1. El abrigo negro es de mi hermana.
2. Las botas son de Paco.
3. Estos libros son de Lisa y David.
4. Aquella casa es de mi familia.
   Cambie: su vestido; sus zapatos; sus amigas; su casa; sus zapatos

B.

1. ocho
2. mis sobrinos
3. siete
4. centroamericanos
5. grande
6. rico
7. canadiense
8. el menor
9. Soy . . . (free response)

C.

1. nuestra familia nuestros amigos nuestras cosas vuestra ropa vuestros hermanos vuestros padres
2. mis amigas mis abuelos tus papeles sus tíos sus intenciones sus intereses nuestros planes

III. Recapitulación

¿Es muy diferente la ropa hispana (hispánica) de la ropa de otras naciones? Sí y no. En las ciudades, en todos los centros más o menos urbanos, los modos de vestir son internacionales. y la televisíon es una influencia importante. Naturalmente, la ropa depende del clima, de la geografía, y de la posición económica o la ocupación del individuo. Pero en las áreas (regiones) rurales, donde las distancias son muy grandes y donde las viejas (antiguas) tradiciones (las tradiciones viejas . . .) predominan todavía, vemos mucha diversidad. Y en aquellas partes de Latinoamérica (la América latina) donde hay muchos indios, la ropa ayuda a conservar la memoria de épocas pasadas.

LECCIÓN CUATRO

I. Juegos de palabras

A. La palabra intrusa

1. corazón
2. pierna
3. cara
4. alto

B. Asociaciones

un tocadiscos: escuchar, música, disco, oír
dinero: trabajar, ganar, mucho, poco
la boca: hablar, comer, dientes, grande, pequeña, labios, lengua
tiempo: horas, días, semanas, meses, años
apagar: la radio, las luces, la televisión

C. ¡Al contrario!

1. grande – pequeño
   rubio – moreno
   muchos – pocos
   fuerte – débil
2. la noche – el día
   los pies – las manos
   no más – todavía
   tener frío – tener calor

II. Ejercicios suplementarios

#15-16.

1. viene – tengo
2. tienen – tenemos
3. tienes – tengo
4. dice – digo
5. tienen
6. tengo – tengo
7. tiene
8. dice – tiene – tengo
9. tenéis (Spain), tienen (Span. Amer.) – tenemos
10. Tengo
11. ¿Viene – vengo – vienen
12. oyes – oigo – dice

#17.

1. para Ud. , para ti
2. de ella
3. con Uds., con vosotros
4. conmigo
5. Coméis con nosotros.
6. contigo
7. con él
8. de ti, de Ud.

#18.

1. No preparo, escribo, creo, saco nada.
2. No entra, trabaja, vive nadie aquí.
3. No admitimos, comprendemos, leemos, recibimos eso nunca.
4. ¿No estudias, escuchas, aprendes, comprendes nunca?
5. ¿Tú no tocas, comes, deseas, debes nada?

#19.

1. sale – salgo
2. pongo – sé – tengo
3. trae, traes, traen Uds. – traigo, traemos
4. conozco
5. valgo
6. haces, hace Ud. – hago – salgo

III. Recapitulación

La escena es un dormitorio de estudiantes a las diez de la noche. Pablo grita a su compañero de cuarto, Cuco.

Pablo: Cuco, ¿por qué no apagas la (el) radio? Tengo que estudiar.

Cuco: No es mi radio. Es el tocadiscos de Felipe. ¿No sabes? Nuestro compañero de cuarto siempre escucha esa música terrible.

Pablo: (en voz alta) Felipe, ¿por qué no apagas tu tocadiscos? Tengo dos exámenes mañana y . . .

Felipe: En dos minutos. Hablo por teléfono. (Al teléfono) Entonces, ¿vienes o no vienes? ... Si tienes hambre, comemos en una buena cafetería (cafetería buena) aquí. Y si tienes sed ... Pues, ¿por qué no vienen tus amigas también? (Llama a Pablo y Cuco) ¡Hombres! Dorotea tiene dos amigas hermosas (muy bonitas). ¿Tienen (Tenéis) tiempo esta noche? ... (Otra vez al teléfono) ¿Qué dices, Dorotea? ¿Vienen (Venís) mañana, no esta noche? Pues, muy bien. Hasta luego. Hasta mañana.

Pablo: Fantástico. Esta noche tengo que estudiar para ...

Cuco: En fin, hombre, ¿no vas a apagar nunca la luz? Tengo sueño.

LECCIÓN CINCO

I. Juegos de palabras

A. Amplíe su vocabulario

payment, pay – pago, paga
meeting, encounter – encuentro
waiting room – sala de espera
feeling – sentimiento
a purchase – compra
a sale – venta
an understanding – entendimiento

the beginning – comienzo
loss – pérdida
memory – recuerdo
request – petición
gain, profit – ganancia
return – vuelta

B. Grupos asociados

Free response

For transacciones comerciales, see Lección 5
cuerpo humano — Lección 4
la ropa — Lección 3
la casa — Lección 2

C. ¡Al contrario!

comprar – vender
aprender – enseñar
ir – venir, volver
recibir – dar
escuchar – hablar
encontrar – perder
abrir – cerrar
llegar – salir

rápido – despacio
todos – nadie
poco – mucho
viejos – jóvenes, nuevos
pobres – ricos
algo – nada
más – menos
rubia – morena

D. ¿Cómo se relacionan?

tienda:	vender, pagar un precio, clientela, liquidación
invitados:	fiesta, visita
puerta:	entrar, salir, abrir y cerrar
teléfono:	llamar, contestar
tocadiscos:	música, fiesta, discos, apagar
escribir:	pluma, papel, lápiz

E. Familias de palabras

escritor (a), escribir, escrito
ocupación, ocupar, ocupado
vida, vivir, vivo, vivamente
sentimiento, sentir, sentimental
costo (coste), costar, costoso
recuerdo, recordar
enfermedad (enfermería), enfermar, enfermo
vestido, vestir, vestido
facilidad, facilitar, fácil, fácilmente
dificultad, difícil, difícilmente

II. Ejercicios suplementarios

#20-21.

1. (Tú) recuerdas, Juan recuerda, (Uds.) recuerdan, (nosotros) recordamos, (vosotros) recordáis
2. Comienzan, Empiezan, Sirven, Duermen
3. María piensa, ¿Tú piensas . . . ? ¿(Vosotros) pensáis?, Anita y yo pensamos
4. Quiero, Siento, Pienso, Comienzo a
5. suena, duerme, empieza, entiende
6. Entiendo, Diego y yo entendemos, Uds. entienden, ¿tú entiendes?, ¿vosotros entendéis?
7. piden ellos, pedimos, pedís, piden Uds.
8. ellas sirven, servimos, ¿Ud. sirve,? ¿tú sirves?

#22.

A.

1. Conozco mejor a Miguel.
2. Visito a mis padres esta semana.
3. Voy a llamar a Enrique ahora.
4. Prefiero a Adela.
5. Debemos (Uds. deben; Vosotros debéis) invitar a Mario también.
6. Tengo muchos primos.
7. Me llama a mí.
8. Veo más a Elena.

B.

1. Vamos a estudiar español.
2. Aprendemos a escribir también.
3. Comienzo primero a hablar.
4. Venimos a vivir aquí.
5. Voy a trabajar contigo.
6. Vamos a telefonear por la tarde.
7. Yo voy a traer el tocadiscos.

#23–24.

A.

1. Nos llaman . . .
2. Marta, ¿te llaman . . . ?
3. Os entiendo . . .
4. Nos escriben . . .
5. Te adoro.
6. ¿Me cierras . . . ?
7. ¿Os creen?
8. ¿Te preparas?
9. ¿Quiere traerme . . . ?
10. ¿Quieres hacernos . . . ?

B.

1. Sí, me traes una Coca Cola, por favor.
2. Sí, siempre te digo la verdad.
3. ¡Qué va! No te doy nada.
4. Sí, me gusta enormemente.
5. No, me muero de fatiga.
6. Sí, con mucho gusto te ayudo.
7. Sí, os recordamos muy bien.
8. No, me siento perfectamente bien.
9. Claro, te compro algo si quieres.
10. Sí, nos esperan hasta la una.

III. Recapitulación

Esta mañana comienza la liquidación de verano en el Almacén Continente, y muchos clientes esperan a las puertas.

(Diferentes personas): "Ea, espere. ¿Adónde va Ud. " "Yo estoy delante de Ud. " "¡Qué va! Hace dos horas que (yo) estoy aquí.")

Un (a) dependiente abre las puertas y los clientes entran.

"Planta Baja: Cosméticos. Ropa."

Dependiente: No, señorita. Ud. no puede devolver esta camisa. ¡Es defectuosa!

"Piso Segundo: Muebles y aparatos (eléctricos)"

Cliente: Señor, quiero (deseo) ver la aspiradora que Uds. tienen por 15.000 pesos.

Dependiente: ¡Cómo no, señora! ¡Qué ganga! Hay sólo un problema. Funciona un poco despacio.

Cliente: ¿Despacio? ¿Por qué?

Dependiente: Porque no tiene motor, señora. Ahora, si Ud. paga 20.000 pesos, . . .

"Piso Tercero: Radios, televisores y computadoras (computadores)"

Cliente: No entiendo (comprendo), señorita. Ud. me dice que por 30.000 pesos la computadora (el computador) viene desarmada (desarmado)?

Dependiente: Sí, señor. Aquí están (tiene Ud.) todas las piezas — ¡cinco mil y una! Ahora (bien), por 40.000 pesos tenemos otra (otro) . . .

Cliente: Muy bien (Bueno). ¿Puede Ud. mostrarme la otra computadora (el otro computador)?

Dependiente: Si Ud. vuelve mañana, señor. Cerramos al mediodía cuando hay liquidación.

"El Almacén Continente. ¡Donde el cliente viene (es el) primero!"

LECCIÓN SEIS

I. Juegos de palabras

A. Lógica lingüística

1. coffeepot; creamer; sugar bowl
2. salty
3. a look, glance; entrance, entry; exit, departure, sally; call
4. fisherman, fisherwoman
5. leftist – radical

B. ¡A poner la mesa!

1. tenedor y cuchillo
2. cuchara
3. mantel; servilletas
4. cucharita
5. vasos (y copas)

II. Ejercicios suplementarios

#25.

1. la
2. las
3. lo
4. la
5. los
6. la
7. lo –se
8. las
9. lo
10. le
11. les
12. le
13. les
14. le

#26.

1. Sí, a mí me gustan enormemente.
2. Sí, a nosotros nos gusta bastante.
3. No, a mí no me gusta.
4. No, a ellos no les gustan mis amigos.
5. No, a mí no me gustan nada sus amigos (los amigos de mis padres).
6. A mí me gustan . . .
7. A mí me gustan . . .
8. A nosotros nos gustan más . . .
9. A ella le gusta (no le gusta) . . .
10. A él (no) le gusta . . .

#27.

A.

1. Sí, se lo presto.
2. Sí, se la digo.
3. Sí, se los presto.
4. Sí, se las mando.
5. Sí, se la escribo.
6. Sí, se lo doy.
7. Sí, se los muestro.
8. Sí, se lo traigo.
9. No, no se la vendo.
10. No, no se las traigo.
11. No, no se los digo.
12. No, no se las cierro.
13. Sí, se la abro.
14. No, no se lo pago.
15. No, no se la hago.

B.

1. Sí, te la presto.
2. Sí, te los vendo.
3. Sí, te las canto.
4. Sí, te las cantamos.
5. Sí, te lo muestro.
6. Sí, te lo mostramos.
7. Sí, te las cuento.
8. Sí, te los contamos.
9. Sí, te los movemos.
10. Sí, te lo escribo.

C.

1. Sí, nos lo explica Ud. otra vez.
2. Sí, nos lo dice ahora.
3. Sí, nos las muestra (a nosotros).
4. Sí, nos lo traes (trae Ud.)
5. Sí, nos las cuenta Ud. (cuentas).
6. Sí, nos la repites (repite Ud.).
7. Sí, nos lo debe a nosotros.
8. Sí, nos los devuelve Ud.
9. Sí, nos los lleva a nosotros.

#28.

1. Apago las luces al salir de un cuarto.
2. Abro (Cierro) las ventanas al acostarme.
3. Estoy de buen (mal) humor al levantarme ...
4. Me gusta tomar un desayuno grande (pequeño) antes de ir a la escuela.
5. Sí, les gusta (No, no les gusta) a mis padres tomar ...
6. Sí, (No, no) estoy acostumbrado (acostumbrada) a ...
7. Estoy contento (contenta) de recibir ...
8. Sí, (No, no) voy a estudiar ... después de terminar mi curso aquí.

#29.

A.

1. Hace una hora que te llamo. Hace una semana que te llamo. Hace una semana que te llamamos. Hace una semana que te preparamos.
2. Hace un año que vivimos aquí ... que trabajamos ... que venimos ... que esas personas vienen ... que yo vengo ...

B.

1. Hace poco (mucho) tiempo que estudio . . .
2. Sí, hace más (No, no hace más) de diez años que vivimos en nuestra casa.
3. Sí, hace (No, no hace) más de veinte años que mis padres están casados.
4. Estudio español desde . . .
5. Sí, estudiamos (No, no estudiamos) . . .
6. Sí, hace (No, no hace) mucho tiempo que conozco a mi . . .
7. Conozco a mi mejor amigo (amiga) desde . . .

III. Recapitulación

Estamos en un restaurante (restorán) del centro (de la ciudad).

Camarero: Buenas tardes (noches). ¿Les puedo servir (¿Puedo servirles) algo antes de comer?

Sr: No gracias. (Gracias, no.) Estamos listos para pedir.

Cam.: Muy bien. (Les pasa un menú enorme.) ¿Y qué les apetece para comenzar (empezar)?

Sr.: Primero, quiero sopa de cebolla, con queso.

Sra.: Y un coctel de camarones para mí.

Cam.: Excelente. Se los traigo en seguida.

Sr.: No, espere. Después quiero bisté a la americana con papas fritas, y una ensalada de lechuga con mayonesa.

Sra.: Y para mí, pollo a la italiana, con espinacas y hongos. Y otra ensalada de lechuga con mayonesa.

Sr.: Un momentito, querida, por favor. ¿Por qué no tomas una ensalada de habichuelas con salsa francesa, y la compartimos (podemos compartirla, la podemos compartir) mitad, mitad.

Sra.: Buena idea.

Cam.: Pero señor, su bisté ya viene con habichuelas. ¿Por qué no pide Ud. bisté a la francesa, con coliflor en lugar (en vez) de habichuelas?

Sr.: Muy bien.

Sra.: Pero entonces, amor mío, tienes dos platos franceses. Y si recuerdas, la sopa de cebolla también es francesa.

Sr.: Tienes razón. En ese caso, voy a pedir (pido) un plato de mariscos con arroz y . . .

Sra.: Y en lugar del coctel de camarones y el pollo a la italiana, yo voy a tomar (yo tomo) . . . Sr. Camarero, ¿quiere Ud. pasarnos (nos pasa Ud.) el menú otra vez, por favor?

LECCIÓN SIETE

I. Juegos de palabras

A. En otras palabras . . .

crema dental – pasta dentífrica
papel higiénico – papel de baño
anteojos – lentes
navaja de afeitar – afeitadora (eléctrica)

pasar – ocurrir
terminar – acabar
hacer una pregunta – preguntar

frasco – botella pequeña
una bombilla – un bombillo
un coche – un carro

cantar – llevar una melodía
usar – llevar

B. ¿En qué pienso?

1. Es un peine.
2. Piensa en una navaja de afeitar (afeitadora).
3. Se llama un cepillo.
4. Es un abrelatas.
5. Es una bombilla (un bombillo).
6. Piensa en una llave.
7. Son anteojos.
8. Se llama un reloj.
9. Piensa en botones.
10. Piensa en un anillo.

II. Ejercicios suplementarios

#30.

1. Recibí, Vendí, Dejé, Tomé
2. ¿encontraste, compraste, comiste, dejaste?
3. llamó, encendió, abrió, cerró
4. Llegamos, Volvimos, Salimos, Telefoneamos
5. contestasteis, tocasteis, entendisteis, conocisteis
6. escucharon, esperaron, bebieron, escribieron

#31.

1. Fui a la escuela . . . Pasé el día en casa.
2. Washington fue . . .
3. Fui a . . .
4. Nuestro profesor (Nuestra profesora) nos dio . . .
5. Fuimos al laboratorio . . . Estudiamos solamente en la clase.
6. Mis padres me dieron . . . Lo gané yo.

#32. About the reflexives

A.

1. Voy a levantarme . . .
2. ¿Cómo se llamaba . . . ?
3. ¿Te llamas . . . ?
4. Uno debe respetarse . . .
5. Roque se perdió . . .
6. ¿Cuándo se casaron . . . ?
7. ¡Cuidado . . . ! Vas a cortarte
8. ¿A qué hora se acostaron?
9. Me divertí . . .
10. ¿No ibais a casaros . . . ?
11. Nos compramos un coche . . .
12. ¿Por qué no te vistes? . . .

B.

1. se despertó . . . me levanté
2. te acuestas
3. siéntense
4. ¿Se abren . . . ?

C.

1. me dormí
2. te enojas – te quejas
3. ¿Se cansaron . . . ?
4. te enojas . . . ?
5. Porque nos perdimos . . .

#33.

A.

1. La vida
2. La electricidad
3. Los amigos . . . el dinero
4. la señora Mendoza. — Buenos días, señora Mendoza.
5. Don Juan . . .
6. el Dr. Olmedo
7. las tres
8. Hoy es lunes. Ayer fue domingo.
9. El agua . . . el vino
10. el verano
11. el sombrero
12. un poco de pan
13. los sábados

B.

1. Soy miembro de la de junio.
2. Prefiero usar el de mis padres.
3. La de mis (nuestros) vecinos es más grande.
4. Pienso asistir al de música popular.
5. Me gustan más las de mucha acción.
6. Son mejores los de nuestros competidores.
7. Le (Te) recomiendo la de las diez.

III. Recapitulación

Una vez más (Otra vez) estamos en el dormitorio de (los) estudiantes. Felipe sale del baño. Está furioso.

Fel.: Ea, Cuco. ¿Tú usaste ahora el baño?

Cuco: (¿Quién?) ¿Yo? ¿Por qué?

Fel.: Porque acabaste toda el agua caliente.

Cuco: ¿Yo? (Si) Me duché por sólo dos minutos.

Fel: Entonces, ¿por qué te llevaste el jabón?

Cuco: No me llevé nada. ¿Y no te dejé dos toallas?

Fel.: Sí, del todo (completamente) mojadas.

Cuco: Entonces, ¿cómo te secaste?

Fel.: Con tus camisas y pantalones, hombre, así.

Cuco: Felipe, te digo, . . .

(Pablo sale del otro cuarto. El también está furioso.)

Pablo: Cuco, Felipe, ¿Uds. usaron (¿Usaron Uds.) mi tocadiscos anoche?

Cuco y Fel.: (¿Quiénes?) ¿Nosotros?

Pablo: Sí, (ya) sé que fueron Uds. , y van a tener que pagármelo. Uds. lo rompieron, ¿verdad? (¿no?)

Cuco: Pues, realmente (en realidad), no fue cosa mayor. Es que (Ya ves,) fuimos a una fiesta y . . . lo dejamos caer, nada más.

Pablo: ¿Dónde? ¿En el Gran Cañón?

Fel.: No. En el camino. Y un pequeño coche (un cochecito) italiano lo pisó (atropelló).

(La puerta se abre violentamente, y Miguel Osorio, el chico (joven) del cuarto vecino entra.)

Mig.: Pablo . . . Cuco . . . Felipe . . . , ¿tomaron Uds. (usaron Uds.) mi coche anoche? No funciona ahora.

Pablo: Pero hombre, si sólo dimos un paseíto.

LECCIÓN OCHO

I. Juegos de palabras

A. Inglés-español

incendiary – incendio
advise – avisar
daily – diario
periodical – periódico, período
crime, criminal – crimen
locale – lugar
pacifist – paz
robbery – robo
gentle – gente
denounce – denunciar

B. Lógica lingüística

1. rested — to have breakfast
2. rest — a fight — bullfighter (killer)

C. Es lo contrario

en voz baja – en voz alta
estar cansado – descansar, estar descansado
temprano – tarde
feo – bonito, lindo
gorda – delgada
vivir en paz – pelear
a la derecha – a la izquierda

II. Ejercicios suplementarios

#34–35.

A.

1. Las víctimas murieron. Nosotros casi morimos. Tú casi moriste.
2. ¿Ya estuvieron? ¿Ya lo hicieron? ¿Ya lo trajeron?
3. ¿Viniste con él? ¿Ud. vino con él? ¿Uds. vinieron . . . ?
4. ¿Quién lo dijo? ¿Quién lo pidió? ¿Quiénes lo pidieron?
5. Yo no lo hice. Nosotros no lo hicimos. No lo supimos.
6. El jefe quiso verme. ¿Tú quisiste verme? ¿Tú pudiste verme?

B.

1. . . . dijeron, pero nadie los creyó. — ¿Por qué? — Porque en otras ocasiones mintieron.
2. ¿Por qué no nos pidió Ud._. . . ? — Porque no quisimos . . .
3. ¿Quién vino . . . ? — Yo vine primero, pero tuve que salir temprano.
4. Nadie pudo dormir anoche. — ¿Por qué? — Porque vosotros hicisteis . . .
5. Cuando supiste la noticia? — Cuando estuve . . .
6. ¿Qué hizo Ud. anoche? — Fui de compras, y traje . . .

#36.

1. menor
2. más grande, mayor
3. más larga
4. más gordo — más delgado, menos gordo
5. mejor
6. el peor
7. la más grande, la mayor
8. mejores

III. Recapitulación

Esta mañana hubo un robo de veinte millones de pesos en el Banco Nacional. Un reportero de la televisión habla con un grupo de testigos.

Rep.: Bueno, (Pues bien, muy bien), señor Pardo. Entiendo que Ud. es el guarda aquí.

Pardo: Fui el guarda. ¡Ya no! Le (Lo) pueden matar a uno aquí.

Rep.: Pero Ud. fue el héroe de este incidente (episodio), ¿no? (¿verdad?)

Pardo: Sí. Ya ve Ud. , esta mañana a las nueve y quince (cuarto), dos hombres armados con revólveres (pistolas) entraron y me pidieron las llaves de la caja fuerte.

Rep.: ¿Y qué hizo (Ud.)? ¿Se las dio?

Pardo: No tuve tiempo. Me desmayé. Pero mi cabeza chocó con el botón de la alarma, y así pude avisar a la policía.

Rep.: ¡Qué presencia! Felicitaciones, señor Pardo, y muchas gracias. Y ahora, Ud. , señora. ¿Quiere Ud. decirnos (contarnos) exactamente lo que vio?

Sra.: Con mucho gusto. Fue terrible. (Sonríe para la cámara.) (Yo) vine al banco a las ocho esta mañana a hacer (para hacer) un depósito. Y cuando abrí la puerta, cuatro hombres armados con rifles me siguieron.

Segunda Sra.: Siete hombres, más una mujer que estuvo siempre en el coche.

Hombre: No vinieron en coche. Vinieron a pie.

Segundo hombre: ¿Quién dijo "rifles"? Yo vi una metralleta. En efecto, quise coger (agarrar) al jefe, pero comenzó (empezó) a disparar. Le dio al guarda, y el pobre murió al instante.

Hombre: El guarda no está muerto. Levantó la cabeza más tarde y habló.

Segundo hombre: Está tan muerto como tu abuelo. (Tan muerto como tu abuelo quedó.)

Hombre: ¿Qué sabes tú, mocoso?

Segundo hombre: Más que tú, viejo.

Hombre: ¿Así piensas? Pues yo te voy a enseñar (voy a enseñarte) a guardar la lengua.

(Los dos comienzan a pelear entre los aplausos de la multitud. Encima de todo los testigos hablan todavía con el reportero (le hablan todavía al reportero).

Diferentes voces: "Hubo diez ladrones, o más." "Fue a las nueve y media en punto." (A las nueve y media en punto fue.) "Tomaron el autobús Número 3." "¡Imagíne(n)se! ¡Una sola mujer atracó (robó) el Banco Nacional!"

LECCIÓN NUEVE

I. Juegos de palabras

A. Inglés-español

vitality, vital – vida
odious – odio

desire – deseo
amorous, amatory, amiable – amar, amor
pensive – pensar
final – fin
pardon – perdonar

surprise – sorprender, sorpresa
secure, security, assure, insure – seguro, seguridad
pain – pena
marvelous – maravilla, maravilloso
Felicitations, felicity – feliz, felicidad
somnolence, somnambulist – sueño, soñar
enamored – enamorado

A propósito:

vital signs – signs of life (vida)
a felicitous occasion – happy! – muy buena

B. Familias de palabras

odiar, odio, (. . .)
(felicitar), felicidad, (. . .)
amar, (amante), amoroso, amado, enamorado
(entristecer), triste, tristeza
sorprender, sorpresa, (. . .)
molestar, (molestia), molesto
alegrar(se), (alegría), alegre

soñar, sueño, (soñoliento)
(finalizar), fin, final
pensar, pensamiento, (. . .)
sentir, sentimiento, (. . .)
enojar(se), (enojo), enojado
desear, deseo, (. . .)

II. Ejercicios suplementarios

#37.

1. hacías
2. estaban
3. guardaba
4. Lloraba
5. Estaba
6. Era
7. Teníamos
8. funcionaba
9. bajaba – subía
10. veíamos
11. Me sentía
12. Encendían
13. Cerraban
14. íbamos
15. ibas
16. Éramos

#38.

1. Era grande para mi edad.
2. No, vivíamos muy lejos de aquí.
3. Sí, tenía muchísimos.
4. Sí, a veces me gustaba la escuela.
5. Íbamos al parque.
6. Tenía diez . . .
7. Era la una y media cuando volví.
8. Sí, mis padres estaban dormidos.
9. Había poquísimas . . .
10. Sí, estaba cansadísimo.

#39.

caminaba – vi.
Se llamaba – era.
Le llamé – saludé.
Pero no me contestó ni volvió (volvía) . . .
Yo no estaba dispuesto . . .
Y así fui corriendo . . . le dije . . . sí volvió la cabeza – me vio . . . me dirigió – se fue corriendo . . . ¿era él o era otra persona? ¿Por qué no quiso (quería) hablarme . . . ?

#40.

A.

1. No. Se casaron hace unos meses.
2. Los conocí hace mucho tiempo.
3. No. Hablaba muy poco español hace tres meses.
4. No. Vivíamos en otra ciudad hace cinco años.
5. Sí, estuve en México hace unas semanas.
6. No. Volví hace una semana.

B.

1. ¿Tú acabas de volver? ¿Uds. acaban de volver? ¿Uds. acaban de comer?
2. Acabábamos de verla. Elisa acababa de verla. ¿Vosotros acababais de verla?
3. ¿Uds. acababan de llegar? ¿Uds. acababan de levantarse? ¿Uds. acababan de recibirlos?
4. Acaban de encontrarlo. Acababan de encontrarlo. Pío y yo acabábamos de encontrarlo.

III. Recapitulación

"Yo soy yo, y hago lo que quiero." Así describió un famoso escritor español el ideal hispánico / el ideal del hispano. (Así describió el ideal hispánico un famoso escritor español.) Todos eran individualistas, dijo — y deseaban (querían) ser totalmente independientes . . . El escritor conocía bien a sus compatriotas. En efecto, hasta cierto punto, eso explica por qué existen todavía movimientos separatistas en España, y por qué no se formó nunca un "Estados Unidos de Latinoamérica". Pero la personalidad del "hispano" es mucho más compleja.

Por lo general, los hispanos son profundamente religiosos, profundamente católicos. Y les gusta pensar (creer) que Dios los conoce personalmente. Por lo general, son muy orgullosos — orgullosos de su concepto de la familia, orgullosos de su dignidad personal. Y por eso no les importan la "nobleza de sangre" ni la distinción racial. Sobre todo, los hombres hispanos (hispánicos) son orgullosos de su masculinidad (machismo), y de su posición como jefe de la familia. Por ejemplo, ¿sabía Ud. (sabías tú — tú sabías) que decían: "La mujer honrada, la pierna quebrada, y en casa."?

— ¿Qué fue eso? ¡Caramba!
— Las cosas son diferentes ahora. Las mujeres trabajan y toman parte en muchas actividades, culturales y profesionales. Pero en casa, el hombre es todavía el jefe indisputado.
— Ya no (No más), amigo, ¡no en esta casa!

LECCIÓN DIEZ

I. Juegos de palabras

A. Asociaciones

1. casarse: novios, amar, amor, anillo, enamorados, matrimonio, boda, iglesia, vestido blanco, invitados, fiesta, hijos, etc.
2. despertarse: la mañana, cama, dormir, cansado, descansado, levantarse, las ocho de la mañana, lavarse, bañarse, vestirse, etc.
3. ruido: ciudad, coches, tráfico, metro, gritos, gritar, radios, bocinas, mucha gente, etc.

B. Inglés-español

edifice – edificio
bibliography, bibliophile – biblioteca
cinema – cine
ecclesiastic – iglesia
quadrant – cuadra
avenue – avenida
joint – juntos
sally – salida

C. ¡Al contrario!

acostarse – despertarse (levantarse)
olvidar – recordar
silencio – ruido
sentarse – levantarse
divorciarse – casarse
alejarse – acercarse
entrada – salida
desde – hasta

D. Lógica lingüística

1. En un área suburbana.
2. De la familia "extendida".
3. Es el chófer.
4. Van al mismo tiempo.
5. Tiene poco desarrollo tecnológico.

II. Ejercicios suplementarios

#41.

1. (. . .) Estoy trabajando . . . Por favor, no nos molesten. Estamos trabajando. (. . .) Está trabajando. (. . .) Está estudiando.
2. (. . .) Estaban peleando. (. . .) Estaban moviéndolo . . . ¿Qué hacían Uds. ? — Estábamos moviéndolo. (. . .) Estábamos apagándolos. (. . .) Estábamos escribiéndoles.

#42.

1. No, nos escribimos sólo una vez a la semana.
2. Sí, nos vemos siempre en la clase, si podemos.
3. No, hacía relativamente poco tiempo que se conocían (nos conocíamos).
4. Sí, nos reuníamos todos los años, cuando era posible.
5. Sí, nos amábamos locamente.
6. Sí, nos ayudábamos casi siempre.
7. No, se sale por aquella ventana.
8. No, se come muy mal en este restaurante.
9. Sí, señora, se habla español . . .
10. No, no se sabe si los astronautas llegaron todavía.

#43.

1. Sí, lo hice por mí mismo.
2. Sí, los compro para mí misma.
3. No, no pienso sólo en mí mismo.
4. No, no hablamos mal de nosotros mismos.
5. Sí, la preparamos para nosotras mismas.
6. Sí, se lo llevó consigo. (Me lo llevé conmigo.)
7. Sí, yo misma lo terminé.

#44.

1. Es de ella. Es suya.
2. Es tuyo (suyo, de Ud.)
3. Es mía .
4. Es mío.
5. Son nuestros.
6. Eran nuestros.
7. Es tuyo (suyo, de Ud.).
8. Son vuestras (suyas, de Uds.).
9. Son suyos. Son de ellos.
10. Son familiares míos.

#45.

primero: Washington
segundo: John Adams
tercero: Jefferson
cuarto: Madison
quinto: Monroe
sexto: John Quincy Adams
séptimo: Jackson
octavo: Van Buren
noveno: Harrison
décimo: Tyler

III. Recapitulación

La escena es el centro de una ciudad grande (gran ciudad). Miles de personas caminan (andan) por todas partes, y los caminos están llenos de coches (carros, automóviles). Oímos voces y gritos y bocinas de taxis. Un joven viene corriendo hacia una joven (chica, muchacha).

El: ¡Graciela!

Ella: ¿Qué te pasó? Llegaste tarde.

El: (Yo) nunca llego tarde. (No llego tarde nunca.) Te estuve (estaba) esperando por una hora. (Estuve esperándote . . .)

Ella: Imposible. ¿Dónde?

El: En la esquina del Teatro Real.

Ella: Pues yo estaba aquí, a la salida del metro.

El: ¿A la salida del metro? ¿Por qué? ¿No dijimos la semana pasada que íbamos a encontrarnos (reunirnos, vernos) . . .

Ella: ¿En la esquina del Teatro Real? ¡Nunca! Tú sabes que no me gusta ese barrio.

El: Pues, tal vez te olvidaste.

Ella: Yo nunca me olvido de nada. (No me olvido de nada nunca.)

El: ¿Ah, no? ¿No te acuerdas de (¿No recuerdas) aquella vez cuando debíamos ir a . . .

Ella: No me olvidé. Es que no me desperté a tiempo esa (aquella) mañana. Me acosté tarde la noche anterior y no me levanté hasta . . .

El: Bueno, bueno. No me importa, Graciela. Lo único (La única cosa) que sí me importa es que te adoro (amo, quiero) y . . .

(Los ruidos de la calle se hacen más fuertes.)

Ella: No puedo oírte. (No te puedo oír.) ¿Qué decías?

El: Que te adoro y que quiero casrme contigo. Y que cuando estoy contigo, lo demás (el resto) no significa nada, ni el ruido ni la gente ni la esquina del Teatro Real, ni . . .

Ella: Tienes razón, mi vida. Aquí estamos. ¡Solos, por fin!

LECCIÓN ONCE

I. Juegos de palabras

A. ¡Es lo mismo!

puesto – empleo
jefe – patrón
dueña – propietaria
envío – remesa
fábrica – planta
fabricación – manufactura
trabajador – obrero
hombre o mujer de negocios – comerciante
mecanógrafa-estenógrafa – oficinista

B. Extensiones

1. manufactuero
2. su destinación
3. seal
4. mecanógrafa o secretaria
5. an IOU (!)
6. Entre las nueve y las once de la noche.

C. Inglés-español

negocios
emplear, empleo, etc.
pedir
revisar
puesto
vigilar
atender, atención
paquete, empacar

#46.

1. Trabaja
2. Piensa
3. Cómelo
4. Déjame
5. Tócame
6. Siéntate
7. Vístete
8. Cepíllate
9. Acuéstate
10. Báñate
11. Tráeme
12. Pídele
13. Haznos
14. Sal
15. Sé
16. Ven
17. Ponte
18. Explícanoslo
19. Dáselas
20. Vete

#47.

1. tanto
2. tan – tanto
3. tantas
4. tantos – tan – tan
5. tan

#48.

1. No, deben (debemos) acabarlo para el lunes.
2. Sí, es para Ud. (ti).
3. Sí, es muy alto para su edad.
4. No, salieron para Guatemala.
5. No, los usa(s) sólo para leer.
6. No, es para leche.
7. Sí, hay muchísimas cosas difíciles para mí.
8. No, vamos a volver para el 31.
9. No, mi hijo estudia para abogado.
10. No, son para engordar.

#49.

1. por
2. por
3. Para
4. por
5. Para
6. por
7. por
8. Para
9. Por – por
10. por – por

III. Recapitulación

Estamos en las oficinas de Losada y Compañía. La recepcionista está al conmutador (a la centralita).

Recep.: Buenas tardes, Losada y Compañía. Sí, señor, le comunico en seguida ... Losada y Compañía ... ¡Juanita! Espera un momentito (un momento, minuto). Tengo que contestar otra llamada ... Losada y Compañía ... Juanita, escucha. Llámame más tarde, ¿está bien? El jefe está de mal humor hoy.

* * *

Sr. Losada: Sí, al habla (hablando) . . . ¿Qué pedido? . . . ¿Hace tres meses? Es imposible. (No es posible.) . . . No digas eso, por favor. Ya sabes que yo siempre atiendo a tus pedidos inmediatamente (en seguida). Dame otra oportunidad y lo vas a tener (lo tienes) todo para la semana que viene . . . Mil gracias. Adiós . . . Elvira, dile al señor Montero que quiero hablar con él.

* * *

Recep.: Losada y Compañía . . . ¡Ricardo! ¡Qué gusto de oír tu voz!

* * *

(Dos empleados hablan en otra parte de la oficina.)

El: Linda, ¿te puedo traer (puedo traerte) algo? El hombre del café está aquí.

Ella: Muy bien. Gracias. Pero yo quiero pagar.

El: Por favor, déjame convidarte. Para mí es un honor . . . Dime, Linda, ¿quieres comer (cenar) conmigo esta noche? ¿E ir al cine? ¿O al teatro?

Ella: Realmente estoy muy ocupada, Pablo. Mira, tu teléfono está sonando (suena). ¿Por qué no lo contestas?

Recep.: Losada y Compañía . . . ¡Ah, Felipe! Un momentito (minuto, etc.), ¿está bien? No cuelgues.

* * *

Sr. Losada: Ahora (bien), (señor) Montero, ¿puede Ud. explicarme por qué descuidó (Ud.) por tres meses el pedido de nuestro mejor cliente, Aranda y Compañía? Escúcheme bien, Sr. Montero. Si Ud. no puede . . .

* * *

Recep.: Sí, Felipe. ¡Qué bien! (¡Super!, etc.) ¿El sábado a las tres? ¡Fantástico! (¡Fabuloso!) (Cuelga el teléfono.) ¡Ay, qué día más feliz!

LECCIÓN DOCE

I. Juegos de palabras

A. Es lo mismo

empezar – comenzar
tener la culpa – ser culpable
magistrado – juez
cárcel – prisión
calculadora – máquina de sumar
corte – tribunal
aconsejar – dar consejos
alegar – acusar
asesinar – matar
un tiempo corto – un rato
hermoso – lindo
ordenador – computador(a)

B. Lógica lingüística

1. an adviser; signature; explanation
2. Imprison; witness; judge
3. jury; último; contra

C. La palabra intrusa

1. principio
2. seguir
3. título
4. banquillo
5. llamada

II. Ejercicios suplementarios

#50.

yo: odie
Adela: se case
tú, Paquita: quedes
Uds.: llamen
Cuco y yo: esperemos
Cuco y tú: gritéis (griten — Span. Amer.)
Ud.: escriba
Roberto: crea
los precios: suban
la sesión: termine
yo: comprenda
el coche: funcione
tú: olvides
nosotros: deseemos
los estudiantes: asistan
nadie: mire
vosotros: debáis
el jefe: venda
los maestros: contesten
el ladrón: mate
los niños: peleen

#51.

A.

1. Tómelo.
2. límpiela
3. Bébala.
4. levántense en seguida
5. Olvídenlos y traten de hacer mejor en el futuro.

B.

1. Ayúdenme.
2. Mátenlo.
3. Pásenmelos
4. Sálvennos.
5. Repítanla.
6. Escríbanlas.
7. No me miren así.
8. No se levanten todavía.
9. Véndanselo.
10. No se lo quiten.

C.

a.
1. No sueñes
2. No firmes
3. No pases
4. No llegues
5. No te levantes
6. No te sientes
7. No te laves
8. No los acuses.
9. No lo hagas
10. No nos traigas
11. No le des nada.
12. No les digas nada.
13. No lo saques
14. No lo busques

b.
1. No lo pongáis
2. No tengáis
3. No lo hagáis
4. No os vayáis
5. No volváis
6. No me la cambiéis
7. No lo cortéis
8. No se lo pidáis.

#52.

1. Caminemos. Vamos a caminar.
2. Subamos. Vamos a subir.
3. Descansemos. Vamos a descansar.
4. Escribámosle. Vamos a escribirle.
5. Contestémosles. Vamos a contestarles.
6. Esperémosla. Vamos a esperarla.
7. Contémoslas. Vamos a contarlas.
8. No lo creamos.
9. No los perdamos.
10. Sentémonos aquí. Vamos a sentarnos . . .
11. Casémonos . . . Vamos a casarnos.
12. Ayudémonos. Vamos a ayudarnos.
13. Comprendámonos. Vamos a comprendemos.

III. Recapitulación

Hoy estamos en la Corte Suprema, escuchando "El Estado contra José Montenegro." El famoso abogado, Pérez Mason, está interrogando a un testigo.

Pérez: Ahora, señor Hernández, vuelva Ud. al principio y dígame otra vez todo lo que pasó (ocurrió, sucedió) aquella (esa) noche.

Testigo: Bueno (Muy bien), vamos a ver. Eran las diez y media y yo estaba muy cansado.

P.: ¡Ajá! La otra vez (la vez pasada), (Ud.) dijo que estaba rematado (agotado). Dígame, ¿quiere (desea) Ud. cambiar su testimonio? Hablemos a las claras (Vamos a hablar . . .), señor Hernández. Ud. mató a la víctima, ¿verdad?

Tes.: No . . . No sé . . . Estoy confundido.

Juez: Yo también. Descansemos (Vamos a descansar) por un rato.

Media hora más tarde (después). Una joven muy hermosa (hermosísima) sube (se acerca) al banquillo de los testigos.

Juez: Siéntese, por favor, señorita . . . Comience (Empiece) su interrogación, señor Pérez.

P.: Gracias, señor. Y ahora, señorita Bellavista, díganos: Ud. no conocía a la víctima, ¿verdad?

Srta. B.: Ah, sí, lo (le) conocía muy bien. Yo era (fui) su esposa. Pero lo (le) odiaba. Muchísimas (Mil) gracias por matarlo (matarle).

P.: ¿Yo? ¿Qué dice Ud. ?

Srta. B.: Pues, ya ve Ud. , aquella (esa) tarde (yo) fui a su oficina a pedirle un favor. Pero Ud. no estaba. Miré por la ventana y le vi subir a su coche. Lo (le) seguí en el mío. Y lo (le) vi ir a la casa de la víctima y matarlo (matarle). Realmente, ¡me alegro tanto! Pero dígame, ¿por qué lo hizo (Ud.)?

P.: Pues, (Bueno), déjeme explicar. Lo (le) maté porque ... Pues, eran las cinco y media de la tarde, y yo estaba muy cansado, rematado ...

LECCIÓN TRECE

I. Juegos de palabras

A. ¿Cómo se relacionan?

semáforo: luz roja, verde o amarilla, parar
carretera: coches y camiones, varias pistas, señales de tráfico
temer: tener miedo, viernes 13, la muerte
cobrar: precios altos, pagar
estación de servicio: gasolina, llantas de repuesto, aceite, bomba
chófer: coches y camiones, licencia de manejar, seguir los reglamentos de tránsito

B. Palabras combinadas

parabrisas – windshield
limpiaparabrisas – windshield wiper
sujetalibros – bookend
sacacorchos – corkscrew
sacamuelas – dentist
pisapapeles – paper weight
paracaídas – parachute
paraguas – umbrella
rompecabezas – puzzle
rompenueces – nutcracker

II. Ejercicios suplementarios

#54.

A.

1. Recomiendo que cerremos las ventanas.
2. Es mejor que le dejemos fracasar (que le pasemos ...) ...
3. Le aconsejo que siga una dieta.
4. Le recomiendo que lo perdone ...

B.

1. mires, ayudes, rompas, permitas
2. olvidemos, guardemos, salvemos, creamos
3. suba, baje, termine, se levante
4. hable, escriba, avise, espere
5. preparen, vendan, abran, reciban
6. trabajéis, asistáis, comáis, me contestéis

#55.

The statements of group A correspond as follows to the responses of group B.

1–d, 2–e, 3–f, 4–c, 5–g, 6–h, 7–a, 8–b

#56.

1. Me alegro de que esté mejor . . . de que sea el primero . . . de que salga de ahí. . de que tú salgas . . . de que vosotros salgáis
2. ¿No le sorprende que Ramón haga . . . ? ¿de que diga . . . de que digamos . . . ? ¿No le gusta que digamos . . . ? ¿No le gusta que traigamos . . . ?
3. Tenemos miedo de que sea tarde. Es lástima que sea . . . que venga . . . Sentimos que venga . . . Me enoja que venga . . .
4. ¡Ojalá que no me lo traiga a mí! . . . que no te lo traiga a ti . . . se lo traiga a ellos . . . se lo haga a ellos . . . nos lo haga a nosotros

III. Recapitulación

Un camión de remolque está remolcando un coche pequeño (cochecito, carro pequeño) lleno de jóvenes.

Felipe: ¡Caramba! Precisamente porque tomamos el carro (coche) de Miguel sin permiso, esto tuvo que pasar.

Pablo: Espero (¡Ojalá) que Miguel no lo sepa!

Cuco: ¡Qué bache! ¡Era como una excavación a la China!

Dorotea: Me sorprende que Miguel les hable todavía desde la otra vez.

Felipe: ¿Cuándo? ¿Cuando se nos acabó la gasolina en (el) medio de la carretera (del camino)?

Dorotea: No. Cuando chocaron con el camión.

Cuco: Ah, eso no era (fue) nada (gran cosa). ¿No pagamos por las reparaciones?

Pablo: Es verdad. (Así es.) Pero ese Miguel, ¡qué egoísta es! Nunca perdona nada. (Él nunca perdona.)

Dorotea: No se preocupen. Aquí está el garaje (la mecánica, el taller). En una hora lo arreglan todo y el carro (coche) está como nuevo.

Felipe: ¡Ojalá (Espero) que el mecánico pueda arreglarlo (repararlo)! Aquí viene.

Mecánico: ¡Ay, no! ¿Qué pasó (ocurrió), hombres (chicos)? ¿Chocaron con un submarino? La parte de abajo es un desastre. Hay cuatro desinflados. Y recomiendo que (le) pongan tres ruedas nuevas, dos puertas nuevas, y una capa de pintura.

Cuco: Por favor, señor, le rogamos que lo tenga listo para esta noche (tarde).

Mecánico: Temo que sea imposible. (Temo que no sea posible.) Pero, (vamos) a ver. Por lo menos el cenicero funciona (está funcionando). Escuchen. (Oigan.) Les va a costar sesenta mil pesos, ¡y pierdo dinero!

Felipe: Está bien. (Muy bien.) De acuerdo. ¿Nos permite Ud. usar su teléfono? . . . (Cinco minutos más tarde, Felipe habla por teléfono — está hablando . . .) ¿Miguel? . . . No me gusta molestarte, hombre. Pero quiero que vengas a la mMecánica Ramírez en seguida (ahora mismo). Y es importante que traigas dinero . . . Sólo veinte mil pesos . . . de anticipo . . . No, no hay problema, Miguel. ¿Ves? Te vamos a hacer (Vamos a hacerte) una sorpresa para tu cumpleaños . . . ¡Vamos a arreglar (reparar) tu coche!

LECCIÓN CATORCE

I. Juegos de palabras

A. Paralelos

1. . . . como Parlamento es a Inglaterra.
2. . . . como embajador(a) es a cuerpo diplomático.
3. . . . como soldado es a ejército.
4. . . . como rey (reina) es a monarquía.
5. . . . como gobernador es a estado.
6. . . . como pacífico es a paz.

B. Inglés-español

regal – rey
mariner – mar, marina
guerrilla – guerra
pacific – paz
citizen – ciudad

approximate – próximo
proprietor – propio
bass, basso – bajo
mortal – muerte

C. Opiniones: Free response

D. Familias de palabras

atreverse, (atrevimiento), (. . .)
(morir), muerte, muerto
necesitar, (necesidad), necesario
(verificar), verdad, verdadero

(aproximarse), (proximidad), próximo
ayudar, ayuda, (ayudante)
(apropiar), (propiedad, . . .), propio

II. Ejercicios suplementarios

#57.

A.

yo (Ud. , Sarita): piense, recuerde, entienda, mueva, sienta, me duerma, pida
Uds.: piensen, recuerden, entiendan, muevan, sientan, se duerman, pidan
tú: cuentes, sueñes, vuelvas, pierdas, te sientes, te mueras, consientas, repitas
tú y yo: sonemos, neguemos, roguemos, devolvamos, movamos, sintamos, mintamos, durmamos, nos muramos, nos vistamos
vosotros: penséis, soñéis, os sentéis, perdáis, entendáis, sintáis, pidáis, sirváis, os vistáis

B.

1. lo recuerden
2. no les mientan
3. mueran
4. nos durmamos
5. pidamos

#58.

1. No, no es posible que lo haga.
2. No, no es cierto que vengan.
3. No, no es probable que llueva hoy.
4. No, no estoy segura de que sea él.
5. No, no niego que me conocen.
6. No, no niegan que lo hacen.
7. No, no dudo que lo saben.
8. No, no creo que podamos (que Uds. puedan) ganar.
9. No, no es verdad que Julia se case.
10. No, no es seguro que todos estén aquí.
11. No, no creo que sea (que es) muy guapo.
12. No, no admitimos que mientan (mintamos).
13. No, no es posible que lo olviden.
14. No, no es verdad que estén esperándonos (que nos estén esperando).

#59.

A.

1. No, no hay nadie en el cuarto conmigo.
2. No, nada ocurrió (no ocurrió nada) anoche.
3. Sí, conozco a algunos de sus amigos.
4. Sí, algunas chicas te (le, lo, la) llamaron.
5. ¿Yo? Nunca hablo mal de nadie.
6. Sí, nos (les) dijo algunas cosas de importancia.
7. No, nunca fuimos (no fuimos nunca — o jamás) a España.
8. Tampoco nos gusta a nosotros.
9. No, ninguno llegó.
10. No, no hay ningún otro como él

B.

1. No, nunca van . . .
2. No, nada le sorprende.
3. No, nadie los necesitaba.
4. No, nada sirvió . . .
5. No, nunca (jamás) lo puse allí.
6. No, nadie se atrevió . . .
7. No, jamás van a parar.
8. No, no quiere que nadie la acompañe.

#60.

A.

1. e – y
2. e – y
3. u – u
4. u
5. e – y
6. u – u – o

B.

1. pero
2. sino
3. sino
4. pero
5. pero
6. sino
7. sino
8. pero
9. pero
10. sino
11. sino
12. sino

III. Recapitulación

Estamos en un salón lleno de gente. "¡Aquí está! ¡Viva Rafael!" El ídolo acaba de llegar.

Presentador: Damas y caballeros, tengo el gran honor de presentarles a Uds. al próximo presidente de nuestro país, ¡don Rafael Urbano! (Grandes aplausos y gritos.)

Don R.: Gracias, mil (muchísimas) gracias . . . Damas y caballeros, queridos amigos, no puedo decirles (no les puedo decir) cuánto me alegro de estar aquí con Uds. hoy, aquí en esta bella (hermosa) ciudad. (Más aplausos.)

No estoy aquí para hablar mal del otro partido. Yo nunca digo nada contra nadie. Lo único que quiero (deseo) es explicarles mi propio programa — ¡prosperidad, justicia y progreso para todos! (Grandes aplausos otra vez.) Ahora bien, el otro partido está contra todo eso. (Sssssss. ¡Abajo!) Y si Uds. les entregan el gobierno de nuestra amada patria (nuestro amado país), ¡algún día van a ver (descubrir) que la (lo) pusieron en manos de ladrones. Pero no quiero decirles nada de eso. (No les quiero decir . . .) Yo no soy así. (Más gritos y aplausos: ¡Qué simpático es! ¡[Que] viva Rafael! ¡Abajo [Mueran] los otros!

Y así, en conclusión, déjenme (permítanme) decir que siempre es un gran placer pasar estos momentos con Uds. hoy, ¡aquí en este centro de cultura y de mujeres hermosas! Bien sé que en toda elección, alguien tiene que ganar y alguien tiene que perder. Pero esta vez la cosa es más seria. ¡No quiero que pierdan Uds. , el pueblo! Necesito sus votos, su ayuda. ¿Puedo contar con Uds. ? (Gritos frenéticos y aplausos: "¡Sí, don Rafael! ¡Hasta la muerte! ¡Victoria! ¡[Que] Viva Rafael!"

La música comienza otra vez y el ídolo sale. La democracia va a triunfar.

LECCIÓN QUINCE

I. Juegos de palabras

A. La palabra intrusa

1. langosta — carnes
2. maíz — bebidas
3. cebolla — frutas
4. pastel — vegetales (legumbres)
5. guisantes — postres
6. escalope — matrimonio

B. Lógica lingüística

1. queja — complaint
   busca — search
   caída — fall
   abertura — opening
2. No. "Cuidadoso" significa "careful". ¿Hace cosas peligrosas? . . . ¡No!
3. Para preparar o servir té.
4. Currency exchange.
5. nascent — being born, incipient
   aperture — opening

II. Ejercicios suplementarios

#61.

1. ¡Ay, qué cansado estoy de hacer ejercicios!
2. En boca cerrada no entran moscas.
3. Si hay dos ventanas abiertas, cierre una.
4. Mi hermana casada tiene tres hijos ya.
5. Estábamos dormidos cuando sonó el teléfono.
6. Un espejo roto trae siete años de mala suerte.
7. Estuvimos sentados en la última fila del teatro.
8. Queridos amigos, me alegro mucho de estar con vosotros.
9. Encontraron a un hombre muerto en una casa abandonada.
10. El guarda estaba vestido con un uniforme gris.

#62–65.

1. No, la han vendido.
2. No, he trabajado.
3. No, se ha despertado.
4. No, lo han dudado.
5. No, se lo he preguntado.
6. No, he encontrado (hallado) mis llaves.
7. No, había terminado.
8. No, las habían cerrado.
9. No, habíamos salido.
10. No, se habían odiado.
11. No, me lo había quitado.
12. No, es posible que hayan muerto.
13. No, temo que no hayan enseñado nada.

14. No, me molesta que hayan apagado las luces.
15. No, temen que les hayamos (hayan — Uds.) quitado algo.
16. No, les sorprende que nos hayamos (Uds. se hayan) sentado.
17. No, es probable que los precios hayan subido.

III. Recapitulación

Es hora de comer en casa de la familia Molinos. Las ventanas de la cocina están abiertas, y entran los ruidos y aromas de los apartamentos vecinos.

Sra. M.: Paco, a comer y callar, ¿está bien?

Paco: ¿Qué he dicho yo?

Sra. M.: No sé. Pero no has comido nada.

Esteban: ¿Me quieren pasar la carne?

Luisa: ¿Otra vez? Ya has comido bastante (suficiente) para seis personas.

Esteban: ¿Oyen (eso)? (¿Lo oyen?) ¡Mi propia hermana!

Luisa: Pues, por favor, Esteban, acabemos ya, ¿eh? (¿está bien?) Quiero salir.

Sr. M.: ¿Para dónde?

Luisa: Al cine.

Sra. M.: ¿Con quién(es)?

Luisa: Con Juanita y su novio, y con el (novio) de Chita.

Sra. M.: Nunca me ha gustado esa Juanita. Con tantos novios, me sorprende que no se haya casado tres veces ya.

Esteban: ¿Con el novio de Chita, dijiste? ¿Y dónde está Chita?

Luisa: No te estaba hablando a ti. (No estaba hablándote . . . No te hablaba a ti.)

Sr. M.: Entonces yo te lo voy a preguntar (yo te lo pregunto). ¿Dónde está Chita?

Luisa: Chita no puede ir. Yo voy en su lugar.

Sr. M.: Tú ibas, Luisa. ¡No vas!

Paco: Mamá, mi silla está rota.

Sra. M.: Si no te sientas tranquilo y comes, Paco . . .

Luisa: Por favor, mamá, papá . . .

Sr. M.: Tu madre y yo hemos decidido que no.

Paco: Mamá no ha dicho nada.

Sra. M.: Paco, a comer y callar.

Sr. M.: ¡Qué calor! ¿Sabes, Sara? Algún día debemos comprar un ventilador.

Sra. M.: Algún día, José, debemos hallar (buscar) otro apartamento, como habíamos pensado antes de nacer Paco.

Sr. M.: ¡Ojalá! ¿Recuerdas? (¿Te acuerdas?) Yo había apartado algún dinero . . .

Paco: Nunca me han gustado las legumbres. (Jamás . . . No me han gustado nunca . . .)

Luisa: Así que . . . (Entonces, En fin), mamá, papá, ¿salgo o no salgo? (¿puedo salir o no?)

Esteban: ¿Me quieren pasar el arroz?

Sra. M.: Por favor, hijos, a comer y callar, ¿está bien?

LECCIÓN DIEZ Y SEIS

I. Juegos de palabras

A. La palabra intrusa

1. peligro; Tema: la televisión
2. periódicos; Tema: la radio
3. telenovela; Tema: noticiario (noticiero, programa de noticias)
4. programa de variedades; Tema: una grabadora

B. Asociaciones

peligro – ¡Cuidado!
nublado – llover
tocar – un instrumento
cielo – Dios
llover

gusto – placer
llegada – ¡Bienvenidos!
reír – gracioso
fresco – otoño

C. Lógica lingüística

1. a recording
2. a dancer
3. dangerous
4. the final (or finishing) touch
5. singer

D. Inglés-español

tierra
cielo
gusto, gustar
fijarse

bailar
cantar
reconocer
fresco

II. Ejercicios suplementarios

#66.

1. presentaré, arreglaré, entregaré, diré
2. castigarás, servirás, descubrirás, acompañarás
3. Alvaro y yo lo haremos, nuestro club lo hará, los otros lo harán, ¿tú lo harás?
4. haremos, tendremos, sabremos, pondremos
5. Cabréis, Cabremos, Cabrán, Cabré
6. podrás, querrás, sabrás, te gustará

#67.

1. Será una amiga de Gloria.
2. Servirán rosbif.
3. Contendrá mucho dinero.
4. Juan lo ganará.
5. ¡Qué va! Conoceremos (Uds. conocerán) a muchas personas allí.
6. Pensará en ti.
7. No lo necesitará tanto como yo.
8. Serán las cuatro.

#68.

A.

Here are the correlations between groups 1 and 2:

1–d, 2–e, 3–a, 4–f, 5–b, 6–g, 7–c

B.

1. Han de llegar a las once.
2. Veinte personas habían de asistir. Ahora van a venir quince.

#69.

1. Sí, habremos vuelto . . .
2. Sí, habrá salido . . .
3. No, no habrá llegado . . .
4. Un gran millonario la habrá perdido.
5. Sí, lo habremos terminado . . .
6. No la habrá(s) perdido.
7. No, habrá chocado con . . .
8. Algún vecino suyo se lo habrá contado.

#70.

A.

1. su primera obra dramática
2. el tercer autor más importante inglés
3. una aventura peligrosa, increíble y fascinante — una increíble aventura peligrosa y fascinante
4. un famoso poeta contemporáneo argentino
5. una mesa grande, elegante y redonda — una mesa redonda grande y elegante, etc.
6. el primer episodio memorable y distintivo
7. un buen análisis psicológico y social

B.

1. un pobre hombre
2. un edificio grande
3. viejas amigas
4. un gran escritor español
5. un gran artista italiano
6. la música moderna americana
7. el arte abstracto moderno

III. Recapitulación

Varias estaciones de radio están puestas. Vamos a escuchar. (Escuchemos.)

"Santiago: La huelga de los mecánicos que comenzó (empezó) hace tres semanas continuará (seguirá) interrumpiendo el servicio de los trenes por un tiempo indefinido, según . . ."

* * *

"¡Olé, olé, olé! Hemos estado escuchando la música de Tito Rodríguez interpretando la hermosa (bella) canción: Ah, corazón, ¿me reconocerás? Ahora recuerden, amigos, Tito y sus muchachos estarán tocando para su gusto este domingo, en persona, en . . ."

* * *

"— Pero, Inocencia, ¿qué haré? ¿Qué dirá Remigio si aprende (descubre, sabe, se entera de) que mi marido (esposo) Anacleto, que yo creía muerto, realmente (en realidad) ha estado en la cárcel (prisión) durante todos estos años, y que saldrá mañana y vendrá aquí a verme?
— Él comprenderá, Virginia.
— ¿Y qué pensará Anacleto al saber que tenemos cinco hijos ahora (ya)? Teníamos sólo tres cuando se fue.
— Tal vez (Quizás) no se acordará, Virginia. Tal vez no se fijará."

* * *

"¡Boletín! México. Silvia Malón, la famosa (conocida) artista (estrella) de teatro y de cine se casará secretamente mañana con el director . . ."

* * *

"— Pero, ¿nos amaremos tanto como antes? . . . ¡Cielos! Hay alguien a la puerta. ¿Será él?"

* * *

"Recuerden, amigos: Compren Suprima Hiperconcentrada, ¡el desodorante que ayuda a sólo (solamente) una persona entre cien! ¿Quién sabe? Ud. puede ser esa (aquella) persona."

* * *

"Mañana, lluvia, cambiando a más fresco y . . ."

LECCIÓN DIEZ Y SIETE

I. Juegos de palabras

A. Lógica lingüística

1. a healthy meal; a reasonable person
2. En un banco, una cárcel o prisión, etc.; en la Casa de Correos (Post Office).
3. Insuficiente.
4. a treatment; an offer
5. Es infeliz.
6. To live in the outskirts or suburbs; a country-dweller, farmer.
7. Se muestra impaciente.

B. Paralelos

1. lunático
2. nube; flor. (sunny, cloudy, flowery)
3. montaña; arena; lluvia; (mountainous, sandy, rainy)
4. clima; mar; (Se siente mal. — seasick!)

C. Asociaciones al instante (Free response)

D. ¡Al contrario!

afuera – adentro
aquí – ahí, allí
la mitad – todo
cubrir – descubrir
sonreír – llorar
morirse – nacer

meter – sacar
grueso – fino
duro – blando
pesado – ligero
corto – largo

E. ¿Cómo son?

1. ladrillos – duros; piedra – dura; seda – blanda; diamante – duro; cristal – duro; una cama – blanda; un sofá – blando
2. oro – costoso; plata – costosa; plástico – barato; petróleo – costoso; electricidad – Free response; poliéster – barato; cuero – Free response.
3. hierro – pesado; aluminio – ligero; nilón – ligero; acero – pesado

II. Ejercicios suplementarios

#71–72.

A.

1. harías, dirías, haríamos, valdríamos
2. ¿Les gustarían, ¿Te gustarían, ¿Te interesarían, A nosotros nos interesarían
3. pintaría, serviría, ¿Vosotras los serviríais, prepararíais?
4. se marcharían, volverían, se irían, nos iríamos
5. darías, darían, ¿No prometieron que me lo traerían, devolverían?

B.

1. Gonzalo nos llamaba todos los días, pero nunca quisimos contestarle.
2. Ya sé que debemos ayudarlos pero no los soportamos.
3. Sara debe conocerlo bien porque pasaron el verano juntos.
4. Debes coger el tren de las ocho si no quieres llegar tarde.
5. La visitábamos a menudo cuando vivíamos cerca.
6. ¿Quiere Ud. darme el número de su teléfono?
7. Cuando yo era pequeña soñaba con ser una gran actriz.
8. Debo hacer mi tarea ahora pero no estoy de humor.

#73.

1. No, jamás lo habría hecho — No lo habría hecho jamás.
2. Sí, las habría invitado con el mayor gusto.
3. Claro que no habríamos peleado . . .
4. No, nos habríamos quejado al presidente mismo.
5. Por supuesto la habría devuelto.
6. No, yo habría comprado una máquina más pequeña y portátil.
7. ¡Dios mío! Antes me habría casado con el demonio.
8. No, por nada te (le) habrían (habríamos) entregado a la policía.

#74.

1. Un anillo de diamantes vale más.
2. Una caja de madera es más fuerte.
3. Una cuchara de plata cuesta más.
4. Una olla de hierro pesa más.
5. Me gusta más una camisa de . . . Free response.
6. Sí, vivo . . . No, . . .
7. Sí, me gustan . . . (No . . .)
8. Sí, tengo . . .

III. Recapitulación

Era muy temprano para comer (cenar). Los restaurantes (restoranes) no comenzarían (empezarían) a servir hasta las nueve o diez, y ahí (allí) estábamos, con un hambre feroz y tan cansados después de ese viaje (tan) largo. Nos dirigimos (Nos acercamos) al conserje.

Tal vez él conocería un restaurante (restorán) cerca del hotel ... Sí, había uno que podría (podía) recomendarnos, pero no sabía si nos gustaría tanto como algún otro. Tal vez (Quizá, Quizás) sería mejor esperar ... No, ése estaría perfectamente bien, y entonces (después), ¡a la cama!

Era un restaurante (restorán) ordinario, uno que habríamos pasado por alto cien veces sin fijarnos siquiera. Y por eso nos sorprendió tanto verla a ella allí. ¡A ella! ¿Quién sería? Era muy vieja (anciana), pero habría sido hermosa en tiempos pasados. Y en la áspera luz de ese (aquel) pobre café (café pobre), sus joyas brillaban, echando (pintando) pequeños arcos iris en las paredes y en los manteles salpicados de manchas amarillas. ¿Podrían ser (¿Serían) genuinas esas (aquellas) joyas? ¿Y por qué repartió (repartía — dividió, dividía) en dos mitades su comida, colocando (metiendo) la otra mitad en una cacerola de plata en su bolsa grande? ¿Por qué escuchaba aquella (esa) música norteamericana de los años '40? Y sonreía, sonreía.

A la noche siguiente volvimos al pequeño café. No podríamos marcharnos (irnos, salir) sin verla otra vez, sin hablar con ella (hablarle). Pero la vieja (anciana) no estaba (allí). Nos dirigimos (Nos acercamos) al camarero. El hombre se rio. "¿Qué mujer (dama, señora)?" preguntó. "Hombre, ¡si estuvimos cerrados anoche!" En uno de los manteles salpicados de manchas amarillas, podíamos ver (se podía ver, se veía) todavía un pequeño arco iris.

LECCIÓN DIEZ Y OCHO

I. Juegos de palabras

A. Asociaciones al instante: Free response

B. Teatro

1. ¿Antes o después?
   Antes: a, b, c, d, e, g, i — Después: f, h, j

2. ¿Delante o detrás?
   Delante: protagonistas y demás artistas
   cantantes y bailarines
   director de orquesta
   coristas
   Detrás: director(a)
   productores
   coreógrafo
   escenógrafo
   técnicos de iluminación
   tramoyistas

3. ¡Es lo opuesto!

gritar – callar	mudarse – quedarse
fondo – frente	a tiempo – tarde
debajo de – encima de	adelante – hacia atrás
gerente – empleado	éxito – fracaso
bajo – encima de	tampoco – también

A propósito: "fiasco" – fracaso; an utter failure!

C. Lógica deportiva

1. a person interested in sports or "athletic"; a sports car
2. Nadie. (*They tied!*) Tristes. (*They lost*)
3. Le parece mal. Le gusta mucho.
4. No es gran trabajadora. Se levanta tarde. Sus días están desocupados. Pereza – laziness.
5. A toy.
6. Dura relativamente poco — temporary.

II. Ejercicios suplementarios

#75. [P. 390]

Roberto: alzara
los ladrones: quemaran
eso: significara
nosotros: soñáramos
las bombillas: se apagaran
el mantel: cubriera
la cabeza: doliera
las fotos: saliera
los pantalones: se rompieran
Linda y yo: nos cuidáramos
tú: cruzaras
los anillos: brillaran
yo: tuviera
Yo: hubiera
Juanito: estuviera
Juanito y yo: anduviéramos
tú: dijeras
vosotros: dijerais
los testigos: repitieran
los otros: fueran
Pío y tú: dierais (Spain), dieran (Span. Amer.)
el jefe: pidiera

#76.

A. [P. 391]

1. No, querían que lo devolviéramos.
2. No, era probable que se equivocara.
3. Se alegraron de que no fueras tú.
4. No, me pidieron que se lo repitiera.
5. No, me rogasteis (Uds. me rogaron) que no dijera nada.
6. No, era posible que lo castigaran.
7. No, les dijimos a los chicos que no manejaran de noche.
8. No, era posible que estuviera dormido todo el tiempo.

B.

1. trataría de ayudar a otras personas
2. si mi coche funcionara tan mal como el tuyo
3. si no tuviera tanto trabajo que hacer
4. haríamos un largo viaje
5. si tuviera una jaqueca tan fuerte como la tuya
6. si nos interesara de veras dominar la lengua española
7. pediría un préstamo a un banco (optional response)

#77.

1. hubieras salido
2. hubieran sonreído
3. hubieras planchado
4. hubiéramos aprovechado
5. hubiera contado
6. hubiera tenido tanto éxito
7. hubiera querido

#78.

1. Uds. vengan
2. Uds. vinieran
3. sea
4. fuera
5. que no lo hagas
6. que no lo hicieras
7. esté
8 estuviera
9. no podamos
10. no pudiéramos
11. no se vayan
12. no se hayan ido (marchado)
13. hayan olvidado
14. hubieran olvidado
15. ofrecieran
16. hubieran ofrecido
17. tengan
18. tuvieran

III. Recapitulación

Estamos en el teatro, mirando (viendo) Tentación, el éxito mayor de la temporada. Los dos protagonistas están en escena.

Ella: ¡Ay, Guillermo, (yo) no quería que tú lo supieras hasta que yo misma pudiera decírtelo (contártelo) y rogarte que me perdonaras.

El: No, Jacqueline, no hay nada que me haga perdonarte.

Ella: ¿Y si yo te dijera que te adoro, que aquel otro no significa nada para mí?

El: ¿Qué puedo decir, Jacqueline? Tal vez (Quizá, Quizás) si yo fuera otro hombre, si tú fueras otra mujer . . .

Un matrimonio (una pareja) baja de prisa por el pasillo, dirigiéndose hacia los asientos Números 121 y 123C, (sólo) para hallar que sus asientos están ocupados por otro matrimonio (otra pareja). Comienzan (Empiezan, Se ponen) a discutir en voz alta. Alguien llama al gerente, y las voces se hacen (se ponen) más altas, mientras los artistas continúan valientemente en (la) escena.

Ella: Ay, Guillermo, si tú hubieras estado allí aquella noche, nada habría pasado (ocurrido). Habríamos pasado el resto de la vida (nuestra vida) juntos, viviendo, amando . . .

El gerente ha descubierto que en realidad los asientos son del (pertenecen al) segundo matrimonio (a la segunda pareja, etc.), y que el primer matrimonio (la primera pareja) debe estar en la Fila B. Fila por fila, el auditorio se levanta. Todo es ruido y confusión. Encima de todo, oímos (se oyen) todavía las voces de nuestros actores (artistas):

Ella: Si me pudieras amar otra vez (Si pudieras amarme de nuevo), . . .

El: Ay, Jacqueline, si no hubieras pisado sobre mi corazón . . .

La puerta se abre otra vez (de nuevo), y otro matrimonio (otra pareja) baja de prisa por el pasillo, dirigiéndose hacia los asientos 122 y 124 de la Fila B.

LECCIÓN DIEZ Y NUEVE

I. Juegos de palabras

A. Paralelos

1. pasajero
2. volar, parada
3. maletero, billete, boleto, aduanero
4. truck driver, bus driver

B. Familias de palabras

doler (*to hurt*), dolor, doloroso
cruzar, (. . .)
negar, (. . .), negativo
cuidar, cuidado, . . .
cortar, (. . .), corto
regalar, regalo, (. . .)
(. . .), distinción, distinto
encantar, (. . .), encantado

C. Sinónimos

manera – modo
distinto – diferente
al día siguiente – el próximo día
dolor, doloroso – pena, penoso
precioso – valioso
de veras – de verdad
negar – mantener la negativa
dudar – no creer
con cuidado – cuidadosamente
regalar – dar

II. Ejercicios suplementarios

#79.

1. Sí, es muy posible que llueva mañana.
2. No, no es seguro que haya terminado todavía.
3. Claro, es urgente que salgamos (Uds. salgan) ahora mismo.
4. Es evidente que han copiado . . .
5. No, no era posible que murieran . . .
6. No, es increíble que los hayan suspendido.
7. Sí, era necesario que fuéramos (Uds. fueran) . . .

#80.

A. Here are the numbered statements of group A as they correspond to the responses of group B:

1–d, 2–c, 3–h, 4–g, 5–a, 6–e, 7–b, 8–f

B.

1. tenga – tiene
2. guste – son
3. sirva – servirá (sirve)
4. interesa – interese
5. haya – hizo

#81.

1. iremos al teatro
2. En caso de que se lo pida, déselo.
3. debe pasar al próximo
4. quiero que lo dejen para mañana.
5. siempre guardará el dinero
6. Recomiendo que lo hagamos (Uds. lo hagan) sin que nadie lo sepa.
7. Nos quedaremos hasta que ellos vuelvan.
8. Quieren que los avisemos (Uds. los avisen) así que volvamos (Uds. vuelvan). Queremos que nos avisen Uds. así que vuelvan.
9. Debemos (Deben) salir antes de que nos (los, las) vean.
10. Lo está haciendo para que le respeten (respetemos) más. Lo estoy haciendo para que me respeten más.

III. Recapitulación

Donado e Inés Pardo están mirando las transparencias que Ernesto Costas sacó en su viaje a Europa.

Ernesto: Bueno, (Pues bien, En fin,) aquí estamos en Roma. Y ahí está (ésa es) Marilú, con pantalón rojo, cruzando (atravesando) la Vía Véneto.

Donado: ¡Por eso se pararía el tráfico (tránsito)!

Marilú: Ernesto, te he pedido tantas veces que no muestres esa foto. Me veo tan gorda.

Ernesto: ¡Qué va! Me gustas así . . . Bueno (En fin), aquí estoy yo hablando con un policía italiano.

Inés: ¿Tú sabes italiano, Ernesto?

Ernesto: Me defiendo. "Arrivederci" y "Ciao". Ahora (Bueno, Ahora bien), aquí estamos delante del Vaticano.

Marilú: Es la iglesia de San Pablo, no el Vaticano.

Ernesto: La iglesia de San Pablo está en Florencia.

Marilú: ¿Cómo lo sabes tú? (Si) Nunca estuvimos en Florencia.

Ernesto: ¿Ah, no? Yo pensé . . .

Marilú: Debíamos (Habíamos de) ir a Florencia el miércoles por la tarde, pero (tú) subiste al cuarto para tomar unas aspirinas (por unas aspirinas), y perdimos el autobús.

Inés: ¡Qué lástima! ¿Entonces (Uds.) no pudieron comprar nada aquel día?

Marilú: Ah, sí. Encontré (Hallé) una tienda pequeña (preciosa) en el hotel y . . . ¿Sabes, Inés? Para que comprendas (entiendas) cuánto te quiero (me gustas), te traje un regalito (un pequeño regalo) de ahí (allí).

Ernesto: Por favor, Marilú, cuando (yo) termine con las fotos. Miren, ¡aquí Marilú me cortó la cabeza!

Donado: ¡Enhorabuena! Bien hecho, Marilú.

Marilú: Pero no te impidió comer, Ernesto. ¡Nunca (Jamás) he visto a un hombre comer tanto!

Ernesto: (Ella) tiene razón. La comida fue fantástica. Bueno (Ahora, etc.), aquí estamos Marilú y yo cerca de . . .

Inés: Donado, ¿por qué no me llevas tú a Europa?

Donado: Porque no tendré el dinero hasta que los niños sean mayores (hasta que sean mayores los niños).

Inés: Pues, ¿tal vez un paseíto (un viaje pequeño, corto, un viajecito) — dos o tres días en París?

Ernesto: Y aquí estamos en Londres, detrás de la Torre Eiffel . . .

LECCIÓN VIENTE

I. Juegos de palabras

A. Asociaciones: Free response

B. Sinónimos

las maletas – el equipaje
parar (en un hotel) – alojarse
calentador – radiador
ascensor – elevador
equivocarse – no tener razón

mandar – enviar
mesón – posada
cobija – manta
querer decir – significar
habitación – cuarto

C. Inglés-español

ascend – ascensor
elevate – elevador
joke, jocular – jugar
equivocal – equivocarse
diary – diario

inhabit – habitación, habitar
mandate – mandar
portal – portero, puerta
grizzly – gris
signify, significance – significar

II. Ejercicios suplementarios

#82.

1. por el Colegio Electoral
2. por Cervantes
3. por Calderón
4. No, no fueron muertos en el camino.
5. Sí, más dormitorios serán construidos . . . No, . . .
6. Sí, algunos cursos nuevos serán iniciados. No, . . .
7. Sí, he sido asaltado (asaltada) . . . No, . . .
8. Sí, mi casa ha sido robada . . . No, nunca ha sido robada . . .
9. Sí, seré invitado (invitada) . . . No, . . .
10. Esta escuela fue fundada por . . .

#83.

1. Llevan
2. condenaron
3. quitaron
4. Anunciaron
5. encontrarán
6. ofrezcan
7. dejaron
8. Dicen
9. permiten
10. Metieron

#84.

1. Se construirá un supermercado . . . Se construyó . . . Se instaló . . .
2. Se han iniciado varios programas . . . Se han cancelado . . . Se van a cancelar . . .
3. Se le trató . . . Se le trató como a un rey. Se le recibió como a un rey.
4. Se nos ha dicho . . . ¿Se le ha dicho . . . ? ¿Se les ha dicho . . . ?

III. Recapitulación

Estamos en el vestíbulo de un gran hotel (hotel grande). Un huésped recién llegado está hablando (habla) con el gerente.

Hués.: Buenas tardes. (Yo) Me llamo (Mi nombre es) Carlos Ruiz, y ésta es mi señora (esposa). Se ha reservado (Ha sido reservado) a nuestro nombre un cuarto doble (para dos) con baño y aire acondicionado.

Ger.: Ah, sí, cómo no (por supuesto). A mil pesos diarios, ¿verdad? (¿no?)

Hués.: Exactamente.

Ger.: Pues, lo siento mucho (muchísimo), pero su reservación no se puede honrar (no puede ser honrada). Ya ve (Ud.), nuestros precios aquí comienzan con por 3000 pesos, sin aire acondicionado. Además, el hotel está lleno (completo).

Hués.: Pero si el error fue cometido (hecho) por Uds. , no por . . .

Ger.: Lo siento mucho, señor. Además, ¿no recibió Ud. (recibieron Uds.) nuestro telegrama?

Hués.: ¿Qué telegrama? No recibimos nada.

Ger.: Ah, claro (está) (por supuesto). Uds. no pudieron recibirlo. Ya habían muerto en el accidente.

Hués.: ¿Ya habíamos . . . qué?

Ger.: ¿No se acuerda? (¿No lo recuerda?) Mire, aquí dicen (se dice) en el periódico: El señor Carlos Ruiz y (su) señora murieron esta mañana cuando su coche fue destruido por . . .

Hués.: Pero no íbamos en coche. Íbamos en avión.

Ger.: Entonces se estrelló el avión.

Hués.: No, íbamos en barco (por mar).

Ger.: Y el barco fue dinamitado por . . . Realmente, Sr. Ruiz, Ud(s). no puede(n) estar aquí. ¿No comprende? (¿No entiende?) Y además, ¡nunca hemos tenido cuarto por (a) mil pesos diarios!